万绍红 著

Republicanism
in the United States Constitution

美国宪法中的共和主义

人民出版社

政治哲学研究技能浅议（代序）

　　万绍红的博士论文《美国宪法中的共和主义》经过认真修改，并且补充必要的参考资料，终于以专著的形式面世了。回想他在 2004 年到北京参加笔试与面试，我们第一次见面时他青春洋溢、渴望求知的面容；回想我在他的宿舍歇脚时，看到他满书桌堆得一尺多高的复印资料；回想他在论文接近收尾时，几次跟我讲眼睛累得生痛，心中不禁感慨万千。细细想来，这一代年轻人的人生之路也是不容易的，比如，职场竞争压力大，社会风气物质化，岁月很难迸射出理想之光。在这样的气氛下能够安顿心灵，读几年书，琢磨出未来的学术方向，将自己的思考成果汇入时代进步的大潮，无疑是令人欣慰的。

　　读者面前的这本著作牵涉政治学里的几个理论热点或要点：美国宪法、古代罗马国家、共和主义源流。万绍红自己所做的努力，他独特的文本解读工作和文字组织方式，都凝结在眼前的这本书里，我不想再做专业上的细致分析和评价，读者自会有自己的感观与评价。在这篇短小的序言中，我只想说说论文写作背后以及文本中不那么明显的东西，比如，我们的讨论和设计思路、贯穿论文的思想精髓、写作技巧上注意把握的尺度、我在多次阅读后的其他感想，等等，主要是想加深对西方政治哲学研究技能的理解。

一、想象力

　　美国宪法是近些年国内社会科学界多门学科的学者始终关注的政治制

度样本。万绍红选择的课题，目的也是解读这一重要的历史文本和相关的理论基础，而对比参照的对象，却是古代罗马共和制度。选题的初步考虑，是这两个制度样本的形式和实质具有极大的相似性。证实这种相似性无疑是带有相当难度的。试想，如何将这些相隔两千年的历史跨度、发生在从西欧到北美的世界不同地域，交叉政治史、政治制度史、政治哲学等不同学科层面，涉及国家概念、混合政体、公民与阶层、财产权、公共善、法制等诸多理论课题的研究对象，组织为一个相对清晰、简洁、可供对话的平台，自然头绪繁多，难以概括出一条主线。但是如果这一设想可以成立，如果能够证实这类政治体制设计中某种共性的东西，肯定又是具有独特的启示意义的。所以它留足了想象力的空间，但是需要充分、严密的理论论证来填充。

还有一个问题，就是由古典过渡到近代，究竟采用哪种学科作为研究途径。仅就政治学而言，人们可以就这一题目做政治史与政治制度史方面的研究，也可以选择做政治哲学史的研究。前者关注阶级关系与利益集团、政治家的时代与经历、重大政治事件，或者侧重立法机构的构成、行政权力的运行、司法部门的特殊职能，等等。它们的优点是贴近经验，容易进入题材。按照占据强势地位的科学主义方法论原则，如事实、数量化、确定性、可重复性、可以验证等，这种贴近感性认知、具有可操作性的研究途径，对青年学子无疑有着更加强烈的吸引力。但这样做也有它的弱点，比如，容易见仁见智，容易陷于知识堆积，或者模糊研究对象的本质特征。

另外一种可供选择的途径，是由政治哲学进入历史。其难度在于工作相对抽象化，着手处距离现实较远，研究手段尚不普及。人们一般以为它过于玄虚，但是它也有可取性。研究者可以借助抽象的理论思维能力和特殊的解读方法，去一步一步地接近研究对象。比如，可以借助于想象力去设计题目，以思想史的逻辑去浓缩和读解丰富的历史现象；可以借助于历史事件的相似性、基本价值理念的讨论、重大理论概念的辨析、思想演变自身的连续性等，为课题研究奠定一个确定性的基础。须知这一学科是当今政治学的基础，它有自己长久的知识传统和技能训练，甚至这一传统本身就孕育着近代科学主义的因素。

结果是这样：万绍红的论文定位为由政治哲学进入课题，适度参考政治史与政治制度史方面的资料。其主体由历史上的前后两个制度样本构成，它们形成一种并立、对照的关系；两个部分展开尽量采用相似或近似的层次与要点，以求细致发现两者的联系与差异。前面一部分侧重引证古代罗马共和时期政治家、政治思想家、历史学家的言论，陈列政治制度和公民精神的丰富内涵。后面一部分则更为详尽地引述美国立宪时期联邦党人和反联邦党人各自的政治主张，揭示他们之间既相互批驳又相互补充的联系，由此归纳出美国体制和建国精神的内核。富于启示的是，参与美国宪法制定的各色人物在陈述自己的主张时，不仅时常引用古罗马制度和史实，而且喜欢借用古罗马不同党派著名政治家或思想家的名字充当笔名，作为自己政治偏好的标识。前后对比，可知美国宪法的形成在政治理念上直接或间接地参照了古代罗马共和国的制度蓝本。

二、相似与相异

一项踏实、可信的论证工程全面展开，离不开一系列细节、微观层次上的技能。可以说，阅读、翻译、思考、写作等各个环节，都离不开专业性的技能训练。其中之一，是对各种概念、命题、观点、理论进行解析、比较的功夫，特别是需要就它们彼此之间相同或相异之处，做大量的、反复的分辨工作。甚至可以说，这种反复斟酌的功夫贯穿在从开始读书到完成写作的每一个环节。这里仅以罗马与美国政治体制几个方面的比较为例。

例如，政体类型的比较。近代美国体制中的民主成分，它对人权、公民选举、议会的崇高地位、司法独立性的强调，都是古罗马体制无可比拟的。从这种差异上看，美国是民主制，罗马是贵族制，似乎无可争议。但是深入考究两者的制度理念，比如，它们混合制的权力搭配、政治精英的主导地位、程序设计中对民主的提防，都说明它们有意偏离民主制。至于法制原则与公共精神，从历史经验看，那么贵族制对它们的重视程度，或许强过民主制。所以，说这两个体制同为贵族制也不为过。

又如，政府目的的比较。以今天美国宪法的文本来看，那么按照自由主义的模式解释它的政府目的,是完全成立的,因为考察历年的宪法修正案,其重要内容之一就是充实和保障人权。但是回到 1787 年的宪法文本,这一内容就不那么彰显了。缺少人权法案,正是杰斐逊等民主派对宪法草案最主要的批评。那么,在美国宪法制定者看来,什么是美国政府的目的呢?与其说是人权,不如说更接近于古罗马国家的目的,即强大和繁荣。谓予不信,请看联邦党人对成立统一的联邦政府的辩护,看他们如何论证这样做在政治、经济、外交上的必要性,看他们如何列举美国建立一支海军力量在自然条件和地理幅员上的优势。从这一意义上看,美国的建国理念更接近近代的主权论和君主制理论,更重视联邦和集中权力有利于这个新生国家的统一、安定、发展和繁荣,所谓集大国的强大与小国的幸福于一身。

再如,体制生成的比较。表面上看,罗马的国家体制是几百年历史生成的,这一点正是西塞罗认为它优越于斯巴达和迦太基等国家的地方,而美国宪法显然是一时订立的,为此它受到现代众多新生国家的追捧。但仔细考察,立法家的一时贡献与历史的长时期琢磨都是不可缺少的。往大了说,美国体制与文化是对古代希腊罗马遗产的继承。往小了说,美国宪法在第一条修正案以后的不断完善,它在 20 世纪随着进步主义政策的实施为保障人权与公民权所作的补充,也可以认为这一体制是逐步生成的。

研究的深入,还需要不断设计其他各种次级课题的比较研究。例如,究竟是好的制度造就好的公民,还是好的公民维护好的制度?可以说古代人与近代人、共和主义与自由主义的答案是不同的。相对而言,古代共和主义更加倾向于将公民道德和公共善置于制度之先,更加重视宗教信仰、忠诚、勇敢等品质的培养。而近代自由主义往往将个体的道德问题归于私人权利的范围,更加侧重权力的制衡与法制手段。万绍红的论著又在自由主义的另一侧,特别是反联邦党人的言论中,开发出近代公民向古代公共精神的某种复归。这种制度与精神的组合,可能更加接近历史的真相,对于今天的政治发展研究也更有启发性。

当然,最终决定理论阐释深度的因素,不仅是这些基础性的分析工作,还需要研究者多年积累养成的逻辑推理能力。

三、历史定位

政治哲学史研究还有一个基本方法,是属于宏观视角的,就是将所选课题纳入一个理论流派,按照价值理念或核心概念自身的演变流程,展现它们自身的逻辑演绎和知识连续性,给定它恰当的历史地位。

很明显的是,万绍红的论文设计有意避开了近几年国内政治学的理论主流:自由主义的思路,只是在必要时有所涉及。初步研究说明,共和主义与自由主义有着共享的价值理念,如财产权、宪政、法治等。当代自由主义可能更加侧重个体自由层面,更加重视限权政府以及社会与国家的界分,更加看重美国自由民主制与联邦制的示范意义。共和主义则有着更加浓厚的古典情怀,可能更加侧重国家意义上的自由,更加关注公共领域、公民道德、公共善的重建等命题。近十余年,自由主义吸引了经济学、社会学、政治学等应用性社会科学学科的广泛注意。如果一篇博士论文选择国内学者较少有人问津的思路,开掘出可能有的甚至是意想不到的各种思想启示来,不是也有大胆尝试的必要吗?

我们可以从几个层面剖析这种宏观视角。首先,上面提到的体制上的相似性比较,属于全篇立论的基础。这样一个比较研究,实际上需要依托政治思想史上一个更为长久、深远的理论发展线索。主要的理论发展关节点,至少要有亚里士多德的共和政体论,波利比阿与西塞罗的混合政体论,哈林顿、洛克和孟德斯鸠的共和政体论,卢梭、杰斐逊的民主共和国理论,汉密尔顿、麦迪逊的联邦共和制理论,等等。由于博士论文的一般字数要求不是太多,不需要这么深远、完整的线索,选择一段也可以。所以说,万绍红选择的课题,只是共和主义理论发展过程中的一个部分,当然是具有重要典型性质的部分。但是在写作过程中,理论流派的意念要十分清晰,表现在那些作家的理论或多或少都会涉及。

其次,从古罗马共和国体制过渡到近代的美国立宪体制,还要有跋涉历史之河所需的踏实的垫脚石,还需要更多的制度典型予以沟通,它们可以使个性化的解说获得具体的确实性基础。换言之,两千年之间其他制度中介也是不可或缺的。万绍红的论文本来设计了近代英国的君主立宪制这一部分,当然也是侧重它的政治哲学层面,插在罗马和美国之间。其展开的层级和逻辑,同样类似古代罗马和近代美国。这样一个罗马——英国——美国的三段式的历史线索,显然比罗马——美国的两段式更有说服力。只是经过一些学者的提议,认为不太必要,有些冗长,因而从论文中删去。在以后长时间的从教和科研工作中,万绍红如果能够思考和准备成熟,将英国部分补充进体系设计,相信会有更加丰富的启示。比如,三个民族的制度、法制、民情、文化传统、领导人个性、国际环境、国家战略等都不一样,那么,相近的设计理念和长久的时间打磨会在制度上留下什么特殊的印迹和色彩? 我们有没有必要调整以后的研究思路? 这些都会引人遐思的。

再次,从古典到近代的制度传承,还有必要参考其他社会和文化的背景资料。比如,文艺复兴以来,在欧洲和北美的教育体系里都有阅读古典典籍的课程。借助于拉丁文和希腊文传递下来的古典历史、文学、哲学等文化遗产,就这样源源不断地注入欧美上层政治家的文化血液当中。举例说明,我们从马基雅维里、布丹、弥尔顿、哈林顿、孟德斯鸠、卢梭的书里,都可以发现这些政治哲学名家对古代希腊和古代罗马的熟悉程度,以及喜欢引用古典证明己说的习惯。从大量的生平传记中可以看出,美国的立宪者们也有类似的教养。这一点,万绍红的书中虽不能展现全面,却能显示片断,它肯定启发了论文的写作。

最后提一点,就是我们应该注意理论模式的恰当作用或说自身限度。将议题纳入某一理论流派或理论模式,并不是说理论规定我们的写作,或者既有的理论框架是不可逾越的。理论的恰当作用,只是充当具体写作过程的引导,比如,使资料收集相对集中些,使概念清晰、准确,使思路更加连贯、彻底。如果事实突破了理论框架,理论不能说明现实,写作者自然应该舍弃理论,服从事实,而这里恰恰孕育了理论创新的机遇。即使我们做不到创新,这种理论工具的选择也是有益的,至少它帮助我们节约了写作成本。

王乐理

2008 年 4 月于北京北郊

目　录

引　言

　　政治哲学与法哲学是决定政法政策与制度合理性与合法性的根基。同一套价值理念在不同的政法哲学下往往会得到截然不同的评价。我们生活的世界是多元的、复杂的,这就要求我们对不同的政法哲学进行充分的研讨,以探求在某一特定时期内最优的价值序列及其排序。但长期以来,人们的视线仅注视在美国宪法式的民主及其背后的自由主义上。其他的政法哲学,如社群主义、共和主义却长期被人们所忽视,甚至仅有的一点关注也被视为异端。① 这些学者认为,中国的社会形态和社会资本具有浓郁的压抑性,当前人们迫切需要的是主张个体自由民主权利、对政府权力严格控制的美国式民主宪政。笔者认为,这些学者恰恰没有注意到,中国特殊的社会资本传统与政治经济形态在现阶段是无法与学者心目中的美国宪法式民主对接的。这些学者忽视了美国宪法民主生发的基本社会政治传统,忽视了美国宪法民主背后的经济心理背景。学者们的立场是宪政主义的,但其思考问题的方式却是非宪政主义的。甚而言之,他们对美国宪法基本原则的理解也是很成问题的。

　　政治学、宪法学关于共和主义与民主主义、自由主义的差异与关系的探

---

　　① 　高全喜教授强烈批评了人们对社群主义、共和主义等政法哲学的关注,他认为这分散了人们对自由主义及其民主的关注。高全喜教授的批评绝不是个案,丛日云教授等一大批主流政治学者持此观点。(参见高全喜主编:《西方法政哲学演讲录》,北京:中国人民大学出版社2007年版。)

讨非常不够。人们对共和主义的关怀远少于民主主义尤其是自由主义,虽然自由主义本身衍生于古典共和主义,但如今,以个体主义偏好为核心的自由主义甚至被视为西方文明世界的唯一传统。① 共和主义是一种非常重要的政治理论,是一种政体设计理路,它既承认制度设计的作用,又强调价值关怀、伦理诉求的考量,它以国家为核心,以权利为基础,致力于权力在国家与公民之间的精致平衡。② 共和主义对于解决个体自由和民主参与之间的冲突,对于协调人类共同体整体性存在与作为共同体成员的自主倾向之间的张力提供了基本的政法哲学基础与制度框架。简而言之,共和主义对如何导向一种世界范围内人类优良的政治、社会生活,具有重要的理论价值和实践意义。③

　　共和主义是一个必须深入研究的重大课题。然而,由于人们对自由主

---

　　① 亨廷顿在《文明的冲突与世界秩序的重建》中夸大了个体主义的政治传统在西方政治世界中的地位,忽视了西方政治传统的多样性,夸大了非西方政治系统与西方政治传统的对立性,因而作出了世界文明冲突的悲观判断。(参见[美]萨缪尔·亨廷顿:《文明的冲突与世界秩序的重建》,周琪等译,北京:新华出版社 2003 年版。)

　　② 在西方政治哲学的传统中,对公民的理解有两个截然不同的方向:一种视公民为特定政治共同体的成员,并以此一成员在共同体中所享有的权利与义务关系,作为公民身份的内涵;另一种采取世界主义的观点,视公民为从属于全人类之成员,不为任何特定政治共同体所垄断。本书中的公民概念主要指第一种,关于本概念的区分,参见江宜桦:《公民理念与公民的教育》,载许纪霖主编:《公共性与公民观》,南京:江苏人民出版社 2006 年版,第 315 页。亚里士多德认为,政体的种类不同,公民就必然是多种多样的,在一种政体下是公民的人在另一政体下不一定是公民。共和政体下的统治就是自由人对同自己出身一样的人的统治。可以见得,共和政体下的公民概念最具有包容性。(参见[古希腊]亚里士多德:《政治学》,颜一、秦典华译,北京:中国人民大学出版社 2003 年版,第 79—82 页。)

　　③ 亚里士多德认为,优良政体不是必须具有天赋并经过特殊教育才能达到的标准;也不是只有理想的政体才能达到的标准。优良政体是指对于大多数的人和城邦,哪种政体最优良,即它是大多数人所能实践的生活以及大多数城邦所能够接受的政体。对亚里士多德来说,共和政体最现实,因为贵族政体向善的一端非大多数城邦所能望及,而其趋向另一端的财产就与共和政体密切相近,故实际上只能作为共和政体出现。贵族政制缺失才德,余下财富;共和政体特有的混合贫富两端,合起来就是财富与自由身份或者人数,而且应有法治。(参见[古希腊]亚里士多德:《政治学》,颜一、秦典华译,北京:中国人民大学出版社 2003 年版,第 116 页。)

义与民主主义①的过度推崇,因而使之成为"政治正确"(political correct-
ness)的唯一标尺与"历史终结"的完结点②。学术思想界对自由主义与民
主政治的研究投入过多的精力,对共和主义的关注则十分有限。目前,国内
对共和主义的研究才刚刚起步,而仅有的一些研究,受研究者的自由民主偏
好影响,不同程度地存在共和主义民主化或者自由主义化。自由主义的视
野被无限放大,成为包罗万象的"巨无霸"。无论保守主义、经验主义、普通
法理论还是霍布斯主义,甚至共和主义统统被其收编旗下。法治主义、宪政
主义本身则被视为必然是自由主义的,这种看待自由主义的思维方式忽视
了它们对自由主义的内在规制。民主主义在自由主义大一统的背景下与自
由主义相互融合起来,民主的必然是自由的,自由的应该是民主的,民主是
最不坏的制度,是通往自由的必然之路,成为大众的"常识"。自由主义或
者民主,对很多学者来说是同一、无区别的概念。例如,福山认为自由主义
或者民主这两个概念是同义反复;沃特金斯将伯里克利的民主时代视为自

003

---

①　本书中所涉及的自由主义概念主要指洛克理论下的理想类型(个人权利本位自由主义
rights-based liberalism,它相信绝对自主的个体能绝对运用天赋理性,以自我道德立法的形式自我引
导、自我控制),它还涉及发展变化了的现代自由主义,如哈耶克的立宪自由主义,罗尔斯的"正义
自由主义"。现代自由主义认同政府的有限福利政策,认同政府规模的适当扩张与对市场经济的有
限矫正,但无论自由主义如何发展变化,其个体权利本位的核心是不变的。正因为此,美国宪法对
自由主义进行了超越,强调共和主义的自由。需要指出的是,洛克作为自由主义的鼻祖,"自由主
义"这个概念本身却并不是他提出的。1810年,西班牙的一个自由派政党才首次使用"自由主义"
作为其党派的名称。美国制宪时期,虽然自由主义这一概念还未提出,但毋庸置疑制宪者是熟悉这
一概念内涵的,正是在这一阐释学的意义上,本书认为美国宪法中的共和主义是超越自由主义的。
本书中所涉及的民主主义经验在古希腊雅典(pure democracy,它的理论鼻祖为伯里克利),积极的
公民参与诉求是其核心价值,民主政治庄于其内在的绝对民主趋向,又称为民主主义,它是和共和
主义相对的一个概念,是美国宪法的制定者反对超越的对象;现代西方盛行的民主概念一般为法治
民主,承认民主的限度,这种制度限制是美国宪法的首创,美国宪法上的民主是共和宪政原则控制
下的民主,宪政主义是共和主义的古老传统,严格来说,现代西方盛行的宪政民主并非民主,而是反
民主的。
②　福山认为自由主义民主制度(liberal democracy)可以消解其内部产生的一切矛盾,自由主
义或者民主作为政体设计的基本原理与制度安排已经不可能被修正或代替了。(参见[美]弗朗西
斯·福山:《历史的终结》,黄胜强、许铭原译,北京:远方出版社1998年版。)

由主义的真正起源。①

这种自由主义的霸权很大程度上取决于人们对现今"自由主义者"这一概念自以为是的美国式解释。"根据这一解释,自由主义者更像是一个社会民主主义者,是一个喜爱受到管制的经济而不是自由市场经济的人,喜欢运用福利措施去缓解贫穷和困苦的人,更为普遍的是这一术语也与仁慈和同情的态度相连。但是,从历史上来看,自由主义经常与针对穷人的冷酷无情的态度和政策联系在一起。"②

纯正的自由民主话语下的研究者必然以政治层面上的自由和民主为人们的内在根本属性和根本需求,这忽视了经济层面的私利保障与社会层面的公正制度供给对民众的巨大效用。一般认为,自由主义或者民主政治与经济发展、政治腐败、社会不平等的消除等不存在正相关关系③,反而会导致蛊惑人心的政客对政治权力的垄断以及社会财富的两极分化、种族主义、文化中心主义、个人主义、地方主义、极端民族主义与世界冲突的加剧等诸多不良后果④;

---

①　这就将自由主义与民主政治混为一体了,它忽视了两者对政治参与、政府权力迥然不同的态度。沃特金斯还犯下了一个致命的错误,将古希腊、罗马时期以来公民法律之下的自由等同于近代(美国宪政模式下)以降的法律之下的自由,忽视了不同时期同一话语内涵的巨大差异。(参见[美]弗里德里希·沃特金斯:《西方政治传统:现代自由主义发展研究》,黄辉、杨健译,长春:吉林人民出版社 2001 年版。)

②　[英]安东尼·阿巴拉斯特:《西方自由主义的兴衰》,曹海军等译,长春:吉林人民出版社 2004 年版,第 224 页。洛克在 1697 年贸易会议上的报告中建议超过三岁的儿童应该在纺纱和编织的技工学校学会养活自己。配第认为管制工资的法律"应该允许但仅仅是生存所必要的资金"。(参见[英]安东尼·阿巴拉斯特:《西方自由主义的兴衰》,曹海军等译,长春:吉林人民出版社 2004 年版,第 224—225 页。)

③　有关政治民主与经济发展关系的论述,可参见 Larry Sirowy & Alex Inkeles, "The Effects of Democracy on Economic Growth and Inequality", Alex Inkeles, ed. , *On Measuring Democracy*: *Its Consequences and Concomitants*, Transactions Books, 1991.

④　政治民主化、经济自由化与和平、繁荣之间的必然逻辑关系正被越来越多的发展中国家认同,并引之为本国政改的总纲。耶鲁大学蔡爱眉教授通过亚、非、拉和苏联、东欧的大量案例,分析指出此套西方主流话语的盲目采信已经给许多国家带来了巨大创痛、危险乃至惨剧。(参见蔡爱眉:《起火的世界:输出自由市场民主酿成种族仇恨和全球动荡》,刘怀昭译,北京:中国大百科全书出版社 2005 年版。)在实践中,一国范围内的自由民主要演变成世界范围内的自由民主,其结果往往是专制的。

共和主义却强调公职的神圣性与执政者的责任与义务①,强调培育具有公民美德②的民众、强调民众的积极政治参与,强调民众与执政者的协商对话,强调民众的授权与政权的正当性,强调国家的荣光与公民的荣誉,因此共和主义更有可能促进经济、社会的发展和国家的繁荣昌盛,同时又保障拓展公民的政治权利与经济自由。共和主义这一理想状态的实现有赖于共和主义内在结构的均衡:一、共和主义政体的制度结构对外保证国家安全,对内保证国内秩序,为经济发展和社会和谐提供制度基础;二、公民与政府之间的互动协商保障民意的输入与展现,保证政府的自由与廉洁;三、共和主义的意识形态伦理观念结构保证执政者与民众各尽其能、各司其职,为共和主义的价值诉求提供正当性辩护。

直面自由民主概念的专横,本书以自由主义和民主主义为对话对象,以美国宪法为研究个案,对美国宪法中的共和主义思想的流变、内涵进行了富有价值的开掘。笔者希望本书对推进学术思想界的共和主义研究,改变学术思想界过于重视自由主义和民主政治的研究现状,能够起到一定的作用。

政体理论在政治学理论中是一个十分重要的理论向度,它是政治文明与立宪政治的基础。在西方政治思想史中,从希腊前期的政体理论到现代美国宪法中的共和主义政体理论,政体理论的理论作家与实践大师为我们

---

① 托克维尔最大的担心是统治者会有同被统治者大众的利益相反的利益,因此他反对"德才兼备"却有私利的非民主政制。共和主义的优点在于统治者不但德才兼备,而且统治者与人民的利益是一致的。(参见[法]托克维尔:《论美国的民主》,董果良译,北京:商务印书馆1988年版,第265页。)

② 所谓公民美德,或者说道德的公民,最重要的部分是一个共同体的意识;意识到个体乃存在于共同体之中。公民德性包括两个层面:一是公民对国家律法的服从,对公共事物的关注与积极参与,对共同体的忠诚等;二是对其他公民的尊重、友爱与协助等。(此定义参见陈淳文:《公民、消费者、国家与市场》,载许纪霖主编:《公共性与公民观》,南京:江苏人民出版社2006年版,第287页。)佩迪特把公民美德的内涵概括为两方面:公民美德既包括积极自愿地参与政府,对政府统治的信任,也包括对统治者保持永恒的警惕。(参见[澳大利亚]菲利普·佩迪特:《共和主义的政治理论》,刘训练译,载许纪霖主编:《共和、社群与公民》,南京:江苏人民出版社2004年版,第85页。)

提供了宝贵的政体理论思想与实践经验。这其中的代表作家有柏拉图、亚里士多德①、波利比阿、西塞罗、阿奎那、洛克、孟德斯鸠、康德、黑格尔,以及以汉密尔顿、麦迪逊,笔名为布鲁图斯、联邦自耕农为代表的美国的联邦党人与反联邦党人等。从类型学上分析,西方政治思想史上的政体理论大致可以划分为自由主义、共和主义、民主主义等。这其中的共和主义是与混合政体、法治、公共利益、公民美德(公民精神)等原则结合在一起的一种政治思想和政体理念,它是对民主主义、自由主义原则的一种节制或限定。共和主义政制在于通过社会不同阶层对国家的共同治理,避免多数或者少数的专断与零和事件的产生,以实现国家荣耀与个人自由幸福。②

既有的研究成果基本是以自由主义的线索来解读西方政治思想的发展脉络。笔者认为,这种解读对西方政治思想史上的政体理论来说是值得商榷的。通过对西方政治思想史的梳理,可以看出以混合政体为特征的共和国概念、共和主义政体思想是西方政体理论的主线,只是进入近代以来,受启蒙运动的过度强势影响,人们过于强调个体的自主性,对人类的社会性、政治性进行过度解构。③ 第二次世界大战更是使人们对法西斯国家主义深恶痛绝,并因而对任何形式的集体利益和公共善心有余悸,由此更加狂热地拥抱个人权利导向的自由民主主义。自由主义的整套话语因此遮蔽了共和

006

---

① 柏拉图、亚里士多德的政体理论最为完整,又以后者为代表,最为重要。亚里士多德的政体分类,影响了以后两千多年的国家学说,成为后世政体设计与选择的基础。

② 多数的专断产生于平民主义民主,少数专断的典型是精英主义民主。平民主义民主的实现技术是少数服从多数,"多数规则"化约了少数人的权利。没有相应的保护少数人的制度,容易产生严重的后果,甚至导致扼杀人才、扼杀真理、迫害少数人。古希腊的伟大思想家、哲学家苏格拉底就是在雅典民主制下被以"渎神"和"蛊惑青年"罪指控,被判处死刑的。少数人的统治是精英主义民主的偏好,在该理论下,精英是唯一的统治权威,他是一个发号施令的专制君主,从来不会听从也不屑于听从大众的建议和反映,民主的意义是他的独唱,这是少数专断的根源。(参见万绍红:《民主的路径:哥德尔不完全性定理的视界》,载《阿坝师范高等专科学校学报》2005年第3期。)

③ 康德宣称:启蒙就是人从其自我强加的不成熟中脱出。这种不成熟指的是"没有他人指导就不能使用自己的理解力"。这种不成熟是自我强加的,其根源不是理解力的缺乏,而是没有决心与勇气在没有他人指导的情况下使用理解力。作为激进民主主义者,弗兰克极力肯定人类自主能力的实践,以改变恐惧政治的现状。(参见[英]弗兰克·富里迪:《恐惧的政治》,方军、吕静莲译,南京:江苏人民出版社2007年版。)

主义的真实面相,这方面的缺陷随着民主政治、自由主义的极端扩张而加深,并开始受到西方学界的重视。

共和主义通过美国宪法完成了一次蝉蜕、一次超越、一次由古典共和主义向现代共和主义的飞跃。美国宪法中的共和主义,作为现代共和主义的典范,它所表达的政体思想与政治实践尤其值得我们关注。当然,美国宪法中的共和主义,无论是作为一种政治理论还是一种制度建构模式,它都不是完美无缺的,它无法消除内含于共和主义之中的客观张力。但是,它让我们避免掉入唯一善的价值目标陷阱,避免达到某一目的的唯一制度模式的自负;它还告诉我们一切政治解决方案的关键在于沉思与妥协;它留给我们的遗产不在于它已经达到的目标,而在于它留给我们的机会。① 这是共和主义政体相对其他政体模式的比较优势,也预示着我们研究它的"正当性"。

共和主义具有如此重要的理论价值,"在当今的世界上,共和与民主被越来越多地写入国名与宪法之中。但作为一种政治理想,尤其是作为一种政体形式,在当代的政治理论和政治哲学研究中几乎被完全忽略了,在对当代的民主化和宪政运动的探讨中则更是如此。一方面,在后君主制时代,越来越多的国家以共和国自居;另一方面,对共和自身,及其与民主、宪政之间关系的探讨却基本上被束之高阁"。② 此外,中外学界在西方政治思想史的研究中,过多地将精力投入到自由主义的研究之中,对共和主义投入的关怀却寥若晨星。如,以马基雅维里的权力政治观和洛克的群己权界为模式解释国家,却丢弃了国家应有的伦理目的内涵,忽视了马基雅维里政治思想中共和主义的面相以及洛克对公民教育的首肯与重视。

---

① 参见 *The Invention of the Modern Republic*, edited by Biancamaria Fontana, Cambridge: New York: Cambridge University Press, 1994, p. 5。

② 参见刘军宁:《共和 民主 宪政——自由主义思想研究》,上海:上海三联书店 1998 年版,第 102 页。刘军宁以自由主义的理路偏好来设计阐释立宪主义,他对现代共和主义作了自由主义的解释。刘军宁亦以对自由态度的区分来划分纯粹的保守派与保守主义,他认为只有以柏克为代表的保守自由的保守主义才是严格意义上的保守主义。(参见刘军宁:《保守主义》,天津:天津人民出版社 2007 年版。)事实上,保守主义对个人主义与道德传统的双向强调具有难以调和的内在矛盾。

共和主义作为一种政制方案,其重要意义在于制度构建和政治实践。但是,政治学界既有的研究成果却局限于政治思想史这一研究领域。美国史的研究者开始梳理和发掘美国宪法中的共和主义,然而他们的研究主要表现为一种基于史料的描述。共和主义作为一种政治理论,其内含的思想精髓有待于以一种明确、简练的形式加以提炼和阐发,并和现实的政治体制构建与政治实践紧密联系起来。

此外,宪政理论的工作者在进行宪政研究的时候,过多地纠缠于具体的制度设计细节,忽视了共和主义这一全局性的宪政设计框架和更高层次的宪政规则。本书是对这些片面研究趋向的"反动"(reactive),也是从不同视角深化补充西方政治思想史与宪政理论研究成果的一种尝试。

托克维尔指出,美利坚共和国的繁荣与稳定在于三个方面:自然环境(good luck)、法制(laws)、民情(mores)。其中,民情第一,法制其次,自然环境第三。① 美国宪法不仅是法律系统,也是美国人的生活方式(habits of the heart,mores)。美国的崛起、繁荣强盛、自由幸福及其政权的稳定性主要归功于富有弹性与生命力的美国宪法政治的强大推动力与保障力。美国宪法是所有美国公民忠诚的对象,美国宪法在法律科学和政治科学②研究中居于非常显要的位置,美国式的宪法政治已经成为世界宪政的主导范式之一。作为一个立宪主义国家,一个以宪法为信仰和生活方式的国家,理解宪法的原旨③、把握宪法的原则,无疑是最重要的政治,是我们理解美国政治的最佳路径。因此,解读美国宪法、剖析美国宪政,便成为打开美利坚合众国神秘之门的一把钥匙。但是,自由主义者认为宪法的原旨是不存在的,宪法是活的文献,在不同的时代和环境中应作出不同的解释。尊重历史的共和主义者认为,宪法具有不容侵犯的神圣性,内含毋庸置疑的历史原则与精神。

---

① 参见[法]托克维尔:《论美国的民主》,董果良译,北京:商务印书馆1988年版,第358页。

② 真正的法律科学与政治科学不是狭隘的科学主义,而是应然与实然理论的完美结合。它们既追求现象与规律,更注重其背后的价值和规范。

③ 有关原旨主义与非原旨主义的理论争论,可参见张翔:《美国宪法解释理论中的原旨主义》,载《山东社会科学》2005年第7期。

法院必须以历史宪法及其原意解释法律,而不是他们或者人民希望的宪法。①

　　笔者以共和主义这一宪法框架作为进入研究美国宪政的理论起点,希望以此视角探究美国宪政的生成及其内涵。② 对本书的研究将会有助于我们从宪政的层面理解美国建国以来的民主与自由之争,理解美国崛起与强大的部分奥秘。

　　目前,中国的经济发展水平已经到达了一个新的转折点,要进一步促进经济的全面健康发展,建设一个稳定和谐的社会政治局面,必须要有配套的政治体制改革。党的十七大报告指出:"政治体制改革作为我国全面改革的重要组成部分,必须随着经济社会发展而不断深化,与人民政治参与积极性不断提高相适应。"③经过 30 年的改革开放,中国的经济发展有了巨大成就,人民的民主意识有了很大的提高,这为社会主义民主政治建设提供了坚实的基础;社会主义市场经济的进一步发展和民主政治的建设也需要相应的政治体制支撑。

　　中国政治文明建设和政治体制改革已经到了攻坚阶段,政治体制的构建与改革也一直是学界十分关注的问题并形成了不同的观点。概而括之,这些观点中的自由主义与民主主义,主要强调的是个体的权利、大众的参与诉求或者国家的至上性利益。而共和主义既强调国家的利益,又主张个人

---

①　参见[加]莎蒂亚·B.德鲁里:《列奥·施特劳斯与美国右派》,刘华等译,上海:华东师范大学出版社 2006 年版,第 124 页。

②　从共和主义的角度对美国宪法进行研究在国内基本上处于空白状态,把美国宪法中的这种共和主义的渊源归因于罗马共和而进行研究的学术论文、著作也尚付之阙如。北京大学的李强教授于 2004 年 6 月 10 在《南方周末》上发表了一篇题为"西方历史的政治解读"的随笔,他在文中指出了西方对本课题的研究结论,那就是:无论从美国制宪时期重要人物的笔名、演讲的引文,还是制度的设计,都可以清楚地看出罗马的影响。美国宪法的共和主义精神带有强烈的罗马共和政体影响的烙印。罗马的榜样给了美国人试图建立一个均衡的大陆共和国的勇气,而罗马堕落为专制主义以及后来英国的堕落为美国提供了令人恐惧的警示。除此之外,还有一些研究成果涉及本命题的基本论断。

③　胡锦涛:《高举中国特色社会主义伟大旗帜　为夺取全面建设小康社会新胜利而奋斗》,北京:人民出版社 2007 年版,第 28 页。

基本权利的神圣性；既重视政治组织的设计，更强调官僚阶层的责任伦理；强调人民的授权与政府权力的有限性，也强调国家的神圣与法治的正当性；既重视大众的政治参与，更强调社会的稳定与共同体的公共善。因而，共和主义原则下的政治体制构建方案和宪政文明建设经验值得我们深入研究。

中国有其政治、文化土壤的特殊性，美国宪政生成的经验与模式绝对不能照搬，但对我国的民主政治建设应该具有借鉴的价值。因为"人类的政治生活在很大程度上取决于人性的事实，即人为人类这一事实。……可以相信，不同的民族在同一智力和道德阶段上所具有的真正的政治制度，会表现出很大的相似性，就是那些政府外部形态上很不相同的地方也是如此。……人们的各种政治组织因此必定基本上具有相同的目的，并且必定会为了满足这些目的而普遍地采取同样的方式。"①同时，中国作为"人民共和国"，人们更多关注的是"人民民主"，往往忽视"人民共和"的面相，对美国宪政理论与实践中共和主义的认知与解读，有助于启发人们对我国政治体制改革与发展理论基础和路径的思考。

一、自由民主政治的局限与共和主义的复兴

当今世界，美国的自由民主模式即使没有成为所谓文明世界的原教旨主义，也是大多数国家政治理论与实践的参照系。在现代社会，自由民主成了人们宗教般的信仰，无论是赞许还是反对，人们都绕不开它。在中国，研究美国式自由民主政治的学者毫无疑问占据强势地位。

或许，许多学者所了解的美国恰恰是"意识形态化了的美国"，事实上，美国政治上所贴的标签并不是简单的自由主义或者民主政治。极而言之，自由主义或者民主政治是美国制宪者所批评的对象，在美国宪法上并不具有合法性。自由主义和民主政治话语及其政治实践在当代美国的强势，实

---

① [美]古德诺：《政治与行政》，王元译，北京：华夏出版社1987年版，第4页。

质上是对制宪者政治意图的背离。①

最早对美国宪法的共和主义精神原旨进行确认的是共和学派的理论工作者。他们认为，决定美国宪法生成的意识形态是共和主义而不是洛克式自由主义或者雅典式民主政治。在这之前，还没有学者系统探究过美国和欧洲古典思想的关系，更没有触及古典共和主义这一概念。当共和学派崛起之后，自由主义的垄断意识形态话语开始受到共和主义的反击。不过，共和学派错误地认为这种共和主义完全来自于 18 世纪英国激进共和派的思想及其实践。共和学派的主要代表人物有卡罗琳·罗宾斯（Caroline Robbins）、伯纳德·贝林（Bernard Bailyn）、戈登·伍德（Gordon S. Wood）等。他们不仅开创了共和主义复兴的历史，也为布鲁斯·阿克曼、凯斯·桑斯坦、弗兰克·米歇尔曼等现代共和主义宪法学派的宪政理论研究提供了历史逻辑起点。卡罗琳·罗宾斯是第一个对"洛克的自由主义思想主导美国政治思想文化"这一传统定论提出质疑的共和主义思想家，她的代表作是《18 世纪的共和主义理论家》。② 她认为，正是辉格党对权力和腐败的恐惧激发了美国革命，而不是基于权利的自由民主。辉格党并不像人们想象的那样富有革命性，洛克的自由主义主张对他们来说太过于激进。伯纳德·贝林的代表作是《美国革命的意识形态起源》③，他认为，美国的共和主义思想渊源于英国革命中的激进共和主义及其反对派的思想，美国革命的目的并不在于推翻或者改变现存的社会秩序，而在于保有由于宪制腐败而威胁到的政治自由。

戈登·伍德指出，以安德鲁·杰克逊时代为标志的民主政治是建国之

---

①　亦有学者认为，自由主义或者民主政治的美国，很大程度上是美国人向世界兜售的结果。美国人自己对待权力与民众，对待自由市场与政府管制，对待普适价值与美利坚国家利益等是典型的言行不一。

②　Caroline Robbins, *The Eighteenth Century Commonwealthmen*, Cambridge: Harvard University Press, 1959.

③　Bernard Bailyn, *Ideological Origins of the American Revolution*, Cambridge: The Belknap Press of Harvard University Press, 1967.

父们所力避的,建国之父们确立的政体原则是共和主义而不是民主政治。[1]
作为伯纳德·贝林的学生,戈登·伍德在《美利坚共和国的创立》[2]中对"辉
格党政治科学"的共和思想体系作了非常全面和详细的分析。他用他丰富
的知识告诉我们美国是怎样成立的,美国新的政体是如何得以建立的。他
认为美国的革命并不是因为美国人受到了明显的压迫,而是因为他们受到
的教育使他们熟悉自由,使他们对自由敏感,不能容忍可能潜在的压迫,从
而起来反抗,并到历史中去寻找经验。他引用约尔·巴洛[3]的观点,强调观
念改变世界,观念建构世界。戈登·伍德对自由主义情有独钟,他认为美国
建国者是受辉格党理论的影响而建立美国的,这在独立战争期间总体是适
用的,但不符合美国制宪的实际。[4] 辉格党的理论对于制宪者过于激进,他
们要摧毁所有君主制社会的残余。戈登·伍德夸大了辉格党理论的影响,
事实上制宪者要扬弃的就是辉格党的理论。戈登·伍德的错误在于他对当
时史料的解读是有问题的。[5] 制宪者要建立的混合政体共和国保留了君主
制的美德与智慧,实现了民众自由、平等与精英智慧的结合。此外,议会主
权的主张也是制宪者不能认同的,这实质上是对民众自由的极端要求。不
过,辉格党人理论也是和古罗马分不开的。[6] 戈登·伍德还认为要把握概

---

① 参见 Gordon S. Wood,"The Significance of the Early Republic",*Journal of the Early Republic*,Vol. 8,No. 1. (Spring,1988),pp. 1 – 20。

② Gordon S. Wood,*The Creation of the American Republic*,*1776 – 1787*,New York:Norton,1969.

③ Joel Barow:*Advice to the Privileged Orders in the Several States of Europe*,1972.

④ 许多学者认为,在获得独立后,美国并没有将独立宣言的精神付诸政治实践,几经争论和
妥协达成的宪法失去了独立宣言中表述的革命精神,独立宣言中的天赋权利与社会契约成分受到
很大程度上的限制。如:[美]梅里亚姆:《美国政治学说史》,朱曾汶译,北京:商务印书馆1988年
版;刘杰:《当代美国政治》,北京:社会科学文献出版社2001年版,第7页。刘杰得出这一理论结
论,主要依据在于查尔斯·比尔德的《美国宪法的经济观》。他认为正是在不同权力集团利益的矛
盾和冲突下,《独立宣言》中明确宣布的天赋人权、人民主权精神在宪法制定过程中消失殆尽。

⑤ 参见李剑鸣:《历史语境、史学语境与史料的解读》,载《史学集刊》2007年第5期。

⑥ 参见 M. N. S. Sellers,*American Republicanism:Roman Ideology in the United States Constitution*,
New York:New York University Press,1994。包括休谟在内的许多英国历史学家喜欢将英国人视为
"罗马人的后裔"。而由 Simon Schama 撰写的三卷本《大不列颠史》,在追溯英国的历史渊源时,就
极力证明罗马与英国在政治制度与文化上的渊源。从英国共和主义作家的文本来看,英国的共和
政体模式来自罗马共和。

念的意义必须要到历史中去找,这也是值得我们思索的。要理解现代美国政治中的"共和"、"美德"、"自由"等,我们必须到产生它的历史语境中去寻找。此外,戈登·伍德对反联邦党人或者联邦党人的政治思想并不是很感兴趣,他认为他们的政治思想不过是当时社会意识形态的派生物而已。关于宪法批准的那场论辩,对反联邦党人来说是关于基本政治理论的争论,对戈登·伍德来说则纯粹是社会学意义上的。①

　　戈登·伍德1991年又发表了他的后续研究成果《美国革命的激进主义》(*The Radicalism of the American Revolution*)。② 主要阐述美国如何摆脱英帝国的统治,建立美利坚合众国以及建国后的几十年的思想变迁史。他在书中反对所谓的进步主义的历史学家用法国民主革命的模式来解释美国革命的企图,他指出,共和主义作为18世纪的一种政治上的而非社会上的激进意识形态③,是建国者的政治理想,为美国革命提供了有别于君主制的新的政府组织形式。这种共和主义的最深根源在罗马共和国。他还指出共和主义是北美殖民地人民推翻英国君主政制统治的思想武器,但美国人民革命的最终的结果并没有导向精英偏好的共和主义政治社会,而是民主政制的美利坚。戈登·伍德对共和主义内涵的阐释是值得我们考虑的。他还强调共和主义思想内的道德内容,并且认为道德是公民获得自由的前提要件。在《民主与宪法》④一文中他指出,现代所谓的"民主美国"在于美国人

013

---

① 参见 Murray Dry, *The Anti-Federalist: an Abridgement of the Complete Anti-Federalsit*, edited by Hebert . J. Storing, Chicago: University of Chicago Press, 1985, p. 2。
② [美]戈登·伍德:《美国革命的激进主义》,傅国英译,北京:北京大学出版社1997年版。
③ 共和主义是彻头彻尾的激进思想体系,它对18世纪的影响就如同马克思主义对19世纪的影响一样强烈。它向等级制、不平等、效忠国王、家长制、庇护制以及从属制等君主制的基本观念和实践提出了挑战。(参见[美]戈登·伍德:《美国革命的激进主义》,傅国英译,北京:北京大学出版社1997年版,第94—95页。)
④ 参见[美]戈登·伍德:《民主与宪法》,载佟德志编:《宪政与民主》,南京:江苏人民出版社2007年版,第16—29页。

将代议制与民主的等同①，在麦迪逊的设计中，代议制属于共和政体，民主则是人民亲自组织和管理政府。联邦党人对于民主是坚决反对的，他们制定的宪法是共和主义的。反联邦党人批评宪法的贵族色彩，要求加强宪法的民主性。为了让人民批准宪法，联邦党人使用了各种政治修辞的手法，他们用民主的外衣把自己的贵族身份遮盖起来，人民不再置疑美国宪法中的"民主"，而是成为一种所有美国人和美国的机构必须坚守的信仰。民主理论的鼓吹者罗伯特·达尔为此指出：美国人依然信仰他们的宪法，宪法的合法性依然如故，这将与他们对民主的合法性的信仰长久地处于一种紧张状态。②

卡尔·理查德（Carl J. Richard）称他于 1994 年出版的《建国者与古典主义：希腊、罗马及美国启蒙运动》③为第一部以专著形式研究古典理论对美国建国者影响的成果。他主张，要维持宪法、理解宪法的真意我们还得到历史中去寻觅，深刻理解古典理论对美国宪法的影响。他在书中论证了古希腊、罗马的政治哲学从正反两方面对开国之父以及美国宪法的影响。他认为美国建国者们所处的古典学环境与知识背景，促使他们反叛英国的殖民统治；他们还从古典理论中获取了建立美国宪法的原则与制度模板，最主要的就是古典共和主义理论。在宪法制定与批准的过程中，反雅典派获得胜利，联邦党人和反联邦党人以妥协的方式通过了现行美国宪法。卡尔·理查德在文中没有从古典共和与现代共和的差异与联系的层面来对美国共和进行进一步的深入分析，这影响了文章的深度。

另一部对美国政治中的古典因子进行分析的是迈耶·莱因霍尔德

---

① 密尔讲的代议制民主政体实质上不是民主制，而是共和制。如：按人数（少数与多数）比例的代表制；代表一切人（包括少数与多数）；少数智者的知识指导作用。（参见［英］密尔：《代议制政府》，汪瑄译，北京：商务印书馆 1982 年版。）

② 参见［美］罗伯特·达尔："制宪者未知的世界"，载佟德志编：《宪政与民主》，南京：江苏人民出版社 2007 年版，第 51 页。

③ Carl J. Richard, *The Founders and the Classics: Greece, Rome, and the American Englightenment*, Cambridge, Mass.: Harvard University Press, 1994.

（Meyer Reinhol）的《古典美国：美利坚共和国中的希腊和罗马遗产》。① 他在书中论述了建国之父们是如何受到希腊、罗马政治思想影响的。他承认古代的政治模型和古典政治理论确实对美国宪法的生成具有很大的作用，但他认为，古典主义理论的影响力在 1789 年以后就迅速地衰落，被人们抛弃了。事实上他的这个论断是没有说服力的，走向了理查德·顾美尔（Richard M. Gummere）的另一端。卡尔·理查德认为，他是想纠正顾美尔在《美国殖民地思想与古典传统：比较文化的视角》②中的极端，因为顾美尔把所有的一切都归之于古典理论的直接影响。

事实上，美国宪法是多种政治哲学原则竞争、妥协的产品，是多种具有张力的思想理论对话、碰撞的结果。共和主义是宪法制定者辩论的最终产品。在进行宪法解释，把握宪法内涵原则的时候，不能仅局限于宪法文本结构，而应该从宪法的整体结构和总体精神上来把握和推断。虽然美国是个成文宪法国家，但它里面还应包括蕴涵其中的许多应然原则，如共和政体具有的内涵包括政治责任、爱国主义等。对于这一点，唐·普赖斯（Don K. Price）在《美国的未成文宪法：科学、宗教与政治责任》中进行了阐述。③

《美国的建立：有关美国宪法形成的论文集》④是一部纪念美国宪法两百周年的论文集。杰克逊·巴洛（Jackson Barlow）和肯·马肃基（Ken Masugi）指出，美国的政治制度是政治哲学观念的产物。建国者们一直致力于从过去找到美国人民应然的生活方式，他们的最终成果就是，1788 年获得人民批准的美国宪法。虽然人们对制宪者们很尊重，但是制宪者们的指导

015

---

① Meyer Reinhol, *Classica Americana：The Greek and Roman Heritage in the United States*, Detroit：Wayne State University Press, 1984.

② Richard M. Gummere, *The American Colonial Mind and the Classical Tradition：Essays in Comparative Culture*, Cambridge, Mass.：Harvard University Press, 1963.

③ Don K. Price, *America's Unwritten Constitution：Science, Religion, and Political Responsibility*, Baton Rouge：Louisiana State University Press, 1983.

④ *The American Founding：Essays on the Formation of the Constitution*, edited by J. Jackson Barlow, Leonard W. Levy and Ken Masugi, New York：Greenwood Press, 1988.

思想并不是没有分歧的,这就导致了宪法解释的必然性。最高法院到底应该怎样进行解释,这就要探询制宪者们的意图,在他们的意图基础上进行解释。杰克逊·巴洛和肯·马肃基倾向于把《联邦党人文集》[1]作为宪法解释的权威。

在政治理论领域,对于自由主义或者民主政治的批评由来已久,并在不断深化。在现代数量政治学与行为主义政治学的帝国天下里,人们通过精确的数理分析和逻辑推理来检验民主,校验自由主义的自由,却得出了"民主的不可能"定理[2]与"自由主义的悖论"。在政治理论上,对自由主义或者民主政治的批评,既包括社群主义、保守主义、马克思主义对它的批评,也包括自由民主阵营本身的反省,甚至女权主义也抛弃与自由主义传统的联合而投入共和主义的怀抱。[3] 共和主义作为一种虽然不是十分完美,但更加现实可行的政制方案日益得到人们的关注和认同。

自由民主阵营对本身的反省主要体现在:自由主义对道德与基本善的探讨;[4]自由主义对个人权利与集体权利的关系微调;自由主义对公共善与

---

① 《联邦党人文集》的标准学术版为 Jacob Cooke 所编,但使用最广泛也最经常为最高法院所引用的版本一般认为是 Clinton Rossiter 于 1961 年所编辑的平装本。(参见[美]罗伯特·麦克洛斯基:《美国最高法院》,任东来等译,北京:中国政法大学出版社 2005 年版,第 303 页。)

② 阿罗首次以数理逻辑的分析方法证明:将所有的个体偏好转化为一种社会偏好,是不可能的。古老的"囚徒困境"从另一角度证明了个体理性与集体理性之间的冲突性。古典主义民主"完全一致"的同意规则太完美了,它试图将每一个人的意愿刻画进民主系统,最终却将导致民主不堪重负而坍塌。布坎南则指出,公共选择过程的理想规则是一致同意的民主原则,但由于一致同意规则的成本过高,少数服从多数规则作为一种节约决策成本的方式被广泛使用。事实上,问题在于哥德尔不完全性定理指出要构建一致同意的实践系统是根本不可能的。回顾两千多年的人类历史,可以发现,这类民主并不能得到经验的支撑。(参见万绍红:《民主的路径:哥德尔不完全性定理的视界》,《阿坝师范高等专科学校学报》2005 年第 3 期。)

③ 参见安妮·菲利普斯:《女权主义与共和主义:一种合理的联盟》,载马德普主编:《中西政治文化论丛》(第五辑),天津:天津人民出版社 2006 年版,第 345—365 页。

④ 比如休谟提出,"道德行为的特征就是产生幸福的倾向;但是人类作为社会动物,是从别人的幸福中感到自己快乐的,所以,他们应当不仅以自己的快乐、而且以别人的快乐作为他们的行为的目的。"(参见[英]E. C. 蒙塔古:《边沁的生平》,载[英]边沁:《政府片论》,北京:商务印书馆 1995 年版,第 8 页。)

政府责任的承认；①民主政治理论对多数暴政问题的重视；对个体偏好与公共利益冲突问题的反思等。在学界地位足以和罗尔斯相抗衡的自由主义政治哲学名家朱迪思·史克拉②，在其就任美国政治学会主席的就职演讲中提出"拯救美国政治理论"。她认为，美国政治理论应该超越肤浅的自由主义信条。斯托纳则以普通法传统的美国宪法源头论证了司法审查的正当性，以规制自由主义的恣意。③在美国宪法解释上具有重要地位的施特劳斯学派近来非常活跃，他们对罗尔斯的理论是全面否定的④，这从宪政的高度给了自由民主政治及其政体理论重要一击。⑤事实上，美国宪法虽然是以美国"合众国人民"的名义而制定的，但"宪政实质上是反民主的。宪法的基本功能是将某些决定从民主的过程中清除出去"。⑥

---

①　罗尔斯在他的《正义论》中试图对自由主义所做的最大改造就是证明重叠共识是可以形成的，自由主义的多元社会必须建立在政治正义的基础之上，必须承认基本公共善的存在。可惜的是罗尔斯的重叠共识在论证是有问题的，自由主义并没有解决多元文化之间的冲突。（参见蔡英文：《多元与统一：多元主义与自由主义的一项政治议题》，载《人文及社会科学集刊》1997 年第 9 卷第 3 期，台北。）从柏拉图以降的古典正义理论主要指人的行为，在近现代的政治哲学理论中转向为对社会政治制度的道德评价。在罗尔斯的正义论中，对制度的道德评价和选择优先于对个人的道德评价和选择。但无论自由主义发生了多少变化，经过了多少调整，个人权利与自由仍然是它的核心价值，权利（right）仍然优于善（good）。

②　关于她的自由观可参见 Judith N. Shklar, "Montesquieu and the New Republicanism", in Political Thought and Political Thinkers, Chicago: University of Chicago Press, 1998。

③　有关司法审查与民主之间的关系，还可以参阅［美］伊利：《民主与不信任——关于司法审查的理论》，朱中一、顾运译，北京：法律出版社 2003 年版；［美］西尔维亚·斯诺维斯：《司法审查与宪法》，谌洪果译，北京：北京大学出版社 2005 年版；悉德尼·胡克：《民主与司法审查》，载佟德志编：《宪政与民主》，南京：江苏人民出版社 2007 年版，第 52—84 页。

④　参见 Allan Bloom, "Justice: John Rawls versus the Tradition of Political Philosophy", American Political Science Review, 1969（2），pp. 648 – 662, June 1975; reprinted in Bloom, Giants and Dwares (Simon & Schuster, 1990), pp. 313 – 345。

⑤　莎蒂亚·B. 德鲁里站在自由主义的立场指出，施特劳斯的政治哲学应用于美国宪政实践将从根本上动摇美国自由民主政治的根基。（参见［加］莎蒂亚·B. 德鲁里：《列奥·施特劳斯与美国右派》，刘华等译，上海：华东师范大学出版社 2006 年版。）

⑥　［美］史蒂芬·霍姆斯：《先定约束与民主的悖论》，载［美］埃尔斯特、［挪］斯莱格斯塔德编：《宪政与民主——理性与社会变迁研究》潘勤、谢鹏程译，北京：三联书店 1997 年版，第 224 页。对于立宪民主制度的内在悖论与张力的系统研究，可参见佟德志：《在民主与法治之间：西方政治文明的二元结构及其内在矛盾》，北京：人民出版社 2006 年版。

在这些批评中,其杰出的代表就是共和主义。斯金纳进入历史语境,揭示历史真相,深入考察自由概念的演变,揭示出每一种自由概念的历史场域及其要解决的"当代"问题。时过境迁,现代政治实践需要新的政治理论理路,这就是斯金纳等倡导的共和主义新罗马之路。斯金纳的盟友、新罗马共和派的另一理论家维罗里批评现代民主政治已经病入膏肓,人们没有激情,缺乏责任与忠诚。① 甚至于一贯被授予社群主义头衔的桑德尔也表示了对民主的不满②,因为民主仅仅是人们在追求他们私人目标与个人利益的过程中获得安全的一种方式。③ 桑德尔指出:"共和主义理想的政治力量不仅对于美国的独立来说具有重大的意义,而且其社会力量对新的共和国的思想和实践也具有深远的影响。"④在描述美国政治和宪法史上一种与自由主义传统相匹敌的传统时,桑德尔更强调共和主义传统。因为自由主义的根基——自我观念,使我们无法理解某些可能并非出于选择的道德义务⑤和

018

---

① 参见 Maurizio Viroli, *Republicanism*, translated from the Italian by Antony Shugaar, New York: Hill and Wang, 2002, pp. 102 – 103。

② 许纪霖是从社群主义与共和主义的关系上来界定共和主义的内涵的,他认为共和主义是社群主义最重要的思想渊源,二者之间虽然没有必然的对应关系,却有某种不可分割的契合联系。他还认为,在当代西方,社群主义的政治立场就是共和主义。不同之处在于,社群主义是一个包括了政治哲学、道德哲学、文化哲学的一种整全性理论,而共和主义只是一种政治哲学。从他的《公共正义的基础——对罗尔斯"原始状态"和"重叠共识"理念的讨论》一文来看,他对罗尔斯的"正义论"是非常赞赏的,他认为罗尔斯已经解决了自由主义的困境。但是,社群主义和自由主义走的是两个不同的理论进路,罗尔斯的自由主义必然会受到社群主义的诟病,如社群主义批评罗尔斯陷入了逻辑实证主义的泥潭,忽视了人们的社会、文化背景,他的两个关键性假设无知之幕和原初状态根本不可能存在;共和主义也不仅仅是一种政治哲学,它包含着复杂的政体制度设计方案,社群主义则不关注宪政制度设计层面的问题。(参见许纪霖主编:《共和、社群与公民》,南京:江苏人民出版社 2004 年版。)

③ 参见 Michael Sandel, *Democracy's Discontent: America in Search of a Public Philosophy*, Cambridge Mass: Harvard University press, 1996。

④ 〔澳大利亚〕菲利普·佩迪特:《共和主义——一种关于自由与政府的理论》,刘训练译,南京:江苏人民出版社 2006 年版,第 390 页。

⑤ 自由主义者认为道德是个完全属于私人领域的概念,它是一种个人的内心体验,个人对道德的选择和评判具有绝对的主权。因而,政府在公民的道德上应该保持中立,公权力对道德领域的干预不具有正当性。事实上,无须公民美德,凭借精密的制度设计就可以建构一个优良的政府。

政治义务。① 而这种道德义务与政治义务正是内含于美国宪法之中的,却被自由主义的内涵所否定。美国宪法强调政府责任,承认既存的道德、法律、习俗、宗教、政治差异,既认为存在各州的自治领域,又认为存在共同的联邦利益。② 当代共和主义者维罗里指出,自由主义与民主政治理论只是强调自由与民主中的一个维度,而共和主义既重视自由又不否定人民主权的诉求,这才是符合美国宪政经验的历史事实。③

　　当代西方政治思想史研究领域如今由两大学派主导。一是以波考克、昆廷·斯金纳、佩迪特、莫里齐奥·维罗里为代表的"新共和主义学派"(又称"剑桥学派")。新共和主义学派(波考克除外)高度评价马基雅维里的理论贡献,他们认为马基雅维里是近代第一个伟大的共和主义复兴者,并且从马基雅维里开始,古典共和主义开始具有现代特征。斯金纳是持此种观点的代表,他把马基雅维里奉为文艺复兴时期捍卫共和理想的第一人。他认为马基雅维里的共和思想早在《君主论》就有所暗示,《论李维》一书则把他的共和思想表达得淋漓尽致。在新共和主义学派那里,现代共和是优越于古典共和的。

　　作为美国西方政治思想史研究领域的另一领军学派施特劳斯学派将智慧的古希腊罗马人与庸俗的今人区分开来,他们中的一些人认为,美国的立

---

　　① 参见《论共和主义与自由主义:桑塔尔访谈录》,载应奇、刘训练编:《公民共和主义》,北京:东方出版社 2006 年版,第 355—357 页。

　　② 宪法中联邦职权仅限于某些固定的同共和国所有成员有关而任何个别条款却又不能达到的对象。下属政府能够管理那些可以分别予以考虑的其他事物,并将保持其应有的权力和活动。(参见[美]汉密尔顿、杰伊、麦迪逊:《联邦党人文集》,程逢如、在汉、舒逊译,北京:商务印书馆1980年版,第 68 页。)托克维尔在《论美国的民主》一书中对联邦权力和州权力的和谐共处作了精确的阐释。他用"政府集权"和"行政集权"两个概念来表示两种性质非常不同的集权,正是两种集权的区分界定了联邦与州的界限和各自活动的范围。有些事情,诸如全国性法律的制定和本国与外国的关系问题,是与全国各地都有利害关系的,这种领导权集中于同一个地方或同一个人手中的做法称为政府集权。另一些事情,比如地方的建设事业,则是国内的某一地区所特有的,这类领导权的集中称为行政集权。托克维尔的结论是:在美国,行政并不集权,而政府却甚于集权。(参见[法]托克维尔:《论美国的民主》,董果良译,北京:商务印书馆1988年版,第95—96页。)

　　③ 参见 Maurizio Viroli, *Republicanism*, translated from the Italian by Antony Shugaar, New York: Hill and Wang, 2002, p. 7。

国之本根植于古希腊罗马人的伟大古典传统之中。① 他们认为《君主论》中的马基雅维里才是真实的。他们认为马基雅维里是邪恶君主的导师,是西方现代性的第一奠基人,他的政治思想是非道德的典型,是和美国建国的德性原则根本相违背的。正是由于西方现代性的狂妄,马基雅维里的无德政治与狂妄的理性否认了任何社会善与神圣性的可能,激发了极端的平等与民主政治②,把人们引入一种纯粹物质的现代性生活,把世界导向尼采批判的"末人"(the last man)世界——没有理想和激情,只有简单生命的行尸走肉。施特劳斯学派正是要通过回归古希腊,回到苏格拉底和亚里士多德的政治哲学传统③而完成对西方现代性④的批判,唤醒人们对"德性科学"⑤的历史记忆,扭转平民统治精英的大众民主政治局面,解决现代人面临的"诸神冲突"问题,化解西方现代性的困境和美国政治的危机。⑥

与新共和主义学派相比,施特劳斯学派更具有古典气质,更加保守,对

---

① 参见[加]莎蒂亚·B. 德鲁里:《列奥·施特劳斯与美国右派》,刘华等译,上海:华东师范大学出版社 2006 年版,第 118 页。

② 这种平等的极端化在政治上的实践就是法国大革命,并由此产生了独特的法兰西民族政治文化。这种政治文化相信:没有某种完全超出权利的平等而进展到机会和资源的根深蒂固的平等,就不可能有个人自由;国家的正当职能就是促进这种平等。让·施皮兹认为,对平等的极端要求导致了共和的黄昏。(参见[法]让·施皮兹:《共和国的黄昏》,载应奇、刘训练编:《共和的黄昏:自由主义、社群主义和共和主义》,长春:吉林人民出版社 2007 年版,第 411 页。)

③ 列奥·施特劳斯认为哲学作为追求智慧的纯粹知识性活动,具有疯癫性,它是不承认政治、道德、法律、习俗、宗教等外在约束的。发轫于欧陆的现代哲学狂妄地认为知识就是真理,世界必须按照哲学的观念来改造,这会导致社会的覆灭。而政治哲学却具有审慎的美德,承认政治、道德、法律、习俗等加诸其上的控制。

④ 其主要理论代表是马基雅维里、洛克、卢梭、尼采。

⑤ 亚里士多德认为,主人之所以成为主人并不在于他有知识,而在于他具有某种品格。人天生拥有智能与德性,德性高贵者应当作为统治者、主人或者在城邦中享有显赫的地位。一旦人失去德性,他就会成为最邪恶残暴的动物,就会充满无尽的淫欲和贪婪。(参见[古希腊]亚里士多德:《政治学》,颜一、秦典华译,北京:中国人民大学出版社 2003 年版,第 5、11—12、90 页。)

⑥ 列奥·施特劳斯回归希腊,他在强调德性政治的同时,又不可避免地强调了柏拉图式的logos 纯粹理性的作用;而共和主义服膺的是经验理性,或者用哈耶克的术语来说是一种进化理性(批判理性)。共和主义的基础是政治哲学,而不是列奥·施特劳斯批判的纯粹哲学,这或许是列奥·施特劳斯试图解决现代世界祛魅后成为常人世界的一个难题。(对于列奥·施特劳斯反现代性的内在张力,可以参见高全喜:《何种政治? 谁之现代性? ——现代性政治叙事的左右版本及中国语境》,北京:新星出版社 2007 年版,第 45—62 页。)

自由主义和民主政治的批判更加激烈。新共和主义学派和施特劳斯学派的差别是明显的,但他们具有相同的志向,都对现代西方社会的民主政治与自由主义不满。列奥·施特劳斯把这种自由主义定义为堕落的自由主义,"它宣扬人的唯一目的就是只要活着开心而不受管教,却全然忘了人要追求的是品质高贵、出类拔萃、德性完美。"①两派都偏好历史经验与自然之路,也强调理性的反思审慎,试图通过对古典传统资源的再解读来拯救现代美国与西方现代世界。他们对古典的研究并不是为了古典而古典,他们的出发点是当代的政治问题。我们要理解美国宪法中的共和主义,不能忽视对施特劳斯学派研究成果的批判与吸收。要理解美国宪法的原旨也不能忽视施特劳斯学派对美国宪法的研究。施特劳斯学派对美国宪法共和主义研究的杰出代表,是专门研究联邦党人思想的马丁·戴孟德(Martin Diamond)和专门研究反联邦党人思想的赫伯特·斯托林(Herbert Storing)。

二、"共和主义"是美国宪法的原旨

美利坚民族与国家在很大程度上是美国宪法建构的产物,是政治的产品。正是美国宪法将一个多元文化价值观的移民国家聚合成一个具有强大凝聚力的政治共同体。② 宪法是国家的最高法律,宪法在法律的谱系中占据最高的地位。作为一个立宪主义国家,各种政治理论与实践的纠纷和出路都集中在宪法的解释与变迁之中。在宪法机构内相互对立的派别存在很大的分歧,但是"每一方都自称比对方更为彻底地尊奉宪法,装得比对方更

---

① Leo Strauss, "The Liberalism of Classical Political Philosophy",转引自甘阳:《政治哲人施特劳斯:古典保守主义与政治哲学的复兴》,载[美]列奥·施特劳斯:《自然权利与历史》,彭刚译,北京:三联书店 2003 年版,第 33 页。

② 维罗里在《共和主义》一书中明确区分了他的爱国主义与民族主义的区别,爱国主义者将共和国视为一种政治共同体,民族主义者则认为国家是一种自然产物或者是上帝的赐品。美利坚共和国在维罗里的共和理论中,毫无疑问是政治建构的产品。(参见 Maurizio Viroli, *Republicanism*, translated from the Italian by Antony Shugaar, New York: Hill and Wang, 2002, p. 87。)

加纯洁"①。最高法院的法官们虽然拥有解释宪法、判定什么是合法的最高
权力，但他们只不过是拉卡托斯意义上辅助定理的整合者，他们要做的只是
宪法原旨及其证明的维护而已。② 所以布鲁斯·阿克曼在他最近的一部大
作中也表示，尽管美国宪法有许多缺陷和败笔③，但是"只要美国还存在，建
国之父们就是我们的宿命。我们的政治、我们的法律、我们的解释，永远都
要回到他们那里去寻求它们的真意"④。凯斯·桑斯坦在其近著《偏颇的宪
法》中亦强调宪法的重要性，他认为宪法本身是公正的，偏颇的只是宪法解
释。⑤ 只有在宪法框架之下的政治法律理论与行动才具有"合法性"。为了
获得这种"合法性"，保守派和自由派都不得不诉诸美国宪法。美国宪法的
内涵是多种政治哲学竞争的产品，其内涵是丰富多彩的。"美国宪法的产
生是美国人民一致同意的结果，但现实中的美国宪法内部却充满了张
力。"⑥正如布坎南在《同意的计算：立宪民主的逻辑基础》中所提出的，
宪法规则应该具有前瞻性和持久性。⑦ 为了保证宪法构建的政体的稳定与
持久，美国宪法具有开放性、抽象性、原则性、政策性，这就要对"不
完全"的宪法进行解释，把宪法中蕴涵的原则发挥出来，在解释中获得
自己的"合法性"。宪法解释在宪政实践中具有非常重要的作用，它是宪

022

---

① ［美］威尔逊：《国会政体：美国政治研究》，熊希龄、吕德本译，北京：商务印书馆1985年
版，第7页。

② 关于法官与法律解释之间的关系，参见［美］劳伦斯·H. 却伯、迈克尔·C. 多尔夫：《解读
宪法》，陈林林、储智勇译，上海：上海三联书店2007年版，第128—136、160页。

③ 由于制宪会议在设计适当政体方面的困难，这种缺点也是美国宪法之父麦迪逊所承认的。
（参见［美］汉密尔顿、杰伊、麦迪逊：《联邦党人文集》，程逢如、在汉、舒逊译，北京：商务印书馆1980
年版，第179页。）

④ Bruce Ackerman, *The Failure of the Founding Fathers: Jefferson, Marshall, and the Rise of Presi-
dential Democracy*, Cambridge, Mass: Belknap Press of Harvard University Press, 2005, pp. 13 – 14.

⑤ 参见［美］凯斯·R. 桑斯坦：《偏颇的宪法》，宋华琳、毕竞悦译，北京：北京大学出版社
2005年版。桑斯坦对现今人们倾向于通过最高法院的判决和解释来确定宪法的原旨"法院中心"
论表示了不满，他认为宪法的原旨取决于总统、议会、最高法院乃至普通民众的民主审议。

⑥ Murray Dry, *The Anti-Federalist: an Abridgement of the Complete Anti-Federalsit*, edited by Her-
bert . J. Storing, Chicago: University of Chicago Press, 1985, p. 4.

⑦ 参见［美］詹姆斯·布坎南、戈登·塔洛克：《同意的计算：立宪民主的逻辑基础》，陈光金
译，北京：中国社会科学出版社2000年版。

政增长的重要发动机。① 由于宪法的至高无上性，掌权机关在对宪法进行解释的时候，无论是保守派还是自由派在解释宪法时都得宣称自己的解释是合宪的。"合宪性强势"获得的关键在于理解宪法制定者的制宪意图。美国宪法是美国历史上最富智慧、公共美德与献身精神的一代政治家制定的根本大法。② 制宪者的制宪意图是一切宪法解释的基础，美国各法院历来宣称，确定和尊重制宪者的原初意图是宪法解释与适用的首要原则。③

"当我们就建国问题进行研究时，我们无法避免对我们今天所了解的建国遗产作出判断，而我们对于自己所能说的东西之信心，必然跟我们对于这一判断及我们的假设——该宪政的全部可能性都已经被揭示出来了——这一信心一样是有限的。当代学者如果不顾建国者的洞见和意图，将是愚不可及的。"④ 这就不得不让我们"认真对待宪法"，回到美国制宪会议中去，去倾听制宪者们的"辩论"，去解析制宪会议的记录，去阅读他

---

① 通过宪法解释，宪法中蕴涵的宪政原则得以发挥、明确，政治争议、冲突转化为宪法、法律问题。这既保证了政治的稳定，又促进了宪政的生长。

② 参见罗伯特·达尔：《制宪者未知的世界》，载佟德志编：《宪政与民主》，南京：江苏人民出版社 2007 年版，第 30 页。

③ 各级普通法院是美国宪法的有权解释机构。宪法解释包括三个不同的层面，即制宪解释、宪法条文解释、宪法适用解释。历时性解释与共时性解释是宪法解释学的两大不同路向。历时性解释说强调严格按照制宪者原意来进行解释，解释者不拥有自由裁量的权力，不能侵犯制宪权。共时性解释说则主张解释者应有足够的自由裁量权。（参见［美］E. 博登海默：《法理学——法律哲学与法律方法》，邓正来译，北京：中国政法大学出版社 2004 年版。）值得一提的是，司法判决可以经议会的立法而修正、改变，但法院基于宪法的司法解释却是立法机关无法改变的。

④ 参见［美］小詹姆斯·R. 斯托纳：《普通法与自由主义理论——柯克、霍布斯及美国宪政主义之诸源头》，姚中秋译，北京：北京大学出版社 2005 年版，第 2 页。柯克对美国宪法的贡献主要有三点：一是建立了基于共同权利和理性的司法审查制度。二是提出了基本法的学说。这种基本法既约束议会也约束国王，而且这种法在很大程度上体现在一个特定的习惯程序之中。三是柯克为美国宪法贡献了法律之下议会之上的思想。这种思想随着立法活动和法院裁定的分离，最终可以转变为在法律范围内立法至上的观念。（参见［美］爱德华·S. 考文：《美国宪法的高级法背景》，强世功译，北京：三联书店 1996 年版，第 57—58 页。）

们在批准宪法过程中的争论①，去把握他们通过深思熟虑和自由选择，他们到底要给美国制定一部什么样的宪法，为美国人民选择一种什么样的生活方式。

宪政的秘密存在于宪法制定的过程之中，"进入"美国制宪会议的"现场"，倾听制宪者的"辩护"，我们发现美国自由主义的"代言人"洛克在制宪会议中的地位实在是尴尬得很②，甚至霍布斯的地位都优于他。霍布斯的君主政体拥有权力集中的特点。制宪者相信，将君主政体与共和政体的利益调和一致，则新的共和政体既具有君主政体的优点（对外力量强大），又具有共和政体的优点（内部自由、幸福）。③ 洛克服膺权利本位，反对任何美好的公共善④和普遍利益的优先性，他强调议会主权，走向了制宪者明确反对的自由主义。此外，制宪者认为民主与共和是两个完全不同的概念，民主是公民亲自组织和管理政府的小社会，共和则是采用代议制的政体共

---

① 人们对美国宪法批准史的研究远晚于对制宪史的研究。国内对美国宪法批准历史的研究，可参见褚乐平：《美国宪法批准史探》，《美国研究》2003 年第 1 期。国外可参见 Robert Allen Rutland，*The Ordeal of the Constitution：The Anti Federalists and the Ratification Struggle*，Oklahoma：University of Oklahoma Press，1966；David J. Siemers，*Ratifying the Republic：Antifederalists and Federalists in Constitutional Time*，Stanford，Calif. ：Stanford University Press，2002。

② 当然，这并不意味着洛克对美国宪法的制定者就没有正面影响，他的一些政治思想，如统治要获得人民同意、法治等还是能被制宪者接纳的，但是，洛克作为自由主义的代言人这一整体形象是为制宪者所排斥的。这就是洛克地位之所以尴尬的原因所在。制宪者对洛克的承认还在于洛克的自由主义理论早先并不是特别激进，而是传统的。"克兰斯顿曾经提到洛克的革命的自由主义，但是只有以此为参考而将洛克与 1688—1689 年的事件等同起来的时候，这种说法才是合适的，洛克的大多数观点用当时的标准来衡量都不是特别的激进。"（［英］安东尼·阿巴拉斯特：《西方自由主义的兴衰》，曹海军等译，长春：吉林人民出版社 2004 年版，第 215—216 页。）

③ 制宪者要的并不是诺齐克式的最小国家，国家不应该像科斯主张的那样仅限于界定产权，使交易成本最小化，国家在必要的时候像霍布斯主义那样强大而集权。（关于霍布斯对美国宪政的影响，参见［美］小詹姆斯·R. 斯托纳：《普通法与自由主义理论——柯克、霍布斯及美国宪政主义之诸源头》，姚中秋译，北京：北京大学出版社 2005 年版。）

④ 这种公共善是制宪者所深信不疑的。（参见［美］汉密尔顿、杰伊、麦迪逊：《联邦党人文集》，程逢如、在汉、舒逊译，北京：商务印书馆 1980 年版，第 184 页。）

同体。① 民主制在当时几乎为所有的制宪者所诟病，"民主"（democracy）常和"暴民政治"（mobocracy）通用。② 爱德蒙·伦道夫在制宪会议上批评，国家遭受灾祸最根本的原因在于民主政体带来的混乱和蠢行，最大的危险在于宪法中的民主成分。华盛顿提醒人们不要通过仅仅是讨好人民的文件。③ 人们对民主的这一评价一直持续到19世纪中叶。④ 民主名声的逆转以及伴随之后西方乃至世界政制范式的更改，始自边沁与密尔等政治理论家的卓越贡献，其也在于后人对麦迪逊式共和政体与民主政制的等同。到了20世纪的1997年，阿玛蒂亚·森（Amartya Sen）才盛赞民主制度为人类的普世价值，是崭新的、典范式的20世纪产品；它的出现并被广泛地接纳为政府的组织形式，为20世纪最具有重要意义的事情。⑤ 王绍光教授亦注意到现代所谓的美国宪法民主是被一次一次的阉割和限制后才被本质上反对

---

① 参见[美]汉密尔顿、杰伊、麦迪逊：《联邦党人文集》，程逢如、在汉、舒逊译，北京：商务印书馆1980年版，第48—49页。原文是a pure democracy, by which I mean a society consisting of a small number of citizens, who assemble and administer the government in person（The Federalist papers, by The New American Library of World Literature, 1961, p. 81.），程逢如、在汉、舒逊将其翻译为"一种纯粹的民主政体——这里我指的是由少数公民亲自组织和管理政府的社会"，不妥。麦迪逊反对民主，但又不得不在共和政体中容纳更多的民意，所以他将代议制纳入共和政体的范畴，这是他的一大创造；但也种下了美国式共和政治乃至世界民主（代议制）庸俗化的种子。密尔后来评价代议制为完善政府的理性类型。许国贤教授分析了代议制民主的选举竞争成本与政治庸俗化成本，并把问题的解决方案归之于人民的自觉与自醒。笔者认为，这事实上就是共和主义所主张的公民美德，公民对公共生活的参与与责任。（参见许国贤：《民主的政治成本》，载《人文及社会科学集刊》2004年第17卷第2期，台北。）
② 现代学者对雅典式民主的批评与评价，可参见Josiah Ober, "Public Speech and the Power of the People in Democratic Athens", PS: Political Science and Politics, Vol. 26, No. 3（Sep. , 1993）, pp. 481 –486；Josiah Ober, Political Dissent in Democratic Athens: Intellectual Critics of Popular Rule, Princeton, N. J. : Princeton University Press, 1998；Josiah Ober, Mass and Elite in Democratic Athens: Rhetoric, Ideology, and the Power of the People, Princeton, N. J. : Princeton University Press, 1989；Josh Beer, Sophocles and the Tragedy of Athenian Democracy, Westport, Conn. : Praeger, 2004。
③ 参见Richard Rossiter: The American Political Tradition and the Men Who Made It, New York, 1989, p. 6, 转引自赵凤岚：《有关美国权利法案的几个问题》，《南开学报》1997年第4期。
④ 参见[美]萨托利：《民主新论》，冯克利、阎克文译，北京：东方出版社1998年版。
⑤ 参见Amartya Sen, "Democracy as a Universal Value", Journal of Democracy 10. 3. （1999）, pp. 3 –17。

民主的资本主义所接受的。现代民主政治的困境产生于现代民主制本身。①

事实上，雅典式的民主政治总是徘徊在无政府主义与专制主义之间。雅典的民主亦亡于民主的野心，"雅典帝国主义就源于雅典民主中的平等、自由与共同体认同"②。雅典式民主政治在当时就受到人们的激烈批评。③ 毫无疑问，"美国宪法的制定者了解雅典的模式，但他们中的多数人反对这样的制度。在美国立国之前的很多世纪中，任何形式的民主都被认为是危险的"。④ 它常常和法纪松弛、腐败堕落、软弱压迫、无政府主义、多数的暴政(tyranny of the majority)等联系在一起。制宪者认为民主下的自由是放纵的自由，专制与不宽容是它的必然结局，它不但戕害了自由，也颠覆了民主本身。⑤ 在历史上，许多专制者就是以讨好人民、蛊惑人民、煽动人民的民主情绪开始发迹的。⑥ 民主政体的本性在于追求完美，共和主义者信奉人类理性的有限性，他们认为完美目标只能随着时日、经验的积累而无限接近。所以，麦迪逊提出，对希腊的民主政制经验要有清醒的认识："这些教训一方面教导我们称赞美国根据古代的模式准备和制订政府的正

---

① 参见王绍光：《台湾民主政治困境，还是自由民主的困境?》，《台湾社会研究季刊》2007 年3 月号(第 65 期)，第 249—256 页。不过王绍光教授基于民主的偏好，主张用抽签的方式建立代议制体制则混淆了作为审议性机关的代议制机构与仅需作出常识性判断的西方陪审团之间的差异。

② Timothy J. Galpin, The Democratic Roots of Athenian Imperialism in the Fifth Century B. C. , *The Classical Journal*, Vol. 79, No. 2(Dec. ,1983 - Jan. ,1984), pp. 100 - 109. 值得说明的是，罗马人并不是墨索里尼式的狂热战争拥护者与帝国主义政策的叫嚣者。[参见 Dorrance Stinchfield White, "The Attitude of the Romans toward Peace and War", *The Classical Journal*, Vol. 31, No. 8(May,1936), pp. 465 -478。]

③ 参见 A. H. M. Jones, "The Athenian Democracy and Its Critics", *Cambridge Historical Journal*, Vol. 11, No. 1(1953), pp. 1 - 26。

④ [美]施密特、谢利、巴迪斯：《美国政府与政治》，梅然译，北京：北京大学出版社 2005 年版，第 7 页。

⑤ 苏格拉底之死与法国大革命为雅典式民主的典型暴政。在现代人的眼中，雅典的民主富有侵略性，令人窒息和恐惧。(参见[美]萨托利：《民主新论》，冯克利、阎克文译，北京：东方出版社 1998 年版，第 444 页。)

⑥ 参见[美]汉密尔顿、杰伊、麦迪逊：《联邦党人文集》，程逢如、在汉、舒逊译，北京：商务印书馆 1980 年版，第 5 页。

规计划方面所作的改进,另一方面,这些教训同样也可以用来告诫我们伴随这种试验所产生的危险和困难,而且告诫我们,不必要地增加试验,是一种非常轻率的行为。"①制宪者要求人们警惕,不要一味追求不甚可能达到的目标,而招致无政府主义,形成内战,造成各州间永久分裂的状态,乃至使一时得势的煽动家得以建立军事独裁。②

因此,联邦党人断定,除了共和政体,"显然再没有其他政体符合美国人民的天性,符合革命的基本原则或者符合鼓励每个爱好自由之士把我们的一切政治实验寄托于人类自治能力的基础上的光荣决定了。"③反联邦党人对之完全赞同,他们认为,共和是使人民及其财产④免于侵害的最佳宪政模式,它的稳定性和生机活力没有任何一种政体可以超越。⑤ 因而,共和主义是美国宪法的原旨,构成美国宪法修改的最低界限,是包括人民在内的主权者都无法否定的。⑥ 当然,制宪者在这里使用的共和概念,其内涵比之古代共和已经发生了很大的变化,容纳了更多的民主因子和个人权利因素,但它对民主的不满和自由主义的谨慎却是一如既往的。

通过对美国宪法制宪意图的解析,可以看出宪法体现了制宪者对议会和立法者理性的疑虑。制宪者对民主政治和自由主义是不满意的,他们信仰共和,他们孜孜以求的是社会的安全与幸福⑦,他们要给美国人民制定的

027

---

① ［美］汉密尔顿、杰伊、麦迪逊:《联邦党人文集》,程逢如、在汉、舒逊译,北京:商务印书馆1980 年版,第 186 页。

② 参见上书,第 440 页。

③ 同上书,第 192 页。

④ 有关财产理论的代表作,可以参考［美］斯蒂芬·芒泽:《财产理论》,彭诚信译,北京:北京大学出版社 2006 年版。

⑤ 参见 Agrippa Letter XII, in *The Essential Antifederalist*, edited by W. B. Allen and Gordon Lloyd, Associate Editor, Margie Lloyd, Lanham, MD: Rowman & Littlefield, 2002, p. 266。

⑥ 有关修宪权的边界讨论,可以参见杜强强:《修宪权的隐含界限问题》,《环球法律评论》2006 年第 4 期。

⑦ 制宪者认为:"一切政治制度的目的在于谋求社会的安全与幸福,而且所有这类制度必须为此目的而献身"。(参见［美］汉密尔顿、杰伊、麦迪逊:《联邦党人文集》,程逢如、在汉、舒逊译,北京:商务印书馆 1980 年版,第 227 页。)

是一部"共和"制的宪法，而不是单纯自由主义的或者所谓的民主宪法。①
"开国先辈们把自己看作是站在两个政治极端之间的温和的共和主义者，
这是相当准确的。"②以混合均衡为标志的共和宪制被认为是正义的化身，
是制宪者们为美国人民选择通向自由与幸福的生活方式和宪法框架，他们
甚至觉得建立共和国才是上帝的意旨。③

　　由此可见，"共和"才是美国宪法的原旨，而非"自由主义"或者民主政
治。因为只有共和，才能既保障个人的自由，又实现国家的光荣。正如后来
托克维尔所称赞的，通过联邦共和制度这种公共权力安排体系，建国之父的
伟大理想实现了，"联邦既像一个小国那样自由和幸福，又像一个大国那样
光荣和强大。"④虽然一切权力的根源存在于多数的意志之中，但对于"人民
的多数在管理国家方面有权决定一切"的格言，托克维尔认为，那是渎神的
和令人讨厌的。⑤

----

①　美国宪法是原则与妥协的产物，这一点王希在其《原则与妥协——美国宪法的精神与实践》中进行了精彩的论述。王希同时也指出，美国的宪政传统根植于欧洲，可以追溯到古希腊、古罗马时代。他还注意到美国的制宪者在讨论宪法时，更多地使用共和政体而极少用民主政体，但他没有进一步进行研究，当然这和他的主要研究主旨不在这方面有关。（参见王希：《原则与妥协——美国宪法的精神与实践》，北京：北京大学出版社2000年版。）

②　[美]霍夫施塔特：《美国政治传统及其缔造者》，崔永禄、王忠和译，北京：商务印书馆1994年版，第18页。

③　美国宪法第一修正案确立了宗教自由的原则，严格来说上帝乃是基督教的主神，将God翻译为上帝不符合宪法的精神，但基督教在美国是一个强势宗教，当美国人使用God一词的时候，很多时候他们指的是上帝，而不是其他宗教的"诸神"或者"造物主"。当涉及价值的普适性时，美国人的God又泛指不同民族、不同国家信奉的诸神。

④　[法]托克维尔：《论美国的民主》，董果良译，北京：商务印书馆1988年版，第183页。托克维尔认为，美国宪法对现代美国民主制度的贡献是有限的，这在于共和主义政体制度和现代美国民主政制存在一定的差距。汉密尔顿在为宪法辩护的时候则引用了孟德斯鸠的话来证明联邦共和国的长处。"联邦既由小共和国组成，它便享有各共和国的内部幸福，至于对外情况，由于联合，它具有大君主国的一切优点。"（参见[美]汉密尔顿、杰伊、麦迪逊：《联邦党人文集》，程逢如、在汉、舒逊译，北京：商务印书馆1980年版，第43页。）孟德斯鸠认为联邦共和国是共和政体内在优点与君主政体外在力量的完美结合。（参见[法]孟德斯鸠：《论法的精神》（上册），张雁深译，北京：商务印书馆1959年版，第154页。）当代民主理论的大师罗伯特·达尔在《美国宪法的民主批判》中指出美国宪法在本质上是反民主的。（参见[美]罗伯特·达尔：《美国宪法的民主批判》，佟德志译，北京：东方出版社2007年版。）

⑤　参见[法]托克维尔：《论美国的民主》，董果良译，北京：商务印书馆1988年版，第287页。

三、罗马共和政体是美国宪法中共和主义的模板

"那么伟大的共和政体到底是什么样子?"托克维尔从罗德岛出发,访问了沿途遇到的 200 多人,把自己的思考和观察凝聚成了政治理论的名著《论美国的民主》,阐释了美国共和政体的民主实质。笔者从制宪者的言论与思想出发,进一步考察美国宪法之中的共和主义思想渊源及其内涵形态,发现建国之父的共和主义思想模板来自于遥远的古罗马共和国。①

以古为鉴可知兴替,以人为鉴可明得失。"我们总离不开罗马人。今天我们在他们的首都也还是要离开新的宫殿去寻找废墟颓垣;就像骋目于万紫千红的草原的双眼,总爱看看岩石和山陵。"②罗马文化深深地影响着美国革命和美国宪法。"当美国独立战争处于紧急关头,英军已在纽约附近登陆,华盛顿等谈的却是古罗马的历史。"③汉密尔顿和麦迪逊更是精于罗马法的律师。罗马的政体制度、罗马强大的军事力量、罗马的辉煌与荣耀让制宪者记忆犹新;美国的先贤渴望再创新时代的罗马辉煌,他们渴望自己创立的共和国和他们的名声像伟大的罗马一样让后世传诵。

一言以蔽之,存在于遥远罗马共和国的古典共和主义和存在于现代美国宪法的共和主义具有明显的"家族相似性",而共和主义传统之所以能够跨越不同的时期保持统一,部分的原因在于它们遵循着相同的经典文本,在于它们对罗马共和的理想和教训有着共同的热情。④ 阿伦特指出,只有美

029

---

① 北京大学的李强教授强调罗马对欧洲和美国政治的巨大影响,把共和制度的典范定在罗马而不是雅典和斯巴达,服膺波利比阿把罗马的成功归因于以公民美德、公民精神为核心的罗马共和政体的判断。他在《超越大众民主与权威主义》中把当代西方的共和主义理论分为强调共和政体的共和主义(古典共和主义)和强调所谓 civic humanism(公民人文主义)的共和主义,提出了对民主及其对立面权威主义的批评,以共和主义超越大众民主和权威主义,以期望鱼和熊掌兼得。李强提出现代的共和制,必须是民主基础上的包含着民主原则的共和制。

② [法]孟德斯鸠:《论法的精神》(上册),张雁深译,北京:商务印书馆 1959 年版,第 203—204 页。

③ 朱龙华:《罗马文化与古典传统》,杭州:浙江人民出版社 1993 年版,第 1 页。

④ 参见[澳大利亚]菲利普·佩迪特:《共和主义——一种关于自由与政府的理论》,刘训练译,南京:江苏人民出版社 2006 年版,第 25 页。

国革命摆脱了欧洲民族国家的发展进程,从而保持了罗马政治精神。这是因为,罗马政治观念的出发点在于罗马事业的神圣性,在此基础之上,传统和宗教所致力的均在于将当前这一代的行动回溯关联到祖先所开创的基业之上。而美利坚的立宪活动建基于 13 个殖民地的政治经验基础之上。①

　　美国的革命并不是因为美国人民受到了明显的压迫,而是因为他们受到的教育使他们熟悉自由,使他们对自由敏感,使他们不能容忍可能潜在的压迫,使他们起来反抗,并到历史中去寻找经验。② 卡尔·理查德指出:"建国者们所处的古典学环境与知识背景,促使他们反叛英国的殖民统治,在宪法制定与批准的过程中,反对雅典式民主③的罗马派获得了胜利。"④ "共和"成为了制宪者们最终的选择,共和主义成为了制宪时代的主导意识形态或"政治神话"。⑤ 当宪法制定出来以后,美国人民深深忧虑的正是新宪法是否与共和政体的原则真正一致。

　　罗马混合政体思想与理论对美国宪法生成的影响是十分明显和重大的。美国宪法构建的美利坚共和国虽然具有某种程度上的民主政治因子,但它更突出精英的领导与责任;宪法注重的是少数人的理性与美德而不是绝大多数民众的自由意志。甚至罗马古典共和主义思想里面对无财产者、

---

　　① 参见萧高彦:《施米特与阿伦特公民概念的比较研究》,载许纪霖主编:《公共性与公民观》,南京:江苏人民出版社 2006 年版,第 107—111 页。

　　② 参见 Gordon S. Wood, *The Creation of the American Republic, 1776 – 1787*, New York: Norton, 1969, pp. 4 – 7。

　　③ 在雅典,立法权和行政权属于公民大会及其常设机构 500 人议事会,公民大会具有决定性的权力;在司法上,人数众多的陪审团法院也掌握在雅典平民的手中;国家公职对所有公民开放,任何人都有平等获得公职的机会,依据民主规则,每个公民都有权以抽签的形式获得法官职位的机会。通过这样的政治设计,雅典平民高度参与政治,平民将统治权完全掌握在自己的手中,雅典民主也因此成为纯粹民主的原典。亦有学者对此持不同意见,如 Raphael Sealey 认为雅典的民众并不能为所欲为,民众的行为还受到社会惯例、习惯的约束,他认为雅典人获得了比民主更基本的政治原则,那就是法治。[参见 Raphael Sealey, "On the Athenian Concept of Law", *The Classical Journal*, Vol. 77, No. 4 (Apr. – May, 1982), pp. 289 – 302。]

　　④ 参见 Carl J. Richard, *The Founders and the Classics: Greece, Rome, and the American Englightenment*, Cambridge, Mass. : Harvard University Press, 1994. p. 3。

　　⑤ 参见 David W. Robson, *Educating Republicans: the College in the Era of the American Revolution, 1750 – 1800*, Westport, Conn. : Greenwood Press, 1985。

妇女①和非罗马人(外国人)的排斥与歧视等乏善可陈的层面,也在为美国宪法中的财产资格②、对黑人和妇女的歧视进行合法性辩护。③

此外,从美国宪法产生的思维路径来说,它并不是制宪者理性独断的结果④,而是历史经验与理性审慎的共同结晶。它避免了来库古(Lycurgus)与洛克的自负,而采用了某种"自然的道路",这种道路正是西塞罗所盛赞的伟大罗马共和宪法的生成之路。⑤

需要说明的是,当我们确认罗马古典共和主义理论的思想与实践对美国宪法的形成具有巨大影响的时候,并没有排除其他的政治思想源流的历史力量在美国宪法生成中的作用,如清教的遗产⑥、重农主义的影响⑦、法国的启蒙思想等。这其中尤其要注意的是古希腊的民主政治、英格兰普通法

---

①　妇女被认为天生缺少理性,富于依赖性,过于情绪化,难以达到城邦公民所需要的自立、自决的素质。男女平等的主张被认为是违背自然规律的。

②　如制宪者平克尼认为,未拥有一万美元的人不得担任总统职务,参见 Richard Rossiter: *The American Political Tradition and the Men Who Made It*, New York, 1989, p. 6。(转引自赵凤岚:《有关美国权利法案的几个问题》,《南开学报》1997 年第 4 期。)杰斐逊亦强调,没有经济上的自由就没有政治上的自由,没有财产的人必将难以自立,会"带来低三下四的恭顺和唯利是图的小人行为,并会扼杀美德的萌芽,为野心的塑造准备适用的工具。"(参见[美]埃里克·方纳:《美国自由的故事》,王希译,北京:商务印书馆 2002 年版,第 32 页。)

③　在 18 世纪 90 年代,只有白人男性自由民有投票权,在一些州他们还必须拥有一定的财产。妇女直至 1920 年才获得在全国性选举中投票的权利,非洲裔美国人到 20 世纪 60 年代才真正获得投票权。今天,普选权已成为通行的准则。(参见[美]施密特、谢利、巴迪斯:《美国政府与政治》,梅然译,北京:北京大学出版社 2005 年版,第 8—9 页。)

④　正如麦迪逊坦率承认的,制宪者也是人,也会犯这样或那样的错误,因此,对人的智慧力量的期望和信赖必须加以节制。(参见[美]汉密尔顿、杰伊、麦迪逊:《联邦党人文集》,程逢如、在汉、舒逊译,北京:商务印书馆 1980 年版,第 179、181 页。)

⑤　洛克的政体理论是他抽象思辨与逻辑推演的结果,而且洛克的逻辑推理还不无问题,受到了不少的批评。洛克主要运用分析还原与理性重建的方法,缺乏对历史的尊重,而自西塞罗以降的美国宪法共和主义则建基于厚重的历史经验大厦之上。

⑥　清教否认教会对教徒的控制,肯定教徒个体自由的独立性,并赋予这种自由以神圣性。对清教徒来说,圣经是既存政治制度合法性的最终依据。清教的自由仅限于清教徒内部人分享,清教并不实行宗教自由,对于异教徒,清教表现出强烈的敌意。

⑦　反联邦党人对农业生活的辩护,对工业生产的恐惧,对自然秩序和小共和国的偏好,对政府权力的控制,对私人自治的主张和重农主义的主张在某方面毫无疑问是耦合的。

法治传统①、衡平法制度②、英国的君主共和制度对美国制宪者的影响。

希腊民主政治实质上是反法治的政治形式。在西方历史上第一个明确提出法治思想的人是两千多年前古希腊的柏拉图。苏格拉底之死让柏拉图对民主政治避而远之,他对民众以及所谓的人民法律产生了深深的不信任与敌意,他信任的是与其老师苏格拉底一样具有智慧和美德的哲学家及正义的法律。但是,在柏拉图的本性里,他是蔑视法律的作用的,他认为最好的至善国家应该是由知识与德性的化身——"哲学王"来统治的国家。因为只有哲学家才是知识的掌控者,才能真正对人的灵魂进行沉思。只有有知识、精通政治艺术的哲学家才能成为立法的王者,才能依灵魂的秩序构建城邦的秩序,才能塑造人类至美之善。正义的法律不过是哲学家的智慧产物,因此哲学王的统治优于法律之治。因而,他主张,最好的国家应该由一个或多个哲学家来治理。"哲学家是世界的救世主,是城邦生活活生生的法律(nomos)"③;只有让哲学家及其法律来统治人民,而保障哲学家本身不受法律的统治才是正当的。让法律来统治哲学家那是对智慧与德性的侮辱,是不正义的。对于造成苏格拉底之死的民主法律更是柏拉图倡导哲学王之治而非法律之治的现实原因。但是,由于哲学家很难成为城邦的王,已经成为了城邦王的统治者又很难成为哲学家,那就只好让法律来统治了,法律的统治实质上乃是对人性的侮辱。因此,法治的国家在柏拉图那里只是"第二等最好的国家",是在哲学王"缺席"的情况下不得已而为之的替代

032

---

① 普通法路向的法律制度传统体现的是对既存政治社会秩序及其价值观念的尊重。有关英国的法治传统及其在北美殖民地的保留,可以参阅曾尔恕:《试论美国宪法制定的法治渊源:英国的法治传统及其在北美殖民地的保留》,《比较法研究》2006 年第 1 期;任东来:《美国宪法的英国普通法传统》,《美国研究》2002 年第 4 期。

② 14 世纪,由大法官根据公平、正义的原则,对普通法不承认的判例加以承认的判例法制度出现。16 世纪,独立的衡平法院出现,成为和普通法法院并列的单列司法机构。为了实现公平正义的价值,衡平法对于普通法具有优先性,但按照惯例,只有普通法未能提供充分的救济时,衡平法才具有管辖权。柯克强调"法律是最可靠的盾牌",他甚至禁止任何就普通法法院的判决向"没有具体衡量标准"的衡平法院提起上诉。

③ 参见[美]沃格林:《希腊化、罗马和早期基督教》,谢华育译,上海:华东师范大学出版社 2007 年版,第 131 页。

方案。

柏拉图的学生亚里士多德是柏拉图法治思想的直接继承者和发展者。他对人性有了新的认识,他认为群众作为一个集体其智慧与德性优于任何个体,任何一个人或者少数几个人的统治都是不公正的。① 他指出,法治生活绝不是奴役的生活,法律是自由美好生活的保证。法律作为"不受欲望影响的智慧"是有道德的文明生活一个必不可少的条件,是导致城邦"善"的一个必要前件。集体之治优于一人之治,法治优于一人之治。② 欲望带有兽性,生命激情自会扭曲统治者包括最优秀之人的心灵。崇尚法治的人就是崇尚神和理智统治的人,崇尚人治的人则在其中掺入了几分兽性。③所谓法治指法律得到普遍服从,得到服从的法律本身又须是制定得良好的法律。亚里士多德的言下之意是:无论是哲学王、立法者还是普通民众都要服从法律的统治。而只有以公共利益为依归的法律才是正义的法律,才称得上是制定得良好的法律。但是,亚里士多德的法治并非美国宪法意义上的现代法治观念,他的法治模型来自梭伦的政制与立法改革,是一种否认司法独立性与专业性的典型民主化法治。亚里士多德主张法律的好坏应该同政体的情况相适应,这就决定了偏好平民政治的亚氏共和法治必然是民主主义的。④ 虽然亚里士多德对民主政治的一些负面影响有所体察,但他仍然坚信民众的集体智慧具有聚集效应。⑤

古希腊人擅长于哲学思考,但它却一直没有发展出严格意义上的法律系统。整个古希腊时期都非法律的统治,而处于人治之下。此外,道德在希腊政治中是评判政治与法律的基础,道德至善是个人与城邦的最高目的。

033

---

① 参见[古希腊]亚里士多德:《政治学》,颜一、秦典华译,北京:中国人民大学出版社2003年版,第110页。

② 参见上书,第106—110页。

③ 参见上书,第110页。

④ 参见上书,第90—95页。

⑤ 亚里士多德提到,民主雅典的陶片放逐法事实上在以某种方式驱逐杰出之人。(相关论述参见[古希腊]亚里士多德:《政治学》,颜一、秦典华译,北京:中国人民大学出版社2003年版,第98—102页。)

在希腊,人们处于整体国家的等级之中,不同阶级之间界限分明。柏拉图认为统治者、护卫者、劳动者各就其位,每个人做自己等级之内的事是最大的正义。① "如果一个国家打算生存下去并得以享受一切能够得到的幸福,那么对它来说最最重要的是,在一个稳妥的基础上分配荣誉和耻辱。这一稳妥的基础是把精神财富放在首位,身体的好处列在第二位,第三位是财产。"② 在希腊政治中,全体公民的幸福是城邦的根本目的;同时,城邦是公民一切价值的承载物,城邦的幸福就是个人的幸福,是个体最大的荣耀所在,狭隘的个人私利是人们普遍批评的对象。"不能认为每一位公民属于他自己,而要认为所有公民都属于城邦,每个公民都是城邦的一部分。"③ 希腊的整体城邦政治甚至被一些学者比喻为侵入现代政治文明中的特洛伊木马,视为极权主义的源头。④ 作为一个整体,希腊民主政治为制宪者所不喜,但其中亦有为制宪者所欣赏的成分。如:希腊政治强调整体国家下各阶级之间的和谐与合作;政治与法律的道德之维;统治者的智慧与德性;公民的责任与荣耀;正义是国家的原则,全体人民的幸福是国家的目的;国家是公民的聚合体,个人幸福依赖于整体的国家。

大不列颠的历史,是美国人最熟悉的一部历史。英国人的有限自由概念、法治主义、等级思想、财产观念深深地影响了美国宪法中的共和主义。宪法制定者从英国的经验中获得了许多教益,又避免了英国人所付出的代价。⑤ 美洲殖民地对他们的伟大宗主国充满了尊敬与向往。英国政府被认为是世界上最好的政府。这一判断在 1787 年被视为一个公理,一个无须证

---

① 参见[古希腊]柏拉图:《理想国》,郭斌和、张竹明译,北京:商务印书馆 1986 年版,第167—173 页。

② [古希腊]柏拉图:《法律篇》,张智仁、何勤华译,上海:上海人民出版社 2001 年版,第99 页。

③ [古希腊]亚里士多德:《政治学》,颜一、秦典华译,北京:中国人民大学出版社 2003 年版,第267—268 页。

④ 参见 C. J. Friedrich, "Greek Political Heritage and Totalitarianism", *The Review of Politics*, Vol. 2, No. 2 (Apr. ,1940) , pp. 218 – 225。

⑤ 参见[美]汉密尔顿、杰伊、麦迪逊:《联邦党人文集》,程逢如、在汉、舒逊译,北京:商务印书馆 1980 年版,第 20 页。

明、不可辩驳的论说起点。包括杰斐逊在内的许多制宪者都热烈颂扬过英国的政体制度。① 迪金森重申他对英国宪政的热烈赞颂,他主张组成参议院时,应该贯彻精挑细选的做法,使其尽可能像英国的上院。② 汉密尔顿更是英国宪政制度的狂热崇拜者,当然也不乏不满,这种不满主要表现在他对英国议会主权的反对与修正。议会主权的民主性远远超出日后美国宪法确立的三权分立。汉密尔顿认为美国要生存强盛,就必须从英国身上汲取经验,建设一个强有力的行政权力和中央政府,这是人民利益与自由获得保障的根本。为此,在制宪会议上,大多数代表关注联邦与州之间的权力平衡,他却力推"废除州政府"③;在他的视线中,新泽西方案的实质是松散的邦联,弗吉尼亚方案失之于民主。他提出人民选举的参议员和总统,只要行为良好就可以终身任职,总统对立法机构通过的法令有绝对的否决权。州长由中央政府任命,他有权否决州议会的法令。④ 汉密尔顿甚至为此在其政治生涯的许多时间里都忍受着这样一种指责,即汉密尔顿实质上是一个君主主义者或者贵族政治论者。⑤ 但是,汉密尔顿并不是一位传统意义上的贵族政治论者,更不是君主主义者。他的贵族政治是一种以能力和才智为特色的贵族共和政治,而非以血统、门第和世袭为特色的贵族政治。他对富有贵族的包容也是政治性的,他需要他们附属、听命于联邦政府。他所喜欢的人物是那些把自己的精力和才华运用于为社会服务而不是为个人积聚财富的人。汉密尔顿眼中的贵族必须具有崇高的公共美德和献身公共事务的精神。⑥ 而且,英国并不是一个君主制国家,正如孟德斯鸠所言,它是一个

035

———————

① 参见司美丽:《汉密尔顿传》,北京:中国对外翻译出版公司1999年版,第144页。
② 参见[美]麦迪逊:《美国制宪会议记录辩论》,尹宣译,沈阳:辽宁教育出版社2003年版,第76页。
③ 参见[美]玛丽·莫斯特:《美国宪法:实现良治的基础》,刘永艳、宁春辉译,北京:中央党校出版社2006年版,第139页。
④ 参见司美丽:《汉密尔顿传》,北京:中国对外翻译出版公司1999年版,第136页。
⑤ 参见[美]丹尼尔·兰格:《亚历山大·汉密尔顿及其追随者:政治理论与政治遗产》,载[美]肯尼思·汤普森编:《宪法的政治理论》,张志铭译,北京:三联书店1997年版,第103页。
⑥ 参见上书,第105、114页。

"隐藏在君主制形式之下的共和国";用戈登·伍德的话来说,英国已经实现了君主制的共和化。帕克指出,掌握在国王手中的运用整个主权的权力是次要的和派生的,本源的和有效的源头是人民。国家的一切权力掌握在作为全体主权代表人民的议会两院之中。① 共和主义要素就是英国能够强大的关键所在。② 汉密尔顿的目标就是要建立一个既有共和政体的内在优点,又有君主政体的对外力量的联邦共和国。③ "开国先辈们在思想上继承了17世纪英国的共和主义,反对专横统治,信仰人民主权理论。他们不愿意背弃共和主义,也不想违逆人民的民主倾向。"④汉密尔顿是一位贵族共和主义者,他的思想直接来源于英国的立宪君主共和;同时,他又是一位现实主义者,善于向现实的民主政治趋势妥协,这就让他从古典共和迈向了现代共和。这一转向同样属于美国宪法。约翰·亚当斯也认为必须使贵族统治与民主政治相互制约。美国宪法中的共和主义是贵族共和与民主共和的混血儿,是制宪者对英国共和经验进行扬弃后的理论结晶与制度表现,也是制宪者在罗马古典共和的基础上吸收人民主权理论建构而成的。

　　共和主义政治理论的谱系具有连续性。要理解美国宪法中的共和主义的内涵与精神实质,需要把握英国共和主义理论家的共和主义思想。实际上,古希腊的民主理论、启蒙运动的唯理主义、甚至霍布斯主义都对美国宪法的生成具有不可忽略的影响。⑤ 但是,通过进一步的深入探究,可以发现在这些源流之中,罗马古典共和主义的影响是决定性的。英国的共和主义

---

　　① 参见[英]昆廷·斯金纳:《自由主义之前的自由》,李宏图译,上海:上海三联书店2003年版,第1页。

　　② 参见[美]戈登·伍德:《美国革命的激进主义》,傅国英译,北京:北京大学出版社1997年版,第97页。

　　③ 汉密尔顿在《联邦党人文集》第9篇中引证孟德斯鸠的话明确表达了自己的立宪目标。(参见[美]汉密尔顿、杰伊、麦迪逊:《联邦党人文集》,程逢如、在汉、舒逊译,北京:商务印书馆1980年版,第42页。)

　　④ 参见[美]霍夫施塔特:《美国政治传统及其缔造者》,崔永禄、王忠和译,北京:商务印书馆1994年版,第9—10页。

　　⑤ 参见[美]小詹姆斯·R.斯托纳:《普通法与自由主义理论——柯克、霍布斯及美国宪政主义之诸源头》,姚中秋译,北京:北京大学出版社2005年版。

仍然渊源于罗马古典共和主义。英国共和主义复兴于 1688 年的光荣革命之后。光荣革命确立了辉格党英国式人民主权理论的宪法地位,也引起了罗马古典共和主义的研究热潮。这个热潮由辉格党的杰出理论家托马斯·戈登开启。托马斯·戈登的共和主义思想主要体现在他对西塞罗、撒路斯特、塔西佗这样一些罗马古典共和主义经典作家的著作文本的翻译与阐释上。他和约翰·特伦查德合著的《加图的来信》更是集中阐述了他们的古典共和主义思想,并对美国革命领导人产生了深远的影响。①

制宪者正是在对古希腊民主理论、英国宪政经验方面的比较之中,选择了稳定、强大、辉煌的罗马共和为原型和典范,以古典共和主义思想创造了它的近代制度表现形式——美国宪法,作为通向国家强盛与个人自由的最佳制度。②

因此,本书主要考察美国宪法中的共和主义内涵及其精神实质,并展现共和主义的一般原则与普遍特征。对这种内涵与原则的把握在于,深刻理解罗马古典共和主义意识形态源头对美国宪法共和主义生成的影响。③

---

①　参见 M. N. S. Sellers, *American Republicanism: Roman Ideology in the United States Constitution*, New York: New York University Press, 1994, pp. 105 – 145。

②　共和主义宪法派从分析制宪者的辩论、宪法文本、宪法判决入手,找出了埋藏在美国宪法传统中的共和主义瑰宝,从而试图以共和主义弥补自由主义和民主政治的不足,积极倡导一种共和主义的思维方式与政治生活。以斯金纳为代表的新罗马理论派则找到了文艺复兴后期的共和主义复兴作家作为其理论建构的对话对象。笔者认为,尽管他们的理论成就是辉煌的,但他们理论建构的路径却不一定是最合理的。由于美国宪法中的共和主义直接渊源于罗马古典共和主义,因而,从分析罗马共和国的历史和罗马古典共和主义的思想入手将会是一条更加便捷有效的进路。当然,这并不排斥对罗马共和主义研究成果的再研究,因为对这些文本的研究将有助于从后人的视角进一步认识罗马古典共和主义的内涵与实质;对美国制宪会议及其代表人物的研究则将有助于把握罗马古典共和主义在进入美国宪法过程中所发生的流变。

③　塞勒斯的《美国的共和主义:美国宪法中的罗马意识形态》将共和传统脉络以历史叙事的方式再现,主要是论述罗马共和对美国政治的影响,但作者过于强调罗马的共和主义和美国的共和主义的统一性,过于重视混合政体、法治等制度性的因素在罗马共和国中所起的作用。在研究进路上,塞勒斯过于重视历史考据,缺乏政治理论的分析框架,以至于忽视了对共和主义思想内涵的深刻把握与剖析,这或许和他的历史学科背景不无关系。塞勒斯和许多学者一样把洛克、卢梭归入共和主义的阵营也是笔者不能接受的,洛克、卢梭恰恰是笔者本书的两大理论批评对象。本书的主旨就是在和他们对话的过程中建立起来的。美国宪法中的共和主义作为现代共和主义的样本,它与

　　这里的意识形态并不是指一种虚假的意识,一种纲领性的意识形态,也不是指对社会和历史现实的单纯的反射映像,而是指一个时代或者一个具体的历史—社会群体所具有的总的意识结构,是指社会特定团体的总体信仰、观念结构组成和特征。① 这种意识形态是关于政治目标和最令人向往的政治生活的一系列紧密相关的信仰,以及达致如此政治生活的政治手段与技艺。②

　　美国宪法、美国的政治制度是政治哲学观念的产物,建国者们一直致力于从过去找到美国人民应然的生活方式。本书的目的就在于挖掘和考察罗

(接上页)以古罗马为代表的古典共和主义是有区别的。在写作手法上,塞勒斯以人物为线索,多有重复累赘之嫌。笔者以思想为线索,可以更加精练深刻。(参见 M. N. S. Sellers, *American Republicanism: Roman Ideology in the United States Constitution*, New York: New York University Press, 1994.)本书是建立在历史比较基础之上的阐释学之作。本书主要通过对美国宪法中的共和主义和罗马古典共和主义的内涵及其精神形态方面的比较来确立它们之间的一致性和渊源性。虽然本书探究的是美国宪制与政体的罗马共和渊源,但并不致力于"历史场景"的细描。本书并没有从历史考据学的层面探究两者的联系,它是政治学意义上的。这一讨论主要不是历史学的探究,或者说它的历史维度虽然是次要的,但却是必要的。因为历史维面的根基避免了研究者纯粹的主观逻辑构建,研究者的研究必须依托于历史,而非一种无根的游谈。用佩迪特的话来说,它是对更加坚实的历史证据的简化,是一种理论化的探究。

　　① 参见[德]卡尔·曼海姆:《意识形态与乌托邦》,艾彦译,北京:华夏出版社 2001 年版,第 66 页。意识形态这一政治学核心话语最早由拿破仑时代的安东尼·德拉图·特拉西开启,指称彻底的谬误见解。这一概念一诞生就招惹了极大的非议,其内涵始终是学者激烈争论的焦点。在卡尔·曼海姆看来,意识形态不能"朝向事物本身",是虚假的,有观念的暴政之嫌。所以他主张以"观点"代替"意识形态",因为"观点"是价值悬置的。在马克思的视线里意识形态是"此在"的异化,是一种颠倒了的意识。它是马克思批判资产阶级意识以及唯心主义理论的工具化命题。卡尔·波普尔和丹尼尔·贝尔、哈贝马斯、福柯、德里达等人也在否定的意义上使用这一概念。他们把意识形态界定为一种封闭的政治思想体系,拥有对真理的垄断权,实质上是一种排斥异端的世俗宗教。考茨基颠倒了马克思的"颠倒观念",在中性的意义上使用意识形态。意识形态对处于上升阶段的社会阶级来说,它们的意识形态可以真实地表达现实,推动社会历史向前发展。列宁是把马克思主义与意识形态统一起来的第一人,他将真值赋予了意识形态。伊格尔顿认为意识形态与恐怖时期非理性的残暴相反,属于理性政治学。他认为成功的意识形态常常被认为是呈现自然而又自明的信念的,意识形态的魔法使公众潜移默化地成为其中的一个组成部分,甚至公众自己对此还一无所知。意识形态可以使公众信赖统治权力的合法性和现有制度安排的正当性。阿隆则将意识形态视为知识分子的鸦片,一种使集体无理性的至上观念体系。

　　② 参见[美]施密特、谢利、巴迪斯:《美国政府与政治》,梅然译,北京:北京大学出版社 2005 年版,第 17 页。

马共和国及其共和理论的思想与实践对美国宪法形成及其宪政实践的影响,确认美国宪法共和主义的精神实质,当然本书也要反映罗马古典共和主义传递到美国宪法上所发生的变异。它主要探究美国宪法中共和主义的内涵及其特质,以及在罗马古典共和主义思想的影响下,美国宪法共和主义以及美国宪政制度是如何生成建构的,美国宪法共和主义及其宪政的内涵、特质是怎么样的。

　　美国宪法作为一部共和制的宪法,它是制宪者政治哲学观念的产物,是制宪者深思熟虑和自由选择的结果。美国宪法中的这种共和主义意识形态主要源自于古罗马的共和主义理论与实践,但又有所变异创新。本书的基础在于研究古罗马的共和主义思想内涵与实质,并在此基础上探询美国宪法中的共和主义内涵与精神形态。它还研究当代共和主义作家对共和主义的认识,这是从另一视角探究美国宪法中的共和主义实质。本书力求通过上述研究路径,深刻认识和把握美国宪法共和主义的内涵,理解美国政治中的民主与自由、个人与国家的关系,从而更深刻地认识美国的自由民主政治。

　　本书的主要内容是揭示美国宪法的共和主义特质与内涵,进而展现共和主义的基本原则与要素。本书以美国宪法中的共和主义为中心,以罗马古典共和主义为基点,完成对美国宪法中的共和主义内涵、特质的探悉,最后展现出共和主义的基本风貌。全书由如下五个部分构成:

　　引言:在各学派理论,尤其共和主义批判自由主义与民主主义的基础上,提出"共和主义"是美国宪法的原旨,美国宪法中的共和主义根源于罗马古典共和主义。

　　第一章:"美国宪法中的共和主义:罗马渊源"。罗马共和国的政治影像在美国无处不在,罗马的古典共和主义是美国宪法共和主义求助的最终权威。本章主要通过罗马古典共和主义经典作家的视角,探求罗马古典共和主义的内涵与精神实质,这主要是通过解读罗马经典作家的共和主义文本来完成。

　　第二章:"美国宪法中的共和主义:传承与流变"。本章探讨美国宪法

039

中的共和主义与罗马古典共和主义的传承关系,以及其中的流变。这主要通过对联邦党人和反联邦党人政治思想的探悉获得。

第三章:"新罗马理论视角下的美国宪法共和主义"。当代共和主义对共和主义的流变与内涵进行了细致的梳理与再阐释,他们的研究成果有助于理解罗马古典共和主义和美国宪法中的共和主义的内涵。本章从当代共和主义理论的视角,深化对美国宪法中的共和主义内涵与实质的理解。共和主义原则在美国宪法中确立以后并没有得到一贯的认同与遵守。共和主义受到民主主义与自由主义势力的挤压,蕴涵于联邦宪法中的共和原则与精神便受到不同程度的破坏。面对这种危机,部分学者希望通过复兴共和主义来"拯救美利坚共和国",其中新罗马理论派的贡献特别值得关注。

第四章:"超越自由主义与民主主义:美国宪法中的共和主义"。自由主义过分强调权利的个体性,主张幸福生活的个人特殊性,反对公共权力对公民善的建构;民主主义过于重视公民个体对公共生活的话语权力与决策诉求,怀疑政治精英的公民道德状况及其审慎理性水平。这为美国宪法制定者所忧虑与不喜,他们制定的美国宪法以共和主义为政体框架,试图超越自由主义与民主主义;遏制自由主义与民主主义对个体权利和个体政治参与的过度要求,主张政府权力尤其是司法权与民众的适当间距,反对政府与公共权力的正当性对于民意情绪的过度依赖;倡导全民公民美德的培育,强调政治精英领导责任、审慎理性下的共和政治观。

第 一 章

美国宪法中的共和主义:罗马渊源

罗马共和国作为历史上第一个共和主义国家①,达到了无与伦比的辉煌,既创造了巨大的国家荣光,也保卫了无数罗马公民的个人权利免遭强大的国家公权力的侵害。并且,罗马公民的政治与法律权利随着罗马共和国权能的发展而不断扩展完善,罗马人民的权力也随之不断扩大。因而,罗马的古典共和主义成为美国宪法共和主义求助的最终权威。本章主要通过罗马古典共和主义的原始作家的视角研究罗马共和主义的内涵与精神实质,这主要是通过解读罗马经典作家的共和主义文本来完成。这些作家主要有波利比阿、李维、普鲁塔克、塔西佗、撒路斯特、西塞罗。罗马古典共和主义的内涵与精神形态就是在他们的言说和行动中确立和丰满起来的。他们树立了对西方文化有着深远影响的共和理想及政治与社会价值观。意大利文艺复兴运动使这些古典主义的理想和价值观得以再生,重放异彩,成为了名

---

① 部分学者将希腊城邦也纳入共和主义国家的范畴,但笔者认为它们尤其是雅典具有非常厚重的亚里士多德主义色彩,是一种和积极公民传统联系在一起、具有过多民主因子的民主政治。共和政体在罗马共和国才真正成熟,对于这一点,以昆廷·斯金纳、佩迪特、莫里齐奥·维罗里为代表的新罗马理论派作出了具有说服力的阐释。参见[澳大利亚]菲利普·佩迪特:《共和主义——一种关于自由与政府的理论》,刘训练译,南京:江苏人民出版社 2006 年版;[英]昆廷·斯金纳:《近代政治思想的基础》,奚瑞森、亚方译,北京:商务印书馆 2002 年版;Maurizio Viroli , *Republicanism* , Translated from the Italian by Antony Shugaar , New York:Hill and Wang , 2002。

称各异的"公民人文主义"或"古典共和主义",并被带进早期的现代欧洲,更加广泛地深入到社会的各阶层。到了18世纪,欧洲尤其是大不列颠的君主制文化融合了这些古典主义的价值观,就其程度而言,至少是被共和化了。[①]

大不列颠的共和思想与制度自然传导到了美洲,并深刻地影响了美国的革命与立宪,在美国宪法的批准过程中,无论是宪法的支持者还是批评者都引用了罗马的人名及其事迹来强化证明己方的论点。[②] 在当时的美国社会,各种各样的罗马映像与拉丁课程更是一种时尚。[③] 由于美洲比之大不列颠其贵族传统更加薄弱,社会关系中的平等因子十分浓厚,因此美国革命把美洲生活的共和倾向制度化了,并且其共和主义具有更多的民主倾向。但是,古典共和主义的价值观念一直是美国革命者和宪法制定者所向往和力图实现的。

第一节　混合政体——共和国的政治组织形式

一、混合政体理论的渊源与发展

共和国是人民实现幸福而有道德生活的政治组织。混合政体是实现这一国家目的的有效组织形式。混合政体的提出者,一般归功于波利比阿(Polybius),近代混合政体的复活也主要基于波利比阿的卓越理论贡献。事实上,混合政体理论的发源应该上溯到柏拉图和亚里士多德。鉴于斯巴达过分强调军事组织导致国家衰落的贵族制,波斯由于君主政体与僭主政体导致的衰落,雅典由于民主政体的无节制导致的衰败,柏拉图提出了自己

---

① J. G. A. Pocock, *The Machiavellian Moment: Florentine Political Thought and the Atlantic Republican Tradition*, Princeton, N. J.: Oxford: Princeton University Press, 2003.（译文参见［美］戈登·伍德:《美国革命的激进主义》,傅国英译,北京:北京大学出版社1997年版,第99页。）

② 参见 M. N. S. Sellers, *American Republicanism: Roman Ideology in the United States Constitution*, New York: New York University Press, 1994. pp. 8 – 10。

③ See ibid., pp. 11 – 23.

的混合政体理论。

混合政体的概念由柏拉图在《法律篇》中首次提出,这种政体的界定建立在柏拉图的六种政体,即君主政治、僭主政治、贵族政治、寡头政治、民主政治、暴民政治的分类基础之上。柏拉图认为,混合政体实现了智慧、美德、自由的有机结合,是最好、最稳定的政体模式,并且已经获得历史经验的支撑。亚里士多德以实证主义的态度和方式接纳和完善了柏拉图的混合政体理论,是政治科学历史上把制度、态度、思想与过程的绩效联系起来的最早的解释性理论。① 罗马共和国是混合政体在遥远古代的杰出实践者,美利坚合众国则将混合政体这一古代政制遗产继承、发扬至今。

波利比阿是罗马共和国混合政体理论的最佳观察者与阐释者。作为希腊著名的历史学家与政治思想家,波利比阿出生于一个名为麦加洛波里的城邦,该城邦是伯罗奔尼撒半岛亚该亚同盟(Achaean League)的盟主,该同盟以自由平等闻名于希腊。当亚该亚同盟与罗马联盟的时候,波利比阿以杰出的公民身份被作为人质在罗马生活了17年。在此期间,他关注的焦点聚集在罗马强盛的过程以及使罗马傲视已知世界,成为世界霸主的原因上。在深入地了解罗马共和国的政治制度并深深为之所吸引之后,波利比阿认为罗马的强盛与自由主要来自罗马共和国的混合政体制度,罗马之所以在不到53年的时间里让几乎全世界都匍匐在它的铁蹄之下,就在于它的政治宪法。② 波利比阿的混合政体理论主要反映在其《历史》一书的第六卷中。③ 在《历史》一书的序言中,波利比阿提出了自己的研究目的,那就是:在仅半个多世纪的时间内(公元前220年—前168年)罗马就征服了他们

---

① 参见[美]罗伯特·古丁、汉斯—迪特尔·克林格曼主编:《政治科学新手册》,钟开斌等译,北京:三联书店2006年版,第72页。

② 参见 Polybius, "Preface: Political Constitutions", in *The Histories*, volume 6, Evelyn S. Shuckburgh. translator, London, New York, Macmillan, 1889. Reprint Bloomington 1962, http://www.perseus.tufts.edu。

③ 参见 Polybius, *The Histories*, volume 6, Evelyn S. Shuckburgh. translator, London, New York, Macmillan, 1889. Reprint Bloomington 1962, http://www.perseus.tufts.edu. 或者 Polybius, *The Histories*, trans. W. R. Paton, 6 vols, Cambridge, Ma, 1922 – 1927。

几乎所知的全世界,这其中的原因是什么? 这是在什么样的政治制度下发生的?

波利比阿的研究结论是:在一个国家中进行任何实际的行动,其成败的关键是它的政治组织形式。混合政体集合了各种单一政体的特点,将君主、贵族、民主三种因素加以精确地调整,使其处于一种平衡的状态。混合政体不但是罗马得以强盛的原因,也是它保持稳定的主要因素。希腊共和国就没有这么幸运,它们的命运只能是在盛衰之间急剧摇摆。① 波利比阿在推出他的混合政体理论前,先介绍了三种单一制政体:君主制、贵族制、民主制。只有容纳了这三种因素的混合政体才是最好的政体,或者说宪政设计。这不仅是一种理论推定,它在经验上已经被来库古所证实。② 单一政体是不稳定的,它们会向它的对立面转化。君主制会蜕变为暴君制,贵族制会蜕变为寡头制,民主制会蜕变为暴民制。君主制的精义在于人们对他的自愿认同,而不是恐惧和暴力。贵族制的要义在于权力必须由最具有正义和智慧的人来行使。同样,建构一个全体民众为所欲为的民主政体就是暴民制。只要大多数人民的意志在政府中得到展现,这样的政府就是民主制。③

各种政体的产生是人的理性与社会历史经验的结果。由于自然条件的残酷,人们必须像动物一样聚合成一个团体,才能保证自身的安全,才能生存下来。弱小的人必然会寻找一个更强壮、更勇敢的人来领导和统治他们。这个时候统治者的权威主要来自他强壮的身体力量。④ 随着家庭观念和社会关系的发展,人类逐渐形成了正义与善的道德观念,理性取代勇敢与力

---

① 参见 Polybius, "Classification of Constitutions", in *The Histories*, volume 6, Evelyn S. Shuckburgh. translator, London, New York, Macmillan, 1889. Reprint Bloomington 1962, http://www. perseus. tufts. edu。

② 同上。

③ 参见 Polybius, "Rotation of Politics", in *The Histories*, volume 6, Evelyn S. Shuckburgh. translator London, New York, Macmillan, 1889. Reprint Bloomington 1962, http://www. perseus. tufts. edu。

④ 参见 Polybius, "The Origin of Constitutions", in *The Histories*, volume 6, Evelyn S. Shuckburgh. translator, London, New York, Macmillan, 1889. Reprint Bloomington 1962, http://www. perseus. tufts. edu。

量,成为社会的支配原则,于是君主制诞生了。[1] 当君主的权力成为家族世袭的时候,统治者就开始追求放荡奢华、无法无天的生活,而不再关心人民的生活。这个时候君主制就蜕变成了暴君制。[2] 此时,一些高贵而勇敢的人在人民的帮助下推翻暴君的统治,建立贵族制的政治统治。当贵族的权力成为世袭以后,他们中的一些人就会变得非常贪婪,疯狂地追求财富,其他人则没日没夜地酗酒,过着放荡不羁的生活。贵族制至此堕落成寡头制。[3] 寡头制的寿命同样不可能长久,人民起来反抗寡头的暴政。由于前面的教训,人民不再相信君主,也不再相信贵族,他们决定依靠自己,把平等和自由当做最高的价值,这就是民主政体的产生。但是当他们的后代当政的时候,其中一些人不再重视平等与自由,而是想成为比其他公民更有权力的人,尤其是其中的富人更想这样。民主制开始被暴力和腐化代替,一直回到专制统治政治。这就是单一政体的循环规律,是不可阻挡的自然规律。[4]

波利比阿的混合政体思想毫无疑问受到柏拉图和亚里士多德的影响[5],但是他的混合政体思想的原型在罗马共和国。他认为罗马共和国是由混合政体组织起来的,在其中混合了君主制、贵族制、民主制的成分。如果从执政官的权力来看,罗马是君主制;从元老院的权力来看,它是贵族制;

045

---

① 参见 Polybius, "The Origin of Constitutions", in *The Histories*, volume 6, Evelyn S. Shuckburgh. translator, London, New York, Macmillan, 1889. Reprint Bloomington 1962, http://www. perseus. tufts. edu. 以及 Polybius, "Origin of Morality and Rule", in *The Histories*, volume 6, Evelyn S. Shuckburgh. translator, London, New York, Macmillan, 1889. Reprint Bloomington 1962, http://www. perseus. tufts. edu。

② 参见 Polybius, "How Kingship Turns into Tyranny", in *The Histories*, volume 6, Evelyn S. Shuckburgh. translator, London, New York, Macmillan, 1889. Reprint Bloomington 1962, http://www. perseus. tufts. edu。

③ Polybius, "Degeneration of Constitutions", in *The Histories*, volume 6, Evelyn S. Shuckburgh. translator, London, New York, Macmillan, 1889. Reprint Bloomington 1962, http://www. perseus. tufts. edu.

④ 参见 Polybius, "How Democracy Arises and Degenerates", in *The Histories*, volume 6, Evelyn S. Shuckburgh. translator, London, New York, Maemillan, 1889. Reprint Bloomington 1962, http://www. perseus. tufts. edu。

⑤ 参见 Polybius, "Rotation of Politics", in *The Histories*, volume 6, Evelyn S. Shuckburgh. translator, London, New York, Macmillan, 1889. Reprint Bloomington 1962, http://www. perseus. tufts. edu; 王乐理主编:《西方政治思想史》第 1 卷,天津:天津人民出版社 2005 年版,第 228—229 页。

从人民大会的权力来观察,它则是民主制。① 共和国的整体权力被这三大机构划分和承担。执政官是国家最高行政权力的执掌者,除保民官之外,所有的行政官员都必须服从执政官的领导。他拥有统率军队、管理国家公共事务的权力;他负责国家政令的实施;他还有召开公民大会、向公民大会提出议案的权力等。② 元老院掌管国家财政和外交事务,为执政官的法定咨询机关。所有重罪,如叛国、阴谋颠覆国家、故意杀人罪的管辖权在元老院。③ 人民是荣誉和惩罚的源泉,公民大会是国家法律的批准机关、公共职位承担者的批准机构、对外战争的决定者,是唯一可以决定死刑适用的机关。④ 这三者各自拥有自己的最高权力,它们之间的权力是相互牵制与相互配合的,相互之间形成一种平衡的关系。⑤ 任何一个机构都不能离开其他机构而作出重大行动,这是一种无比优越的宪政制度设计。当某一结构变得特别强大的时候,其他两极就会合力控制它的权力扩张趋势。当国家面临重大灾难或者外敌入侵的时候,三大结构则会通力合作,维护国家的安全和利益。

执政官并非是大权独揽的君主,这一职位具有集体性、时限性,其城内治权受到向民众申诉制度的限制,并且在执政年度结束后承担责任。执政官的这些特点同王的单一性、终身性、权力无限性和不承担责任性是相对立

---

① 参见 Polybius, "The Roman Constitution", in *The Histories*, volume 6, Evelyn S. Shuckburgh. translator, London, New York, Macmillan, 1889. Reprint Bloomington 1962, http://www. perseus. tufts. edu。

② 参见 Polybius, "The Consuls", in *The Histories*, volume 6, Evelyn S. Shuckburgh. translator, London, New York, Macmillan, 1889. Reprint Bloomington 1962, http://www. perseus. tufts. edu。

③ 参见 Polybius, "The Senate", in *The Histories*, volume 6, Evelyn S. Shuckburgh. translator, London, New York. Macmillan, 1889. Reprint Bloomington 1962, http://www. perseus. tufts. edu。

④ 参见 Polybius, "The People", in *The Histories*, volume 6, Evelyn S. Shuckburgh. translator, London, New York, Macmillan, 1889. Reprint Bloomington 1962, http://www. perseus. tufts. edu。

⑤ 原文是 oppose or support each other, 即相互反对或者相互支持。这意味着各结构之间的互动在不同的情况下具有很大的不同。罗马宪政制度设计具有很大的弹性,政治行动受公民美德的影响非常大。

的。[1]　波利比阿指出,执政官的重大政治措施和立法建议都必须向元老院咨询,元老院对执政官最有力的制约措施在于它的财政拨款权;没有元老院的财政支持,执政官的任何政治军事行动都不可能实施。另外,元老院还可以决定是否给予执政官凯旋仪式的荣誉,这对于执政官的政治生命和他在历史上的地位十分关键。执政官是由民众间接选举出来的。人民对执政官的控制在于他们的选票,人民还拥有决定和平与战争的权力。更为关键的是,执政官卸任后必须向人民大会述职。[2]　元老院虽然在罗马共和国的政治结构中占有非常重要和突出的位置,但人民仍然可以通过自己的立法否决权否决元老院的立法。元老院的死刑裁定也需要人民大会批准才能生效。尤为重要的是,保民官作为政权的重要平衡结构,一旦他们动用否决权,元老院不但不能通过法令,甚至连会议都不能召开。[3]　但人民大会的权力也是有限的,它没有立法提案权只有批准权,人民必须和元老院、执政官协商合作才能实现自己的利益。[4]

　　罗马混合政体是典型的优良政体,这种政体中三因素之间的相互依赖与制约是混合政体具有生命力和威力的原因所在。[5]　这种政体的领导力量

---

　　①　参见[意大利]朱塞佩·格罗索:《罗马法史》,黄风译,北京:中国政法大学出版社 1994 年版,第 47 页。

　　②　参见 Polybius, "Division of Political Power at Rome", in *The Histories*, volume 6, Evelyn S. Shuckburgh. translator, London, New York, Macmillan, 1889. Reprint Bloomington 1962, http://www. perseus. tufts. edu。

　　③　参见 Polybius, "The Senate Controlled by the People", Powers of the Senate, in *The Histories*, volume 6, Evelyn S. Shuckburgh. translator, London, New York, Macmillan, 1889. Reprint Bloomington 1962, http://www. perseus. tufts. edu。值得提出的是,保民官作为一件维护平民利益强有力的武器基本可以消解所有公共权力的行为,从而使国家机器停止运转。但这件武器实质上是消极性的,因为保民官既不拥有治权,也不拥有占卜权。朱塞佩·格罗索称赞这是罗马人民的天才发明,他们自相矛盾地和天才地将一种社会斗争的手段加以制度化,从而推动了罗马国家的发展进程。(参见[意大利]朱塞佩·格罗索:《罗马法史》,黄风译,北京:中国政法大学出版社 1994 年版,第 73 页。)

　　④　参见 Polybius, "Powers of the Senate", in *The Histories*, volume 6, Evelyn S. Shuckburgh. translator, London, New York, Macmillan, 1889. Reprint Bloomington 1962, http://www. perseus. tufts. edu。

　　⑤　参见 Polybius, "Interdependency Brings Strength", in *The Histories*, volume 6, Evelyn S. Shuckburgh. translator, London, New York, Macmillan, 1889. Reprint Bloomington 1962, http://www. perseus. tufts. edu。

是国家中的贵族,同时它又不排斥普通民众。恰恰相反,普通民众的政治参与热情与权利是共和国共有、共享、共治的体现。而雅典的民主政治犹如一艘没有船长的渡船,它非常容易被民众的暴风骤雨所倾覆。斯巴达的混合政体设计在这方面优于雅典,但它的设计不适合于对外扩张。迦太基的政体类似于斯巴达和罗马,但是进入汉尼拔战争时期以后,人民在整个政治结构拥有压倒性的权力。只有罗马共和国的混合政体既具有混合而平衡的政府结构, 又保留了传统的公民美德。它还具有良好的宗教制度和对商业发展的重视。正是这种良好的混合宪制使罗马共和国兴旺发达, 繁荣昌盛。①

　　罗马共和国的混合政体之所以能够保持长期的稳定,促进罗马共和国的发展繁荣,除理性设计的技术因素之外,波利比阿还强调了道德、宗教、惯例、社会习俗等的重要功用。虽然如此,波利比阿对共和政体的命运仍然持一种悲观的态度,他认为罗马共和国最终逃脱不了衰败的命运。因为长期的强盛和繁荣必然激发人们的野心和贪欲。公共权力的行使必然会比以前更加暴虐,民众必然要求更多的民主和自由,这就必然导致共和国的覆灭。② 波利比阿辞世后一个世纪,民众在马略和恺撒的支持下,取得了绝对的权力,只是他们的绝对权力最后却成全了马略、恺撒以及屋大维的独裁政治。

二、共和国的概念与混合政体理论

　　要深刻地理解把握古典共和主义的内涵,就要获得罗马共和国政体理

---

　　① 参见 Polybius, "The Athenian Constitution, Spartan Compared with Rome, Carthage Compard with Rome, Religion Keeps the Rome Commonwealth Together", in *The Histories*, volume 6, Evelyn S. Shuckburgh. translator, London, New York, Macmillan, 1889. Reprint Bloomington 1962, http://www.perseus. tufts. edu。

　　② 参见 Polybius, "Conclusion: Dangers Ahead for Rome", in *The Histories*, volume 6, Evelyn S. Shuckburgh. translator, London, New York, Macmillan, 1889. Reprint Bloomington 1962, http://www.perseus. tufts. edu。

论的精髓。"在整个政治观念史中，西塞罗是被引用率最高的作家"①，他是罗马共和政体理论的杰出阐释者，是美国人崇拜的偶像，人们亲切地称他为"图里"。② 西塞罗呼吁回归到格拉古、马略、苏拉所在的民粹主义③和内战之前的早期古罗马共和国的结构和文化。④ 承继波利比阿的混合政体理论衣钵，西塞罗把混合政体理论与他的共和国概念紧密地联系在一起。西塞罗在《国家篇》中提出，共和国是权利、义务与职能之间的平衡，是强大行政权力、显赫元老影响力与人民自由的完美耦合。

在希腊时期，智者的主要任务是对宇宙本源的追根究底以及对善的生活的沉思；罗马人强调的则是现实政治生活的"意义"。西塞罗反对希腊的纯粹思辨，拒绝创造观念上的理想国，倡导一种政治的生活。在西塞罗那里没有什么有意义的问题，他不是一个具有独创性的思想家，他也不想成为这样一位思想家；打破沙锅问到底不是一位在政治上非常活跃的绅士该做的事，这只是"学校教员"的行事方式。⑤ 他主张"把那些哲学家在其各自角落喋喋不休向我们耳朵灌输的那些东西变为现实，而不是变为语词。"⑥"理想的国家对西塞罗根本不是问题，他不必从他的灵魂中去创造它；他只要环顾四周：罗马就是个理想的国家；他所要做的就是描述罗马的政治组织、民法

---

① ［美］沃格林：《希腊化、罗马和早期基督教》，谢华育译，上海：华东师范大学出版社 2007 年版，第 163 页。

② 图里乌斯是西塞罗的全称（Marcus Tulius）。有关西塞罗法律面前人人平等的思想对美国的影响，可以参见［英］J. R. 波尔：《美国平等的历程》，张聚国译，北京：商务印书馆 2007 年版，第 8 页。

③ 民粹主义政治的最大特色在于统治者对人民的塑造，使人民具有一种强烈的使命感和参与感以及随之而来的巨大心理满足感，以形成人民对人民领袖的崇拜服从。（参见钱永祥：《民粹政治、选举政治与公民政治》，载许纪霖主编：《公共性与公民观》，南京：江苏人民出版社 2006 年版，第 238 页。）

④ 参见［美］罗伯特·古丁、汉斯—迪特尔·克林格曼主编：《政治科学新手册》，钟开斌等译，北京：三联书店 2006 年版，第 76 页。

⑤ 参见［美］沃格林：《希腊化、罗马和早期基督教》，谢华育译，上海：华东师范大学出版社 2007 年版，第 165 页。

⑥ ［古罗马］西塞罗：《国家篇 法律篇》，沈叔平、苏力译，北京：商务印书馆 1999 年版，第 1 页。

和宗教法。"①因此,西塞罗抛开柏拉图的虚幻理想国,远离斯巴达、迦太基,而选取和他自己切身相关的罗马共和国作为研究的原型。相比柏拉图更具现实主义的亚里士多德则成为他的共和国概念的理论渊源。他的共和国概念明显受到亚里士多德共和政体的影响,如其中的混合贫富、混合多数与少数、实施法律之治。②亚里士多德主张包括哲学家、武士、平民在内的社会各个阶层对城邦政权的共同分享,他对柏拉图或者说苏格拉底的理想政体理论模型表示了不满,说:"苏格拉底所构造的政体包含了危险性;因为他让同一些人永远统治,如果这会经常在较卑贱的人们中引起动乱,那么对于那些易怒的武士来说就更会如此。"③

西塞罗的混合共和政体概念则主要来源于波利比阿,而不是亚里士多德。亚里士多德批评元老贵族的"独占统治",在亚里士多德的共和政体中占人口多数的平民掌握着国家的权力。亚里士多德关注社会大多数成员的幸福,强调社会成员的平等,平等被他视为政治正义的首要指标。④亚里士多德对哲学王的存续抱有深深的疑虑,他认为,就集合体而言多数人必然优于少数人。⑤不过亚里士多德仍然坚持,共和政体应该注意在具有智慧的贵族富户和自由出身的普通民众之间达到平衡。只有平民和寡头两个因素达到内在均势,没有任何一个部分存在着改变政制的意愿,这才符合优良政

---

① [美]沃格林:《希腊化、罗马和早期基督教》,谢华育译,上海:华东师范大学出版社2007年版,第170页。

② 共和政体就是后人所指称的民主政体或平民政体,"共和政体"和"政体"是同一个词,即"波里德亚",是为被治理者利益着想的一般政体的通称。它的特点是不注重才能与品德;若一个人或少数人为统治者,可能具有特殊才能,而多数人的品德参差不齐,多数人为统治者,必然无法顾及才能与品德的考量。(参见[古希腊]亚里士多德:《政治学》,颜一、秦典华译,北京:中国人民大学出版社2003年版,第85页。)

③ [古希腊]亚里士多德:《政治学》,颜一、秦典华译,北京:中国人民大学出版社2003年版,第41页。

④ 不过这种平等不是对所有人而言,而是对于彼此平等的人而言。(参见[古希腊]亚里士多德:《政治学》,颜一、秦典华译,北京:中国人民大学出版社2003年版,第87页。)

⑤ 参见[古希腊]亚里士多德:《政治学》,颜一、秦典华译,北京:中国人民大学出版社2003年版,第92页。

体的标准。① 波利比阿作为罗马共和时代最伟大的混合政体研究权威,他的共和国则是由国家中的贵族主导。西塞罗的混合政体理论是和他的共和国概念联系在一起的,具有很强的历史性和实践性,美国宪法的制定者就是在这个意义上和西塞罗一脉相承的。

为了推出他的混合政体共和国概念,西塞罗先评析了历史上三种单一制政体的特色与缺点。君主制是最高权力掌握在一个人手中的政体组织形式,在这种政体下,臣民在司法管理以及在审议上享有的份额太少。而且君主的统治导致自由的缺失,因为自由不存在于为一位公正的主人服务之中,而存在于不为任何主人服务之中。贵族制是最高权力由被挑选的公民执掌的政体,在这种政体中,民众在权力上和审议共同福利上完全被排除在外,很难有他们的那份自由。当最高权力完全掌握在人民手中的时候,这就是民主制政体。在这种政体下,人民握有全部的权力,即使人民行使权力符合公正并有节制,由此产生的平等也是不平等的,因为它不允许有等级差别。这三种政体形式尽管不完善也不是最好,尚是西塞罗可以容忍的政体,但相比之下,西塞罗认为民主政体是最不值得赞扬的类型。② 西塞罗把民主制与僭主制等同起来,对民主制作出了最严厉的批评。

"如果民众不知满足的喉咙由于渴望自由而变得干渴,并有邪恶大臣帮助,他们会急切地耗尽所有的自由,而不是有节制的调和,自由对他们太冲以至消受不了。"③西塞罗引用柏拉图的观点表达了自己对雅典式民主政治的极度不满,因为这种政体必然导致自由的泛滥和无政府的局面,甚至专断僭主政治的出现。这是因为,过度的自由必然会变成一种极端的奴役。在不受约束的民众中,常常有某一个人——有些鲁莽并堕落的人——被挑选出来当领袖,这个人最终将成为强力僭主,残暴地统治那些当初推举他掌

051

----

① 参见[古希腊]亚里士多德:《政治学》,颜一、秦典华译,北京:中国人民大学出版社2003年版,第64页。

② 参见[古罗马]西塞罗:《国家篇　法律篇》,沈叔平、苏力译,北京:商务印书馆1999年版,第36—76页。

③ 同上书,第51页。

权的人们。①

这三种政体还是非常不稳定的政体，会发生周期性的革命和陷入轮回性的进程。"每一种政府形式面前都有一条陡峭泥泞的道路，会导致一个与它邻近的腐败形式。"②君主制下，一个人的绝对统治会很容易并很快蜕化成最坏的僭主政治。③贵族政制则很容易转化成寡头政治。雅典式的民主政治由于人民拥有的绝对权力，则容易变成暴民的狂暴和为所欲为的暴民政治。西塞罗不赞成三种政体的任何一种，但比较而言之，他认为君主制较优。④西塞罗给出的理由是，君主对待其公民就犹如他们是自己的孩子。⑤正是在否定这三种单一政体的基础上，西塞罗认为由君主制、贵族制、民主制三者以适当比例混合的共和政体是最稳定、最好、最值得推荐的政体。⑥

由于混合政体是结合了三种单一政体优点的政府形式，所以它是一种

---

① 参见［古罗马］西塞罗：《国家篇　法律篇》，沈叔平、苏力译，北京：商务印书馆1999年版，第53页。

② 同上书，第37页。

③ "高傲者"塔克文、堕落的"十人团"就是罗马政治经验中的僭主。

④ 西塞罗认为贵族制败给君主制在于，这两种政制都是智慧的统治，而一个人的智慧统治和一些人的智慧统治并没有区别。

⑤ 参见［古罗马］西塞罗：《国家篇　法律篇》，沈叔平、苏力译，北京：商务印书馆1999年版，第43、50页。西塞罗对君主制的赞许来自于罗马开国之君罗慕勒斯的美德。西塞罗对庞培的支持也在于他从庞培身上看到了他所欣赏的君主模式——一种不同于恺撒的专制君主模式，这种君主因其权威和威望而拥有凌驾于重新正常运转的共和国组织之上的最高领导权。正是在强有力的罗慕勒斯王权统治之下，罗马由一个小小的城邦走向令世人惊奇的伟大共和国。罗慕勒斯并不是近代意义上的专制君主，他的权力并不是专断、没有边界的，他对元老院与人民和罗马的宗教习俗充满了尊重，实际上强大罗马共和国的政治基础就是由他奠定的。以至于罗慕勒斯死后，元老院试图废除君主而由自己去统治这个国家的时候，人民却不能容忍这样去做；出于对罗慕勒斯的强烈思念，人民要求继续保留君主。在历史上，执政官是王权的继承人，他的权力不是通过正面列举的方式来确定的，它也不以对象和领土为根据。共和宪制中的独裁官更让人联想到王的无限权柄。格罗索指出，经历过一个较为渐进的历史进程，"王"仍然存在着，只是其作用被限制在宗教领域，被称呼为"圣王"或者"宗教王"。（参见［意大利］朱塞佩·格罗索：《罗马法史》，黄风译，北京：中国政法大学出版社1994年版，第49、160、307页。）

⑥ 参见［古罗马］西塞罗：《国家篇　法律篇》，沈叔平、苏力译，北京：商务印书馆1999年版，第37—38页。

温和、平衡的政府形式，它甚至比君主制更可取。这是因为，首先，它把某些权力授予上层公民，又把某些权力保留给民众来判断，保留了一个国家中必须的一种最高的和高贵的成分；其次，这样一种政体制度提供了自由公民内在必须的某种高度平等。此外，它具有相当的稳定性。每个公民都被牢固地安排在其自身地位上的时候，就没有理由会发生变化。除非统治阶级犯下非常严重的错误，它可以避免单一政体蜕化、堕落的命运。①

西塞罗的结论是：一个国家中必须存在一种权利、义务与职能之间的平衡，这样的共和国才是正义的。罗马共和国就是把国家中不同阶级、不同要素协调在一起而获得平衡与和谐的生动典范。行政官要有足够的权力，元老院要有足够的影响力，人民要有足够的自由，否则政府就会陷入革命或者衰亡的命运。②

053

第二节　自由共和国——个体自由的前提

一、设计共和：建构自由

共和政体的设计者来库古是斯巴达著名的政治家和立法者，这个名字曾经是美国纽约宪法批准会议上的一个笔名。来库古受到同胞们的极大尊敬，那些因为他的美德而依附在他身边以及随时随地准备听从他调遣的人远远多于因为他是国王监护人、王权在握而俯首听从于他的人。③ 这是因为来库古是一个非常公正的人，具有古典共和主义的典型美德，他绝不去占有不属于他的东西，他是斯巴达公共美德的典范。为了斯巴达的强盛，来库古决意制定一部完美的法律来全面革新内政，创立共和政体，其中最重要的一项法律就是创建元老院。元老院同国王们在最重要的事情上具有同等的

---

① 参见［古罗马］西塞罗：《国家篇　法律篇》，沈叔平、苏力译，北京：商务印书馆1999年版，第53—54页。

② 参见上书，第83页。

③ 参见［古希腊］普鲁塔克：《希腊罗马名人传》（上册），黄宏煦主编，陆永庭等译，北京：商务印书馆1990年版，第89页。

决定权,这就给国家大事的协商带来了稳妥和必要的节制,也就稳固了国家的共和政体。元老院在来库古的政体设计方案中具有举足轻重的作用,是国家这条船上的压舱物。需要抑制民主政治的侵扰时,28 名元老总是站在国王一边;相反,在反对僭主政治的侵凌时,他们又总是支援人民的行动。① 通过来库古的理性建构,三种单一制政体的优势充分结合起来,构建了具有精致权力制衡性质的混合政体。在这种混合政体中,任何一个结构都不具有绝对突出的权力,也就不会蜕化成它们的邪恶对立面。② 在此之前,国家这艘航船摇摆不定,时而依附国王、倾向僭主政治,时而随和大众、拥护民主政体。

来库古建构共和政体的第二个重要政治举措就是重新分配土地。他决心要消除骄横、嫉妒、罪行、奢侈以及那更加根深蒂固地折磨着国家的弊病:贫与富。他劝说人们在平等的基础上生活在一起,单靠美德去博取功名;使人们确信,在人与人之间除了那种因行径卑贱遭到谴责和因行为高尚备受赞扬的区别以外,是不存在其他区别和不平等的。③ 来库古和其他古典共和主义者一样,认为财富是导致腐败堕落的直接原因,因而他不遗余力地打击奢侈风尚和铲除致富的欲念。

来库古非常重视教育,他制定的法律没有一条是成文的,他觉得教育完全可以担负起立法的功能。因而,来库古把教育看做是立法者最伟大、最崇高的任务,其最终的目的在于培育人们节制、简朴、坚毅的美德。因为城邦的幸福如同单独个人的幸福一样都在于德行的广为流布。他创建的主要制度终于在人民的风俗习惯中牢牢地扎下了根。这种扎根于人民公序良俗中的制度才具有长久而旺盛的生命力,以至后来托克维尔认为,国家的风俗变坏了,社会就堕落了。来库古热切地渴望这套法律制度永垂不朽,千秋万代

---

① 参见[古希腊]普鲁塔克:《希腊罗马名人传》(上册),黄宏煦主编,陆永庭等译,北京:商务印书馆 1990 年版,第 92 页。

② 参见 Polybius,"Lycurgus",in *The Histories*,volume 6,Evelyn S. Shuckburgh. translator,London,New York,Macmillan,1889. Reprint Bloomington 1962,http://www. perseus. tufts. edu.

③ [古希腊]普鲁塔克:《希腊罗马名人传》(上册),黄宏煦主编,陆永庭等译,北京:商务印书馆 1990 年版,第 95 页。

不变地传给子孙后代。[1] 美国制宪者虽然知悉人类理性的限度，因为人不是上帝，不可能拥有上帝般的完美理性，但他们仍然希望自己制定的宪法能成为美国人民甚至世界人民的生活模式，他们自认为这是美利坚的天定命运，是他们义不容辞的责任。这也许就是来库古的历史魅力和罗马人的使命感在现代美国的重现。

·

二、共和国的缔造：自由的起点

罗马王政是一个建立在法律之上的统治体制。王是促进国家繁荣和自由的力量，王自觉地在国家重大事务上向元老院的元老咨询。国家的事务实际上由元老们操持着。元老人数虽少，但他们却因其智慧而拥有强大的精神力量。[2] 但是这一切在塔克文王当政的时候改变了，王不再是自由与安全的保证，而是人民不幸与奴役的根源。布鲁图斯（Lucius Brutus）是罗马共和国的缔造者，他是一位具有出色智慧和罕见勇气的罗马公民，正是他推翻了暴虐的塔克文王政制度，把他的伙伴们从不公正的、残暴奴役的暴君魔爪下解放出来。[3] 正因为此，布鲁图斯成为美国反联邦党人最杰出的笔名之一，以布鲁图斯为笔名的反联邦党人和"联邦自耕农"一起被斯托林视为最杰出的宪法反对者。[4]

罗马共和国的缔造起因于"高傲者"塔克文的儿子塞克斯图斯·塔克文对鲁克蕾提娅的强奸。鲁克蕾提娅的丈夫请求布鲁图斯的帮助。为了捍

---

[1]　[古希腊]普鲁塔克：《希腊罗马名人传》（上册），黄宏煦主编，陆永庭等译，北京：商务印书馆1990年版，第121—122页。

[2]　参见[古罗马]撒路斯特：《喀提林阴谋　朱古达战争》，王以铸、崔妙因译，北京：商务印书馆1995年版，第98页。

[3]　参见[古罗马]西塞罗：《国家篇　法律篇》，沈叔平、苏力译，北京：商务印书馆1999年版，第77页。

[4]　参见 Murray Dry, *The Anti-Federalist: an Abridgement of the Complete Anti-Federalsit*, Edited by Herbert . J. Storing, Chicago: University of Chicago Press, 1985, p. 103。反联邦党人对布鲁图斯的遵从还来自于晚期罗马共和时代的布鲁图斯（Marcus Junius Brutus Caepio，公元前85—前42年）。布鲁图斯为了捍卫共和自由组织谋杀了恺撒。公元前42年，在腓力比战役中，布鲁图斯因所率队伍被安东尼和屋大维的联军打败而身亡。

卫自己的贞洁,鲁克蕾提娅在她的丈夫和父亲面前自杀了。当大家沉浸于哀伤的时候,布鲁图斯握着从鲁克蕾提娅伤口抽出的滴血的刀发誓驱逐塔克文家族并禁止任何人在罗马称王。①

共和制代替王制使人民的自由与幸福不再依靠王的恩赐与仁慈,共和制确定了人民是政权合法性的根源和最终力量。以此为起点,罗马人民共享共和主义的自由,一种不依赖于王之仁慈的臣民自由。在王的统治下,人民的自由具有非常大的不确定性,它随时会被主人夺走、收回。人们作为王的臣民,其自由只能是无干涉的自由——主人不予以干预的自由,一种奴隶依赖于奴隶主仁慈的伪自由。共和制下人民的自由在于共和政体原则及其制度系统的保障,奴役与压迫彻底丧失了它的机会与合法性。

王在罗马共和国不复存在,代之以两位具有同等权力的行政长官(Praetores)②,并且他们的权力具有任期的限制。轮流执政以及任期的限制是保证永久自由的最好方法,是自由政府的基本原则,罗马共和国的人民很早就确立了这样的宪政制度。③ 为了提防强大行政长官权力的危害性,宪制规定他们的任期仅限一年。最初的行政长官全部享有国王所拥有的一切权力和象征权力的徽章。值得注意的是,人们并没有因为把法西斯式的权杖交给两位行政长官而引起双倍的惊恐。④ 这是因为首任行政长官是布鲁图斯,布鲁图斯规定行政长官的权力必须得到人民的同意并发誓永远保卫共和,永不恢复君主制度。⑤ 因为君主制度伴随着不受控制的激情与冲动,而共和政体却可以控制这种没有节制的激情和冲动。

---

① 参见[古罗马]李维:《建城以来史:前言·卷一》,穆启乐等译,上海:上海人民出版社 2005 年版,第 143—145 页。

② 公元前 5 世纪中期以后,执政官代替行政长官,成为拥有国家最高权力的职位。

③ 参见 S. E. Stout, "Rotation in Office in the Roman Republic", *The Classical Journal*, Vol. 13, No. 6(Mar. ,1918), pp. 429 – 435。

④ 参见[古罗马]李维:《罗马史》第 2 卷第 1 章,载杨共乐选译:《罗马共和国时期》(上册),北京:商务印书馆 1997 年版,第 43 页。

⑤ 罗马人对仁慈伟大的王仍然记忆犹新,他们对人之德性信仰如旧。毫无疑问,布鲁图斯的品行是人们深信不疑的。

布鲁图斯不但是共和国的缔造者,也是共和国自由的忠诚卫士。他的第一个行动就是小心翼翼地保护那些刚得到自由的罗马人民,他要让人民远离任何背离共和的花言巧语或者来自专制权力的贿赂。自由是人性的内在需要,共和政府是人民享受自由的前提,专制政府却视人为野兽。为了防止专制王权的复活,布鲁图斯让人民发誓,绝不让任何人在罗马为王,任何人都有权利与义务杀死试图颠覆共和、谋取王位的野心家。① 为了共和国的和谐与稳定,布鲁图斯非常看重贵族在国家政治结构中的作用。他大大加强了元老院的领导地位,以免共和国在民主政治的风暴中失去航向。他把骑士等级中的许多重要成员任命为元老,这样使因国王的杀戮而减少的元老院成员增加到了 300 人,贵族在元老院的宪政权力在王制废除以后不但没有缩小反而扩大了。而且根据流传下来的史料,紧跟王政废除之后元老院扩大了组织来源,平民也能加入元老院,这大大加强了元老院的民主性。② 通过这种方式,布鲁图斯加强了国家的和谐以及贵族和平民间的团结,实现了国家政权的共和。

三、守卫共和国:捍卫自由

罗马人在政治制度形成的几百年间,形成了共和的意识和政体。那就是:共和国并不是罗马贵族的私有财产,而是全体人民共有的事业,要考虑社会不同阶层的利益,重视不同阶层利益的平衡与和谐。罗马共和国的主权属于全体罗马公民,公共利益是国家最高的善。布鲁图斯是罗马共和国的缔造者,一个杰出的政治实践家;西塞罗则是罗马共和国概念的杰出理论阐释者,罗马共和国自由的坚定捍卫者。

人具有天生的社会性,国家是人内在社会性聚合的产物。西塞罗主张,因为国家为人们提供了便利,是人们安身立命的庇护所,因此,国家就可以

057

---

① 参见[古罗马]李维:《罗马史》第 2 卷第 1 章,载杨共乐选译:《罗马共和国时期》(上册),北京:商务印书馆 1997 年版,第 43 页。

② 参见[德]特奥多尔·蒙森:《罗马史》第 2 卷,李稼年译,北京:商务印书馆 2004 年版,第12 页。

在需要时使用每一位公民的勇敢与才华中的更大和更重要的部分。[①] 柏拉图认为,城邦的生活才是人过的生活。人生下来并非只是为了自己,我们的国家、我们的朋友都有权要求我们尽一份责任。在柏拉图的理想国中,理想的公民是那些为了城邦的整体利益贡献出他们全部的才能、忠实地履行公民义务的人。提倡按自然方式生活的斯多葛学派亦持相似的论点。他们认为,世界上的一切东西都是为人而创造的,同时,人也是为其他人而生的。[②]西塞罗对之表示赞同,他指出每一个公民都负有维持社会、保卫国家的责任,这是四大基本美德之一。[③] 西塞罗强调共和国是人民的事业,共和国的自由是个人自由的前提,为国家服务是公民的最高美德与责任。灵魂只有在为国家做贡献以后才能飞向天空原先的居所。公民只有热爱国家,积极参与公共政治生活,在共和国之中才能实现自身的价值,获得自由与荣誉。[④] 当共和国面临威胁的时候,每个公民都有责任和义务来保卫它。勇敢的人们惩办背叛祖国的公民较之于不共戴天的敌人应该更加严厉。[⑤] 即使会被人厌恶,要冒生命的危险,也应在所不惜。[⑥] 因而西塞罗对普布利乌斯·斯奇比奥以一介公民的身份杀死只是稍微动摇了共和国根基的提比略·格拉古大加褒扬。[⑦] 作为提倡共和法治的他,为了挽救共和国于危难之中,他竟然不惜超越法律规定,给予喀提林阴谋者最严厉的刑罚,他自己

① [古罗马]西塞罗:《国家篇 法律篇》,沈叔平、苏力译,北京:商务印书馆1999年版,第16页。

② 参见[古罗马]西塞罗:《西塞罗三论:老年·友谊·责任》,徐奕春译,北京:商务印书馆1998版,第99页。

③ 参见上书,第114—116页。

④ 在罗马共和国,人们的一切功绩与荣耀都以他为国家的公共事务所作的贡献来衡量。唐纳德·达德利认为没有一个社会的人们像罗马人这样以为共和国服务为荣。(参见Donald Dudley, *The Romans*, London: Hutchinson & Co., 1970, pp. 44–45。)

⑤ 参见[古罗马]西塞罗:《反喀提林第一演说》,载[古罗马]撒路斯特:《喀提林阴谋 朱古达战争》,王以铸、崔妙因译,北京:商务印书馆1995年版,第158页。

⑥ 参见上书,第174页。

⑦ 参见上书,第156页。西塞罗对格拉古的反对,可以参阅Robert J. Murray, "Cicero and the Gracchi", *Transactions and Proceedings of the American Philological Association*, Vol. 97(1966), pp. 291–298。

也因此事被政敌打击,流亡国外。总之,他对罗马共和国的态度就是:用国家把我们每个人联系起来的那种社会关系即祖国,比一切社会关系更亲密。祖国包容了我们所有的爱,包括父母之间的爱,亲戚和朋友之间的爱。人们对祖国所负的道德义务在所有的道德义务中因而处于优先的位置。西塞罗号召:如果牺牲自己能够对祖国有所助益的话,真正的爱国志士都会愿意为国捐躯。①

　　亚里士多德在《政治学》中提出:人天生是政治动物,无论主人还是奴隶,他们具有共同的利益,国家是天生的统治者和被统治者为了自我保存而自然结成的共同体。一个人若能离开国家而生活,他不是头野兽,就是一个神。② 国家是亚里士多德政治科学的研究对象,是达致幸福生活的工具。整体必然优先于部分,城邦在本性上先于家庭和个人。每一个隔离的个人都无法自足地生活,必须共同集合于城邦这个整体才能满足其自身的需要。③ 在希腊化时期,当城邦制度开始解体的时候,伊壁鸠鲁的“个人幸福”理论开始盛行。伊壁鸠鲁派认为自我的快乐是唯一的善,智慧是最高的德性,智慧可以告诉人们追求什么样的快乐以及避免什么样的快乐,因此他主张远离政治与公共事务,除非万不得已,千万不可插手城邦事务。犬儒派则更进一步,他们甚至连祖国都不承认。④ 西塞罗对伊壁鸠鲁以个人的快乐幸福为核心的伦理学进行了坚决的批判,他提供了自我的权利与他人的权利、国家集体的权利发生冲突时的解决方案。他主张公民对国家负有不可推卸的责任与义务,这种责任与义务毫无疑问优于个人的权利诉求。在国家形成的方式上,西塞罗认为罗马共和国离不开人类理性力量的建

059

---

① 参见[古罗马]西塞罗:《西塞罗三论:老年·友谊·责任》,徐奕春译,北京:商务印书馆1998年版,第116页。

② 阿奎那接过亚里士多德的人性论,并给予人的社会性和政治性以至高无上的神圣性。(参见阿奎那:《阿奎那政治著作选》,马清槐译,北京:商务印书馆1982年版,第44—47页。)

③ 参见[古希腊]亚里士多德:《政治学》,颜一、秦典华译,北京:中国人民大学出版社2003年版,第2—5、82页。

④ 犬儒学派宣称,具有真实价值的事物,不是家庭、朋友、文化价值,也不是物质商品,而是自我的体认。犬儒学派哲学的盛行与当时动荡不安的政治社会局势密切相关。

构，但它主要是时间伟力的结果。正是希腊文化的引进与传播，极大地败坏了了罗马的公民美德传统。回归而不是抛弃罗马传统，肯定而不是怀疑精英德性，反对国家虚无主义，过一种政治的生活，是西塞罗的基本政治主张。

西塞罗的爱国主义源自他对罗马传统的热爱与尊重。他认为，罗马是一个现实的理想国。罗马国家不是笛卡尔式理性主义建构的产物，而是在历史发展的过程中逐渐演进而成的。它的政治组织形式之所以优于其他国家，就在于它集合了世世代代的智慧与历史经验。西塞罗相信如果这种传统的原则与习惯得以保存，罗马共和国就会长存不灭。[①] 他认为热爱祖国、为祖国服务是大自然赐予人类的伟大美德，这种美德的存在完全取决于对它的使用，对它最高贵的使用便是治理国家。[②] 他的《共和国》就是一部探讨罗马国家渊源，盛赞罗马政治制度优越性的专著。《共和国》的开篇就论述了爱国主义是罗马共和国的优良传统，没有积极的爱国主义，就从来也不可能把我们的祖国从敌人的进攻中解救出来。

对西塞罗来说，一个人最重要的是他生活的政治共同体，这个政治共同体建立的目的是社会的公共善。他宁愿抛弃智慧也不愿意抛弃他对国家的责任与对公共善的追求。在西塞罗的《论义务》中，正义就等同于公共善。政治是一种生活方式，是一种荣耀，是一切美好事物的起源。[③] 西塞罗一生都积极参与公共生活，他曾经以最低的法定年龄出任共和国的最高职务——执政官。他先后担任过财务官、市政官、行政官、执政官、元老院议员、西里西亚总督等公职。西塞罗的一生是为共和国鞠躬尽瘁的一生，为了恢复共和国的传统美德，改变共和国的厄运，西塞罗不惜与共和国的专权者为敌，最后倒在了安东尼与屋大维的屠刀之下，他的头和双手悬挂在他经常

---

① 参见[古罗马]西塞罗：《国家篇　法律篇》，沈叔平、苏力译，北京：商务印书馆1999年版，第57、107页。

② 参见上书，第1—2页。

③ 参见 S. E. Smethurst, "Politics and Morality in Cicero", *Phoenix*, Vol. 9, No. 3(Autumn, 1955), pp. 111 – 121。

演讲的人民广场上——那是他生前最钟爱的政治生活舞台。

第三节　法治共和国——控制民主

一、法治：共和国稳定的根基

法治是共和国稳定的根基，雅典的梭伦是法治共和国的奠基性人物。梭伦是麦迪逊推崇的一个人物，也是出现在马萨诸塞州宪法批准会议上的一个笔名。北美十三州殖民地的人民具有根深蒂固的法治传统，他们对法律怀有深深的尊重和畏惧。迪金森指出：英国议会改变了当初颁发给殖民地的特许状，任何总督或者代理总督如果不尊重当初特许状规定的人民权利，他将不受重视，或者视此职位不存在。[①] 是以，美国的独立革命最开始并不具有"革命"性，其行动方式是非暴力的，其原则是英国"无代表不纳税"、陪审团权利等普通法规则，是十三州殖民地和英国本土人民共同信服的法治规则。殖民地人民要求的是作为英国人的平等权利，美国独立战争的正当性在于英国对法治规则的破坏而不是十三州殖民地革命人民的万众一心；正是统治者对殖民地人民法定权利的剥夺赋予十三州殖民地反对英国"无道"统治战争的合法性。

公元前6世纪初，雅典由于贫富不均而导致的极端不平等使整个城邦都陷入了十分危险的境地。这个时候雅典最明敏的人都把眼光盯在后来有着"希腊七贤"美誉的梭伦身上。人们认为，梭伦是唯一和当时罪恶最无牵涉的人物，既没有插手于富人们的不义，也没有连累在穷人们的困苦之中。因此，他们请他挺身而出，结束当前的纷争，铸造雅典的和睦。他们中间的主要人物都力劝梭伦实行僭主政治，但梭伦对他的朋友说，僭主政治是一个可爱的地位，可是没有一条路可以由那里走下台。梭伦深知实行僭主政治必然会有损于他的声名，就像他在自己的诗里表明的那样，"在雅典做不过

---

① 参见[美]玛丽·莫斯特：《美国宪法：实现良治的基础》，刘永艳、宁春辉译，北京：中央党校出版社2006年版，第15页。

一日的僭主,然后我被剥皮,我的后代被消灭。"①

梭伦决心为雅典立法,改变雅典的既存政制格局,协调社会贫富阶层之间的关系,使不同阶层都能得到公平的对待,以拯救陷入危险境地的雅典城邦。他的立法主要在于破除个别贵族家族长期控制雅典的政制格局,代之于四个财产阶级对雅典的共同治理;解除雅典人民因为财产关系而成为奴隶、失去自由的不良制度。梭伦为雅典人制定的法律并不是他心目中最好的法律,而是雅典人愿意接受的最好的法律。正因为此,梭伦的法律得到后世雅典人民的忠实信奉,成为雅典人生活的方式之一。就如美国宪法制定者最后制定的宪法并不是他们认为最好的法律,而是美国人民可以接受的最好法律。梭伦的法律后来成为罗马共和国第一部成文法的古代法基础。虽然如此,但是梭伦的法治国家仍然具有非常明显的民粹色彩,这主要表现在梭伦所建立的新式司法制度上。根据梭伦的设计,法律成为人民的奴仆,一切案件的法官与检察官,一切诉讼争议的最终裁定者。梭伦毁掉了体制中的非平民制方面。当由全体平民组成的陪审法庭力量逐渐增强的时候,在取悦于成了暴君的平民的过程中,这种政体逐步演变为平民政体。②

二、民主:法治共和国的敌人

在疆域有限的城邦共和时代,人与人之间的联系非常密切,这一方面促进了人们对政治生活的密切关心;另一方面,在这样的环境下,人们的德性状况易于观察监督,公民美德易于获得人们的赞赏和模仿,道德败坏的成本则非常高昂。德治的有效性加之古罗马人在政治技术上的粗疏,古罗马人在设计共和国政治制度的时候,把共和国的命运建立在对公民美德的过度依赖之上。当然,罗马存在许多权力的约束性机制,但这种约束性机制也主要由习俗和惯例这些非正式的制度安排所组成。这些习俗和惯例得到贵族

---

① [古希腊]普鲁塔克:《希腊罗马名人传》(上册),黄宏煦主编,陆永庭等译,北京:商务印书馆1990年版,第179—181页。

② 参见[古希腊]亚里士多德:《政治学》,颜一、秦典华译,北京:中国人民大学出版社2003年版,第68页。

与平民的一致认同,具有一定的稳定性,也存在很大的不确定性,因为它的稳定性是建基在脆弱的公民美德之上的。随着共和国疆域的扩展,共和国公民美德的脆弱性在民主的冲击下尤为明显。在罗马公民德性败坏之前,共和国的各项法律是能够得到严格遵守的,公民的法治规则观念也很强,这甚至影响到以后独裁者的政治斗争都力求"合宪"。①

公元前452年,平民和贵族达成共识,同意组成一个十人委员会进行立法,主要是将法律成文化,使国家的统治具有明确的法律依据,而不是凭人们一时的臆断或者专横的权力进行审判。第一个十人委员会的工作总体上是成功的,他们完成了十二铜表法中前十表。这促成了公元前450年第二个十人委员会的任命。十人委员会拥有前所未有的巨大权限。第二个十人委员会的统治十分暴虐,当十人委员会的职务任期届满之时,十人委员会竟然拒绝将权力交还给人民。人民再一次团结起来,驱逐了十人委员会。但是平民已经发生了巨大的变化,他们要求特权,他们要求立法权,并且要求贵族们服从自己的立法,尽管他们禁止贵族参与平民的立法。这种过分的民主政治诉求破坏了罗马共和国的法治传统,甚至破坏了民主政治的原则本身。②

提比略·格拉古和盖约·格拉古是罗马共和国民主政治的开路先锋,毫无疑问是美国宪法的制定者恐惧和反对的对象。随着罗马对外的不断扩张,许多平民由于终年在外征战不能进行正常的生产活动而陷于贫困甚至破产的境地③,这就迫使他们流浪到城市或者依附于富有的贵族。这就是

---

① 如苏拉借助暴力手段通过法律,以法律的形式推行自己的政策。还有《关于恺撒行省的瓦蒂尼法》、《尤利法》等。(参见[意大利]朱塞佩·格罗索:《罗马法史》,黄风译,北京:中国政法大学出版社1994年版,第294、302页。)

② 参见[法]孟德斯鸠:《论法的精神》(上册),张雁深译,北京:商务印书馆1959年版,第209页。

③ 拥有小块土地的罗马公民是共和国的军队来源。战争规模不大的时候,士兵服役一段时间后还可以回家种地。当罗马版图急剧扩张的时候,志愿兵就得长时间在外征战而荒废了家中田地,也耗尽了他们积累起来的微薄财富。更糟糕的是,当他们解甲归田时,他们的田地很可能早被兄弟、邻居侵吞了。

对共和国最具破坏性的赞助制度。贵族满足贫穷平民的需要,平民则以选票回报他们。贫穷造成了贵族与平民的分裂,毁灭了贵族与平民的政治平等,将平民逼迫到贵族的屋檐下,富有公民美德的罗马市民堕落为没有责任与尊严的乌合之众。此外,无产者的不断增加与中等平民阶层的衰落,必然极大地威胁到国家军队的来源。

平民保民官提比略·格拉古看到小农破产会破坏共和国的组织基础,就决心保护贫民的利益,以振兴曾经作为罗马社会基础的小土地所有者阶层。① 这本是维护罗马共和政治制度的举措。② 但是,提比略·格拉古采取了与共和国法治不相符合的行为,并且当他遭遇宪政结构抵御的时候不能妥协;一种彻底革命的豪情没有改变罗马的土地兼并现状,反而为共和国阶级之间矛盾的激化播下了种子。宪政稳定的精义在于理性的非暴力与妥协,而不是情绪化的暴力革命;那种一夜之间换了人间的神话,从来只是虚幻的乌托邦。按照普鲁塔克的看法,如果当时西庇阿在罗马,提比略·格拉古的悲剧就不会发生,这是因为,提比略·格拉古与西庇阿最大的区别就是提比略·格拉古不愿意妥协。史密斯在《共和国的衰败》中认为,这种不妥协是导致罗马革命的直接原因。③ 超越阶级利益的妥协是共和国各阶级和谐共处的艺术,是共和主义倡导的各阶级各尽其责、共享成果的正义之路。

提比略·格拉古的提案威胁到元老们的大片土地和政治生计,所以元老院争取到另一位保民官否决了提比略·格拉古的提案。按照共和宪制的规定,提比略·格拉古本应该向这位保民官的否决权妥协,但他却促使平民会议罢免了那位保民官,从而通过了他的《土地法》。之后,提比略·格拉古又提出了一系列更激进的改革方案。但是,他在宣布另外一系列的法律

---

① 参见[意大利]朱塞佩·格罗索:《罗马法史》,黄风译,北京:中国政法大学出版社 1994 年版,第 285 页。

② 格拉古的土地法确实可以改善罗马贫苦平民的生存状态,维持共和国所需要的阶级基础。有关格拉古与罗马土地所有权的文章,参见 J. S. Richardson, "The Ownership of Roman Land: Tiberius Gracchus and the Italians", *The Journal of Roman Studies*, Vol. 70(1980), pp. 1 - 11。

③ 参见 Lily Ross Taylor, "Forerunners of the Gracchi", *The Journal of Roman Studies*, Vol. 52, Parts 1 and 2(1962), p. 27。

的同时试图重新竞选下一年度的保民官,这又违反了宪法有关保民官不得连任的规定。为了阻止提比略·格拉古,有人动议"元老院紧急决议",宣布暂时终止一切法律保障,责成执政官采取一切措施解决共和国的法治危机。但是"元老院紧急决议"按照政体惯例应该是针对外部敌人的。动议没有获得当时的执政官斯凯沃拉的采纳,因而一些元老院贵族采用暴力的方式将提比略·格拉古的肉体消灭了,他的追随者则受到非常法庭的简易程序审判并被剥夺了申诉权。[1] 提比略·格拉古事件据说是王政废除以来在罗马发生的第一次以公民的流血和死亡为结局的混战。[2]

　　盖约·格拉古是提比略·格拉古的弟弟,他是一个纯粹的民众煽动家,远比提比略·格拉古更热衷于获取民众的拥护。[3] 为了获得民众的拥护,即使像他的兄长一样死去,他也毫不畏惧。当然他身上确实也不乏令人钦佩的优秀品质,比如他的自制、节俭、勤恳,这些甚至超过比他年长的人。[4] 在人民的狂热支持下,盖约·格拉古获得了保民官的职位,随后他通过了一系列满足人民而贬抑元老院的立法,在某种意义上,他已经把宪法从共和制改为民主制了。盖约·格拉古的行为令民众极度兴奋,人民甚至授予他类似君主的权力。[5] 为了改变政制的危局,元老院决定利用民众的贪婪来击败盖约·格拉古,最终盖约·格拉古被杀,他的首级也被他的朋友拿去领赏。盖约·格拉古以及其他被屠杀者的尸体都被丢进台伯河,数量达 3000 具之多。[6]

　　格拉古事件改变了人们的法治观念,暴力和欺诈成了政治角逐中通行的准则,这大大损害了共和国宪制的权威。自从格拉古事件以后,在先例示

065

----

① 参见[意大利]朱塞佩·格罗索:《罗马法史》,黄风译,北京:中国政法大学出版社 1994 年版,第 286 页。

② 杨共乐选译:《罗马共和国时期》(下册),北京:商务印书馆 1998 年版,第 131 页。

③ 普鲁塔克随后否定了这种流行的看法,他说盖约·格拉古之所以参加政治活动,与其说是由于自己的选择,不如说是被某种需要所驱使。

④ 杨共乐选译:《罗马共和国时期》(下册),北京:商务印书馆 1998 年版,第 134 页。

⑤ 同上书,第 137 页。

⑥ 同上书,第 146 页。

范效应的作用下,违反法治规则的事件屡见不鲜,罗马共和政体的脊梁——法治规则断裂了。比如,喀提林阴谋失败以后,元老院开会决定判处喀提林等人死刑,并立即执行。但是,按照罗马共和宪法惯例通则,元老院并没有审判权,而且死刑必须要得到公民大会的批准。在这场审判中,精通罗马宪政制度的西塞罗为了抢占先机取得政治斗争的胜利也忽视了法治规则的严肃性。

三、自然法与法治共和国

法治是罗马共和政体的一项重要属性,罗马共和国的法治和自然法紧密地联系在一起。这种自然法就是考文所谓的永恒不变的共同理性与权利,是美国宪法的高级法,也是英国普通法的源头,它源自古老的罗马共和国。法治是自然的产物,共和国的法治应该服从自然法的规则,这是西塞罗的重要贡献。西塞罗是罗马共和国著名的政治理论家,也是共和国法律理论的重要阐释者。斯多葛学派认为,宇宙间万事万物是普遍联系的,人是宇宙万物的有机组成部分,人的本性和宇宙万物的人性是一致的;人应该按照本性去生活,这种本性就是自然赋予人类的普遍理性,即自然法,只有这样人才能获得幸福。[①] 西塞罗发展了斯多葛学派的自然法思想。"自然法思想认为,存在一种由宇宙以及人类的理性、社会本质所具有的神圣秩序所带来的普世性的自然规律。"[②]西塞罗指出人定法必须服从自然法,"法律是植根于自然的、指挥应然行为并禁止相反行为的最高理性"[③]。公平与正义是罗马法的核心价值,在西塞罗的法律理论中,法律是一种自然力,是聪明人的理智和理性,是衡量正义和非正义的标准。那么什么是正义呢? 西塞罗认为正义的本质取决于人的本质。人是由至高无上的神所创造的,他拥有

① 参见[古罗马]马可·奥勒留:《沉思录》,何怀宏译,北京:中央编译出版社2008年版。

② [美]罗伯特·古丁、汉斯-迪特尔·克林格曼主编:《政治科学新手册》,钟开斌等译,北京:三联书店2006年版,第76页。

③ [古罗马]西塞罗:《国家篇 法律篇》,沈叔平、苏力译,北京:商务印书馆1999年版,第158页。

和神一样的理性和美德,也分享神所创造的自然法。这种最高法律的产生远远早于任何曾存在过的成文法和任何曾建立过的国家,它就是正义的起源和基础。这种正义和美德是大自然所固有的,它在任何人面前都是平等可获得的,因为人与人之间没有类的差别。① 罗马公民无论在公权利还是私权利上都是平等的,这一罗马法原则从此逐渐生发开来。

法律渊源于人类的正确理性,具有正义的美德,自然法的本质就是正确的理性,是正义的基础。成文法必须符合自然法,否则就不是法律。② 法律对于西塞罗来说不是神的恩赐,而是人类正确理性思维的结果。西塞罗法律思想反映出罗马人强烈的现实主义风格。西塞罗不但精通法律,当过律师,还曾担任过共和国的执政官。"执政官是会说话的法律,法律是无声的执政官",法律是连接共同体的纽带③,共和国就是法治共和国。这是自罗慕勒斯时代以来罗马人民就开始走的一条路,权力必须要经过法律的许可并且依据法律的规定来行使。同时,法律应该成为恶的改造者和善的促进者,人们的生活方式应该服从行政官和法庭的判决。在法律的治理下,社会的不同阶层,国家公权利和私权利才能保持和谐与平衡。这种和谐一旦得到了维护,那么人类就可以过神一样的生活。④

值得注意的是,西塞罗对法治的依赖并不是绝对性的。因为罗马共和国的稳固主要是建立在古老的风俗之上,因而共和国的治理理应主要通过确立的风俗习惯进行,法律的作用不过是部分、辅助性质的。⑤ 在西塞罗的法治理论中,道德习惯和风俗对犯罪的防止和打击比法律的严酷和暴虐更

067

---

① 参见[古罗马]西塞罗:《国家篇　法律篇》,沈叔平、苏力译,北京:商务印书馆1999年版,第157—166页。

② 正是基于古老的自然法原则,纽伦堡审判否定了希特勒法律的正当性,解决了依法制裁战犯与所谓制定溯及既往法律间的二难命题。更多关于何谓法治的论述,可参阅近来哈特与富勒开启的法律实证主义学派与新自然法学派的论争。国内有关此方面的著作可以参阅强世功:《法律的现代性剧场:哈特与富勒论战》,北京:法律出版社2006年版。

③ 参见[古罗马]西塞罗:《论共和国　论法律》,王焕生译,北京:中国政法大学出版社1997年版,第40页。

④ 参见上书,第281、118、121页。

⑤ 参见上书,第114页。

有力量。他认为:因畏惧法律所规定的刑罚而阻止他们犯罪的震慑力,并不如羞耻感的震慑力;这种羞耻感是大自然给予的,令他们害怕正当的责备。①

四、理想共和国:法律的王国

柏拉图的理想国是哲学家统治的王国,古典共和主义者心目中的理想王国则是法律统治的国家。因为只有法律之治而非人治才能维持和促进公民的美德,才能促进和保有共和主义的自由。同时,法治的实施与保障又在于公民美德的培育与发挥。李维就是阐释这一共和主义思想的古典共和主义代表。"美国人使用的许多罗马笔名就归功于李维的作品,如布鲁图斯、加图、普布利科拉、辛辛那提斯。"②

这位共和主义大师于公元前59年(正值恺撒、庞培和克拉苏三头执政形成的第一年)生于帕多瓦。因而,他有机会亲身经历罗马共和国的倾覆和帝国的建立。③ 作为奥古斯都时代最重要、最有名的历史学家和拉丁散文大师,李维计划写作一部卷帙浩繁的罗马史,记述罗马自建城到他这个时代的历史。李维的共和主义思想主要体现在他的《罗马史》(即《罗马建城市以来史》)中,全书共有142卷,记述了罗马城的建立到德鲁苏之死这一段历史史实。李维对他所处的时代持悲观的态度,这是历史学家和哲学家常常具有的情怀。通过对史实的描述,体现了李维对罗马共和国的推崇和对现实帝制的不满。李维出身于上流社会,家境富裕,他认为罗马兴旺的基础在于公民美德的支撑。罗马共和国的一系列光辉人物,如布鲁图斯、普布利乌斯就是公民美德的典范,是罗马共和国之所以强大的关键和古典共和

---

① 参见[古罗马]西塞罗:《国家篇 法律篇》,沈叔平、苏力译,北京:商务印书馆1999年版,第121页。

② 参见 M. N. S. Sellers, *American Republicanism: Roman Ideology in the United States Constitution*, New York: New York University Press, 1994, p. 70.

③ 参见[美]J. W. 汤普森:《历史著作史》(上卷)第一分册,谢德风译,北京:商务印书馆1988年版,第103页。

主义思想的承载媒介，也是美国制宪者笔名的丰富矿藏。

　　李维是奥古斯都时代唯一和奥古斯都皇帝相识的历史学家。李维的力量和引人入胜之处在于他生动的描绘天才和他对美妙动人的事物的敏感。他认为历史是一种讲究辞藻的说明性文章，是雄辩术。和所有的罗马历史学家一样，他相信历史是劝善惩恶的，也就是说，历史应该灌输道德观、培育公德、提倡爱国情操。① 研究光荣的过去，在于补偿罗马最近沉沦的程度。这是李维写在《罗马史》前言里的一句话。他的《罗马史》就在于为同时代的贵族树立一个可以模仿的道德典范，这种典范来自失落的共和国传统。他笔下的一些共和国楷模后来成为了英国革命和美国革命者心中的英雄。李维共和国的中心特征就在于它的自由，这种自由是通过元老院的领导，人民主权的诉求而实现的。它的关键在于公民美德的保持和发挥。李维同样列举了共和国衰落的原因，那就是贪婪、腐败、奢华、野心。这些词汇同样是美国宪法制定会议上的关键词。美国制宪者们念念不忘的事情就是保持共和国的自由和人民的主权，因而他们非常重视参议院的道德权威和公民的美德。他们希望通过这样的措施可以控制导致罗马共和国衰败的野心与贪婪，他们希望美利坚共和国从此可以远离奢华与腐败的命运。

　　李维把共和国和自由这两个概念紧紧联系在一起，要保证共和国的自由就必须永远根除王制，实行法律的统治。关于这一点，布鲁图斯已经向我们显示人治必然导致专制，而只有法治才能保证共和国的自由。要保证共和国的自由就得诉诸人民主权原则，这是普布利科拉成为人民敬爱的人的关键，也是普布利乌斯获得美国人民认同的历史合法性。要保证共和国的自由还要保证元老院的权威，这是辛辛那提斯和加图公民美德的核心内涵，是共和国抵御贪婪与野心，防止腐败的关键力量，也是美国"天然贵族"的古典榜样。李维认为共和国的自由最终的关键在于公民美德，只有美德才能保障良好的法治和人民主权。

---

　　① 参见[美]J. W. 汤普森：《历史著作史》（上卷）第一分册，谢德风译，北京：商务印书馆1988年版，第107—110页。

第四节　人民共和国——共和国中的民众

一、人民主权与共和国的性质

普布利乌斯是美国革命时期最流行的一个笔名,是联邦党人的形象代言人。人民主权是共和国的根本政治原则,普布利乌斯之所以得到人民的认同是因为他主张人民主权。普布利乌斯也是罗马共和国的主要缔造者之一,当"高傲者"塔克文的儿子塞克斯图斯·塔克文强奸鲁克蕾提娅的时候,鲁克蕾提娅的父亲就求助于普布利科拉(Publius Valerius Publicola)。普布利科拉协助布鲁图斯反对塔克文的专制统治,创造了罗马的共和政权。罗马国家在政体上发生了一个重要的变化,这就是人民地位的上升。为了表示对人民的尊重,普布利乌斯命令当他向人民说话时象征权力的斧头棒束要降低。普布利乌斯还创立了人民针对执政官权力的申诉权。申诉权是控制公共权力的一种制度安排,它保证了罗马公民只接受人民的审判。他规定任何阴谋恢复君主制的人都将失去所有的公民权。为了表示对君主制和权力的厌恶,在他当选执政官的第二天,就使斯普里乌斯当选为他的同僚,并将自己的扈从转让给斯普里乌斯,因为斯普里乌斯比他年长。[①] 他的这种姿态在当时广泛传播,深入民心。平民们赠送给他一个绰号叫"普布利科拉",意思是人民的朋友。[②] 以至于伊特鲁里亚的国王决定放弃对罗马的入侵,因为罗马人已经非常清楚地表明,他们宁愿和罗马一起毁灭,也不愿意恢复君主制而失去自由。当普布利科拉完成第四任执政官任期后,因为为国家服务变得非常贫穷,以至于死后都无钱安葬。

国家政权的共和是通过权力结构的混合与均衡来实现的。执政官是由人民大会选举产生的,并且有任期的限制。选择元老院成员,既包括狭义的

[①] 参见[古罗马]西塞罗:《国家篇　法律篇》,沈叔平、苏力译,北京:商务印书馆1999年版,第81—82页。

[②] 参见狄奥尼修斯:《罗马古代史》第5卷第4章,载杨共乐选译:《罗马共和国时期》(上册),北京:商务印书馆1997年版,第61页。

贵族元老,也包括在册者;①现在是执政官的职责,在王政时代则属于国王的权力范围。② 但是执政官的权力远远不及国王,他在选择元老的时候受到惯例和本阶层意见的束缚远较国王为甚。特别有一条规则,如果执政官被选时还不是元老,那么在他出任执政官以后必然随之进入元老院,成为终身元老。③ 同时,元老院和执政官的权力在法律上来源于全体罗马人民,受到人民大会的制约,尤其是当部落大会成为人民大会的主要机构的时候。也就是说,在罗马共和国的政治结构中,元老院、执政官、人民大会三者之间的权力是相互混合、相互牵制的,罗马的共和政体是一种混合均衡政体。这些关系都是由法律规定的,或者是一种法律惯例。这就决定了在罗马共和国实行的是法律的统治而不是人的统治。这可以从李维记载的有关布鲁图斯惩罚自己的儿子阴谋恢复王制的案例中得到验证。布鲁图斯处死自己的儿子以后,不久也死于反对塔克文的斗争之中。正是有了布鲁图斯的努力,罗马在此之后的 500 多年里享有自由,而不再受君主独裁的奴役。④

普鲁塔克曾经给予梭伦非常高的评价,把他和普布利科拉相比,但认为普布利科拉比梭伦更伟大。因为被梭伦当做最伟大、最公允的祝福所祈求的,正是普布利科拉得天独厚地赢得并一直享用到死的东西。普布利科拉在自己的政治生涯中使梭伦成了一位意在实施民主政体的最佳榜样,也提高了他的声名。相比于梭伦,普布利科拉对僭主政治的憎恨比梭伦强烈得多。梭伦在本可以掌握绝对权力的时候却拒绝了它,这是令人称赞的。但普布利科拉在掌握专制大权后,却使这个权力日益民主化,他本人甚至都不享用按照地位身份应该享受的特权,这给他增添的荣誉绝不次于梭伦。梭

---

①　在册者(Conscripti),指参加贵族元老院会议的列席者,但在分组表决时具有表决权。

②　执政官挑选元老院议员仅限于共和国初期,后来根据《奥威尼平民会议决议》其任命权被授予监察官。随着政治实践的发展,元老院议员也有了确定的客观标准。(参见[意大利]朱塞佩·格罗索:《罗马法史》,黄风译,北京:中国政法大学出版社 1994 年版,第 32 页。)

③　参见[德]特奥多尔·蒙森:《罗马史》第 2 卷,李稼年译,北京:商务印书馆 2004 年版,第 13—14 页。

④　参见 M. N. S. Sellers, *American Republicanism: Roman Ideology in the United States Constitution*, New York: New York University Press, 1994, p. 71。

伦一旦制定了法令,不过是把它们刻在木板上,不但缺少捍卫法令的人,而且他本人也离开了雅典,而普布利科拉则一直在罗马城中执政,牢固可靠地建立起他的政体。① 这也是为什么梭伦还在人世的时候自己所开创的政体就分崩离析,而普布利科拉师法梭伦所创造的罗马共和政体却生命力长久的原因之所在。

二、共和国是人民的事业

人天生是政治社会的动物,政治社会的建立是由人的本性所决定的。西塞罗提出:国家是公共的财产,是人民的事业。人民主权是共和国的根本政治原则,共和国作为人民的事业,国家的利益就是人民的利益。"担任政府公职的人不应当忘记柏拉图所说的两条戒律:第一条,要一心只考虑人民的利益,不计较个人的得失,使自己的一切行为都符合于人民的利益;第二条,要顾全国家的整体利益,不要只为某一部分人的利益而辜负其余的人。"②罗马内争中的民主派与贵族派,关心的只是本集团的利益,将党派的利益置于整个民族的利益之上,这是西塞罗所不能容忍的。显而易见,西塞罗的共和国是和人民这个集体概念密切联系在一起的,与人民密切联系的公共利益高于和个人联系的私人利益。③

另外,值得注意的是,西塞罗承认人民个人独立利益的存在,并且国家为此负有保护与服务的责任。其中,对个人财产权的保护是西塞罗重点强调的。他告诫道:由于自然的指引,人们聚居在一起而形成社会,他们寻求

①　[古希腊]普鲁塔克:《希腊罗马名人传》(上册),黄宏煦主编,陆永庭等译,北京:商务印书馆1990年版,第231—233页。

②　[古罗马]西塞罗:《西塞罗三论:老年·友谊·责任》,徐奕春译,北京:商务印书馆1998年版,第129页。

③　不同于中国语境下的"公"以国君为语源,且与"人民"的关系非常稀薄。中国的公私意识具有强烈的价值评判倾向,"私"带有强烈的负面色彩,"公"则代称一种理想的心态,而少涉及人的实际行为或者社会样态,因此虽然中国有严辨公私的古训,但实际上中国人一直不太讲究公私之分。(参见陈弱水:《中国历史上公的观念及其现代变形:一个类型的与整体的考察》,载许纪霖主编:《公共性与公民观》,南京:江苏人民出版社2006年版,第27、29页。)

城市的保护是希望自己的财产不受侵夺。因而,建立立宪国家和自治政府的主要目的就在于保护个人的财产权。担任行政职务的人首先必须注意:每个人都应当有属于他们自己的东西;不能打着国家的旗号侵犯平民百姓的财产权。① 这是罗马共和政治不同于希腊民主政治的重要区别之所在。苏格拉底提出要废除家庭与私有财产,妻子、小孩与财产都应属于城邦这个共同体。苏格拉底指出:"人们拥有的财产应该以能使他过上有节制的生活为度。"②亚里士多德主张私有财产权,对于立法剥夺穷人或者富人的财产,亚里士多德认为这是极端的不公正。他亦提到对市民的财产总量加以控制,以保证社会财富的大体平均。③ 在柏拉图式的希腊民主政治中,"财产依附于人类至善生活的终极目标,财产的意义在于它是实现人类至善生活理想所必需的要素。过分追求和拥有财富会危及善的生活。"④财富只是实现城邦幸福生活的工具,柏拉图甚至禁止自由公民从事任何与商业有关的职业,亚里士多德则谴责由商业交换产生的财富增值。⑤ "城邦耸立于一切小集团之上,耸立于各种次要的集团之上,它赋予一切集团和团体以意义与价值。最高的幸福在于参与城邦本身的生活和活动,而家庭以及朋友和财产,只有作为这种最高幸福的组成部分才能发挥作用而使人享有乐趣。"⑥而西塞罗视财产权为共和政体的重要特征,因而他强烈反对财产税的征收。他对格拉古兄弟的土地法案进行了强烈的批评,认为这破坏了罗马共和国和谐的基础。因为这是政府在利用权力把某部分人的钱财夺走,送给另一部分人。但是,如果任何国家面临危机而需要国人承受这种负担,

073

---

① 参见[古罗马]西塞罗:《西塞罗三论:老年·友谊·责任》,徐奕春译,北京:商务印书馆1998年版,第202页。

② [古希腊]亚里士多德:《政治学》,颜一、秦典华译,北京:中国人民大学出版社2003年版,第43页。

③ 参见上书,第47、58、91页。

④ 参见肖厚国:《所有权的兴起与衰落》,济南:山东人民出版社2003年版,"前言",第2页。

⑤ 亚里士多德区分两种不同的财富增值途径。一是通过家庭财政管理,二是通过商业交换。亚里士多德认为,第二种方式违背了自然,是极其可恶的。(参见[古希腊]亚里士多德:《政治学》,颜一、秦典华译,北京:中国人民大学出版社2003年版,第13—21页。)

⑥ 参见[美]乔治·霍兰·萨拜因:《政治学说史》,北京:商务印书馆1986年版,第32页。

必须尽一切努力使所有的人都认识到,他们若想得救,就必须向不可避免的事情低头。而且那些掌管国事的人应当采取措施为国人提供丰富的生活必需品。① 西塞罗提醒人们:"在保护个人利益时必须注意,我们为他们所做的事情应有利于国家,至少不要损害国家的利益。"②换言之,罗马共和主义政治虽然承认个人利益的存在,但个人利益居于集体利益之下,不得妨碍国家利益的显现。

共和国是人民的事业,但是人民并不是随随便便的一群人,一个不管以什么方式聚集起来的集合体,而是很多人依据一项关于正义的协议和一个为了共同利益的伙伴关系而联合起来的政治社会集合体。③ 一旦公民有背叛祖国,反对共同体的行为,他就不再是国家的公民,而是国家的公敌,不再享有公民的一切权利,甚至作为人的基本权利也不享有,当然也不是人民的一员。④

西塞罗之所以强调共和国是人民正义的联合体,是因为他对民主政治和共和政治的严格区分。在共和主义政体之中,一切公共权力来自于人民,但并不是一切权力在于人民。他认为当一切事情都由多数人来决定的时候,这个政府就被绝对排除在共和政体之外。因为这里的人民徒有其表,他们并不是因正义的伙伴关系而会聚起来的,纯粹是一种暴虐的集合,这和一人统治的暴虐相差无几,甚至更为残酷。⑤ 这意味着在西塞罗的共和国概念中,其一,共和国的一切权力属于人民,没有人民的批准,任何权力都不具

---

① 参见[古罗马]西塞罗:《西塞罗三论:老年·友谊·责任》,徐奕春译,北京:商务印书馆1998年版,第202—205页。

② 同上书,第202页。

③ 参见[古罗马]西塞罗:《国家篇 法律篇》,沈叔平、苏力译,北京:商务印书馆1999年版,第35页。

④ 这也是西塞罗主张可以不按法律程序严厉惩处直至处死喀提林阴谋分子的理由,元老院会议也肯定西塞罗揭露喀提林阴谋是拯救国家的爱国主义行为。(参见西塞罗:《反喀提林第四演说》,载[古罗马]撒路斯特:《喀提林阴谋 朱古达战争》,王以铸、崔妙因译,北京:商务印书馆1995年版,第208页。)

⑤ 参见[古罗马]西塞罗:《国家篇 法律篇》,沈叔平、苏力译,北京:商务印书馆1999年版,第109—110页。

有合法性。其二,人民是一个正义的联合体,是一个有着共同善的目标的政治组织。这两个条件必须同时符合,才能构成西塞罗共和国概念的充分必要条件。

为了论证共和国是人民事业,西塞罗强调自罗慕勒斯以来的王权都通过法律获得了人民的同意,人民的权利与自由是得到法律保护的。① 塔克文王则由于他的横征暴敛而被人民放逐,甚至让人民不能再容忍君主的存在。因此,西塞罗断言:无论在什么地方,只要是为暴君所统治,我们就不该说我们有了一个共和国的坏形式,而应说——事实上——我们根本就没有共和国。②

三、民主的恺撒政体:共和国的末日与君主专制的诞生

苏拉、恺撒和克伦威尔一样,在美国宪法制定者的心目中被定位为政治煽动者的领袖。③ 罗马共和国的末日与君主专制的产生和苏拉、恺撒紧紧地联系在一起。

在共和国的最后半个世纪中,民主派和贵族派就共和国的治理权力问题进行了反复的争吵和斗争。贵族派认为政府应该由贵族执掌,以元老院的讨论和公民大会的表决为基础。民主派则主张政府的行政事务,尤其是保民官的事务应该直接由公民大会或者平民会议处理。不过,这种民主派和贵族派并非由有计划的统一派系所组成,而是由那些对政治看法相近的人而组成,就算是在各自的派系中,这些人还可能会成为激烈的竞争

---

① 早期的王受到各部族的自主性和由此而产生的制度的制约。罗慕勒斯时代的罗马采用的政体是君主制,王是国家的最高首脑,但罗慕勒斯已经将部落进行了划分,贵族与平民阶层也得到了区分,他还建立了库里亚民众会议以及元老院。诸如此类的政治组织设计奠定了竞争性政体的基础,为罗马共和政体的诞生奠定了基础。传统的材料表明,在王政时代就存在向民众申诉的制度,这是一种共和国时代保护市民不受执法官擅权行为侵害的制度。(参见[意大利]朱塞佩·格罗索:《罗马法史》,黄风译,北京:中国政法大学出版社1994年版,第11、37页。)

② 参见[古罗马]西塞罗:《国家篇 法律篇》,沈叔平、苏力译,北京:商务印书馆1999年版,第108页。

③ 参见[美]汉密尔顿、杰伊、麦迪逊:《联邦党人文集》,程逢如、在汉、舒逊译,北京:商务印书馆1980年版,第102页。

对手。①

公元前 88 年,贵族派苏拉通过抽签获得了东方战争的领导权,民主派对之不满,他们通过人民大会撤销了对苏拉的任命,把东方战争的指挥权交给了民主派的马略。苏拉随之带领军队攻入罗马城,将马略及其支持者宣布为"国家公敌"。② 在军队的暴力支持下,苏拉制定了一系列的严刑酷法,进行了一系列巩固贵族统治、加强元老院的领导地位的政治制度改革,执政官、行省总督的权力被大幅度地削弱,保民官职位形同虚设,监察官职位则被取消。共和国仿佛获得了重生。苏拉在共和国陷入混乱前,提供最后一个机会,设法通过立法的形式建立一个稳定的政治秩序。但是,他违反了共和宪制最神圣的原则,使用了对宪法政治最具破坏性的军事暴力。"他是借着军队的力量进入罗马的,他教给罗马的将领们,要他们破坏自由的托庇之处。"他把公民的土地分给士兵,他使他们毫无止境地贪婪下去;他发明了放逐制度,并且给那些不属于他的一派的人们的脑袋定出了价钱。③ 有人认为,苏拉是"最后一个共和国的拥护者",他试图把权力交给贵族派认为应该拥有权力的政治结构——元老院及其贵族,也设法使统治权落在百人会议中有影响力的那些人身上。也许苏拉确实拥有耶稣般的高风亮节,他动刀兵是为了共和而非自身。但即使如此,苏拉还是犯下了致命的错误,他所设法恢复的那些传统形式,它们的力量正是在于其已经被人们接受,不需要立法的保护。苏拉本人已经证明得很清楚——后来西塞罗在不同的处境也曾经表示——当法律面对武装部队的时候,几乎没有用处。④ 当苏拉引退以后,他所建立的政治制度由于缺乏持续的武力支撑而逐渐枯萎。在苏拉的先例示范效应下,以武力谋取政治权力成为罗马共和国的常例。

① 参见[英]戴维·肖特:《罗马共和的衰亡》,许绶南译,上海:上海译文出版社 2001 年版,第 38 页。

② 参见丛日云:《西方政治文化传统》,哈尔滨:黑龙江人民出版社 2002 年版,第 282 页。

③ 参见[法]孟德斯鸠:《罗马盛衰原因论》,婉玲译,北京:商务印书馆 1962 年版,第 57 页。

④ 参见[英]戴维·肖特:《罗马共和的衰亡》,许绶南译,上海:上海译文出版社 2001 年版,第 44—46 页。

　　在这场角逐的最后阶段,以恺撒为代表的民主势力在苏拉的贵族寡头统治失败以后开始复苏,逐步扩大。公元前49年恺撒凭借他的私人部队和巨大的私人财富,基本上控制了罗马的政局。为了笼络民众,恺撒对富人进行了打压,在流放富人的同时,剥夺他们的财产。为了扩大自己的庇护势力,也为了加强自己的派系势力在国家结构中的力量,恺撒极大地扩展了公职的编制。他把自己的私人势力,甚至他的老兵和被释放的奴隶都安插进了元老院,元老院被恺撒控制,完全丧失了它的独立性。公元前44年,他被授予保民官的神圣不可侵犯性。宗教在共和国具有非常重要的作用,世俗权力没有宗教的支持往往很难实施。公元前43年后,恺撒又成为国家的大祭司和占卜官,这使他可以有效地控制共和国的宗教活动,掌握与共和国宗教有关的所有政治活动及其权力。公元前44年初,恺撒成为没有任期的永久独裁官,在事实上摧毁了共和国政府公职的任期制;公职的提名权则使元老院成为恺撒的独裁工具,彻底摧毁了共和国的选举制度。"当人们给予荣誉的时候,他们确实知道他们给的是什么东西,但是,当人们把权力也加到他们身上的时候,人们便无法说出,这权力究竟会大到什么程度了。"①恺撒的阴险与人民的狂热造就了共和国的新帝王。恺撒的做法虽然按照罗马宪制的规则进行,他本人也不是 Rex(王)而是 Caesar(恺撒),但显而易见的是,恺撒的事业是受一种君权观念指导的,并且朝着专制君主制的方向发展,东方式的君主制可能为它提供了楷模。② 从此以后,罗马的贵族共和政体一步步滑向个人独裁的王制,复活了"野人"塔克文的阴魂。"西塞罗因为罗马共和国这个人民的财产而骄傲,恺撒则把世界变成了他的私人财产。"③恺撒作为民主势力的标榜者,独裁专制的阴谋家,摧毁了共和国的贵

---

　　① 参见[法]孟德斯鸠:《罗马盛衰原因论》,婉玲译,北京:商务印书馆1962年版,第57页。

　　② 参见[意大利]朱塞佩·格罗索:《罗马法史》,黄风译,北京:中国政法大学出版社1994年版,第307页;Elizabeth Rawson, "Caesar's Heritage: Hellenistic Kings and Their Roman Equals", *The Journal of Roman Studies*, Vol. 65(1975), pp. 148-159。

　　③ 参见[美]沃格林:《希腊化、罗马和早期基督教》,谢华育译,上海:华东师范大学出版社2007年版,第177页。

族统治势力,值得深思的是,他最终也没有给予民主派所要求的民主。在恺撒的绝对控制下,人民大会形同虚设,曾经自由的共和国公民成了匍匐于恺撒脚下的臣民;曾经直立行走的人类成为了兽性专制权柄下的工具。最终蔑视罗马伟大共和传统的恺撒,侮辱元老院荣耀的实质君主恺撒,被他的法定继承人布鲁图斯刺杀,那是共和国赋予每一个公民的权利和义务。布鲁图斯自豪地宣称:即使是他的父亲重新回到地上来,他仍然是会把他杀死的。①

四、元首制:形式共和与臣民的自由

苏拉与恺撒以后,共和国的大厦摇摇欲坠。屋大维则将共和国的根基抽空,此时屋大维的君主国上空飘着的旗帜似乎仍然是共和主义。公元前31年,屋大维在亚克兴战役中获得胜利,这标志着他已经取得了共和国的控制权。当元老院授予他暗示王权的"奥古斯都"封号②,并尊称他为共和国"第一公民"的时候,虽然罗马仍然披着共和国的华丽外衣,奥古斯都的权力也归之于人民的普遍同意,奥古斯都自己也以共和国的复兴者自居,但共和国实际上已经寿终正寝,取而代之的只是形式上的共和。实质上,屋大维的个人王国——"屋大维"——已经成为了共和国的代替品。这个时候反对他的力量已经荡然无存,只剩下对他奴颜婢膝的罗马人民和元老院,还有绝对服从他的军队,整个宪政机构成为他权力与意志的工具。屋大维不但拥有随时同元老院协商的权力以及高于行省执政官治权的权力,还拥有

---

① 参见[法]孟德斯鸠:《罗马盛衰原因论》,婉玲译,北京:商务印书馆1962年版,第63页。

② 当有人建议作为罗马的第二个缔造者,他应被称作罗慕勒斯的时候,普兰库斯提议,最好取名为奥古斯都,因为这个称号不仅是新的,而且是个更容易理解的称号。因为圣地,以及那些通过占卜可献祭任何东西的地方被看做是"庄严的"(奥古斯塔)(augusta),它源于庄严的"增强"(auctus)或源于"飞鸟的动作或啄食"(avium gestus gustusve)。(参见[古罗马]苏维托尼乌斯:《罗马十二帝王传》,张竹明等译,北京:商务印书馆1996年版,第49页。)格罗索指出,奥古斯都一词不仅具有威信的含义,而且对于罗马人来说,具有一种法律术语的意义。这就是君主准可权,它表现为对国家事务的普遍保佐和监护权;它是一种鲜活的力量,动态地表现出将君主纳入共和国宪制的法制化进程的起点和终点。(参见[意大利]朱塞佩·格罗索:《罗马法史》,黄风译,北京:中国政法大学出版社1994年版,第314—315页。)

终身保民官的否决权和首席元老的头衔。"只要元首认为公共利益需要,他就可以采取特别的措施。元首的这种特别法律权力,事实上已经把权力从人民转移到元首手中,使元首演化成一种东方类型的绝对君主制"。① 此时,政治上的平等已经成为陈旧过时的信念,所有的人都在望着皇帝的命令。②

　　奥古斯都实际上和恺撒一样,致力于建立自己的绝对权威,但是他避免了先前恺撒那种毁灭性的方式。"罗马的理论想尽一切办法让皇帝的位置看起来像一个共和国的行政官。屋大维自己创立了这种虚构性的政策。"③奥古斯都没有去削弱元老院及其成员的权力,而采用了一种为人接受的方式去支配他们。实际上他发现了一种更有作用、更加刻薄的方法,那就是不再以削弱、镇压的方式同贵族发生鲁莽的冲突,而是将他们置于自己的庇护之下④,利用他们并使他们成为共和体制的一部分,以保持共和政体的形式,减少人们对他专制权力的怨恨。⑤ 实际上,在奥古斯都时期,元老院扮演了主要的角色,它仍然保留着自己在立法过程中传统的顾问地位,奥古斯都也按时出席元老院会议,以显示他对元老院的尊敬。⑥ 当然,这一切

079

----

① 参见[美]沃格林:《希腊化、罗马和早期基督教》,谢华育译,上海:华东师范大学出版社2007年版,第241页。元首制并不是由屋大维创立的;它可以回溯到共和国时期的历史。Princeps指的是任何一个具有社会影响的公民,在他的身边拥有数量不等的扈从,这些扈从以一种特殊的忠诚关系拥护他。(参见[美]沃格林:《希腊化 罗马和早期基督教》,谢华育译,上海:华东师范大学出版社2007年版,第238页。)

② [古罗马]塔西佗:《编年史》,王以铸、崔妙因译,北京:商务印书馆1981年版,第2、5页。

③ [美]沃格林:《希腊化、罗马和早期基督教》,谢华育译,上海:华东师范大学出版社2007年版,第237页。

④ 这种庇护制同样是英国的君主制得以推行的基础。(参见[美]戈登·伍德:《美国革命的激进主义》,傅国英译,北京:北京大学出版社1997年版,第75页。)

⑤ 参见[英]戴维·肖特:《奥古斯都》,杨俊峰译,上海:上海译文出版社2001年版,第44—45页。

⑥ 蒙森因此试图把奥古斯都君主制界定为一种"双头执政"的制度,即君主和元老院的两方面统治。实质上,元老院的活动也处于君主的提示和指导之下。因此,人们不能说这是"双头执政",因为双头执政应当以将两种权力均置于同一层面的统一背景为前提条件,无论是在权限的划分和权力的划分方面还是相互竞合方面。(参见[意大利]朱塞佩·格罗索:《罗马法史》,黄风译,北京:中国政法大学出版社1994年版,第319、328页。)有关奥古斯都政权中元老院的作用,参见P. A. Brunt,"The Role of the Senate in the Augustan Regime", *The Classical Quarterly*, New Series, Vol. 34, No. 2(1984), pp. 423 –444.

都在奥古斯都掌控之下。事实上,没有元老院,奥古斯都仍然可以立法,司法、行政的大权也牢牢掌握在他手里。①

罗马人民仍然被称呼为公民,但是他们的公民权利,他们的自由已经完全掌握在"第一公民"的手中。也许"第一公民"是个仁慈的主人,但仁慈主人的奴隶仍然逃脱不了被支配、被操控的命运,他们也就只能拥有霍布斯笔下的臣民自由了。霍布斯对人性比较悲观,他认为人类的偏私、自傲、复仇等自然激情必须要有一种强有力的力量来使之畏服,没有暴力,自然法就没有人去遵守,人们的安全就无法保障。② 这种强大的力量就是利维坦,就是活的上帝。③ 正是在这一立论基础之上,霍布斯对君主政体尤其是专制君主政体情有独钟。④ 在霍布斯的利维坦中,畏惧是政治的基础,人们组成国家的原初动力在于自我保存的欲望。利维坦国家不是亚里士多德的伦理共同体,它只需保证人们的安全。霍布斯否认先验的正义理论,他彻底抛弃了柏拉图的分工论与知识指导,也不再服膺亚里士多德的比值平等与数量相等理论,他转而倾向一种现实主义的法律正义理论。在他的理论中,只有能够保证人们安全的契约,以及以此为基础的国家法律才是正义。正义不再是永恒普遍的,而是随人的需要而变的。霍布斯抛弃了国家的伦理维度,虽然霍布斯的王国也主张法治,但法律在霍布斯的利维坦中不过是主权者的绝对意志,是人们必须服从的义务,而作为主权者的君主却是超越法律以及整个政治体系约束之外的。主权者作为人民利益的受托者,拥有至高无上的权力,司法必须听命于他,他甚至可以夺取任何一个公民的生命;公民个体为了自我的安全将自己的权利交给国家,未经君主的同意,人民不能单方面解除和君主订立的契约,任何企图这样的做的人其他人都可以杀掉他。

---

① 关于奥古斯都的胜利,亦可参见 T. D. Barnes, "The Victories of Augustus", *The Journal of Roman Studies*, Vol. 64(1974), pp. 21–26。

② 参见[英]霍布斯:《利维坦》,黎思复、黎庭弼译,北京:商务印书馆1985年版,第128页。

③ 参见上书,第132页。

④ 霍布斯对君主政体比较优势的论述,参见[英]霍布斯:《利维坦》,黎思复、黎庭弼译,北京,商务印书馆1985年版,第144—147页。

不但如此,任何人以任何方式杀死主权者或者惩罚主权者都是不义的。①
人民放弃的权利构成了国家主权的正当性,也构成了个体服从国家的必
然性。②

　　公元前 23 年,在担任了十一次的执政官后,奥古斯都放弃了执政官的
职位。随着奥古斯都对共和国宪制官职职位的放弃和拒绝,第一公民逐渐
脱离共和国宪制官职的框架。第一公民成为事实上的君主,凌驾于共和国
宪制之上。虽然第一公民权力的基本要素是从共和国纲领中摘取的,但这
些权力本身确实是同共和国宪制相分离的,它们汇集在一个人身上。共和
国宪制中的官职与权力不断被君主吸收,这标志着新的首脑地位的形成。③

第五节　道德共和国——逃脱衰亡的命运

081

一、道德的哲学王：独裁官的节制

　　现实主义的罗马人认识到人类的理性是有限的,单纯的政治技术设计
不可能创造一个美好的政治社会,人们的美好生活取决于人民的公民美德。
罗马混合政体的技术设计十分粗疏,公共权力的运行和个人权利的保障在
很大程度上受制于公权执掌者与普通公民的宪政自觉与自由裁量。道德控
制的力量是软性的,松散的宪政架构给政治精英的自由裁量留下了巨大的
弹性空间。罗马混合政体的均衡,关键在于贵族、普通民众的节制,在于他
们对自身职责的认识与服从。任何一个阶层如想获得不应该获得的权力,
混合政体的宪政结构就会崩溃。罗马共和国的缔造和维持有赖于罗马贵族
的美德,只有罗马贵族具有良好的德行,共和国才能够被缔造,才能确保和

---

　　①　参见［英］霍布斯:《利维坦》,黎思复、黎庭弼译,北京:商务印书馆1985年版,第133—137
页。

　　②　有关霍布斯对柯克普通法宪政主义的反对,参见［英］托马斯·霍布斯:《哲学家与英格兰
法律家的对话》,姚中秋译,上海:上海三联书店2006年版。

　　③　参见［意大利］朱塞佩·格罗索:《罗马法史》,黄风译,北京:中国政法大学出版社1994年
版,第316—317页。

促进普通公民美德的生发。

柏拉图的哲学王虽然可遇不可求,但罗马人仍然相信,人类道德的高尚性存在于他们国家的普通大众尤其是政治精英的身上。独裁官是罗马宪制中的最高官制,作为王权般的统治者,人们相信他的美德,相信他能够正确恰当地运用独裁官的无上权柄。

罗马人民由于对"高傲者"塔克文的憎恨,遂对国王这一名称也深恶痛绝,但是他们还是希望从一个强大的单一领导那里获得集权的好处。这种领导权力在古代的战争环境下可以发挥强大的作用,有的时候是国家生存繁荣的转折点或关键。于是人民在另一个称号下选择了它,即"独裁官"。独裁官就其权势而言是与国王等同的,所不同的只是独裁官除非在将要出征作战时,不得骑马,并且除非经特别投票授权外不得从公款中支取任何费用。他可以像在战争中一样,在国内审判并处死人民,这不仅限于平民,也包括骑士和元老院元老。不管何人,甚至保民官也无权对他提出控告,或对他采取敌视行动,对他的行为人们也无权上诉。①

辛辛那提斯(Lucius Quinctius Cincinnatus)就是这样一位大权在握的共和国早期独裁官,是华盛顿心目中的古典英雄典范。华盛顿一生中最大的举动就是对大陆军总司令职位的放弃以及对王位的决然拒绝,这一行动使他声名远播,青史留名。华盛顿之所以功成身退,解甲归田,是因为他非常了解古典共和主义的价值观念,他知道,他这样做很快就可以声名鹊起,就像古罗马的辛辛那提斯。辛辛那提斯曾担任执政官职务,但他真正获得令人赞叹的荣誉则是在他担任独裁官以后。根据李维的记载,在罗马共和国面临外敌入侵的危急时刻,元老院决定授予辛辛那提斯独裁官的职位,以抵抗外敌入侵拯救共和国。当元老院的元老来到辛辛那提斯的住处时,辛辛那提斯正在田里耕作,他一听到国家有难就马上接受了元老院的召唤。

就像美国那些模仿古罗马英雄的共和主义者一样,辛辛那提斯绝不是

---

① 参见左纳拉斯:《罗马史纲要》第7卷第13章,载杨共乐选译:《罗马共和国时期》(上册),北京:商务印书馆1997年版,第60页。

民主政治的拥护者，而是一个贵族主义者或者说古典共和主义者。他花费了大量的财富和精力支持元老院反对平民的民主运动，并坚持元老院在国家政治结构中的权威，主张用严厉的法律治理国家，即使人们对他制定的法律有异议。李维对辛辛那提斯的节制及其对元老院道德权威的服从十分赞赏。当元老院建议辛辛那提斯继任独裁官的时候，辛辛那提斯坚决拒绝了。因为根据当时的法律，这种继任是违宪的。他坚持要成为遵守国家法律的模范，不能为人们提供破坏法律的先例。辛辛那提斯领导罗马人民打败敌人的进攻后就立刻辞职，归隐乡里，这个时候他只超出了独裁官的任期15 天。①19 年之后，当辛辛那提斯已经 80 多岁的时候，他又回到了罗马城，这次他来是为了镇压民众要求获得国王般的权力。

二、道德的监察官：共和国的监察官

　　罗马共和国的道德性突出表现在宪制中的监察官官制上。监察官是专门负责对公民的道德状况进行监督与检查的公权官员。② 这意味着，罗马共和国的各级官员必须具备一定的道德标准，而且这项标准事实上并不仅仅是道德上的，而是正式的宪政制度设计与安排。监察官职位开始于公元前 443 年。该职位的最初职责是登记人口，也就是编制市民名单及其财产清单。随着罗马宪制的发展，监察官可以将不够资格的市民排除在骑士百人团甚至百人团制度之外；《奥威尼法》还委托监察官选拔元老院议员，此法使监察官从名不见经传的小吏跃升为罗马官制中的高级官职。这大大提升了监察官的尊严和威信，以至于人们委托他对市民的名誉进行评判。因此说，监察官职位的荣誉在罗马共和国其他一切职位的荣誉之上，在某种意义上来说，它是政治生涯的顶峰。总的来讲，监察官的权力非常广泛，主要包括检查公民的生活和行为，监控元老院元老的道德状况，并且可以修订财

083

---

　　① 罗马独裁官的权力非常广泛，类似于君主，但任期非常短，仅为 6 个月，以防止专制独裁王权的复活。

　　② 西庇阿认为对公民的不合适行为进行批评和谴责的权力只在监察官，西庇阿之所以厌恶喜剧就是因为喜剧抨击贵族、讽刺政界官员。

产分级办法,贬黜骑士、放逐道德败坏的元老院元老。该职位最初由贵族担任,后来平民也可担任。①

马尔库斯·加图(Marcus Porcius Cato)是罗马共和国的一位伟大监察官,也是美国革命时期家喻户晓的伟大人物、反联邦党人使用的重要笔名。作为罗马古典共和主义传统的坚定捍卫者,加图顽强地保守着罗马的古风旧制,是罗马简朴与节制的道德楷模。他认为罗马的共和宪制是最好的,因为其他国家的宪制都是由一个人创建的,而罗马共和宪制却是由许多人而不是一个天才建立的,它也不是由一代人建立的,而是在许多世纪里由许多前辈建立的。②

加图在任监察官的时候,公正严明,是古典共和主义者的道德楷模。在历史上,加图以监察官的美名流芳后世。罗马人民给予了他最令人自豪的评价:"当罗马的国家摇摇欲坠时,他被任命为监察官,由于他指导有方,善于制约和谆谆教导,终于使国家再兴。"他出身贫寒,起初他的族姓不是加图,而是普里斯库斯,后来因为他的精明强干而获得了加图这个名字,加图在拉丁语中的意思是聪慧精明。加图是罗马"新人"③的典型代表,他完全靠着自己的聪明才干,一步步从财务官、平民营造官升到了执政官、监察官等罗马要职。

加图认为,希腊文化的流入是造成罗马道德败坏的主要原因。他最欣赏的一句格言是:"快乐是邪恶的主要诱饵,躯体是灵魂的主要灾难。"当加图还是西庇阿财务官的时候,看到西庇阿开支惊人,奢侈浪费,毫不吝惜地赏赐战士,加图便大胆地严厉指责西庇阿。他认为每当士兵所得到的军饷超过他们的实际需要时,他们就会使自己沉溺于纵情享乐和奢侈之中。他认为耗费金钱并不是人们要指责的最大的坏事,最严重的事情是它腐蚀了

① 参见[意大利]朱塞佩·格罗索:《罗马法史》,黄风译,北京:中国政法大学出版社1994年版,第89、162—163页。

② 参见[古罗马]西塞罗:《国家篇 法律篇》,沈叔平、苏力译,北京:商务印书馆1999年版,第56—57页。

③ 罗马人在习惯上称呼那些并非出身名门而由于自身的卓越成就而荣获盛名的人为新人。

士兵们固有的淳朴品质。①

加图像他的祖辈一样靠自己的双手劳动过活,甘于早餐吃点冷食,正餐也是简简单单,衣着朴素,住所简陋,他更多想到的是尽量保持最低的生活水平而不是追求过多的享受。他从来不穿价值超过一百德拉克马的衣着,即使在任财务官或执政官期间也跟奴隶喝同样的酒。② 他的自我克制实在是令人无比钦佩。例如,他在统率一支军队时,每月为他本人及其侍从领取的干粮不超过三雅典斗,为他载运的牲口每天领取的饲料不到一斗半的大麦。③ 加图不但要求自己在生活上简朴随意,也要求其他人要像他那样,这从他反对废除奥庇乌斯法(Lex Oppia)的长篇演讲中可以看出。奥庇乌斯法是在布匿战争时期通过的一项法律,该法律禁止妇女拥有超过半盎司以上的黄金,穿戴颜色华丽的衣服,在罗马城以及其他城镇或离城一英里的地方乘坐由两匹马拉的车。战争结束以后,国家又恢复了往日的繁华。妇女们强烈要求废除这个法律,让她们佩戴以前的装饰品。这个要求遭到了加图的坚决反对。④ 加图认为,如果每个人都可以去破坏或者废除阻碍他特殊利益的法律,那么这个国家就毫无法制可言。加图还强烈地抨击了共和国中贪婪与奢华的风气,认为这将是导致共和国衰败的瘟疫。财富急剧增加,商业在罗马共和国又处于受鄙视受压抑的局面,大量的财富没有正当的渠道可以投资,只能流入奢侈品等个人享受的物品与行业,这反过来又将促进社会的奢华糜烂之风,加速社会的贪污腐败进程,腐蚀了人民曾经的无私与朴实。是以,加图担心共和国的财富增长得太快,将重蹈希腊衰亡的旧

①　[古希腊]普鲁塔克:《希腊罗马名人传》(上册),黄宏煦主编,陆永庭等译,北京:商务印书馆1990年版,第347页。布鲁尼则论证说,共和国的士兵,其宗旨必须是获得荣誉而不是财富。参见[英]昆廷·斯金纳:《近代政治思想的基础》(上卷),奚瑞森、亚方译,北京:商务印书馆2002年版,第128页。

②　参见[古希腊]普鲁塔克:《希腊罗马名人传》(上册),黄宏煦主编,陆永庭等译,北京:商务印书馆1990年版,第348页。

③　参见上书,第350页。

④　[古罗马]李维:《罗马史》第34卷第1—8节,载杨共乐选译:《罗马共和国时期》(下册),北京:商务印书馆1997年版,第57页。

辙。但是无论加图怎么反对，各个部落还是一致同意废除，奥庇乌斯法在其通过后的第 20 年被正式废除了。妇女们又过上了往日奢华的生活，罗马共和国也一天比一天堕落，加图的预言最终变成了现实。

参加公共生活是公民的最高责任与荣耀，加图一直把最高权力看做是他最合适的裹尸布，认为只有死于治理国家，为公共事务献身才是最荣耀的。他在晚年也把履行公职作为最大的荣幸。这种对公共事务的执著，或许就是他在卸任执政官职务 10 年之后谋求监察官职务的原因。因为这个职位似乎凌驾于共和国其他一切荣誉之上。

三、元老院的堕落与法治共和国的衰败

罗马共和的自由依赖于它的均衡宪政制度、法治以及对人民主权原则的体认，但更重要的因素是对元老院的尊敬。[①] 不难发现，罗马共和国的兴盛很大程度上在于政治精英的权威与声望，尤其是其代表元老院议员的整体公信。当元老院议员的德性轰然倒塌、共和国被狭隘的派系利益和个体私利控制的时候，共和国宪制就失去了它的支撑性力量，共和国的人民就失去了他们的精神支柱。撒路斯特是这一现象的清醒观察者，他深刻地洞察出了元老院议员德性的堕落与罗马宪政国家衰败的相关性。

撒路斯特渴望自由，他认为任何一个真正的人只要活着就不会放弃自由。[②] 因而，当撒路斯特看到共和国日益衰败、公民失去自由的时候，便对共和国的掌舵者——罗马元老院的贵族们进行了激烈的抨击。这种抨击也许失之于偏激，但他却道出了元老院的堕落与罗马法治国家衰败的因果关系。撒路斯特对贵族的怨恨还来自于他的萨宾人身份[③]，虽然出身于骑士

---

① Sellers 将这几个因素放在一个同等重要的因素，笔者认为元老院因素对罗马共和自由更加重要。（参见 M. N. S. Sellers，*American Republicanism：Roman Ideology in the United States Constitution*，New York：New York University Press，1994，p. 100。）

② 参见[古罗马]撒路斯特：《喀提林阴谋　朱古达战争》，王以铸、崔妙因译，北京：商务印书馆 1995 年版，第 121 页。

③ 萨宾人是一个被罗马征服而不断融入罗马的部落。

等级的平民家族,但撒路斯特始终对罗马的新旧权贵抱着十分敌视的态度。① 撒路斯特对元老院的不满还在于他很早就成为了恺撒派的一员,他的公职基本上都是恺撒的安排,这就使他对平民更有好感,不满共和国掌握在由少数贵族家族掌控的元老院中,更不满元老院贵族的厚颜无耻、腐化堕落和贪得无厌。他的政治理想就是借助恺撒恢复罗马共和的传统美德,净化罗马官场的肮脏和贪欲。当恺撒遇刺身亡以后,他觉得自己的理想不可能获得实现,因而心灰意冷,不再参与政治事务。②

　　撒路斯特退出政界以后,也许是由于心中的共和情结并没有完全斩断,他试图用文字的形式和智慧的力量来寻求自己的荣誉,寻求历史对他的评价和表达自己对共和的信念。③ 反映他共和思想的著作主要有《喀提林阴谋》、《朱古达战争》、《历史》,以及他的一些书信。

　　凭借财富和美貌得来的声名是转瞬即逝的,只有崇高的德行才是光荣不朽的财富。④ 罗马共和国是由公民美德锻造而成的,它的衰败则是人们的贪婪和美德堕落的结果。撒路斯特将罗马共和国的衰败主要归于贵族元老。撒路斯特对贵族美德堕落的情绪可以在他《给恺撒的第二封信》中看出:先前飘摇的国家是靠着元老们的智慧来掌舵的,今天的元老们却受到另一些人的控制并且随着他们的高兴而被折腾,他们按照主子的好恶来发布一个又一个命令,来确定什么对公众有利,什么对公众有害。一些贵族饱食终日无所事事,丝毫没有进取的精神,他们没有受过苦,没有同敌人作战,没有过过军事生活,却形成了国内一个帮派并且骄横地宣称,要统治所有的民族。⑤

　　在共和国的黄金时期,贵族元老们恪守自己的道德律条,国家的法律得

087

---

　　① 参见[古罗马]撒路斯特:《喀提林阴谋　朱古达战争》,王以铸、崔妙因译,北京:商务印书馆1995年版,第2—3页。
　　② 参见上书,第5—10页。
　　③ 参见上书,第93—95页。
　　④ 参见上书,第93页。
　　⑤ 参见上书,第59页。

到人民的信守。人们满脑子都是对光荣的渴望，财富只限于他们用诚实的手段能取得的那些。① 共和国的对外扩张，给国家带来了巨大的财富和声誉，驱除了共和国四面八方的敌人，也去除了人民对敌人的恐惧和对自身的节制，激起了人民对金钱、权力和享受的贪欲。② 这些贪欲是一切罪恶的根源。它消灭了诚实、正直和所有其他的高贵品质，让骄横、残忍取代了它们，使得一切事物都可以用金钱买到。③ 一旦财富开始受到人们的尊敬，并且当军事统帅权和公共权力随之也受到尊敬的时候，德行便开始失去其光彩。贫困被视为耻辱，廉洁反而被认为是一种恶意的体现。④ 元老贵族们没能抵挡住金钱和权力的巨大诱惑，而堕落成为受食欲摆布的禽兽⑤，他们以及他们的后代丧失了品德，却凭着先人的功绩和荣誉占据着共和国的公职。⑥ 这种情况在苏拉的大规模屠杀和抢夺后更是恶化到了极致。⑦ "一个过去曾是极为公正诚实的政府竟变得残暴而又令人无法忍受了"。⑧

喀提林阴谋主要描述了喀提林一类的贵族们的贪婪和欲望。债务缠身的喀提林虽然具有非凡的智力和体力，但他的禀性却是邪恶和堕落的。他错乱的精神总是在贪求着穷凶极恶、难以置信和稀奇古怪的东西。⑨ 为了

---

① 参见［古罗马］撒路斯特：《喀提林阴谋 朱古达战争》，王以铸、崔妙因译，北京：商务印书馆 1995 年版，第 98—99 页。

② 在危险和外敌面前，人们的嫉妒和虚荣都会受到节制，而退居次要地位。（参见［古罗马］撒路斯特：《喀提林阴谋 朱古达战争》，王以铸、崔妙因译，北京：商务印书馆 1995 年版，第 113 页。）

③ 参见［古罗马］撒路斯特：《喀提林阴谋 朱古达战争》，王以铸、崔妙因译，北京：商务印书馆 1995 年版，第 101 页。

④ 参见上书，第 102 页。

⑤ 参见上书，第 93 页。撒路斯特认为，人只有超越单纯的动物欲望、具有美德，才是真正的人。

⑥ 撒路斯特通过民众对马略的支持，通过马略之口道出了自己对少数贵族家族腐败堕落、垄断国家权力的不满。（参见［古罗马］撒路斯特：《喀提林阴谋 朱古达战争》，王以铸、崔妙因译，北京：商务印书馆 1995 年版，第 296—304 页。）

⑦ 参见［古罗马］撒路斯特：《喀提林阴谋 朱古达战争》，王以铸、崔妙因译，北京：商务印书馆 1995 年版，第 298—302 页。

⑧ 同上书，第 101 页。

⑨ 参见上书，第 96 页。

当选执政官并在其后的外放任中获得巨额财富,喀提林拉帮结派,最后甚至图谋用军事力量来达到自己的目的。在罗马共和国这样一个扩张后的国家,在如此广大又如此腐化堕落的城市里,人们的贪婪都被激发出来了,喀提林要想找到和他具有同样贪欲的败类集合在自己身边是十分容易的。① 朱古达战争是一场长期的、血腥的、胜负难分的战争,是当时第一次对贵族的横傲进行抵抗的战争。② 作为小国之君的朱古达利用罗马元老贵族的腐化堕落,通过贿赂收买的方法把罗马人玩弄于股掌之中。③

元老贵族已经堕落,共和国不可能再依靠他们,共和国的希望在于平民的觉醒和节制。但撒路斯特对此前景并不十分地肯定。因为这种道德败坏、精神错乱的现象并非仅限于参加了阴谋的那部分人,全体平民由于渴望变革都赞成喀提林的计划,特别是城市民众不顾一切地投身到变乱中去,他们每一个人都希望自己一旦参加战斗就能实现他们的渴望,得到自己希望的胜利果实。④ 撒路斯特还特别对民众的心理特点和不能尊重传统的行为表示了忧虑,他提到,这次阴谋似乎是按照民众通常的做法行事的。因为在任何国家里,穷人总是嫉妒富人,称赞卑贱的人,憎恨已经确立起来的旧事物,渴望新事物,并且由于他们很不满足自己的命运,因此希望看到一个全面的变革。⑤

可以看出,撒路斯特对民众并不抱有很高的期望,个人和杰出人物对国家命运的影响才是他所看重的。罗马所取得的丰功伟绩"完全是少数公民的突出功业所成就的,正是由于这些人,贫穷战胜了富足,少数战胜了多

089

---

① 参见[古罗马]撒路斯特:《喀提林阴谋 朱古达战争》,王以铸、崔妙因译,北京:商务印书馆1995年版,第103页。

② 参见上书,第219页。

③ 沃尔特・艾伦的《朱古达在元老院影响力的来源》指出,朱古达之所以能够贿赂元老院,其背后深层次的原因在于人是情感动物。这再一次证明没有规范制度制约的人性及其权力必然容易导致腐败。[参见 Walter Allen, Jr., "The Source of Jugurtha's Influence in the Roman Senate", *Classical Philology*, Vol. 33, No. 1(Jan., 1938), pp. 90 −92。]

④ 参见[古罗马]撒路斯特:《喀提林阴谋 朱古达战争》,王以铸、崔妙因译,北京:商务印书馆1995年版,第123—124页。

⑤ 参见上书,第123页。

数"①。恺撒是伟大的,因为他仁慈而慷慨,他的荣誉是因为给予、帮助与宽恕;加图则是由于他一生诚实正直,他的威望和荣誉来自于他的严正和节制。② 因此,撒路斯特共和国的希望不在于普通民众,而在于恺撒和加图。③

四、平民的贪婪与共和国的衰亡

罗马共和政府是罗马贵族和罗马平民共有的政府,是综合了君主制、贵族制、民主制的混合政府。国家公共事务的主导权掌握在富有的少数贵族手中,但是占绝大多数的平民联合起来的力量超过少数派的贵族组织。这就构成了罗马共和主义政体存续发展的必要的竞争性力量。贵族与平民组织之间的独立与张力是混合政府获得平衡的黏合剂。这在制度上的主要表现形式就是人民的政治主权以及人民的消极权。人民消极权的主要体现就是罗马的保民官制度。保民官拥有否决权和人身不可侵犯性。这种消极权用卢梭的话来说是一种"不能做任何事情但可以禁止一切事情的权力",这是平民享有的重要政治权利,它属于主权的"消极"维度。④

罗马共和政体的维持很大程度上在于平民对贵族的相对独立性与张力。这种独立与张力的破坏始于罗马对外的不断扩张。按照惯例,平民有自带军需为国作战的责任与义务。当战争结束的时候,平民就返回家园,过一个农民的生活。随着罗马的连年扩张,平民不得不连年在外征战,没有时间返回到自己的田地上劳作,田地荒芜甚至被他人侵吞。丧失了经济来源

---

① [古罗马]撒路斯特:《喀提林阴谋 朱古达战争》,王以铸、崔妙因译,北京:商务印书馆1995年版,第146—147页。

② 参见上书,第147页。

③ 撒路斯特对恺撒的赞许降低了他在美国宪法制定者和批准者心目中的地位。但在某种意义上,恺撒为罗马争得的荣誉又让联邦党人心动不已。(参见 Peter Baehr, *Caesar and the Fading of the Roman World: a Study in Republicanism and Caesarism*, New Brunswick, NJ.: Transaction Publishers, 1998。)

④ 参见[意]皮兰杰罗·卡塔兰诺:《一个被遗忘的概念:消极权》,涂涤宇译,载《罗马法与现代民法》2002年号,北京:中国法制出版社2002年版,第215—234页。

的平民不得不依附于富有的贵族。这就是导致罗马共和政体阶级关系基础崩溃的贵族赞助制度。贵族满足贫穷平民生活的经济需要，平民则以选票回报贵族，满足贵族的政治贪欲与野心。

富有的贵族只要有钱就可以通过贿赂平民而获得国家权力，然后再通过这些权力谋取更大的财富，而不是国家的利益。权力越大，获取的财富就越多。因而，贵族们为了得到更多的权力不惜代价笼络平民，平民在巨大利益诱惑的面前，也愿意甚至主动把自己的选票拱手相送。由于个体的自私自利性，以票选为核心的直接民主，其结果很可能是劣币驱逐良币。恺撒的绝对权力是票选民主"逆向选择"的产物，是人民自愿投票授予他的，因为他给予贫民所要求的一切。

撒路斯特认为，元老院德性的堕落是共和国衰败的主要原因；塔西佗却认为平民的贪婪与美德的丧失要对共和国的衰亡负主要责任。塔西佗对人性贪婪和堕落的本质导致共和国蜕变为暴政的阐释，给美国制宪者留下了深刻的印象，他和西塞罗一样，成为联邦党人和反联邦党人经常引用的共和主义作家。塔西佗生于公元 1 世纪下半期到 2 世纪初。他的《日耳曼尼亚志》是最早有关两千年前条顿民族祖先情况的历史著述。塔西佗对日耳曼民族的道德状况给予了特别的关注和极高的评价。他们的简朴与诚实都是塔西佗极力想介绍给当时骄奢淫逸的罗马帝国的。他想以此为鉴来改变罗马的腐化堕落状态。这一点在他为曾任罗马不列颠总督的岳父写的自传中可以看出来。因为日耳曼民族的历程和罗马非常相似，当罗马还是穷而小的国家的时候，节制和团结是共和国的传统美德。但是当共和国变得富裕而强大的时候，人们心中对权力和金钱的渴望被激发出来，人民之间开始争权夺利，平民和贵族致力于获得更大的统治权。在这其中，军队更成为利益争夺的工具，军队不再是罗马人民与元老院的军队，不再是共和国的志愿军，而是只效忠于能给他们带来更多利益的主子的雇佣军。

《编年史》是反映塔西佗共和思想与情怀的代表性作品。塔西佗在书中向我们展示了共和国转向帝国的根本性原因。那就是随着共和国的扩张，公民的美德受到极大的侵蚀，共和政治制度又不能适应扩大了的罗马疆域。这就给了恺撒、屋大维这样一些人谋取专制权力的机会。

塔西佗认为布鲁图斯创立的罗马共和政体是自由的政体,罗马人民在这种政体下享受着自己的自由和权利。[①] 一直到奥古斯都时期,屋大维篡取了共和国的所有权力,罗马从此再无自由。事实上,布鲁图斯(Marcus Junius Brutus Caepio,公元前85—前42年)和卡西乌斯(Gaius Cassius Longinus)被安东尼与屋大维联手绞杀后,共和国就丧失了武装力量,除了屋大维之外再也没有别的领导者了。恺撒死后,屋大维用慷慨的赏赐笼络军队,用廉价的粮食讨好民众,用和平安乐的生活猎取世人对他的好感,使全罗马人都接受他的救济,使自己成为全罗马人民的赞助人。[②] 在屋大维的操控下,人民对他感恩戴德,赋予他所要求的所有权力,给予他奥古斯都的称号。屋大维此时便把元老院、高级长官乃至立法的职权都集中到自己的手中,可以反抗他的力量已经荡然无存。[③] 共和政体中的竞争性力量退化为奴颜婢膝的顺从,罗马共和国的自由人民成了顺服的臣民,共和国失去了自己内在张力的支撑,罗马自此从自由的法治共和国蜕化为独裁专制的家国天下。世界的局面改变了,浑厚淳朴的罗马古风业已荡然无存。政治上的平等已经成为陈旧过时的信念,所有人的眼睛都在望着皇帝的意旨。[④]

塔西佗是一个严格的共和道德卫士,他非常强调以元老院为代表的贵族的勇气和美德在保有共和国及其自由中的作用。加图、布鲁图斯是他心目中的共和柱石,他们的美德是塔西佗要着重宣扬的。他毫不遮掩地揭露皇帝们的种种劣行,从他遗留下来的著作残篇中我们可以看到帝国早期皇帝们的善举与恶行。他擅长于用简洁流畅的语言刻画历史人物的独特性格,在这种惟妙惟肖的刻画中增加人们对美德的敬意,同时也把那些道德腐化、虚伪、堕落的皇帝们钉在了历史的耻辱柱上。他认为历史的功能绝不是为了记住那些没有价值的东西,而是让那些伟大的业绩永存。对他来说,恢

---

① 参见[古罗马]塔西佗:《编年史》,王以铸、崔妙因译,北京:商务印书馆1981年版,第1页。
② 参见上书,第2页。
③ 同上。
④ 参见上书,第5页。

复罗马的古典共和精神与政制就是最伟大的业绩。塔西佗的精神,就像绝大多数古代的历史学家一样,是道德至上的,是爱国主义的。这种精神,或多或少都可以在近代的那些历史学家的作品中看到,并且一直传到了美国宪法的制定者那里。

五、元老院的美德是共和政体的保障

罗马共和政体在撒路斯特与塔西佗的时代已经灰飞烟灭,因而撒路斯特与塔西佗对共和国的往日更多的是缅怀与追忆。在西塞罗所处的时代,共和政体则刚刚开始露出败相。西塞罗表现出来的更多的是责任与行动。和撒路斯特与塔西佗一样,西塞罗强调公民美德是拯救共和国的最重要武器。在这其中,元老院是共和国中的高贵力量,西塞罗对元老院的美德又更加报以重望。①

罗马的共和政体具有典型的贵族特色,这突出表现在以贵族为主体的元老院在整个宪政结构中的轴心地位。② 贵族与平民的斗争促进了两个阶层的平等化进程,平民亦可以进入元老院,成为受人尊敬的元老院议员。但是,不同出身的元老院议员之间其权力仍然是有差异的。在元老院的职权中,一些重要的、特别的职权如"摄政权",只能由贵族元老行使;在元老院的内部,政治表决的权力也向贵族倾斜。具体的表决顺序是:最老的贵族监察官议员(即前监察官)是元老院的君主,随后是其他监察官议员、执政官议员、裁判官议员、营造司议员、保民官议员、财务官。③ 简而言之,罗马共和政体的运作与维持极大地依赖于国家中的贵族精英阶层,依赖于贵族精英的知识经验与公民美德。

093

---

① 有关西塞罗与元老院的文章,可以参阅 S. E. Smethurst, "Cicero and the Senate", *The Classical Journal*, Vol. 54, No. 2(Nov. ,1958), pp. 73 – 78。

② 甚至有学者认为,对西塞罗和他同时代的许多人来说,他们是把元老院和罗马共和国等同的。如:Robert J. Murray, "Cicero and the Gracchi," *Transactions and Proceedings of the American Philological Association*, Vol. 97(1966), p. 297。

③ 参见[意大利]朱塞佩·格罗索:《罗马法史》,黄风译,北京:中国政法大学出版社 1994 年版,第 172 页。

　　遵从波利比阿的理论,西塞罗认为混合政体是最好的。但是,西塞罗对罗马共和国的宪制更加情有独钟,他认为罗马的混合政体是一切混合宪制中最好的。为什么它是最好的呢? 西塞罗认为,这是因为罗马共和政体的架构建立在公正与合作的基础之上;同时,还因为这个架构的领导人是充满智慧与美德的共和国精英。共和国宪政制度中的道德因素是它鼎立于一切混合宪制的关键所在。① 在这一点上,西塞罗和一切古典共和主义者一样。波利比阿作为一个现实主义政治的杰出观察家,他最终把罗马的强盛归功于人们的进取心与统治者对被统治者、对整个国家的道德责任感。②

　　虽然共和国是人民的事业,但是西塞罗却坚持最大多数人不应该拥有最大的权力。③ 国家的领导权应该掌握在最优秀的人手中才是正义的,只有这样的领导者才能为罗马人民带来"因光荣伟大以及因美德而受称赞的幸福生活"④。只有这样的领头人,只有元老院阶级与骑士等级的团结一致,才能带来共和国各阶级的和谐与幸福。正因为此,他对百人团大会的组织形式大加赞赏,因为这种组织形式保证了更加关心国家利益的贵族、富人在投票中处于绝对优势地位,可以有效地对抗民众激情的威胁。⑤ 西塞罗对普布利科拉大加赞赏的原因不仅在于他承认人民主权,给予了人民自由,还在于"他通过允许人民拥有数量有限的自由,而更容易地维持了国家领袖们的权力"⑥。

---

　　① 参见 Asmis Elizabeth,"A New Kind of Model:Cicero's Roman Constitution in De Republica",*American Journal of Philology*,Sep. 2005,Vol. 126 Issue 3,pp. 337 – 416。

　　② 参见 F. W. Walbank,"Political Morality and the Friends of Scipio",*The Journal of Roman Studies*,Vol. 55,No. 1/2,Parts 1 and 2(1965),pp. 1 – 16。

　　③ 参见[古罗马]西塞罗:《国家篇 法律篇》,沈叔平、苏力译,北京:商务印书馆1999年版,第74页。

　　④ 同上书,第122页。

　　⑤ 参见上书,第73—74页。在罗马共和宪政结构中代表民众意志的主要有库里亚民众会议、部落民众会议、百人团民众会议。当百人团民众会议成立后,国家重要事务与最高级别的国家官职都由它决定,其他的民众会议仅具有形式上的意义。在西塞罗的时代,库里亚民众会议的存在仅剩下30名侍从官的标志。相对于百人团民众会议,库里亚民众会议、部落民众会议更具有民主性。

　　⑥ [古罗马]西塞罗:《国家篇 法律篇》,沈叔平、苏力译,北京:商务印书馆1999年版,第82页。

把最富者作为最优者是最腐败的国家形式。最优秀的人并不是那些有钱有势或出生于高贵世系的人，而是那些具有正义美德的人。[1] 正义作为一种美德，只有少数人才具备，也只有少数人才能辨认和感悟它。这在罗慕勒斯时代罗马人民就充分认识到了，因此，国家的领导权必须交给也只能交给这些最优秀的人。"因为这样一来，统治他人的人自身不是任何激情的奴隶，他自己已经获得了一切他用来训练和鼓舞他的伙伴们的品质。"[2]这意味着他们拥有最大的节制，他们能够给公民带来最大的幸福，给国家带来最大的安全。

在西塞罗的共和理论中，元老院就是共和国最优秀人物的代表。他们作为一个整体，具有非常高的智识。他们是最聪明、最勇敢、最有节制的人。尽管他们职位显赫，高于民众，但他们却生活简朴。他们为公共事务尽心尽责，一丝不苟地以实践来帮助那些生活最困难的个别公民。[3] 他们的美德是共和国的压舱石和有力保障。西塞罗认为共和国的公民尤其是元老院的贵族，当然也包括他引以为豪的骑士，必须追求真正的美德和最高的善，为了共和国的传统和光荣自觉地奉献，而不谋求任何回报。[4] 元老院只有在拥有令人尊敬的公民美德的时候，才能拥有令国人信服的无上权威，才能将他们的美德传递到普通公民那里。虽然这并不是一项制度化的权力，但它却可以产生让人民尊重法律与共和国权力的敬意。

但是元老院的道德现状却是令西塞罗忧虑的，元老们缺乏国家所需要的政治敏锐感和责任心。这从他的《反喀提林阴谋第一演说》中可以一窥全豹："在元老院里却有一些人，或者是看不到正在威胁着我们的灾难，或者是装着看不到这些灾难。他们提出的温和措施助长了喀提林的希望，他

095

---

[1] 参见[古罗马]西塞罗：《国家篇 法律篇》，沈叔平、苏力译，北京：商务印书馆1999年版，第41页。

[2] 同上。

[3] 同上书，第84页。

[4] 西塞罗为了帮助庞培战胜恺撒，挽救共和国，把自己在奇利奇亚一任地方长官的所得捐给了庞培，以至于西塞罗生活难以为继，他的妻子特伦提娅也因为不能忍受和他在一起的清贫生活离他而去。

们由于不相信阴谋的存在,从而加强了势力日益扩大的阴谋。在他们的影响下,许多无知的人和坏人都会说,如果我惩办了喀提林,我的行为就是残酷和专横的。"①最大的不正义就是从正义那里寻求回报,那些以报酬衡量美德的人就导致人们相信不存在美德而只存在邪恶。② 元老院的美德在巨大金钱财富的面前堕落了,为了财富他们可以出卖祖国。③ 这是贪婪的罪恶,没有比这种罪恶更可憎的,尤其是身居要职、掌握国家政权的人的贪婪。④

为了保证元老院以及整个共和国所需要的美德供给,西塞罗把公民教育摆在了一个非常重要的位置。他认为公民教育对公民美德的形成具有非常重大的效果。教育是国家宪制的基础,是历史传统的联结器,是爱国主义的助推剂。⑤ 这在制度上的表现形式就是西塞罗对监察官的重视。⑥ 他认为监察官的判决不同于法律,但比法律更有效,尽管它几乎不施刑罚,只是影响到那个人的名誉。⑦ 西塞罗相信人们会因为耻辱而避免犯错,因为称赞而获得德行上的更多进步,甚至步入天堂、灵魂永远不朽,这是对美德最高贵的酬报。⑧ 因而,西塞罗主张一个国家的领导人,必须以光荣来抚

---

① 参见[古罗马]西塞罗:《反喀提林第一演说》,载[古罗马]撒路斯特:《喀提林阴谋 朱古达战争》,王以铸、崔妙因译,北京:商务印书馆1995年版,第170页。

② 参见[古罗马]西塞罗:《国家篇 法律篇》,沈叔平、苏力译,北京:商务印书馆1999年版,第174页。

③ 朱古达战争久久不能停息的重要原因就在于朱古达对元老院元老的贿赂与收买。

④ 参见[古罗马]西塞罗:《西塞罗三论:老年·友谊·责任》,徐奕春译,北京:商务印书馆1998年版,第204页。

⑤ 参见 S. S. Lauric, "Roman Education: Chap. 1. The Roman People", *The School Review*, Vol. 3, No. 3(Mar. ,1895), pp. 143–152。

⑥ 戏剧与诗歌虽然确曾击伤过邪恶的蛊惑人心的政客和那些在国内煽动骚乱的人,但西塞罗认为这仍然是不适当的,他主张只有制度和法律可以对公民的道德状况进行评价。

⑦ 参见[古罗马]西塞罗:《国家篇 法律篇》,沈叔平、苏力译,北京:商务印书馆1999年版,第115页。

⑧ 西塞罗在《国家篇》中的西庇阿之梦充分表达了他的灵魂不朽的思想。人们必然会因为他们在人世间的良言善行而获得应有的报偿;反之,作恶失去美德也必然会受到相应的惩罚。这虽然是一种想象中的图景,但它确实对政治社会的维持与完善具有不可忽视的正面作用。

养，也只有一切人都将美德荣誉给予他们的领袖时，这个国家才能坚如磐石。①

六、德性：共和主义的永恒理想

美国宪法制定期间的笔名很大部分都来自于普鲁塔克（Plutarch）。共和主义对德性的重视与依赖正是通过普鲁塔克传递到美国宪法的制定者与批准者那里，成为联邦党人与反联邦党人永远的思想源泉。

普鲁塔克是希腊波埃提亚人，他对罗马与罗马人倾注了无限的兴趣。普鲁塔克生于公元 45 年至 51 年之间，卒年在公元 120 年至 130 年之间。历经克劳狄、尼禄、图密善、图拉真、哈德良的统治时期。他的共和主义思想主要体现在《道德论集》和《希腊罗马名人传》中，前者试图向我们表明，古代世界在思想领域里想要达到什么目标、取得什么样的成就；后者则以同样的方式表明在行动领域里取得了什么成就。普鲁塔克著述的这两个部分是互为补充、相辅相成的。②

李维的《罗马史》是普鲁塔克经常翻阅并从中吸取教益的著作，他和李维一样，善于用历史表达他的道德情感与诉求。他的写作意图和方法在《亚历山大传》中可见一斑，他说："我写的不是历史，而是人物传记；许多极为显赫的业绩并不一定就能彰显出人物的内在的善和恶，但是有的点滴小事，哪怕仅仅只是只言片语、举手投足，却往往比伏尸千万的战役、铁马金戈的武备和攻城掠池的征杀更能够显明人物的个性。"③

普鲁塔克的《希腊罗马名人传》采用了平行传记的形式，意在于为人们提供共和道德行为的典范。作为一个希腊人，他要证明罗马人的各方面事

---

① 参见［古罗马］西塞罗：《国家篇 法律篇》，沈叔平、苏力译，北京：商务印书馆 1999 年版，第 122、126、135 页。

② 参见 R. C. Trench, *Plutarch：His Life, His Parallel Lives and His Morals*，1874。转自［古希腊］普鲁塔克：《希腊罗马名人传》（上册），黄宏煦主编，陆永庭等译，北京：商务印书馆 1990 年版，"中译序"，第 7 页。

③ ［古罗马］普鲁塔克：《古典共和精神的捍卫——普鲁塔克文选》，包利民等译，北京：中国社会科学出版社 2005 年版，第 287 页。

实上都受到了希腊的影响,希腊和罗马同样伟大,他倡导希腊人和罗马人之间的和谐与相互尊重。[1] 他积极追求实现自身价值的公共生活,服膺斯多葛学派"理性在于道德,幸福来源于品德"的教益,因为"伊壁鸠鲁实际上使幸福生活不可能"。普鲁塔克非常欣赏贵族共和政体的精神,对民主政治与专制政体深恶痛绝,他严厉地批评了安东尼和恺撒的专制统治,因为他们剥夺了共和国及其公民的自由。由于普鲁塔克生活在帝国时代,因而他对像达美崔斯(Demetrius)这样的君主抱有同情的态度,尽管达美崔斯丢掉了从父辈那里继承来的王国。作为罗马时期的希腊作家,普鲁塔克非常欣赏罗马共和英雄的德性,但他主要是想证明,希腊拥有和罗马一样的英雄人物。但是,对于美国的制宪者来说,他们只是想学习和模仿那些罗马的共和典范以及极少数具有罗马式共和美德的希腊人物,普鲁塔克笔下的其他希腊英雄则是美国制宪者的反面教材。

第六节 罗马的共和主义

罗马共和主义属于典型的古典共和主义,它的特性在于:其一,强调整体罗马国家及其人民的义务与利益;其二,特别强调贵族在整个政治体制中的领导责任和使命;其三,特别强调公民美德对政体的积极作用。

罗马政体是人类发展进程中,在智慧与环境无休止的斗争下,一个相当突出的意义重大的典范。罗马政体与雅典政体的平衡和匀称是截然不同的。[2] 它是一种竞争性的政体,民众与贵族之间的竞争与合作构成罗马共和政体的基础。虽然罗马共和国的政府体制由元老院、执政官、人民大会三大部分组成,但它们并不是相互独立的,各宪政结构之间的权力也不构成充分的制衡与分权。元老院是罗马共和宪制中非常显赫的结构,它是罗马宪

---

[1] 参见 S. C. R. Swain,"Hellenic Culture and the Roman Heroes of Plutarch",*The Journal of Hellenic Studies*,Vol. 110(1990),pp. 126 – 145。

[2] 参见 J. S. Blake Reed,"The Roman Constitution",*The Classical Review*,Vol. 25,No. 6 (Sep.,1911),pp. 186 – 188。

制保持稳定性的关键所在。元老院的成员主要来自社会上的贵族阶层，这个阶层被公认为是最具公民美德的社会压舱石，并由道德监察的制度设计进行保障。虽然法律并没有规定执政官必须向元老院咨询，但由于执政官来自于贵族，他们的任期非常短，在卸任后又将成为元老院的一员，这就导致执政官在重大事务中自觉地咨询、遵从元老院的意见，这渐渐成为一项为人们所公认的习俗和惯例，具有不成文法的效力。到了共和国晚期的时候，元老院更变成了实际上的最高权力机构，执政官必须在所有重大的事务中获得元老院的同意。作为平民机构代言人的保民官也很容易被元老院或者执政官收买、分化。并且，由于历史形成的对贵族的尊重，也导致非贵族阶层的平民、骑士渴望成为社会上的新贵，以获得贵族才能享有的特权，这就导致他们和贵族之间的对抗具有非常大的妥协性和不稳定性。此外，由于共和国公职本身的无偿性，平民无法支付担任公职所需的巨额花费，这就使国家公职被少数富裕的贵族家族垄断。这些导致罗马共和政体发展成了典型的贵族共和政体。

但罗马共和政体同时具有共和主义的共同特点，强调政体的共和、共享，每个阶层的人都应该得到他们应该得到的。对专制的痛恨，对自由的热爱，强调社会阶层的和谐共处、责任共担、人民主权、国家利益至上也是罗马共和主义的主张。罗马共和国是全体罗马人民的共同组织，是全体罗马自由人的聚合体，罗马共和政治既强调整体国家与人民的利益，个体的财产权与生命权属于公民个体，更属于其所在的共同体，也承认作为国家构成单位的个体的利益，个体的财产权与生命自由权是共和宪政结构保卫和促进的对象。

罗马共和国的公民对专制有种本能的恐惧，"第一公民"奥古斯都在拥有君主般的权力后仍然要作出共和政体复兴者的姿态，并成为他的继任者争相效仿的对象。贵族阶层在掌握国家权力、拥有国家最高权威的同时，仍然信奉"国家是人民的事务"。但是，罗马共和国中的贵族并不是大权独揽的，在制度上他们的权力受到人民大会以及保民官消极权的民主制约。人民大会在法理上拥有国家的最高权力，这是宪政对竞争性政体所做的正式

099

制度安排。① 人民是国家主权的拥有者,国家的法律需要人民批准才能生效,重要的权力,如对外宣战、缔结和约也要经过人民大会。在具体的宪政安排上,所有的市民均参加民众会议;选举的原则、制度不断确立拓展;平民会议的决议对整个共同体具有法律效力;共和国的官职对所有公民开放,共和国的官制也实现了贵族与平民阶层的共享共有,如确立了平民元老院议员、平民执政官、平民监察官。② 这被许多学者视为罗马共和政体中的民主性,当然罗马仍然是一个共和国,而不是民主国家。③ 总而言之,罗马宪制具有很强的包容性,反对力量也被合法化,社会各阶层在共和宪制的框架内具有平等的生存权与发展权。

相对于后世的英国和美国,罗马共和政体更强调公民道德对公共善的作用。罗马共和国的稳定和繁荣主要依赖于贵族的责任感、荣誉感与平民对共和国的热爱,对贵族领导权力的信任、尊重。但罗马仍然存在许多权力的约束性机制。这种约束性机制主要由习俗和惯例组成,并得到贵族与平民的认可,具有相当的稳定性。罗马的对外扩张,给罗马带来了巨大的财富,也打开了共和国衰亡的"潘多拉之盒";以内争为特点,各阶层人民共同治理的罗马共和国逐渐蜕化成了一人统治的君主专制王朝。共和国的贵族和平民都没有抵挡住贪婪的诱惑,丧失了罗马共和国赖以为继的道德支柱,这种道德在没有刚性成文法存在的情况下显得尤为重要。

---

① 参见 John North, "Politics and Aristocracy in the Roman Republic", *Classical Philology*, Vol. 85, No. 4(Oct. ,1990), pp. 277 - 287。

② 《李其尼和赛斯蒂法》规定,执政官里必须有一名由平民担任,平民执政官必须参与国事活动。当然这种参与也经历了各种各样的事件,直到公元前 320 年,执政官里必须有一名是平民这一规则才成为不变的规则。公元前 339 年布布里利的一项提案规定,一名监察官应当由平民担任,另一名可以是贵族也可以是平民。(参见[意大利]朱塞佩·格罗索:《罗马法史》,黄风译,北京:中国政法大学出版社 1994 年版,第 90—93 页。)

③ 参见 Allen M. Ward, "How Democratic Was the Roman Republic?", *New England Classical Journal* 31. 2,2004, pp. 101 - 119。

第 二 章

美国宪法中的共和主义:传承与流变

第一节　洛克:制宪者的普洛克路斯忒斯之床与　洛克的理论困境

　　共和主义政治理论的起点是一个有着悠久历史的政治思想传统。与共和主义传统联系在一起的名字包括英国内战和共和国时期及其后的托马斯·戈登(Thomas Gordon)、詹姆斯·哈林顿(James Harrington)、阿尔杰农·西德尼(Algernon Sydney)以及其他一群不甚知名的人物。这些理论家受到了约翰·洛克以及后来的孟德斯鸠的重大影响;事实上,他们有足够的理由将洛克和孟德斯鸠视为自己阵营中的人。①

　　佩迪特正确指出了共和主义的发展脉络,指出了英国人为共和主义的发展所作出的贡献,以及洛克和孟德斯鸠对英国共和主义者的重要影响。但要将孟德斯鸠②尤其是洛克纳入美国宪法共和主义者的阵营是需要具体

---

　　①　参见[澳大利亚]菲利普·佩迪特:《共和主义的政治理论》,刘训练译,载许纪霖主编:《共和、社群与公民》,南京:江苏人民出版社2004年版,第84—85页。

　　②　孟德斯鸠的共和主义并不区分民主与贵族,他将民主政治与贵族政治一起划分为共和政体。孟德斯鸠的共和国具有很强的民主性,但也仍然强调其中的贵族与精英在政体中的主导作用。他认为绝大多数民众具备选择精英的能力,但他们本身不具备被选择的素质与能力。

分析的。许多现代的批评者曾经批评洛克是混乱的和前后矛盾的,他经常无法做到将最初的原则贯彻到他的思想理路之中。① 洛克并不是西塞罗意义上的共和主义者,其共和政制理论实际上是自由主义的。洛克是个人主义政治观最富有代表性的理论家。他的自由主义理论包含着与共和主义相似的价值诉求,但自由主义与共和主义对这些价值内涵的认识和排序却是完全不同的或者说是完全对立的。共和主义所追求的最高价值目标始终是公共利益,而不是个人私权。因此,洛克在制宪会议上的地位相当尴尬,其理论的主要精神终被制宪者所放弃。早在美国革命时期,为了对抗英国议会对殖民地发布的法令,他的议会主权理论也被革命者所舍弃,而诉诸超宪法的自然法理论。从宪法结构与文本上来分析,美国宪法正文的绝大部分是关于权力分配与政府结构的规范,个人权利的表述在其中微乎其微。宪法并没有明文规定基本人权原则,甚至在宪法文本上没有出现"人权"的表述。② 由于洛克理论自身的多面相,无论是革命者还是制宪者都无法对他完整接收,这是美国宪法放弃它的关键所在。不可否认的是,以洛克为代表的自由主义毫无疑问地影响了美国宪法的制定和美国宪政的历程。在宪法文本上突出表现为反联邦党人贡献的《权利法案》,但吊诡的是反联邦党人提出《权利法案件》的初衷并不在于个体权利而在于地方主权的私利。基本人权原则是美国共和主义宪法的基本价值追求,《权利法案》彰显了个人权利这一自由主义的核心理念,但是这一个人权利的自由仍然受到共和主义原则的限制,不再是纯粹的自由主义的。③ 自由主义的价值与共和主义价值还存在某种程度的交叉、相似,如对法治原则的服膺、对公共善的肯定,

---

① 参见[英]安东尼·阿巴拉斯特:《西方自由主义的兴衰》,曹海军等译,长春:吉林人民出版社 2004 年版,第 176 页。

② 自由主义的人权主要是基于个体的公民权利与政治权利,共和主义对于此概念意义上的公民权利与政治权利的强调是十分慎重的,共和主义倾向于首先保障自由政府(共和国)的存在,在此基础上保障公民的生命权与发展权,以及在此基础上的经济、社会、文化权利。

③ 耶鲁大学的费斯教授以宪法第一修正案为切入点,阐述了言论自由的限度与国家干预的正当性。(参见[美]欧文·M. 费斯:《言论自由的反讽》,刘擎、殷莹译,北京:新星出版社 2005 年版。)

这也是为联邦党人所肯定的。总而言之,洛克的某些思想是以各种方式进入了联邦党人,尤其是反联邦党人的思想之中。但是,这种面相并没有贴上洛克的标签,这和洛克在激进的、个体平等主义①的《独立宣言》中的主导地位形成了鲜明对比。

一、自然权利:从公民责任到个人权利

美国宪法既对美国公民提出了很高的道德义务要求,又为美国公民权利的展现提供了坚定的法律保障。而且,宪法提供的政治权利宣示与保护不仅适用于美国公民,它在很大程度上适用于所有的人,宪法条文在表示这些权利的适用对象的时候使用的是人而不是公民。古代罗马的公民权利在美国宪法中表现为更具有普遍性的人权。美国宪法中的人权观念是古代自然法与近代自然权利耦合的结晶,是罗马共和国时代的自然法观念与洛克式自然权利碰撞的结果。

近现代的自然权利观点(natural rights)和传统的古代自然法观点(natural law rights)在原则上是有区别的。传统的自然法,首先且主要是一种客观的"法则和尺度",一种先于人类意志并独立于人类意志的、有约束力的秩序。人们在自然法则和尺度面前负有不可推卸的义务,人们只有在实践这些义务的过程中才能获得自由。这种自然秩序与规则源自柏拉图的"理念",属于世界永恒不变的形式领域。柏拉图的正义世界来自现代实证主义科学无法证实的自然法基础。权利并不是近代社会的产物,"当自然正义进入历史,进入世俗生活,它就变出了权利等概念"②。从而使权利成为自然,并拥有超自然的神圣性。柏拉图的政治正义观念深植于自然和人类的灵魂之中,拥有不可置疑的正当性。

---

① 洛克自由主义政体中的平等主义仅仅是潜在的,洛克相信上帝将世界给予了所有的人,因而人权在自然上必然是平等的。(参见[英]J. R. 波尔:《美国平等的历程》,张聚国译,北京:商务印书馆2007年版,第13—15页。)

② [美]沃格林:《希腊化、罗马和早期基督教》,谢华育译,上海:华东师范大学出版社2007年版,第328页。

古代自然法反映的是一种自然正当性，和近代人的权利观念是两个有区别的概念。在近代自然权利理论中，自然权利的主体是人，它首先和主要是一系列的"权利"，或倾向于是一系列的"权利"、一系列的主观诉求，它们起始于人类意志，强调权利的个体性。① 在洛克的自然权利中，个人就是专断的国王，其权利由造物主天赋，不可剥夺，拥有不言自明的正当性；外在于个体的政治秩序和法律、道德义务附属于个体权利，而非超越个体权利的存在。联邦党人与反联邦党人政治思想的碰撞共同决定了美国宪法中的权利必然是权利与义务的"共同体"。达尔认为麦迪逊及其同时代的人对权利和自然权利并没有进行清晰的界分，也不存在一个绝对的一致意见。这也说明在宪法制定者那里，权利是自然权利与自然法责任的混合共同体。② 宪法权利中既包含"体现根本的、永恒不变的正义"③，也包括建基于此之上的人类扩展权利，这决定了在美利坚共和国个体权利与"公共善"的二重性。制宪者为美国人民及其后代制定的政体制度和法律体系，不但得到当时美国人民的同意和拥护，后世的美国人民也需要同意和服从它们。宪法确立的政治制度不仅是人民与统治者签订的契约，也是人民对宪法中所体现的智慧与德性的遵从。

华盛顿在1789年的就职演说中确认："一个国家如果漠视上帝所确立的关于秩序和公理的永恒法则，那么上帝慈祥的笑容就不会光顾这个国家。"④在美国独立革命时代，人们认为人的自由权利既不是国王的恩赐，也不是由人的制定法所授予，而是造物主本身在其设定的所有管理制度中都

---

① 参见[美]列奥·施特劳斯：《霍布斯的政治哲学》，申彤译，南京：译林出版社2001年版，"前言"，第2页。

② 把权利仅视为制定法产物的观点实质上是法律实证主义的。（参见[美]罗伯特·达尔：《民主理论的前言》，顾昕、朱丹译，北京：三联书店1999年版，第5页。）

③ 参见[美]爱德华·S. 考文：《美国宪法的高级法背景》，强世功译，北京：三联书店1996年版，"序言"，第Ⅳ页。

④ 《美国历届总统就职演说》，岳西宽、张卫星译，北京：中央编译出版社2005年版，第4页。

予以遵守,能够为人类的理性所发现的区分善恶、永恒不变的"高级法"。①
这"高级法"是由上帝制定的,是见诸历史和自然的,是人类进步不可缺少
的;这些高级法所蕴涵的基本权利主要由"生命、自由和财产"构成。② 虽然
联邦党人有意远离美国革命与《独立宣言》的权利原则③,但个体生命、自由
与追求幸福④的自然权利仍然是宪法要保障的主要目标。在古典共和主义
政治中,个体的生命自由权利是从属于社会和国家的。美国宪法制宪会议
适当地加上了有利于个人安全和私人权利的宪法保障条款,如禁止褫夺公
权的法案和溯及既往的法律等。在服膺美国革命原则的反联邦党人的坚持
下,宪法最后纳入了 10 条权利法案作为宪法的修正案,明确宣布了宪法对
出版自由、宗教自由以及其他个人自由与基本权利的保护,并确立了公民权
利并不受限于列举的宪法权利而诉诸更广泛的自然权利的原则。事实上,
《权利法案》所列举的公民基本权利亦来源于日常惯例和普通法。自然法
被美国宪法所吸纳,这一点被包括康马杰在内的美国历史学家所确认。自
然法确立了一个公正无私的标准,它承认人天生就是自由、平等的,"在近
代各国人民当中,只有美国人把自然法转变为成宪"⑤。不难看出,美国共
和宪法体现了古代自然法义务原则与近代天赋人权权利原则的结合⑥,但

---

① 克林顿·罗西特这里援引的是布莱克斯通的评论。(参见[美]爱德华·S. 考文:《美国宪
法的高级法背景》,强世功译,北京:三联书店1996年版,"序言",第Ⅱ页。)

② 参见李道揆:《美国政府和美国政治》,北京:商务印书馆1999年版,第9页。

③ 独立革命取得胜利后,美国陷入无政府状态,国民经济几陷于崩溃,以独立革命为旗帜的
谢斯叛乱使强有力国家权力的供给作为一个紧迫任务摆在美国人的面前。对联邦党人来说,以《独
立宣言》为标志的美国革命标志着美国人民对自由的渴望,同时也意味着美国人民对任何政府形式
的抛弃,这是联邦党人乃至反联邦党人无法接受的,对他们来说,政府乃是个人自由与权利的重要
前提。

④ 杰斐逊在《独立宣言》中将洛克的"财产"改为"对幸福的追求"。

⑤ 参见[美]康马杰:《美国精神》,南木等译,北京:光明日报出版社1988年版,第458页。

⑥ 有关自然法权思想对美国共和主义的影响较具代表性的论著是米歇尔·扎科特(Michael
p. Zuckert)的《自然权利与新共和主义》(Michael p. Zuckert, *Natural Rights and the New Republican-
ism*, Princeton, N. J. : Princeton University Press, 1994)。

其中洛克式自然权利之维受到了很大程度的削弱和控制①,而呈现出强劲的罗马共和式的自然法责任与义务因子,这也许和立宪过程中处于强势的联邦党人对罗马共和的偏爱有关。

近现代的思想家公认,神圣的自然法是因人类本性而产生的必然法则,它具有命令人们正确行动并禁止人们错误行动的力量,它是法律制度正当性的根本,"人制定的每一宗法律,有几成出于自然法,便恰带有几成法律性质。但是它若在哪一点上与自然法抵触,它立即不成其为法律;那纯粹是对法律的歪曲。"②现代人权原则根源于自然法,马里旦甚至认为人权不能扎根于自然法就不可能长久存在。自然法规定了人们的基本权利与义务,不了解自然法,不认识自然法就不可能真正了解人权。一言以蔽之,自然法是人类为了实践自身幸福的一种理想追求和应然状态。

人们在不同的历史时期对自然法内涵的把握具有不同的侧重点。古代自然法强调人的社会性,人天生是国家的一分子。人和神一样拥有理性,拥有精神自由;人们对国家、社会、家庭负有不可推卸的道德义务,这种义务是理性的应有内涵,并且先于权利,人们则在尽义务的过程中获得自由。在罗马法中,自然法是万民适用的,不但适用于少数罗马公民的市民法,也适用于一切民族的自由人。盖尤斯提出的定义就把自然法和万民法综合为一个统一的概念。万民法是以自然法为据的普遍规律。它是自然理由在所有人当中制定的法,它在所有民族中得到同样的遵守。③ 用乌比而安的话来说,它就是"自然界教给一切动物的法律"④。人类的法律必须服从自然法,法

----

① 埃里克·方纳认为,开国领袖将自由宣示为普遍的天赋人权是极不真实的。(参见[美]埃里克·方纳:《美国自由的故事》,王希译,北京:商务印书馆2002年版,第23页。)

② 转引自[英]罗素:《西方哲学史》(下卷),马元德译,北京:商务印书馆1976年版,第155页。

③ 参见[意大利]彼德罗·彭梵得:《罗马法教科书》,黄风译,北京:中国政法大学出版社1992年版,第14页。

④ [古罗马]查士丁尼:《法学总论——法学阶梯》,张企泰译,北京:商务印书馆1989年版,第6页。彼德罗·彭梵得认为这种提法并不十分确切,不宜说人和动物共有法律规范或法律关系,而只能说共同的需要。(参见[意大利]彼德罗·彭梵得:《罗马法教科书》,黄风译,北京:中国政法大学出版社1992年版,第14页。)

律的目的在于实现人的幸福和安全,而不是相反;否则这个法律就是违背自然人性的,是和人类理性相冲突的。"自然法与人的本性是一致的,服从自然法就是服从自己的本性。"①

在罗马之后,西方世界进入了漫长的"黑暗中世纪"时期。这个时期,基本上是由神在统治人们,在基督教徒眼中,教皇是上帝的代表,法律就是上帝的意志。天生具有原罪的凡夫俗子要想获得上帝的救赎,成为上帝的选民,与上帝在天堂共享永恒幸福生活,就必须无条件服从上帝的神法和教会制定的教会法。教会制定的一系列教条都被认为是神圣的、至高无上的,同时也应该被无条件地遵守,但人定法必须受制于神法。人类理性具有神圣性,因为人的理性本质是神性在人身上的驻留。人和神一样都可以"触摸"自然法,遵从自然法的规则乃是神的圣谕。此外,犯有原罪的世人能否获得救赎完全在于个体的宗教体验与上帝的自由裁量,因此普遍认为基督教具有一种个人主义的导向,这种倾向在路德宗教改革后尤为突出。作为基督教罗马教廷神学权威的阿奎那接收亚里士多德的政治哲学,强调人的理性、社会性以及世俗国家、人间教会的作用。也正因为这个原因,经过历史的渗透与沉淀,自然权利、良法之治、个人主义的观念借助宗教的形式得以神圣化。② 从这个意义上说,所谓的西方"黑暗"的中世纪并不像人们想象中的那样乌云密布,但从实质上来说,中世纪的法治是神本主义、等级主义的。

中世纪之后,欧洲开始了伟大的文艺复兴,宗教与神学受到普遍而激烈的批判,人们从神性回归理性,人类不必依赖教会而直接"触摸"伟大的自然法。以文艺复兴为标志,人类告别自然法进入了近代自然权利时代。斯宾诺莎作为大陆理性派的代表人物,他的《神学政治论》宣称"上帝"就是"自然",解释《圣经》的最高权力实际上属于每一个人,任何东西的神圣性

107

---

① 徐大同:《西方政治思想史》,天津:天津教育出版社2002年版,第51页。

② 值得注意的是私有财产观念在中世纪和个人主义一样获得了神圣性,阿奎那认为,私有制和公有制一样归因于自然法,合乎神的意旨。"私有财产并不违背自然法,它只是由人类的理性所提出的对于自然法的一项补充而已。"(参见阿奎那:《阿奎那政治著作选》,马清槐译,北京:商务印书馆1982年版,第142页。)

都是人心加于其上的。自然法权是人类理性的产物。"只有服从理性,只有全心全意为实现人类的目标而奋斗,人类才有自由。"①

政治哲学从霍布斯开始了近代的转向。霍布斯认为利维坦的目的在于个体安全的保障,人们一旦将权利交给国家,就必须服从主权者,只有这样才能有效地实现自我保存。古代政治哲学首先考虑的是国家的权利和个人的义务,从霍布斯开始,政治哲学首先关注的是个人的权利(个体的自我保存,不同于洛克式的个体权利)和国家的责任。② 国家形成的基础在于个体的自我保存欲望,国家目的的正当性不再是自然法时代的公共善而转变为个体存在的保障,这种转变被洛克发挥到极致,他指出国家的唯一目的就是保证个体追求私有财产、生命与幸福的权利。

总而言之,从古代自然法到近代的自然权利,这其中发生了巨大的变化,从公民责任的彰显到个人权利的强调是它的基本变化。国家与社会至上性的退却与个人独立性及其个体人权的凸显是其中最显著的标志。③ 个人的生命、自由、财产等基本权利至此成为法律保护的根本目标和政府存在的根本目的。人们对其中个人权利的重视到近代达到了极点,人类对欲望的贪求湮灭了人类曾经对荣耀与德性的追寻,近代以来人们逐渐忽视甚至完全抛弃了其中的个人对国家与社会的责任维度。美国宪法则试图将这两者统一协调起来。它们之所以能够统一协调,在于自然法权与近代天赋自然权利虽然有很大的不同,但是自然法与自然权利也有共同的传统,它们都反对剥削和堕落以及相关的政治道德上的乌托邦。④

---

① [意大利]但丁:《论世界帝国》,朱虹译,北京:商务印书馆1985年版,第16页。

② 参见[美]列奥·施特劳斯:《霍布斯的政治哲学》,申彤译,南京:译林出版社2001年版。

③ 自然法消解历史的疆域,是留在现在的历史踪迹和未来的预设。也许自然权利从来都没有出现过,但是自然权利的原则却存在于当前法律的裁判中。人权作为社会想象内核中的否定性原则,它的目标如同自然法一样,是尚未实现的一种承诺,是一种反对现在的不确定性。当这种不确定性被实证主义者简单化、固定化的时候,当人权失去了乌托邦的目标时,人权也就终结了。(参见[美]科斯塔斯·杜兹纳:《人权的终结》,郭春发译,南京:江苏人民出版社2002年版,第405—408页。)

④ 参见[美]科斯塔斯·杜兹纳:《人权的终结》,郭春发译,南京:江苏人民出版社2002年版,第408页。

二、政府的目的:以个人权利为基础的财产权

权利是古希腊和罗马社会中存在的一个政法概念,它的享有是由城邦或国家的宪法规定的,是和公民身份以及某种整体性的公共善密切联系在一起的。从词源来看,公民(polites)就来自于城邦(polis),表示公民是城邦的成分。就连以民主政体为共和政体的亚里士多德都认为:"雄性更高贵,而雌性更低贱一些。使用奴隶与使月家畜的确没有什么很大的区别。"①城邦的政治特权只属于公民,非公民的女人②、奴隶、外国人是无资格享有的。城邦的繁荣兴衰和公民个人的荣辱密切相关,城邦的沦陷往往意味着公民政治权利的全面丧失。

人的天赋自然权利不在立法的意志之下,这是近代个体人权思想的精髓。近代权利观起源于17世纪的英国,它一出生就和自由主义密切联系在一起。近代权利观被表述为自然权利,它是一系列的主观诉求,是人类天然理性与天赋能力思考的结果,是一种普遍意义上的人所享有的人权。在近代权利观中权利优先于善,个体自由就是最高的善,是一种免于干预的自由,是无须考虑平等的自由,是远离政治生活的自由。洛克认为,谁不基于权利而使用强力,以前的一切拘束都要被解除,因为人人都享有自卫和抵抗侵略者的权利。③ 这种个体权利的至上性和古代希腊中的整全城邦政治下的公民权利有着巨大的区别,"要向斯巴达人的国家或者古典时期的城邦,引入任何这样的观念,即政府在行事的时候必须尊重个人的价值观,或者适当尊重非政治的、从属性的大多数人,这就会被视为疯狂之举;这样的要求

---

　　① [古希腊]亚里士多德:《政治学》,颜一、秦典华译,北京:中国人民大学出版社2003年版,第9页。

　　② 以亚里士多德为代表的古典政治思想认为:"德性虽然为所有人共享,但男女的节制,或男女的勇敢与公正并不相同;男人的勇敢在发号施令中显示出来,而女人的勇敢则体现在服从的行为上。"这里,一种男女不平等,男人统治女人的"正当性"跃然纸上。([古希腊]亚里士多德:《政治学》,颜一、秦典华译,北京:中国人民大学出版社2003年版,第26页。)

　　③ 参见[英]洛克:《政府论》(下篇),叶启芳、瞿菊农译,北京:商务印书馆1964年版,第146页。

是渎神的。"①

对于人性,洛克相信它是善的而不是恶的。他反对霍布斯人类野蛮的假说。因此,洛克坚持人类拥有更多个体性质的权利。他认为,人的天性主要是仁慈向善的,没有必要像霍布斯所要求的那样严厉摧毁、强制和约束他们,以便产生社会存在所需要的最低限度的安全。② 个人主义的国家观在洛克的契约论中第一次得到了完整的展现。在洛克的契约论中,自然状态是一种完备无缺的自由状态,在这种状态之下,有德行的无政府主义者组成了一个完美的乌托邦社会。这个乌托邦的空想社会不需要任何警察或者法院,因为人们永远遵从理性,也就是自然法。自然法本身是由人们认为发源于神的行为规律组成的,先于人间的一切的政治而存在,是由一些神命组成,并不是人间的哪个立法者给定的。③ 因此,"自然法是所有的人、立法者以及其他人的永恒的规范"④。

洛克认为,人们参加社会的重大目的是和平和安全地享受他们的各种财产,法律就是实现这一人类社会根本目的的唯一途径。⑤ 人类离开自然状态,结合成政治社会,放弃自己的一些天赋权利,将之交付于政治国家来行使,那是因为人们需要一个统一的机构来司法,来保卫人们在自然法中的自然权利。更好地保卫作为自然权利的天赋财产权,是国家与法律的主要理由。⑥

---

① [美]沃格林:《希腊化、罗马和早期基督教》,谢华育译,上海:华东师范大学出版社2007年版,第89页。
② 参见[英]以塞亚·柏林:《自由及其背叛》,赵国新译,南京:译林出版社2005年版,第30页。
③ 参见[英]罗素:《西方哲学史》(下卷),马元德译,北京:商务印书馆1976年版,第155、157页。
④ 参见[英]洛克:《政府论》(下篇),叶启芳、瞿菊农译,北京:商务印书馆1964年版,第85页。
⑤ 参见上书,第83页。
⑥ 洛克对财产权的崇拜到了无以复加的程度,他认为军队长官对部下士兵们尽管握有生杀大权,但没有拿走他们金钱财产的权利。这种对财产权的极度夸张受到了罗素的很大讥讽。(参见[英]罗素:《西方哲学史》(下卷),马元德译,北京:商务印书馆1976年版,第165页。)对于重新分配社会财富的福利政策,洛克更是绝对不允许的。

未经当事人同意,不能夺取任何人的财产的任何部分。① 洛克完全否定君主专制的政体形式,因为面对君主的专断意志,法律与法官对之不能起约束作用,每个人的财产都受到严重的威胁与损害。因而洛克认为,君主专制政体完全不可能是公民政府的一种形式。洛克主张,如果国家不能有效地实现个人的权利主张与财产保护要求,人们可以解除或者改订同国家之间的契约。② 洛克将自然法中的权利之维发挥到了极致,而隐去了蕴涵其中的责任与义务维度。孟德斯鸠重视权力的归属,更重视权力的行使方式。孟德斯鸠充分表达了他对专制政府的恐惧与反对,他在政府的组织技术上进一步完善了洛克的理论。在洛克那里,立法权是最高的权力,制衡思想尚不完备,孟德斯鸠则认为立法权最高并不能保证洛克所珍惜的个人自由与权利。因而,他在技术上提出了里程碑式的"三权分立"学说并被日后的美国宪法所吸收。

111

　　洛克作为近代自由主义理论导师的地位已经不可撼动,他强调权利就是个人自由,是人们生来就完全享有的自然权利。也正因为此,他成为了美国革命时期的精神领袖。美国革命的《独立宣言》就是洛克自由主义权利思想的生动体现。考文认为将自然法思想传送到美国宪法那里去的是洛克,载体就是洛克的《政府论》(下篇)——尽管它绝不是这方面唯一的著作。自然法概念经洛克的经验化处理之后,几乎完全融入了个人的自然权利,融入生命、自由、财产权之中了。③ 饱受英国压迫的美国人渴望自由,他们主张自己作为个人的权利④,这就是洛克自由主义权利理论的魅力所在。

---

　　① 参见[英]洛克:《政府论》(下篇),叶启芳、瞿菊农译,北京:商务印书馆1964年版,第87页。

　　② 长久以来人们一直怀疑契约建国的可能性。在美国建国史上,1620年11月21日,在"五月花"号上,由41名男子签署的《五月花公约》就具有这样的性质。美国宪法是契约建国的实例。

　　③ 参见[美]爱德华·S.考文:《美国宪法的高级法背景》,强世功译,北京:三联书店1996年版,第62页。罗素指出,洛克等由前人接受下来的自然状态与自然法之说,逃脱不了它的神学依据;现代的自由主义多将神学的依据祛除,这样它就欠缺清晰的逻辑基础。(参见[英]罗素:《西方哲学史》(下卷),马元德译,北京:商务印书馆1976年版,第156—157页。)

　　④ 今天,世界正处在自由主义的帝国统治之下,洛克的自由权利思想,美国革命时期对个人权利的主张已经成为了世界性的"人权"运动,学者们有关这个方面的著述更是汗牛充栋。

"公民政府是针对自然状态的种种不方便情况而设置的正当救济方法。"①人们组成国家是为了更好地保卫私有财产和他们的个人权利,维护他们不可侵犯的个人自由。在国家与个人的关系中,个人具有优先性,不经本人同意,不得从任何人那儿取走其财产的任何部分,个人的天赋基本权利神圣不可侵犯,不在任何立法的专断意志之下。"立法或最高权力机关不能揽有权力,或以临时的专断命令来进行统治,而是必须以颁布过的经常有效的法律并由有资格的著名法官来执行司法和判断公民的权利。"②

在洛克那里,人民具有最高的权力,人民的决定遵循多数的原则,这是因为"任何共同体既然只能根据它的各个个人的同意而行动,而它作为一个整体又必须行动一致,这就有必要使整体的行动以较大力量的意向为转移,这个较大的力量就是大多数人的同意"③。但洛克只把人民最高权力保持在政治社会形成的层次。人民,根据洛克的理论似乎具有最高的权力,但这只是个表面现象,人民并不是主权的拥有者。只要政治社会存在,人民最高权力就委任于立法权。洛克是以议会主权取代人民主权,以间接民主取代直接民主。这是洛克的代议制民主观,他的政府就是按照这样一个原则组织运作的。

洛克认为人们在参加政治社会时部分放弃他们在自然状态中所享有的对自然法的判断权与执行权,而把它们交给政府,由立法机关按社会的利益所要求的程度加以处理,只是出于各人为了更好地保护自己的个人权利和财产。民主政府的目的是保护个人的权利和自由,绝不容许扩张到超出以个人利益为基础的公共福利需要之外。④ 如果政府不基于权利而使用强力,那人人都享有自卫和抵抗侵略者的革命权利,以前的一切拘束都被解除。⑤

---

① [英]洛克:《政府论》(下篇),叶启芳、瞿菊农译,北京:商务印书馆1964年版,第8页。
② 同上书,第85页。译文有改动。
③ 同上书,第59页。
④ 参见上书,第79—80页。
⑤ 参见上书,第146页。

112

自由主义的核心是财产权、同意和个体自由,这些核心要素之间是混乱和模棱两可的。它们都同时揭露了个人权利的自由主义思想中民粹的、平等主义的,甚至是无政府主义的潜在可能性。在 17 世纪 60 年代,洛克的自由主义显示出权威主义的色彩。① 对洛克而言,人民并不是所有的人,而是拥有财产的自由人,不是粗俗的赤贫阶级。洛克的财产权始以个人权利,又决定着个体权利的形式与样态。洛克"将生命、自由权和劳动视为基本的所有,并将这些包容在财产权这一单一的标题之下都表明了洛克彻底的资产阶级心境。很多人因此认为,那些经常被说成是自由主义'奠基者'或者'创始人'的哲学家甚至应该将'财产权'作为一种象征,放在他的政府和人权哲学的中心位置"②。

三、自由的限度:法律下的个体自由

个人主义是洛克理论的逻辑起点,以财产权为中心的个人自由是他要思考的主要问题,是创建政府的根本目的。政府权力来源于人民部分权利的放弃。政府本身是必要的恶,必然要对个体自由产生限制。政府限制个人权利的正当性在于它对人民间纠纷与矛盾的调节处理,为个体权利的恢复提供保护与救济。在政治社会中,如果社会成员受到任何损害或者发生任何争执,他们可以向一个明确的权威申诉,由后者裁判解决,并真心服从之,这个权威就是法律。而在自然状态下,人们只能依靠不成文的自然法来化解纠纷、缓解矛盾。由于缺乏专职的法官,人们由于情欲或者利害关系,必然会错误地对它加以引证或应用而不容易承认自己的错误。③

洛克在论述政府权力的性质时提到法治为统治权力运行的正常方式,他强调,谁握有国家的最高权力,谁就应该以既定的、向全国人民公布周知

①　参见[英]安东尼·阿巴拉斯特:《西方自由主义的兴衰》,曹海军等译,长春:吉林人民出版社 2004 年版,第 215 页。

②　同上书,第 214 页。

③　参见[英]洛克:《政府论》(下篇),叶启芳、瞿菊农译,北京:商务印书馆 1964 年版,第 85 页。

的、经常有效的法律,而不是以临时的命令和未定的决议来实行统治。① 政府对个体自由权利的限制必然应该是稳定的、可预见的,其方式是经过人民同意的,这就是法律的形式与法治的限制样式。自由与法律的关系是洛克要处理的另一个主要问题。洛克又论述到,在专制君主之下,法律与法官对君主的专断权力构成不了真正的约束。另外,某位君主一时的品质优良与崇高威望,并不能构成法治长久的保证。因此,洛克主张的政制是自由主义的,他认为只有自由主义政制下的法治才是真正的法律之治。他突出论述到执政者也要守法,任何人(立法者、执法者等掌权人)都平等地受制于法律。法律一经制定,任何人不能凭他自己的权威逃避法律的制裁,或放纵自己及下属作出违法行为。

自由并不是任意个体的为所欲为,洛克主张一种法律下的个体自由。他认为专制权力是一个人对于另一个人的一种绝对的专断的权力,不是一种自然所授予的权力,因为自然在人们彼此之间并未作出这种差别。它也不是能够通过契约让予的权力,因为人对于自己的生命不拥有这种专断的权力。② 自然状态是一种完备无缺的自由状态③,人的自由来自于自然,是一种自然自由,不处在人们的意志或立法权之下,只以自然法为准绳。在政治社会,自然自由仍然存在,人民除了立法机关根据对其的委托所制定的法律以外,不受任何意志的统辖或任何法律的约束。这种法律下的自由是一种不受绝对、任意权力干预的自由,对于一个人的自我保卫是十分必需的,以至他不能丧失它,除非连他自己的自卫手段和生命都一起丧失了。④

政府权力只能在法律规定的空间中行使,在法律没有禁止的地方就是人们自由行使自己意志的场所。"使用绝对的专断权力,或不以确定的、经

---

① 参见[英]洛克:《政府论》(下篇),叶启芳、瞿菊农译,北京:商务印书馆 1964 年版,第 87 页。

② 参见上书,第 109 页。

③ 参见上书,第 3 页。

④ 参见上书,第 15 页。

常有效的法律来进行统治,两者都是与社会和政府的目的不相符合的。"①
法律的目的不在于废除或限制自由,而是保护和扩大自由。② 对洛克来说,
法律本身并不是一种真正的限制,"仅仅使我们不致坠下泥潭和悬崖而做
的防范,不应该被称为限制"。对自由的关注使洛克把法律的限制维持在
一个最低的限度。③

四、统治的正当性:同意的统治

　　启蒙思想家们对政府和人民的关系,对自然法权与政治统治的正当性
进行了不断的阐释和论证。其中,最有代表性的人物是霍布斯和洛克。唯
物主义的霍布斯是个泛神论者,他从人性论出发构筑其政治哲学的基础。
霍布斯假设,在非政治的自然状态下,人性存在一种无法摆脱的冲突,因为
人生性贪婪,利益最大化的趋向导致其永不知满足。人人都想保持个人的
自由,同时又想得到支配他人的权力。作为一个自然的生物,人的自然本性
在于保存自己。基于死亡的恐惧,人们为了保存自己就会不择手段、自私自
利、贪婪无情。"人与人之间的关系就像狼与狼一样",为了不在无谓的斗
争中把自己消灭,为了自身的安全和利益,人们同意离开自由的自然状态,
放弃自己的权利,把它们交给那个共同体,组成一个新的国家。国家的代表
就是主权者,它的目的在于更好地保卫人们的安全。人们服从主权的动因
在于主权者对人们安全保卫产品的供给,在此基础上,人们自愿服从主权者
的统治。洛克在霍布斯的理论基础上作了进一步的发挥,他提出,人们离开
自然状态,成立国家,同意服从国家统治的是人们真实意思的表示,其根本
原因在于国家对个体人权,尤其是财产权的保障。"未经人民自己或其代
表同意,绝不应该对人民的财产课税。"④但是,人民一旦作出同意的表示,

①　[英]洛克:《政府论》(下篇),叶启芳、瞿菊农译,北京:商务印书馆1964年版,第86页。
②　参见上书,第35页。
③　参见[英]安东尼·阿巴拉斯特:《西方自由主义的兴衰》,曹海军等译,长春:吉林人民出版社2004年版,第215页。
④　[英]洛克:《政府论》(下篇),叶启芳、瞿菊农译,北京:商务印书馆1964年版,第90页。

"他就永远地和必然地不得不成为,并且始终不可变更地成为它的臣民,永远不能再回到自然状态的自由中去,除非他所属的政府遭受任何灾难而开始解体,或某些公共行为使他不能再继续成为国家的一个成员。"①

自由主义的世界观在本质上是以人类为中心的和个人主义的。人在世界图景中处于中心地位。② 政府的权力来自人民的授予,统治的正当性在于人们的同意。人民可以根据政府违背自身目的与否决定是否改变政府。此外,人民永远持有作为最高权力的革命权。洛克强调:征服并不等于建立任何政府,不取得人民的同意,绝不能建立一个新的结构。③ 洛克的统治理论,并不需要所有个体的同意,政府获得多数人的同意即可以建立。这种同意不一定要求人们的明示宣告,没有明确的反对即为默示同意。政治统治要获得人民的同意这一原则来源于人权原则。人们的集体行动奉行多数原则,多数尊重少数人的权利。人权原则在近代作为一个独立的概念凸显出来。这意味着古代自然法向近代自然法的重大转变。人权原则一般被认为是自然法在近代法律中的传送,作为一个议会主权论者,洛克在这个传输过程的贡献不可忽视,美国宪法无疑在这方面受到了他的影响。

洛克以立法权的隶属关系划分政制类型。他认为,"立法权,不论属于一个人或较多的人,不论经常或定期存在,是每一个国家中的最高权力。"④洛克自由主义政体理论的核心在于强调最高权力即立法权属于议会。在这样一个政体下,重要的是人民把立法权交给人们的集合体,即参议院或议会。但立法机关的权力只是来自人民同意的一种委托权力,它是不可转让的。立法机关不应该也不能够把制定法律的权力让给任何其他人,或者把它放在不是由人民所安排的其他任何地方。只有人民才能通过组成立法机

---

① [英]洛克:《政府论》(下篇),叶启芳、瞿菊农译,北京:商务印书馆1964年版,第75页。

② 参见[英]安东尼·阿巴拉斯特:《西方自由主义的兴衰》,曹海军等译,长春:吉林人民出版社2004年版,第125—127页。

③ 参见[英]洛克:《政府论》(下篇),叶启芳、瞿菊农译,北京:商务印书馆1964年版,第112页。

④ 同上书,第84页。

关和指定由谁来行使立法权选定国家的形式。① "政府的目的是为人民谋福利"②，当人民发现立法行为与他们的委托相抵触的时候，人民仍然享有最高的权力来罢免或者更换立法机关。③ 换而言之，洛克认为议会虽然在法律上拥有主权，但人民却是最终的政治主权拥有者。④

第二节　约翰·亚当斯的贡献——现代美国的古典共和主义者

一、约翰·亚当斯及其对美国立宪的影响

美国宪法是由美国 55 名最杰出的政治精英拟定的，用杰斐逊的话来说，那真是一次哲人的集合。然而盛赞此次盛会的政治哲学大家杰斐逊和约翰·亚当斯在当时并没有参加制宪会议，但他们对美国宪法的影响是巨大的。约翰·亚当斯一直渴望成为一名西塞罗式的人物，作为一个古典共和主义者，他的著作对制宪者产生了很大的影响。⑤ 麦迪逊在制宪会议前夕曾研读过亚当斯的《政府论》，被称为"美国权利法案之父"的乔治·梅森也仔细研读了他的《政府论》，乔治·梅森彪炳史册的《权利法案》更是深受其影响。⑥ 此外，亚当斯的《为美国宪法辩护》的第一卷在制宪会议期间寄到费城后也受到了制宪者的欢迎。本杰明·拉什称亚当斯通过《为美国宪

117

---

① 参见［英］洛克：《政府论》（下篇），叶启芳、瞿菊农译，北京：商务印书馆 1964 年版，第 89—90 页。

② 同上书，第 144 页。

③ 参见上书，第 94 页。

④ 政治主权与法律主权的区分首先由戴雪提出。法律主权在立宪主义国家代表法律上可以操作的权力，而政治主权则是法律主权的法理上的决定权力。（参见［英］戴雪：《英宪精义》：雷宾南译，北京：中国法制出版社 2001 年版。）

⑤ 主要有 *Thoughts on Government*，*The Massachusetts Constitution of 1780*，*A Defence of the Constitutions of the Government of the United States of America*，参见 *The Political Writings of John Adams*，edited with an introduction by George W. Carey. Washington, D. C.：Regnery Pub.；Lanham, MD：Distributed to the trade by National Book Network，2000。

⑥ 梅森对拟议宪法中《人权法案》的缺席进行了激烈的批评。此外，他还认为众议院的代表性不强，参议院以及联邦司法权过于强大，行政长官权力的行使缺少顾问班子的咨询与监督。

法辩护》献给他祖国的礼物所作出的贡献,胜过他为美国赢得所有欧洲国家的联盟。杰斐逊也认为此书对美国将有极大价值。他希望书中的学问及很强的判断力将成为美国新老政治家公认的基本原理。①

从某种程度来说,约翰·亚当斯对美国立宪的影响比之杰斐逊更大,甚至可以说他是美国人民自由的根源。② 因为宪法最终确立的是亚当斯服膺的共和政体③,而不是杰斐逊主张的民主政体。④

杰斐逊作为《独立宣言》的起草人在美国宪政史上具有不可替代的地位。华盛顿被称为"美国之父",麦迪逊作为一个平庸的总统也被尊称为"宪法之父"。汉密尔顿尽管有很强的君主制偏好,由于他为建立强大的美利坚联邦的努力也获得了很高的评价。但是,亚当斯的作品并没有得到修

① 参见 *The Papers of Thomas Jefferson*, edited by J. p. Boyd, Princeton: Princeton University Press, 1950, p. 369(注6), *The Selected Writings of John and John Quincy Adams*, edited by Adrienne Koch, William Pedan, NewYork: A. A. Knopf, 1946, p. 78, 以及 Richard Hofstandter, *The American Political Tradition and the Men Who Made it*, New York: Alfred Knopf. Inc. , 1973, pp. 37 - 38, 1994, p. 31。(转引自韦军亮:《试论约翰·亚当斯对美国政府的设计》,《兰州大学学报》(社会科学版)2004 年第 6 期。)

② 参见 *The Political Writings of John Adams*, edited with an introduction by George W. Carey. Washington, D. C. : Regnery Pub. ; Lanham, MD: Distributed to the trade by National Book Network, 2000, p. xi。

③ 亚当斯在 1797 年的总统就职演说中确认美国宪法所规定的一般原则与主要纲领,与他过去最推崇的政府组织是一致的。(参见《美国历届总统就职演说》,岳西宽、张卫星译,北京:中央编译出版社 2005 年版,第 9 页。)

④ 杰斐逊对拟议宪法民主缺陷的批评,可以参见杰斐逊:《宪法的民主缺陷》,载佟德志编:《宪政与民主》,南京:江苏人民出版社 2007 年版,第 12—15 页。严格来说,杰斐逊反对直接民主。他认为,虽然一切权力来源于人民,但人民不是在一切情况下都可以行使权力,直接治理国家。杰斐逊主张的民主政体并不是民主的而是共和的。杰斐逊对君主制、贵族制都表示了否定,他赞赏代议制民主政体,一种有德行的自然贵族统治的政体;他并不主张直接民主,因为人与人之间的差异是客观存在的,现代公共事务的复杂性是没有受过专门训练的民众所不能胜任的。但杰斐逊主张的代议制民主不同于联邦党人主张的共和代议制。杰斐逊对民众给予了充分的信任,他主张的代议制民主是以人民主权、地方民众自治为基础,同时选举少量的代表管理联邦地方与州政府的事务。联邦党人主张的共和代议制的基础则是对民众的不信任,他们要使权力集中到联邦政府与州政府的精英手中。民众在精英的理性审慎下参加国家治理。杰斐逊重视对联邦政府、上级政府的监督与控权,联邦党人则重视中央政府的必要集权以及对地方政府、普通民众的不信任。杰斐逊晚年转向了更加彻底的民主主义,也正因为此,他被马歇尔(John Marshall)批评为恐怖主义者。

习美国宪法学学生的关注①,作为美利坚合众国的第二任总统的约翰·亚当斯在美国历史中的地位却至今没有定评,这和其他建国者形成了鲜明的对比。②

约翰·亚当斯在美国宪法的制定过程中从来都不是中心人物,但谁都不能否认他的贡献。他也参与了《独立宣言》这一深刻影响美国宪政的重要文件的撰写,但他却把其主要作者的位置让给了杰斐逊。乔治·凯里认为,亚当斯对政府的目的与本性非常了解,他在制度设计上的知识远胜于历史上的任何美国人,如果他参加了制宪会议,必定会成为会议的主导者(dominant voice)。③ 但他却没有参加那可以奠定他一生声名的会议。和一切古典共和主义者一样,他一生都在热切地渴望显赫的声名,虽然他说从没有把自己当做伟大的人。④

二、约翰·亚当斯的共和主义及其对美国宪法共和主义的影响

约翰·亚当斯认为专制主义起源于教会法规和封建制度,美国是一片没有被污染的纯净圣土,自由是美国人民的天然权利,专制政体在这片土地上找不到可以生根的土壤。⑤ 政体的选择和制度的建构必须建立在历史的基础之上,他坚持认为自由源自古老的政治实践。政治制度是发现的,而不是人可以恣意建构的。他在比较中阐释了自古代希腊、罗马时期以降几乎所有的典型政体制度以后,得出了一个结论:以罗马共和国代表的混合均衡政体为基础的共和政体是唯一优良的政体,是最有利于促进社会福祉的宪

① M. N. S. Sellers, *American Republicanism: Roman Ideology in the United States Constitution*, New York: New York University Press, 1994, p. 34.

② 参见 *The Political Writings of John Adams*, edited with an introduction by George W. Carey. Washington, D. C.: Regnery Pub.; Lanham, MD: Distributed to the trade by National Book Network, 2000, p. vii。

③ See ibid., p. viii。

④ See ibid., pp. viii - x。

⑤ 参见 A Dissertation on the Canon and Feudal Law, in *The Political Writings of John Adams*, edited with an introduction by George W. Carey. Washington, D. C.: Regnery Pub.; Lanham, MD: Distributed to the trade by National Book Network, 2000, pp. 3 - 21。

政制度。

预计到殖民地的独立指日可待,亚当斯开始思考独立后的美洲应该采取什么样的政府形式。这就是反映他主要政治思想的《政府论》,该书也是他10年后的著作《为美国宪法辩护》的基础。① 1780年的《马萨诸塞州宪法》由权利法案和政府机构两部分组成,强调对政府权力的限制和个人基本权利的保护,是亚当斯共和主义宪政思想的具体实践,亚当斯在这部宪法的制定过程中始终处于领导者的位置。《为美国宪法辩护》写于1786年到1788年,亚当斯最初的目的在于回应特格特(Turgot)对美国宪法的攻击以及法国大革命后激进民主政治思想在美国的蔓延。他对一院制的政府形式表示了强烈的反感,认为这将使法国和欧洲陷入长期的恐怖政治之中。特格特的政治设计理念实质上是富兰克林式的,它已经影响到了马萨诸塞,对亚当斯的《马萨诸塞州宪法》造成了现实的威胁。亚当斯在《为美国宪法辩护》中采用比较的方法,大量引用历史学家和政治理论家的著述,以表达没有制衡措施的中央集权的危险性,并证明君主制、贵族制、民主制三者融合的混合政体的优势和稳定性。② 弗吉尼亚宪法就是在亚当斯政体思想的指导下建立的,但该宪法否认行政官的否决权,这更像罗马宪制而不是亚当斯的主张。此后,弗吉尼亚宪法成为其他大多数殖民地立宪的样板。历史也证明,以罗马为模板的宪政体制更具有稳定性。③

亚当斯的共和主义政体理论主要包括:混合政体、同意的统治、法治、人民主权、民兵武装、精英统治、有限政府、分权制衡、社会福祉(公共善)、公民教育、节俭朴素。亚当斯的理想宪法就是建立在上述原则之上的。这种

① 参见 Thought on Government, in *The Political Writings of John Adams*, edited with an introduction by George W. Carey. Washington, D. C.: Regnery Pub.; Lanham, MD: Distributed to the trade by National Book Network, 2000, p. 482。

② 参见 A Defence of the Constitutions of the United States of America, in *The Political Writings of John Adams*, edited with an introduction by George W. Carey. Washington, D. C.: Regnery Pub.; Lanham, MD: Distributed to the trade by National Book Network, 2000, pp. 105 – 106。

③ 参见 M. N. S. Sellers, American Republicanism: Roman Ideology in the United States Constitution, New York: New York University Press, 1994. pp. 53 – 54。

宪法制度可以使普通民众成为勇敢和有进取心的人，让人民保有和提升自己的公民美德。由这样一种共和主义原则组成的各州邦联则可以应对任何欧洲君主制国家的入侵。①

1. 共和政体是实现社会福祉最好的政府形式

神圣的政治科学是有关社会幸福的科学，社会福祉完全依赖于政府的政体形式。这种基本政府形式一旦确立就将代代相传。② 要选择合适的政体形式，先要解决政府的目的所在。个人幸福是人的终极目标，社会福祉是政府的终极目标，这是所有政治家与哲学家深思熟虑的结论。③ 在此前提下，亚当斯确立了最优政体的标准。"最优良的政府形式必须便于人们的交往，为人们提供安全和舒适的环境，也就是最大多数人的最大幸福。"④ 1780 年的《马萨诸塞州宪法》的"序言"强调，政府形式的目的在于保卫人民自愿组成的政治共同体及其公共善，它必须保证个体的安全、幸福与自然权利。在任何时候，政府如不能保证人民的这些权利，人们有权采取必要的措施改变政府，保证自己的安全、幸福与国家的繁荣。⑤ 为了进一步阐释优良政府的政体原则，亚当斯借用了孟德斯鸠的政体分类理论。孟德斯鸠将政体分为共和制、君主制以及专制政体。共和政体因掌握政权人数的多少

---

① 参见 Thought on Government, in *The Political Writings of John Adams*, edited with an introduction by George W. Carey. Washington, D. C. : Regnery Pub. ; Lanham, MD: Distributed to the trade by National Book Network, 2000, p. 490。

② See ibid. , pp. 482 - 483。科斯第二定理从另一个层面揭示出了现代政治学对公共组织设置与公共利益的重视，该定理指出，当交易费用不为零时，可交易权利的初始配置将影响交易效率。从公共权力配置的视野来看，国家权力应该把权利界定给最终导致最大限度地增进公共效益，或者社会福利损失最小的一方。

③ See ibid. , p. 483。

④ Ibid.

⑤ 参见 The Report of a Constitution or Form of Government for the Commonwealth of Massachusetts, in *The Political Writings of John Adams*, edited with an introduction by George W. Carey. Washington, D. C. : Regnery Pub. ; Lanham, MD: Distributed to the trade by National Book Network, 2000, pp. 499 - 500。

又区分为民主制和贵族制。① 民主政治的原则在于民众的美德。贵族政治的原则是以美德为基础的节制。君主政体的原则是荣誉,专制政体则建立在恐怖的原则之上。② 以恐惧为基础的专制政体是绝大多数政府的基础,这种政府的残忍和兽性是天生自由的美国人民无法忍受的。建立在美德基础之上的政府形式更有利于提升人们的幸福,被更大多数的人所认同。建立在荣誉基础之上的君主制的价值也低于建立在美德基础之上的共和制。前者只是后者的一部分,其本身无法生产人们所需要的社会幸福。③ 因而,建立在共和政体基础之上的政府形式是最好的。

2. 以人民同意为基础的法治

亚当斯将人分为自由人和奴隶。主权属于全体自由的人民,不论在何种合法的政体下,它都反映出全民的权力与最高权威,并且对人民只有利而无害。宪法所确立的美利坚合众国政府是全人类知识与道德普遍传播的证明,是主权在民的政府。④ 但人民不能自己统治自己,一人一票的直接民主政治是亚当斯不能接受的。这是因为如果选举是以一人一票的多数票来决定胜负,那么一个政党便可能通过计谋或贿赂等不当手段获取胜利,甚至外国势力也可以利用谄媚胁迫、欺诈暴力、阴谋贿赂等伎俩在这个一人一票的选举中获得胜利。⑤ 人民应该通过精英的引导治理国家,精英通过法律的形式实现国家的利益和人民的幸福。统治人民的法律必须经过人民的同意,人民仅受法律的统治。未经美洲殖民地人民同意的英国议会制定的法

122

---

① 孟德斯鸠混淆了民主制与共和制的区别,这是因为他将共和政体的美德原则也赋予了民主政治。亚当斯虽然借用了孟德斯鸠的政体分类理论,但他的共和政体实质上是由贵族主政的。

② 参见[法]孟德斯鸠:《论法的精神》(上册),张雁深译,北京:商务印书馆 1959 年版,第22—34 页。

③ 参见 Thought on Government, in *The Political Writings of John Adams*, edited with an introduction by George W. Carey. Washington, D. C. : Regnery Pub. ; Lanham, MD: Distributed to the trade by National Book Network, 2000, pp. 483 – 484.

④ 参见《美国历届总统就职演说》,岳西宽、张卫星译,北京:中央编译出版社 2005 年版,第9 页。

⑤ 参见上书,第9—10 页。

律无权统治自由的美洲人民。英国的议会主权统治在美洲殖民地无效。[①]
1780 年的《马萨诸塞州宪法》在美匡宪政史上具有非常重要的位置,它不是
立法机关的产物,而是产生于人民直接选举的制宪会议。制宪会议制定的
宪法是否适用取决于全体人民。[②] 亚当斯认为,一部合格的宪法应该保障
人民的平等制宪权,宪法的解释必须公正,宪法的原则与精神必须得到忠实
的贯彻和执行。[③]

共和政体是最优良的政府形式,这是因为共和国受法律而不是人的统
治。这也是英国宪制唯一具有价值的地方。共和政体通过一整套复杂的制
度设计,保证了法律的精确执行。[④] 共和政体之所以成为亚当斯心目中的
最优政体,还在于它通过一整套的制度设计,能够选举出合格的议员与权力
机关,法律就是由他们来制定的,这就保证了人们的平等诉求。

3. 以分权制衡为原则的有限政府

为了人民的长久自由和幸福,亚当斯认为立法、行政、司法权力必须分
开,绝对不能混为一体。当然这种权力分离开并不是绝对的,这从亚当斯的
权力分配结构可以窥一斑而见全豹。不仅如此,1814 年在《致约翰·泰勒
的一封信》中,亚当斯对宪法中过于复杂的平衡控制术还提出了激烈的批
评。在亚当斯的政治结构中,总统拥有统率所有军队和民兵的权力,赦免权
则归属于总统和参议院共同执掌。法官、其他文职和军队官员的任命权在
总统,但是总统的任命应该尊重和得到参议院的同意。[⑤]

---

① 参见 Novanglus, in *The Political Writings of John Adams*, edited with an introduction by George W. Carey. Washington, D. C. : Regnery Pub. ; Lanham, MD: Distributed to the trade by National Book Network ,2000 , pp. 22 − 104。

② 参见 The Report of a Constitution or Form of Government for the Commonwelth of Massachusetts, in *The Political Writings of John Adams*, edited with an introduction by George W. Carey. Washington, D. C. : Regnery Pub. ; Lanham, MD: Distributec to the trade by National Book Network ,2000 ,p. 498。

③ See ibid. ,p. 500.

④ 参见 Thought on Government, in *The Political Writings of John Adams*, edited with an introduction by George W. Carey. Washington, D. C. : Regnery Pub. ; Lanham, MD: Distributed to the trade by National Book Network ,2000 ,p. 484。

⑤ See ibid. ,p. 488.

为了证明三权分立制衡的必要性,亚当斯列举了三权合一的六大弊病:三权合一更容易受制于各种各样的个人恶行、品德上的弱点和智识上的局限性,从而产生荒谬的判断和草率的结论;三权合一更容易受制于人类的贪婪,更易于助长人们的野心和对权力永久占有的渴望,必然导致权力职位的终身制;作为立法机关的议会,无论它的议员多么优秀,都不适合拥有行政权;议会由于成员众多,他们不可能娴熟高效地处理法律事务,因而它也不适合于处理司法事务;最重要的是,三权合一将使政府的所有权力集中在议会身上,他们将通过立法确立自己的利益,通过执行法律维护自己的利益,通过司法使纠纷裁判有利于自己的利益。不但立法、行政、司法权力不能集中议会身上,议会本身的结构也必须复杂化。[1] 亚当斯对议会的强大权力非常不信任,他认为议会的扩张趋势是行政权力无法抵御的。司法权力在这种形式下,也不可能保持自身的独立性,并有损立法和行政机构之间的平衡。为了防止议会权力一头独大,亚当斯主张给予行政机关对议会的立法否决权。[2]

为了限制政府的权力,避免专制政府或者总体政府的产生,立法、行政、司法机关三者不但需要分权制衡,还要对其中成员的任期进行严格限定。议会由两个不同的机构组成,总统由议会两院共同选举产生,每年选举一次,这就保证了总统对人民的尊敬和热爱。亚当斯主张所有的选举,尤其是议员应该每年选举一次,他甚至认为,"每年选举一次制度的破坏之日,就是奴役生活的开始之时"[3]。亚当斯还察觉到每年选举一次并不能保证对权力的有效控制,比如,议员就会通过各种各样的方法延长自己的任期,甚至采取终身制,以便为自己谋利。为了防止这种集权事件的发生,亚当斯采

① 参见 Thought on Government, in *The Political Writings of John Adams*, edited with an introduction by George W. Carey. Washington, D. C. : Regnery Pub. ; Lanham, MD: Distributed to the trade by National Book Network, 2000, pp. 485 – 486.

② See ibid. , p. 486.

③ Ibid. , p. 487.

用了任期轮换的方法,这就使某一职位的拥有者不可能长期担任某一职务。①

为了保持三权之间的分立制衡,亚当斯特别重视司法机关的作用。在某种程度上,亚当斯将司法视为宪政法治的核心。② 因为政府的尊严和稳定、人民的道德和社会的福祉无不依赖于公正娴熟的司法技术。司法权力是不同于立法、行政权力的权力,它和立法、行政权应该相互配合、相互牵制。"立法机构各组成部分、总统及其委员会,有权在重要法律问题和重要事件上征询最高法院的意见。"③这就将司法机关摆到了一个非常重要的位置。为此,亚当斯对法官的资质提出了特别的要求。法官应该具有丰富的法律知识和经验,要具有非凡的耐心,是一个冷静、镇定、专注的人。除此之外,亚当斯充分强调了法官的德性与宪政稳定之间的正相关性。他主张,法官应该是道德的楷模,应该超脱于利益纠纷之外,不依附于任何团体或者个人。为了达到这个目的,他们在任职期间应该保有自己的个人财产,只要他们行为良好,就可以根据法律规定领取薪金。④ 很难想象,如果法官的生存还要仰人鼻息,司法独立还从何谈起,社会的正义也就缺少了最关键的把门人。此后,美国宪法设计的法官薪酬制度使法官的收入具有较大的比较优势。这种宪法上的制度安排进一步保障和激发了法官的正义与荣誉感,保证了司法的独立与公正。当然,司法机关的权力也不是绝对的,亚当斯不允许司法权力的过度发展,导致三权之间的失衡。如果法官行为不当,人民代

125

----

① 参见 Thought on Government, in *The Political Writings of John Adams*, edited with an introduction by George W. Carey. Washington, D. C.: Regnery Pub.; Lanham, MD: Distributed to the trade by National Book Network, 2000, pp. 487 – 488.

② 正因为如此,在 1800 年亚当斯连任失败后,即将卸任的他进行了一系列有利于加强司法机构权能的改革,如以"巡回法院法"改变法院系统结构、加强联邦的司法力量,减少最高法院法官人数,增设治安法官等。他的改革开启了以后的马伯里诉麦迪逊案,为司法机构终成一极立下了汗马功劳。

③ The Report of a Constitution or Form of Government for the Commonwelth of Massachusetts, in *The Political Writings of John Adams*, edited with an introduction by George W. Carey. Washington, D. C.: Regnery Pub.; Lanham, MD: Distributed to the trade by National Book Network, 2000, p. 539.

④ See ibid., p. 488.

表会议(相当于众议院)有权弹劾他们,总统和参事会(相当于参议院)则负责具体的审理工作。如果罪名成立,法官的职位就将被剥夺,然后再接受其他刑事或民事的惩罚。①

对有限政府的保障除了设计复杂的三权分立制衡制度,亚当斯还认为自然权利是宪法的内在应然原则,是人民权利受到侵害后的最后救济理由。1780年《马萨诸塞州宪法》中的权利法案集中体现了亚当斯这个思想。为了防止军队对国家政权的控制,《马萨诸塞州宪法》认为和平时期的常备军是自由的威胁,除非立法机关同意,不应保有常备军。军事力量应始终从属于文官政府,受文官政府的控制。②

作为一个古典共和主义者,亚当斯继承了罗马古典共和主义的精髓,对他来说,罗马共和是美国应该奉行的主要典范。民兵武装、公民教育、节俭朴素是他非常欣赏的共和主义要素。他倡导制定民兵法,除特殊情况外,把所有的公民都武装起来,定期进行训练。这样他们就可以依靠民众自己的力量有效地防止政府的暴政,抵御外来侵略,保卫共和国家的安全。制定自由教育的法律也是亚当斯非常重视的,这对于青年,特别是下层民众具有非常重要的作用。为了防止奢侈享乐造成的腐败,亚当斯特别提到了提倡节俭、禁止奢侈的立法。节俭就是收入,是伟大的美德。这项立法将可以极大地促进人民的福祉,而且,国家财富的积累也可以很好地应付对外战争。③

第三节 联邦党人——宪法的设计者

联邦党人曾经这样批评北美独立后选择的邦联体制,他们认为:"目前

---

① 参见 The Report of a Constitution or Form of Government for the Commonwelth of Massachusetts, in *The Political Writings of John Adams*, edited with an introduction by George W. Carey. Washington, D. C.:Regnery Pub.; Lanham,MD:Distributed to the trade by National Book Network,2000,pp. 488 – 489.
② See ibid.,p. 508。
③ See ibid.,p. 489.

邦联政府结构上的主要弊病,在于立法原则是以各州或各州政府的共同的或集体的权能为单位,而不是以它们包含的各个个人为单位。"[①]以此前提出发,联邦党人希望建立一个联邦主权的总体政府。[②] 由于纯粹民主政体的内在缺陷,联邦党人把这个总体政府的性质定位在以代议制为基础的共和政体。联邦与共和的相遇造就了美国宪法上的联邦共和国。联邦共和国重视人民的利益,并且以人民主权理念作为其统治权力合法性的基石。但是,由于对民众的提防,在这个新共和国议会并不拥有最高权力,三权分立与制衡是新生共和国的基本权力架构。出于对公民道德的不信任,联邦党人转而求助宪法和法治的权威,将历史维度中的单纯道德共和国改造成了复杂的立宪共和国。美利坚共和国是作为宪法设计者的联邦党人在借鉴历史与他国政体经验上的创造性产品。

一、共和政体:扩展的共和国

建立完善而强大的联邦共和国是美国宪法的重要目标。宪法不但给予联邦明示的列举权力,还通过第一条第八款的默示权力条款给予联邦相当大的可扩展性权力。联邦党人主张共和政体和民主政体相比,共和政体更利于公共利益和个人自由,而联合的联邦扩展共和政体又胜于松散的邦联共和。

"自由于党争,如同空气于火。"[③]联邦党人认为党争是自由的必然代价,消灭党争就是消灭自由,但不对党争进行控制则会导致自由和公益的损失。美国宪法并没有有效地排除民主政治对个人自由和公共利益的威胁。"到处可以听到我们最关心而善良的公民以及拥护公众信用和私人信用、

---

① ［美］汉密尔顿、杰伊、麦迪逊:《联邦党人文集》,程逢如、在汉、舒逊译,北京:商务印书馆1980年版,第73页。

② 有关美国联邦总体政府的思想和建构,参见 Jack N. Rakove, *The Beginnings of National Politics:an Interpretive History of the Continental Congress*, New York: Alfred Knopf,1979。

③ ［美］汉密尔顿、杰伊、麦迪逊:《联邦党人文集》,程逢如、在汉、舒逊译,北京:商务印书馆1980年版,第46页。

公众自由和个人自由的人们抱怨说:我们的政府太不稳定,在敌对党派的冲突中不顾公益,决定措施过于频繁,不是根据公正的准则和小党派的权利,而是根据有利害关系的占压倒多数的超级势力。"①要消除这些冲突,保证政治的公正,可以依赖于开明政治家的美德。但是,遗憾的是,开明政治家不会经常执掌大权。② 联邦党人在此对柏拉图哲学王的存在表示了充分的怀疑,自由和公益不能靠哲学王的智慧来拯救,要控制这种党争③给个人自由和国家自由所带来的灾难,只有诉诸共和政体原则下的制度系统,并给予这个新生共和国足够的权力。这种权力必须是足够且充分的,它应该可以应付一些政治算术无论如何也无法算计出的意外事件。④ 为了表示对强大国家权力与中央政府的支持,汉密尔顿不惜启用恺撒的笔名在宪法批准的斗争中回应反对者的责难。⑤

联邦党人主张,共和政府能比民主政府管辖更为众多的公民和更为辽阔的国土,这就使共和政体下的派别联合没有在纯粹的民主政体下那么可

---

① [美]汉密尔顿、杰伊、麦迪逊:《联邦党人文集》,程逢如、在汉、舒逊译,北京:商务印书馆1980年版,第45页。

② 参见上书,第47页。

③ 麦迪逊认为,党争就是一些公民,不论是全体公民中的多数或少数团结在一起,被某种共同情感或利益所驱使,反对其他公民的权利,或者反对社会的永久的和集体的利益。(参见[美]汉密尔顿、杰伊、麦迪逊:《联邦党人文集》,程逢如、在汉、舒逊译,北京:商务印书馆1980年版,第45页。)

④ 因为文明政府的宪法是不能根据对当前迫切需要的估计来制定,而是按照人类事务的自然和经过考验的程序,根据长时期内可能出现的种种迫切需要的结合而制定的。(参见[美]汉密尔顿、杰伊、麦迪逊:《联邦党人文集》,程逢如、在汉、舒逊译,北京:商务印书馆1980年版,第162—163页。)

⑤ 联邦党人要建立的行政部门及其总统亦被认为是君主王权的再生。事实上,总统是不同于君主的,这主要表现在总统是由人民选举而产生的;具有一定的任期;可以受弹劾、审判;对立法机构只拥有有限的否决权,统率军队但宣战、征召军队的权力在议会;总统有权在征得参议院同意时缔结条约,还需要出席参议院会议的三分之二议员的同意认可;总统对国家官员的委任需参议院同意;总统不能授予任何特权。而君主是世袭的;不可被弹劾与审判;对立法拥有绝对的否决权,甚至可以停闭、解散议会;君主有宣战和征召军队的权力;君主是国家在一切对外交往中唯一和绝对的代表;君主有设计官职、任命官吏的权力;君主则拥有使外国人归化,使普通人成为贵族的许多特权。为此,汉密尔顿在《联邦党人文集》第67、69、70篇中专门撰文辩解,以证明共和国总统及其行政机构乃共和政体的一个机构而已,其实际权力在很多方面甚至不及纽约州州长的权力。

怕。① 同样，"即使小邦，拉帮结派、互相倾轧也是到处盛行"②。共和政体在控制党争影响方面优于民主政体之处，同样也是大共和国胜于小共和国之处，也就是联邦优于组成联邦的各州之处。③

联邦范围下的扩展共和国还能更好地选拔见解高明、道德高尚，能超出局部偏见和不公正的计划的代表。④ 而且，一个大的联邦共和国可以减少甚至避免规模庞大的国家军队对自由的威胁。⑤ 强大的联邦还可以调动整个联邦的财力和物力，以增强人们对惩罚的恐惧，促使人们遵守宪法和法律，减少叛乱的可能性。⑥ 这又是大共和国优于小共和国和纯粹民主政体的地方。

独立革命胜利以后，按照邦联条例，美洲十三个殖民地成为了十三个拥有独立主权的国家联盟，各州保留其主权、自由、独立以及所有其他没有明确让予合众国的一切权力；各邦国各自为政、相互争斗，邦联政治上无能、经济上濒临破产。松散的邦联没有正税权，新政府没有必需的财政基础，不能偿付国债；没有有力的联盟行政机构与司法结构，无法执行联合议会的意志表示。联合议会没有实质性的权力，用华盛顿的话说，国会就是一个毫无价值的傀儡。华盛顿警告人民："要成为一个受尊敬的繁荣的国家，还是一个可鄙的、可怜的国家？现在是对这个国家的行政能力进行考验的时候了。"⑦没有强大的联邦，没有有效的国家行政权能，整个合众国就会陷入无

---

①　派别(faction)不同于政党，派别这个概念强调它是努力为自己获取某些利益的较小团体。（参见［美］施密特、谢利、巴迪斯：《美国政府与政治》，梅然译，北京：北京大学出版社2005年版，第179页。）

②　［美］麦迪逊：《美国制宪会议记录辩论》，尹宣译，沈阳：辽宁教育出版社2003年版，第75页。

③　参见［美］汉密尔顿、杰伊、麦迪逊：《联邦党人文集》，程逢如、在汉、舒逊译，北京：商务印书馆1980年版，第50—51页。

④　参见上书，第51页。杰伊在《联邦党人文集》第3篇中也表达了和麦迪逊类似的观点。（参见《联邦党人文集》，第12页。）

⑤　参见上书，第132页。

⑥　参见上书，第134页。

⑦　参见［美］玛丽·莫斯特：《美国宪法：实现良治的基础》，刘永艳、宁春辉译，北京：中央党校出版社2006年版，第101、109页。

政府境地和混乱状态。必须要在联邦地方和地方政府间作出合理的权力划分，没有一个整体对部分的制衡，国家的体制就会落入帝国的某些弊端。①

联邦党人援引古代经验证明：松散的邦联是一种无能与虚幻的联合②，"一种软弱无力的政体，必然以解散而告终，不是因为缺乏适当权力，就是因为为了全民安全而篡夺必需的权力。"③ 邦联的结局就是一国对他国的野心、专制和弱小成员国自由的丧失。"比较小的成员虽然根据自己制度的理论有权以同样的尊严围绕着共同中心运行，但在实际上它们早已成了主要恒星的卫星。"④ 从古今联盟的所有实例中还可以看到，各成员常常表现出夺取全国政府权力的强烈倾向，而全国政府对于防止这些侵犯无能为力。⑤ 美利坚邦联现在就处于这样一样尴尬的状态。⑥ 而联邦的好处在于它消灭了邦联的此类内争，使联合免于流产的威胁⑦，同时也有助于联邦一致对外，从而保护各州的独立与自由。尤为重要的是，联合抬升了人民在联邦和州之间的地位，更有利于人民权利和自由的展现。⑧

为了建立强大的联邦权力，拟议宪法确立了以联邦为核心的复合共和政制。联邦政府的权力处于最高的位置。联邦政府代表政治权力与最高权力，其权能在战争及国家危亡时刻极富弹性和扩张趋势。联邦权力具体表

① 参见麦迪逊：《我们的宪法》，载佟德志编：《宪政与民主》，南京：江苏人民出版社 2007 年版，第 5 页。

② 参见《联邦党人文集》第 18 篇关于古希腊、罗马的一些联盟；《联邦党人文集》第 19 篇关于日耳曼联盟；《联邦党人文集》第 20 篇关于尼德兰联盟、乌得勒之同盟。

③ ［美］汉密尔顿、杰伊、麦迪逊：《联邦党人文集》，程逢如、在汉、舒逊译，北京：商务印书馆 1980 年版，第 99 页。

④ 同上书，第 87 页。

⑤ 参见上书，第 236 页。

⑥ 参见上书，第 21 篇汉密尔顿的精辟论述。

⑦ 联邦党人在《联邦党人文集》第 17、18 篇从理论和经验两层面论述了邦联式的联合不可能，只有联邦才能更好地维护各州及其人民的安全自由和幸福。

⑧ ［美］汉密尔顿、杰伊、麦迪逊：《联邦党人文集》，程逢如、在汉、舒逊译，北京：商务印书馆 1980 年版，第 138—139 页。

现为,宪法文本上的防务权、征税权、外交权、管理对外贸易、处理州际关系、铸币、全国邮路权等。合众国是一个完全的全国性主权国家,这意味着各部分完全处于从属地位。在宪法建构的复合共和国里,联邦权力具有优越性,联邦权力与州权力的设计都形成分权制衡的共和关系。

拟议宪法确保了联邦权力对州权的优势,这表现在联邦对国家立法、行政、司法权力的全面控制。如:选举参议员和众议员的日期、地点和方式,均由各州议会规定;但除选举参议员的地点外,国会得随时根据法律制定或改变此种规定。这就保证了强大联邦立法机构的存在与维续。在司法上,联邦宪法和法律是国家的最高法,任何州都不能违反。在行政上,总统是全国独立的行政首脑,可以采取为了使法律得以忠实执行所必需的一切行动。州与联邦中央政府分权,主体为邦(state)。联邦共和国是一些社会的集合体,或者是两者或更多的邦联合为一个国家,又称为"复合共和国"。联邦政府对人民直接行使权力,联邦政府是国家主权的代表,但宪法仍然承认州保有部分主权,美利坚合众国(the United States)的主体就是各加盟邦(州,state)。州间的差异性是宪法确认联邦原则的应有之义。州的权力和联邦的权力共生共荣,是共和原则的重要标志之一。宪法第十修正案专门对州的权利进行了确认。参议院的议员选举方式及其名额的平等分配原则更被视为州权的彰显。美国的共和联邦架构由作为国家最高法律的联邦宪法保障。联邦党人评价道:参议员的选举使各州政府在组织联邦政府过程中具有一定的作用,必然保障各州政府的权威,而且可以成为两个体制间的适当桥梁。[①] 此外,"不首先征得大多数人民的同意,并且随后取得大多数州的同意,什么法律和决议都是通不过的。"[②]这就使国家的立法和州的利益紧密联结在一起。

为了保证宪法精神的贯彻与实施,联邦党人创设了具有独立地位的联

131

---

① 参见[美]汉密尔顿、杰伊、麦迪逊:《联邦党人文集》,程逢如、在汉、舒逊译,北京:商务印书馆 1980 年版,第 314 页。
② 同上书,第 315 页。

邦司法机构①,联邦法院拥有广泛的诉讼管辖权,它甚至可以管辖"不能假定州一级法院可以公正无私审理的案件"。② 在联邦司法机构中,最高法院的地位至关重要,最高法院对所有联邦司法范围内的案件不进行初审者拥有的关于法律上与事实上之最高级别上诉司法权,这其中包括州法院的上诉案件,但此项权力受国会所确定之例外与规章之限制。在联邦法院和地方法院之间,联邦党人认为只有联邦司法机构才能担当维护联邦制度的重任。因为,只有高素质、专职的最高法院及其下级法院法官才能排除地方法院法官狭隘的地方主义情绪,才能维护整个国家宪政法治系统的完整性和统一性。③ 但地方法院仍享有在其管辖权范围内案件的司法权,当然,国会通过立法明文规定排除州法院干预者的除外。汉密尔顿还确定,"除明确排除州法院干预者外,各州对于联邦法律性质的案件应同联邦共享司法权。"④

联邦党人还指出,反联邦党人之所以认为扩展的共和政体不适用于土广民众的美国,只是为了反对新宪法而利用了共和政府在实践方面的流行偏见,这其实只是想象中的困难而已。这种错误看法的产生和传布,似乎主要是由于混淆了共和政体和民主政体,并且把根据后者的性质得出的推论应用于前者。除了这种偶然产生的错误以外,还有一些名作家的伎俩,他们的作品在形成现代政见的标准方面有很大分量。⑤ 由于名称的混淆,很容

---

① 为了保证处于相对弱势地位的司法机构能够获得独立的地位,宪法特别规定,法官在规定期间领受公务酬金,这种报酬在他们连续任职期间不得减少。立宪会议对总统与法官的薪俸规定是有所区别的。前者既不得增加,亦不得减少;后者只规定不得削减。汉密尔顿认为:"就人类天性之一般情况而言,对某人的生活有控制权,等于对其意志有控制权。在任何置司法人员的财源于立法机关的不时施舍之下的制度中,司法权与立法权的分立将永远无从实现。"(参见[美]汉密尔顿、杰伊、麦迪逊:《联邦党人文集》,程逢如、在汉、舒逊译,北京:商务印书馆1980年版,第396—397页。)

② [美]汉密尔顿、杰伊、麦迪逊:《联邦党人文集》,程逢如、在汉、舒逊译,北京:商务印书馆1980年版,第399页。

③ 参见上书,第404—411、414页。

④ 同上书,第413页。

⑤ 主要是孟德斯鸠。孟德斯鸠的小共和国思想是反联邦党人不断借用的救命稻草。

易把只能应用于民主政体的评论转用于共和政体,其中就有这样的评论:共和政体只能在生活于小范围国土上的少数居民中建立起来。①

　　因而,联邦党人断定,共和政体完全能应用于具有广阔领土和人民的美国,而且,要保证国家的自由和人民的自由,必须在美洲实行共和政体。这不仅是对古代和他国经验的审慎考虑,也是运用人类理性的明智选择。联邦党人相信,当美国人民对以前的和其他国家的意见加以适当考虑的同时,却不让对古人、惯例或名声的盲目崇拜压倒自己良知的建议,压倒对自己处境的认识和自己的经验教训,这就是美国人巨大的荣光。美国舞台上出现了许多有利于私人权利和公众幸福的新变革,子孙后代会因这些变革、全世界也会因有所借鉴而感激这种大胆精神。如果革命领袖不采取前所未见的重要步骤,也不建立一个并无先例的扩展的共和国,合众国人民可能至今还是被错误指导的议会的悲惨牺牲品,最好的情况也不过是在某些破坏他人自由的政体的压迫之下从事艰辛的劳动。这是美国的幸福,也是全人类的幸福,美国人民在追求一种新的和更为崇高的事业。他们完成了一次人类社会史上无可比拟的革命。他们建立了地球上尚无范例的政府组织。他们设计了一个伟大的邦联,他们的后继者有义务改进它,并使它永存下去。如果他们的工作有不完善的地方,那么我们会因他们的缺点太少而感到惊奇。②

二、代议制民主:受控的民主

　　"美国之所以有异于其他共和政体者,其最可使特之处,乃在于代议制的原则,这一原则是美国据以行动的枢纽。"③把代议制和共和政体统一起来是联邦党人的一大贡献,是对古典共和主义的重大创新。"古代的人既

---

　　① 　参见[美]汉密尔顿、杰伊、麦迪逊:《联邦党人文集》,程逢如、在汉、舒逊译,北京:商务印书馆1980年版,第66页。

　　② 　参见上书,第69—70页。

　　③ 　同上书,第322页。

非不了解代议制原则,也未在其政治制度中对此原则全然忽视"①,但"对于代替公民亲自集会的代议制,古代国家至多也只有很不完全的理解,我们只能期望从近代得到有益的实例。"②现代共和制下的美国代议制度和古代共和政治制度中的选举制度并不是一致的。汉密尔顿指出,现代共和制下的美国代议制的优点在于:民众意见能够得以提炼和扩大。在古代共和政制下,人民亲自管理政府;人民以政治权利上的平等,进而要求财产、意见和情感上的完全平等。反之,在现代共和制下,人民通过代表和代理人组织与管理政府;这种代议制是美国之所以有异于其他古代共和政体之处,是美国据以行动的枢纽,是古代共和政体无法真正实行的原则。因为"古代政治制度与美国政府的真正区别,在于美国政府中完全排除作为集体身份存在的人民,而并不在于古代政治制度中完全排除人民的某些代表"③。

民主政治运动吞没了作为个体的罗马公民,导致了罗马共和国的覆灭,联邦党人对此记忆犹新。麦迪逊甚而认为:"一个稳定坚强的政府,按共和原则组成,但坚持不向人民让步,这点至关紧要。"④但是共和政体的正当性就在于其权力的公共性,民主性应是共和的内涵,政府应该容纳更多的民意诉求,而且新宪法不能反映民众的意志就不可能获得他们的批准。麦迪逊就主张"议会至少应该有一院由人民选举,作为自由政府的明朗象征。"⑤但采用直接民主的方式是联邦党人无法接受的,而且,在美国这样一个土广民众的复杂国家采用纯民主的方式,在技术上也是不现实的。因为直接民主以人民大会的方式决定国家的政治事务,它要求国家的规模非常小,要求公民之间具备高度的同质性。最终,联邦党人找到了代议民主制,这种制度安排既可以回应大众民意的诉求,也是一种纯化代表制、保证政府稳定和少数

① [美]汉密尔顿、杰伊、麦迪逊:《联邦党人文集》,程逢如、在汉、舒逊译,北京:商务印书馆1980 年版,第 323 页。

② 同上书,第 269 页。

③ 同上书,第 323 页。

④ [美]麦迪逊:《美国制宪会议记录辩论》,尹宣译,沈阳:辽宁教育出版社 2003 年版,第116 页。

⑤ 同上书,第 74 页。

安全的共和机制。在这个共和制政府中,"人民通过选举过程掌握了高于政府的最终权力,但决策完全由当选官员作出。甚至,大众和政府之间保持此种距离也是不够的。宪法的其他条款明确了参议院和总统由政治精英而不是大众选出①,虽然后来对宪法的修改允许选民直接选举参议员。"②联邦党人还强调,在这个代议民主制的议会中,必须注意控制众议院的规模,在一切情况下,为了保障自由协商和讨论的益处,以及防止人们为了不适当的目的而轻易地联合起来,至少需要一定的数目;另一方面,为了避免人数众多造成的混乱和过激,人数也应该有个最大的限度。在所有人数众多的议会里,不管是由什么人组成,感情必定会夺取理智的至高权威。即使每个雅典公民都是苏格拉底,每次雅典议会也都会是乌合之众。③ 人民的错误莫大于作出这样的假定:通过把自己的议员增加到超出一定限度,来加强对少数人统治的防备。此时,政府的外貌可能变得更加民主,但是使它得以活动的精神将是更多的寡头政治。④

通过代表,公众的意见得到提炼和扩大;选票容易集中到德高望重的人身上。群众的激情、多数的暴政一直是联邦党人小心提防的目标。他们认为,几乎在每一种情况下,整体中的大多数人都会感到有共同的情感或利益。纯粹的民主政体(直接民主制)必然导致动乱和争论的结局。⑤ 而且,在所有的社会里,少数人的权利必然会因为多数的联合而受到威胁。⑥ 为

---

① 基于对民众的集体不信任,总统由每州选举的选举人团选举产生,而不是由全体选民直接选举产生。有关汉密尔顿对此选举方法的赞许参见《联邦党人文集》第 68 篇。

② [美]施密特、谢利、巴迪斯:《美国政府与政治》,梅然译,北京:北京大学出版社 2005 年版,第 8 页。

③ 参见[美]汉密尔顿、杰伊、麦迪逊:《联邦党人文集》,程逢如、在汉、舒逊译,北京:商务印书馆 1980 年版,第 283 页。苏格拉底是伯里克利时代的悲剧人物,曾担任过议事会的主席,他因对当时的宗教有所怀疑而被起诉,最终以"渎神"和"蛊惑青年"两项罪名被人民法庭的多数票判处死刑。苏格拉底之死见证了民主制度的非理性与情绪化特质。

④ 参见上书,第 299 页。

⑤ 参见上书,第 48—49 页。

⑥ 参见[美]麦迪逊:《美国制宪会议记录辩论》,尹宣译,沈阳:辽宁教育出版社 2003 年版,第 75 页。

了社会和国家的稳定,人民的权利必须委托给少数精英,在必要的时候甚至应该将政府的主要权力委托给一个人。① 通过某个选定的公民团体,公众意见就可以得到提炼和扩大,在这样的限制下,很可能由人民代表发出的公众呼声,要比人民自己为此集会和亲自提出意见更能符合公共利益。②

民主政治不但是国内纷争和压迫的根源,也是国际冲突和战争的重要制度性因素。③ 正是由于民主政治对个人自由和公共利益的威胁,联邦党人主张以代议制民主控制民主的激情和冲动,以挽救民主给个人自由和公共善所带来的灾难,这也是挽救现代民主自身的必要限制。因为经过挑选的议会议员,尤其是当这种挑选范围扩大到联邦范围以后,就可以使议员具有比较丰富的知识,了解更为广泛的情况,不那么容易沾染党争精神,更容易摆脱那些偶然的感情冲动或一时的偏见和偏向的影响。④ 堕落是人性的一般状况,激情与冲动是民众的天性,节制的美德只有少数优秀的智者才能拥有。“代议制度的设想即以相信人类社会有美德与荣誉之部分存在为根据,此亦为对代议机关可以寄予信任的可靠基础。”⑤民众的要求通过挑选的民众代表来表达,是联邦党人为过滤大众盲动情绪而设计的制度化路径。

当反联邦党人指出少数社会精英为美国人民制定的美国宪法不具有合法性时,麦迪逊引用古代精英的立宪经验事实证明,制宪会议有权制定和提出这部混合性的宪法,那就是:“古代史记载的凡是政府是经过商讨同意而建立的每件事例中,组织政府的任务并不是托付给一大批人,而是由智慧突出和公认正直的某些公民完成的。”⑥这表明为了人民的幸福和安全而自觉

---

① 麦迪逊的这个思想反映在《联邦党人文集》第 37 篇中。
② 参见[美]汉密尔顿、杰伊、麦迪逊:《联邦党人文集》,程逢如、在汉、舒逊译,北京:商务印书馆 1980 年版,第 49 页。
③ 联邦党人提到迦太基的覆灭其主要原因在于后期的迦太基由贵族共和制转向民主制,在盲动的民众压力下发动了对罗马的战争。
④ 参见[美]汉密尔顿、杰伊、麦迪逊:《联邦党人文集》,程逢如、在汉、舒逊译,北京:商务印书馆 1980 年版,第 133—134 页。
⑤ 同上书,第 385 页。
⑥ 同上书,第 184 页。

地担负起立宪重担是社会精英的崇高职责，当他们在履行自己神圣职责的时候，即使违反了自己的权利和义务，但是如果他们的努力能够实现人民的幸福，也是应该接受的。①

联邦党人还指出共和政体的合法性在于它的权力直接或者间接来自于人民，直接民主并不是共和政府权力合法性的唯一路径。特别是在组织司法部门的时候，坚持这条原则是不利的。② 人民是国家的主体，但他们并不需要也不能直接行使公共权力。

三、宪法自由：国家的荣光与个人的自由

"优良政体的真正检验标准应视其能否有助于治国安邦"③，联邦宪法的目的在于建构一个强大的美利坚共和国，并为人民的自由提供一个坚固的堡垒。共和国的荣光与个人的自由是宪法的两个根本性目标。在这两个目标之中，虽然联邦党人一再强调要把共和国的安全、公共善的实现和公民的自由结合起来，但他们还是将前者放在了首位。④ 因为对联邦党人来说，联邦或者国家是个人幸福与自由的基础。⑤ 国家的光荣与昌盛同时也是人民幸福的重要指标。与此同时，联邦党人并不反对个体的个人利益诉求，相反，他们相信个人利益在宪法机制的控制下，可以成为公共权利的保护者。⑥

为了这两个目标的实现，联邦党人认为必须建立一个强而有力的联邦权力。他们主张，不要惧怕给政府授权，而只要关心这样一种权力对公共利

137

---

① 参见[美]汉密尔顿、杰伊、麦迪逊：《联邦党人文集》，程逢如、在汉、舒逊译，北京：商务印书馆1980年版，第205页。

② 参见上书，第264页。

③ 同上书，第348页。

④ 参见上书，第180页。美国宪法第一条第九款规定：人身保护令不得停止，但在内乱或者外患发生的情况下，为保障公共治安必须停止时，不在此限。

⑤ 参见上书，第432页。

⑥ 参见上书，第264—265页。

益来说是否需要。① "一个政府应该拥有全面完成交给它管理的事情和全面执行它应负责任所需要的各种权力,除了关心公益和人民的意见以外,不受其他控制。"②这种权能对实现国家声望、利益,"以及对于作为文明社会中主要幸福的人民思想上的安定和信任,都是必不可少的"③。一个没有拥有与其目的相称的正常权力的政府经常暴露的可怕困境就是瓦解或篡夺。④ 汉密尔顿认为罗马共和国的强大就在于它的独裁官制度,独裁官制度保证了罗马共和国行政能力的强大与行政管理的完善。因此他认为,美利坚合众国必须建立强大的行政机构,以构建强大的联邦行政权,它的核心就是较长任期(4 年)且可连任的一人制总统制。

汉密尔顿坚持:行政部门不能强而有力,就不能保卫国家免遭外国的进攻;不能保证国家法律得到稳定坚定地实施;不能保障财产权以抵制联合起来破坏正常司法的巧取与豪夺;不能保障自由以抵御野心家、帮派、无政府状态的暗箭与明枪。汉密尔顿认为,行政事务不像立法事务需要多数人的共同审慎,可以经受较长久时间的辩论与等待,它必须要坚定果决地获得处理,这是多人体制无法做到的。此外,行政首脑一职多人容易产生腐败,不利于分清责任,无法激发个人足够的荣誉感,人民也无法对之进行监督。"撇开朦胧古史的探索,回到单纯理性的讲求,我们将会发现更充分的理由去驳斥而不是去赞同行政首脑一职多人的观点,不论其所采形式如何。"⑤罗马十人执政团的腐败就是前车之鉴。为了支撑他的观点,汉密尔顿援引了包括罗马在内的宪政历史经验。他论述道:"凡对罗马历史略知一二的人,无不通晓当时的共和政体曾不得不多次庇护于某个个人的绝对权力,依靠独裁者这一可怕头衔,一方面去制止野心家篡政夺权的阴谋,制止社会某

---

① 参见[美]汉密尔顿、杰伊、麦迪逊:《联邦党人文集》,程逢如、在汉、舒逊译,北京:商务印书馆 1980 年版,第 206 页。
② 同上书,第 151 页。
③ 同上书,第 180 页。
④ 参见上书,第 192 页。
⑤ 同上书,第 358 页。

些阶级威胁一切统治秩序的暴乱行为;另一方面防止外部敌人占领并毁灭罗马的威胁。"①汉密尔顿继续论证道:罗马史却提供不出任何样本,足以说明行政长官一职多人对于国家会有任何具体的好处。我们注意到罗马共和政体几乎经常所处的独特地位,注意到执政官因执行了将政权分割而治的明智政策;否则,他们之间要不发生更经常、更致命的分歧,反而倒是怪事。贵族为了保持其传统权势和地位而同平民进行持续不断的斗争;一般由贵族中选任的执政官,通常能够由于保卫其贵族特权的个人利益而得到统一。除了这一个团结的动机之外,在罗马武功极大地扩张了帝国版图之后,执政官之间往往将行政管理按地区分割——其中一人留在罗马以统治该市及其附近地区,另一人则统率边远各省。无疑,罗马共和没有因为冲突和对抗而陷于纷争,必然大为仰仗这一权宜之计。在任期方面,汉密尔顿认为:"一方面,四年任期会有助于总统具有充分的坚定性,使之成为整个体制中一个非常宝贵的因素;另一方面,四年并不过长,不必因之担心公众自由会受到损害。"②总统不能连任具有十分不好的后果:①减少了要求表现好的动力;②可能导致邪念的产生、造成假公济私以及在某种情况下的擅权侵吞;③社会被剥夺了受益于担任国家最高行政职位的人在任期中积累的经验;④当国家处于紧急情况下,某人之在位对国家的利益与安全可能有重大影响之际,却需将其撤换;⑤在于形成行政稳定的宪法阻力。上述各点乃不准连任原则可能造成的若干弊病。这些弊病在永久不准连任方案情况下尤为突出。③ 一个较长的任期制度,可以激发行政长官履行其职位的荣誉感,使其施政抱负在一个较长的时间内得到施展。罗马执政官的任期太短,促使执政官对其职位漠不关心。执政官卸任后又将成为元老院中的一员,这就使行政部门易于屈服在立法部门的权力之下。

---

①　[美]汉密尔顿、杰伊、麦迪逊:《联邦党人文集》,程逢如、在汉、舒逊译,北京:商务印书馆1980年版,第356页。

②　参见上书,第366页。

③　参见同上,第356—371页。

但是,联邦党人主张的政府权力并不是无限的,它的目的在于国家的荣光和个人自由权利的展现,而不是国家的毁灭与专制权力的诞生。《联邦党人文集》的大部分内容都在证明他们的目标并不是建构一个"利维坦"国家。① 联邦党人在进行宪法设计的时候,并没有把个人的自由与权利排除在宪法之外。针对反联邦党人对宪法缺少《权利法案》的指责,汉密尔顿认为,拟议宪法是重视对公民自由权利的保护的。这在于:其一,宪法虽未列入人权法案,但于内文中列入有关支持各种特权及权利的条款,其实质与列入人权法案相同;其二,有若干州宪法已经包含了权利法案,足以保障公民的个人权利;其三,宪法缔造的是一个只拥有明确权力的有限政府。人权法案条款中包括若干未曾授予政府的权力限制,而正因如此,将为政府要求多于已授权力提供借口。人权法案列入拟议中的宪法,不仅无此必要,甚至可以造成危害。② 麦迪逊则认为,宪法已经设计了保护公民权利、制衡联邦政府权力的完美机制,附加权利法案的主张纯属画蛇添足。可以见得,联邦党人是重视公民权利保护的,只是他们在选择公民权利保护方式的时候和反联邦党人发生了分歧。用汉密尔顿的话来说,"美国人民为谋今后使我国人民及后世永享自由生活起见,爰制定美利坚合众国宪法。与若干州人权法案所列成篇累牍的文字相较,此语乃对民众权利更好的承认。"③ 此外,为了补救国家权力对公民自由的侵犯,宪法授予总统"触犯合众国之犯罪颁布减缓与赦免令"的权力。④

联邦党人不但要尽力防止统治者对社会的压迫,而且反对一部分社会对另一部分社会的不公。⑤ 政治学家托马斯·戴伊和哈蒙·齐格勒认为,

---

① 参见 David J. Siemers, *Ratifying the Republic: Antifederalists and Federalists in Constitutional Time*, Stanford, Calif.: Stanford University Press, 2002, p. xi。

② 参见[美]汉密尔顿、杰伊、麦迪逊:《联邦党人文集》,程逢如、在汉、舒逊译,北京:商务印书馆 1980 年版,第 427—429 页。

③ 同上书,第 429 页。

④ 参见上书,第 377 页。

⑤ 参见上书,第 266 页。

美国的精英确实比大众阶层的多数成员更忠于民主原则。[①] 政府权力的限制在于联邦党人对政府权力掌控者[②]公民美德的强调和信任，也在于宪法中复杂的权力控制机制的设计。

授予联邦政府有关建立和指挥国家军队的权力是建设一个强大联邦的基础，是维护国家安全、实现国家荣光和保障人民自由的有力后盾。反联邦党人认为常备军制度，将不可避免地导致苏拉与恺撒式的野心人物对共和国权力的篡夺和对人民自由的剥夺。汉密尔顿以普布利乌斯的名义反驳了这种担心，他认为这里包含了反联邦党人对宪法的极大误解。拟议宪法的目的是把"政府的能力与私人权利的保护结合起来"，并不是为了谋取特权。[③] 在制度上，宪法设计了复杂的宪政技术以控制总统对军队的滥用。如征募军队的全权在立法机关手里，而不在最高行政首脑手里。[④] 立法机关是一个民众团体，由人民定期选举的代表组成。[⑤] 人民是共和国权力的正当性所在，他们应该拥有掌控军队的权力。[⑥] 况且宪法中也没有赞成常规军的规定，反而有一个对立法机关的职权进行重要限制的条文，这个条文禁止对支持陆军的拨款期限超过两年以上，这是反对没有明显需要而维持军队的一种重大的和真正的保证。[⑦] 再者，一支庞大到能够严重威胁自由的军队，只有逐渐增大才能形成。这就不仅需要立法机关和行政部门的暂

---

① Thomas Dye and Harmon Zigeler, *The Irony of Democracy: An Uncommon Introduction to American Politics*, 11th ed, Orlando, Fla.: Harcourt Brace, 1999. 转引自[美]施密特、谢利、巴迪斯：《美国政府与政治》，梅然译，北京：北京大学出版社 2005 年版，第 11 页。

② 参议院议员、联邦法官、总统、总统选举人团等。

③ 参见[美]汉密尔顿、杰伊、麦迪逊：《联邦党人文集》，程逢如、在汉、舒逊译，北京：商务印书馆 1980 年版，第 127 页。

④ 1947 年制定的美国《国家安全法》"规定了国防部长、国家军事体制、陆军部、海军部和空军部的条款，调整了国家军事体制和有关国家安全的政府各部、局的活动"，美国总统的权力受到了进一步的限制和规范，总统无权直接调动国家军队。

⑤ 参见[美]汉密尔顿、杰伊、麦迪逊：《联邦党人文集》，程逢如、在汉、舒逊译，北京：商务印书馆 1980 年版，第 119 页。

⑥ 人民尤其是作为人民代表的议会作为一个整体最具有智慧，可以有效防止军队对共和国自由和安全的侵害。（参见上书，第 127—132 页。）

⑦ 参见上书，第 119 页。

时结合，而且需要长时期地不断共谋。但这样一种结合是不符合情理的，在拟议宪法的体制中也是不可能存在的。① 而且，宪法对民兵地位的重视也从另一个层面减少了常备军对州与人民自由的威胁。② 但是，民兵尤其是没有受过充分教育与训练的民兵不具有坚强的组织纪律性，不具备可靠的战斗力，无法充分地保障国家的安全与人民的自由。正是因为民兵战斗力的涣散与不可靠，在华盛顿的领导下，美军才开始全力以赴地招募和训练正规军。③ 麦迪逊指出，常备军是危险的，但同时又是一种必要的措施。经验丰富的罗马军团是罗马成为世界霸主的关键，只要谨慎理智，就可以避免军队对自由的威胁。④ 为了维持国家的声名，保持联邦的稳定，得到国内的信任和国外的尊敬，宪法还需要授予全国政府向地方征税的一般权力。⑤ 这是因为，税收是用以获得应付国家迫切需要手段的主要方法。⑥

四、人民主权：政治主权

宪法事实上是由"一群半神的人物制定的"⑦,但宪法序言仍然宣示宪法是由拥有主权的人民制定的。这意味着宪法制定者把宪法的最终合法性归因于"人民"。这在罗马时代亦是如此。罗马共和国已经被帝国代替,帝国君主为了获得统治的最高合法性,通过了所谓的王权法,根据该法律,人

---

① 参见[美]汉密尔顿、杰伊、麦迪逊：《联邦党人文集》，程逢如、在汉、舒逊译，北京：商务印书馆1980年版，第131页。

② 参见汉密尔顿在《联邦党人文集》第29篇中的论述。

③ 参见[美]玛丽·莫斯特：《美国宪法：实现良治的基础》，刘永艳、宁春辉译，北京：中央党校出版社2006年版，第3页。

④ 参见[美]汉密尔顿、杰伊、麦迪逊：《联邦党人文集》，程逢如、在汉、舒逊译，北京：商务印书馆1980年版，第207—209页。最终的宪法规定,总统为合众国海陆军及各州武装部队的总司令,但宣战权掌握在议会手中,军队的经费由议会决定,每次不得超过两年。

⑤ 参见汉密尔顿在《联邦党人文集》第30篇中的论述。

⑥ 参见[美]汉密尔顿、杰伊、麦迪逊：《联邦党人文集》，程逢如、在汉、舒逊译，北京：商务印书馆1980年版，第152页。

⑦ 参见[美]爱德华·S.考文：《美国宪法的高级法背景》，强世功译，北京：三联书店1996年版，"序言"，第Ⅱ页。

民将自己全部的权力和权威转移给君主,因而,君主的意志就等同于人民的意志。

从联邦党人的言论可以看出,他们是主张人民制宪权的,他们并非是人民主权的反对者。联邦党人认为,"全体人民的公益和真正幸福是应该追求的最高目标"①,美利坚共和国的建筑物应该奠立在人民同意的牢固基础上。国家权力的河流应该直接来自一切合法权力的洁净的、原始的泉源,共和政体的自由的性质,也要求一切权力应当来自人民。② "此外,一切事情必须由人民的智慧和坚定来决定。由于人民亲手掌握天平,可以期望他们经常留心保持全国政府和州政府之间合乎宪法的平衡。"③此外,联邦党人还承认,"人民在他们认为现行宪法与人民幸福发生抵触时,有权修改或废除之"为共和政体的基本原则。④ 宪法虽然是由少数精英制定的,但是制宪会议设计并提出的宪法,除非作为接受者的人民正式批准,否则只不过是一纸空文。⑤ 批准宪法是人民至高无上的权力,这种权力是不容非难的。"宪法之父"麦迪逊还承认,当人民遭受到极其严重的压迫,且穷尽正常的宪法救济手段也不能使自己的权利免于剥夺的时候,人民可以采取超宪法的手段来捍卫自己的自由和权利。⑥ 当然,从理论上来说,人民没有革命的宪法权利。⑦ 为了增加他们言论的"人民性"和"正当性",联邦党人在为宪法辩护的时候,还特意启用了"普布利乌斯"的笔名。

但是,在共和主义政体之中,一切公共权力来自于人民,这并不等于一

143

---

① [美]汉密尔顿、杰伊、麦迪逊:《联邦党人文集》,程逢如、在汉、舒逊译,北京:商务印书馆1980年版,第236页。

② 参见上书,第113—114、180页。

③ 同上书,第153页。

④ 参见上书,第394页。

⑤ 参见上书,第202页。

⑥ 参见 Neal Riemer, *James Madison:Creating the American Constitution*, Washington, D. C. : Congressional Quarterly, 1986, pp. 148 – 149。

⑦ See ibid. , p. 163.

切权力在于人民,这是西塞罗的格言也是联邦党人的共识。① 联邦党人对人民的权力是有所保留的,人民的权力以保持联邦这架天平的平衡为限。政府的意志不可能完全和人民的意志达到一致,诚如汉密尔顿或麦迪逊所言,美国政府的实质在于美国政府完全排除作为集体身份存在的人民。② 制宪者对独立革命后各州所表现出来的立法暴力心有余悸,他们中的一些人认为,人民选举的立法机关比王室任命的州长更恐惧。③

从根本上来说,由于人民的内在缺陷,联邦党人对民众的力量是持恐惧之心的。他们认为民众力量的强大怎么强调都不为过,他们作为一个集体是国家的政治精英难以抗衡的。罗马的保民官,作为罗马民众的代表,在其几乎所有对抗中压倒终身任职的元老院,终至对之取得完全的胜利。由此证明,联邦党人认为,自由政府的民选机构,因有人民为其后盾,必然具有不可抗拒的力量。④ 联邦党人是反对人民在共和国中占有绝对主导力量的,这不符合共和政体的基本原则。联邦党人和罗马的古典共和主义作家一样,顽固地坚守精英领导、大众参与的政治生活范式。⑤ "天然贵族"对国家的荣光和人民的福利具有不可推卸的责任和义务,人民应该信任、遵从和尊重"天然贵族"在国家政治生活中的特殊位置。所以,为了通过联邦党人主导指定的拟议宪法,联邦党人甚至对人民采取了强迫、欺骗的手段。⑥

---

① 参见 M. N. S. Sellers,*American Republicanism：Roman Ideology in the United States Constitution*, New York：New York University Press,1994,p. 24。

② 参见[美]汉密尔顿、杰伊、麦迪逊:《联邦党人文集》,程逢如、在汉、舒逊译,北京:商务印书馆1980 年版,第 323 页。

③ 参见戈登·伍德:《民主与宪法》,载佟德志编:《宪政与民主》,南京:江苏人民出版社2007 年版,第 22 页。

④ 参见[美]汉密尔顿、杰伊、麦迪逊、《联邦党人文集》,程逢如、在汉、舒逊译,北京:商务印书馆1980 年版,第 325 页。

⑤ 但是,一旦人民的代表背叛他们的选民,人民则可以动用自己的自卫权来反对国家统治者的篡权。(参见[美]汉密尔顿、杰伊、麦迪逊:《联邦党人文集》,程逢如、在汉、舒逊译,北京:商务印书馆1980 年版,第 138 页。)

⑥ 参见钱锦宇:《1787 年美国宪法民主性基础的缺失》,《博览群书》2007 年第 3 期。

联邦党人反对洛克式的议会主权，议会主权必然导致立法上的篡夺危险，造成像在行政篡夺威胁下的同样暴政。因而人民应该小心提防和竭力戒备议会的冒险野心。[1] 在联邦党人的理论中，人民只是政治主权的拥有者，在具体的政治行动中人民是不能显现的政治主体。[2] 联邦党人明白，在现代共和政体中，议会的立法权力必然处于支配地位。因此，为了遏制议会权力，他们主张把议会分为不同单位，并且用不同的选举方式和不同的行动原则，使它们在共同作用的性质以及对社会的共同依赖方面所容许的范围内，彼此尽可能少发生联系。有了这样的技术处理，联邦党人还是担心人民会篡取他们不应具有的权力和利益。因此，他们设计了以总统为代表的行政权和以联邦最高法院为代表的司法权对立法权进行牵制。[3] 司法权作为最没有危险的权力，它的独立性是联邦党人反复强调的。需要注意的是，被视为危险权力的以总统为代表的行政权力也是联邦党人要集中加强的。为了减少民众对总统行政权的冲击，联邦党人确定只有在总统被确认"肆意滥用总统的特殊权力"的时候才能被弹劾，而且弹劾案的审理不是最高法院就是参议院——和总统具有同等级身份的人。

145

---

① 麦迪逊还引用民主派杰斐逊的言论证明，将立法、行政、司法包括在内政府的一切权力，均归于立法机关的议会主权主张实际上是一种专制。（参见［美］汉密尔顿、杰伊、麦迪逊：《联邦党人文集》，程逢如、在汉、舒逊译，北京：商务印书馆1980年版，第253—254页。）

② 耶鲁大学教授 Edmund Morgan 在 *Inventing the People：the Rising of Popular Sovereignty in England and America*（W. W. Norton & Company，1989）一书中用"拟制"一词来描述人民主权。人民主权只是制宪精英所发明出来的拟制性宣示，目的是为了让多数派接受最终由少数派来治理国家的政治状况。

③ 司法权对立法权的限制和议会主权的否定在1803年马伯里诉麦迪逊案后进入一个崭新的阶段。马歇尔是一位主张建立强大国家权力的联邦主义者，他通过该案确立了违宪审查的正当性，提高了联邦最高法院的地位，为司法机关宣布法律违宪进而无效奠定了基础。这从而确立了宪法对民主控制的合法性。从此，包括违宪审查在内的司法审查制度成为了美国宪政法治的核心与生发机。在实践上，违宪审查权分散于所有的司法机关，任何司法机关都有维护宪法原则的权利，但这种违宪审查是对具体案件的伴随性审查，联邦最高法院亦无权主动审查某项法律或者行政命令。这既维护了宪法的权威，又体现了司法结构的自我节制，表现了它对议会、行政结构共和民主的尊重。

五、共和宪法:在精英与大众之间

政府的力量是保障自由不可缺少的条件,自由的共和国是个人自由的前提。一个良好的政府是通过深思熟虑和自由选择而建立起来的。作出正确的判断和选择的关键,在于参议院的智慧与联邦法官的审慎智慧。"每部政治宪法的目的就是,或者说应该是,首先为统治者获得具有最高智慧来辨别和最高道德来追求社会公益的人。"①这是联邦党人在政府设计上的主导思想。

在人类本性中存在非常崇高的一面,值得人们去尊敬、去激发;但同时,在人类本性中存在兽性野蛮的一面,需要引起人们的警惕和提防。联邦党人坚信:"人类有某种程度的劣根性,需要有某种程度的慎重和不信任,但人类本性中还有其他品质,证明某种尊重和信任是正确的。共和政体要比任何其他政体更加以这些品质的存在为先决条件。"②虽然人民主权原理是共和宪法的合法性所在,但是联邦党人对普通大众却是深深地不信任的。如果人性至善,就不需要制度的约束,人人皆可以自律;如果人性至恶,一切制度皆不可能。联邦党人认为人性是善恶相混的,"人一半是魔鬼,一半是天使",是可善可恶的,应该"正视人类天性、不扩大其美德、不夸张其瑕垢"③。联邦党人相信,那些受过良好教育,具有丰富社会阅历的参议院议员、总统、联邦法院法官,其人性中的劣根性受到了很大程度上的遏制,其人性中可善的一面被激发出来,这就使他们对公共善、国家利益具有更高程度的体认,他们能够体察社会意志,并据以规范自己的行为,因而他们是可以信赖的,而普通大众身上的美德因子还没有被充分激发出来。

正如沃格林所言,"必须在一个有关人类本性的更大的解释背景中,政

①　[美]汉密尔顿、杰伊、麦迪逊:《联邦党人文集》,程逢如、在汉、舒逊译,北京:商务印书馆1980 年版,第 290 页。
②　同上书,第 286 页。
③　同上书,第 385 页。

治学的问题才能得以思考。"①联邦党人的政治科学就建立在这样一种人性论假设基础之上。他们认为有关人性的知识是一切科学之中最有用的知识。② 宪政设计绝对不能离开这个最有用的知识学基础。正因为此,立宪者在设计宪法时,将国家权力的重心放在了这些具有美德的政治精英身上,并对他们给予充分的信任。政治精英一旦接受人民管理公共事务的委任,就具有其相对独立性,因为"共和制度的原则,要求接受社会委托管理其事务的人,能够体察社会意志,并据以规范本人行为。"③对于这一点,联邦党人深信不疑,因为即使是选民选出的众议院议员也是如此。每个人的内心对于荣誉、爱戴、尊敬和信任的标志都怀有一种感情,责任、感恩、利益、抱负本身都是约束他们忠于并同情人民群众的"红包"。也许这些都不足以约束人的任性和邪恶,但这些东西全是政府所承认和人们的谨慎所能够设想出来的,是共和政府用以为人民的自由和幸福做准备的真正的和特殊的手段。④ "但这并不要求他们无条件顺应人民群众的一切突发激情或一时冲动,因为这些很可能是由那些善于迎合人民偏见而实则出卖其利益的人所阴谋煽动的。人民普遍地是从公益出发的。但这一点亦常用来说明人民群众的错误。"⑤

147

　　麦迪逊强调少数精英的作用,他例证道,参议院的能量与它的人数成反比,这正如随着罗马保民官人数的增加便逐渐失去其影响和权力。⑥ 汉密尔顿认为,担任总统职位的人是有才华之人,至少是可敬之士。因而,他主张将担任国家公职人员的提名权赋予总统,或者在合适的情况下,经国会批

---

　　① [美]沃格林:《希腊化、罗马和早期基督教》,谢华育译,上海:华东师范大学出版社 2007 年版,第 28 页。

　　② 参见 Alexander Hamilton, *The Works of Alexander Hamilton*, edited by Henry Cabot Lodge, Vol. Ⅲ, New York: Haskell House Publishers, 1971, p. 5。

　　③ [美]汉密尔顿、杰伊、麦迪逊:《联邦党人文集》,程逢如、在汉、舒逊译,北京:商务印书馆 1980 年版,第 364 页。

　　④ 参见上书,第 291—292 页。

　　⑤ 同上书,第 364 页。

　　⑥ 参见[美]麦迪逊:《美国制宪会议记录辩论》,尹宣译,沈阳:辽宁教育出版社 2003 年版,第 83 页。

准,可以把下级官员的任命权授予总统或者其他部门长官。他认为,有辨别力的个人比有同等见识,甚至有更卓越见识的机构更适于分析与估量担任具体职位的人选。① 以最高法院为核心的联邦司法机构更被联邦党人视为保障国家宪法和人权重任的独立机构。

为了保证参议院议员、联邦法院法官、总统的德性,使之真正成为可以为国家谋利益、为公共谋福利的中流砥柱,联邦党人在制度上设计了复杂的筛选程序。这种筛选程序程序与三权分立制衡制度一道成为保证和激发政治精英公共美德的有力机制。② 麦迪逊指出:"参议院堪称政府最大的主心骨。"③参议员需要具备特殊的资质:①参议员的资格,不同于众议员的资格,其对年龄和国籍有更高的要求。参议员至少要年满 30 岁,而众议员则只要年满 25 岁。参议员必须入籍已满 9 年,对众议员则只要求入籍 7 年。这是因为,联邦党人强调参议员年龄更高,才能具备较丰富的社会阅历,性格也更加稳定。另外,如此"选举人就可以限制在人民有时间加以判断的人,而不至于为那种表面上的才气横溢和口头上的爱国心切所欺骗。"④②参议员由各州议会任命,而不是由人民直接选举,以保证任职者为社会的上层精英。⑤ ③参议院由各州选出的两名参议员组成,人数大大少于众议院;参议员其任期为 6 年,众议员则为 2 年;参议院成员每两年改选 1/3,众议员 2 年任期结束全部改选。这就保证了参议院的稳定性和参议员的民族

---

① 参见[美]汉密尔顿、杰伊、麦迪逊:《联邦党人文集》,程逢如、在汉、舒逊译,北京:商务印书馆 1980 年版,第 383 页。

② 杰伊就提到关于弹劾的条款,对于当事人来说,在常情范围内,它不但是一种潜在的惩罚威慑,更是一种可能的羞辱。制度的惩罚威慑与道德上的羞辱自律相结合,就足以保证产生良好行为的动机。(参见[美]汉密尔顿、杰伊、麦迪逊:《联邦党人文集》,程逢如、在汉、舒逊译,北京:商务印书馆 1980 年版,第 331 页。)

③ 麦迪逊:《我们的宪法》,载佟德志编:《宪政与民主》,南京:江苏人民出版社 2007 年版,第 5 页。

④ [美]汉密尔顿、杰伊、麦迪逊:《联邦党人文集》,程逢如、在汉、舒逊译,北京:商务印书馆 1980 年版,第 327 页。

⑤ 1912 年通过的宪法第 17 修正案确定参议员改由各州人民直接选举。这表现了美国政治中的民主化倾向。

荣誉感①,使之可以获得人民的信赖,可以处理更大责任的公共事务。对于联邦法院法官,宪法规定,只要法官任职期间行为良好就可以终身任职。这事实上要求他们不但要是精通法律、具有丰富法律经验的专家,而且要具备非常崇高的德性,尽心尽意地维护宪法的原则与精神。对总统的资格要求则是:①总统由各州选举的选举人团选举产生。②总统候选人需年满35岁,且在合众国内居住满14年。③总统任期4年,可以连选连任。②

至此,联邦党人确信,依靠美德的自律与制度的调控,一定可以保证政治精英们珍惜荣誉,为国家与人民服务。杰伊对此进行了确认,他说:举凡可以影响人类思想的一切理由,诸如荣誉、誓言、声望、良心、爱国心以及家庭情感,均足以保证其忠于其事。此外,宪法从制度上也保证了政治精英必然才智过人且又忠诚可靠。③

尽管联邦党人对普通大众抱有很大的悲观情绪,但他们却是坚定的共和主义者,他们认为共和政府的必要条件是:"它是来自社会上的大多数人,而不是一小部分人,或者社会上某个幸运阶级;否则少数暴虐的贵族通过他们所代表的权力进行压迫,有可能钻入共和者的行列,并且为他们的政府要求共和的光荣称号。"④政府与人民应有共同利益,这对自由是必不可少的,所以特别重要的是,宪法应该设计一个部分,它直接依赖人民,对人民有亲密的同情。⑤ 这就是联邦党人强调众议院作为直接依赖人民、反映民意的机构而存在的重要原因。

当联邦党人设计作为最后手段的立法权时,罗马共和国的立法权结构

---

① 一个人多易变的机构是不可能具有充分的民族荣誉感的。民族荣誉感只能存在于人数很少的机构之内,这样每个人才能为公共措施的是非承担合理的责任。(参见[美]汉密尔顿、杰伊、麦迪逊:《联邦党人文集》,程逢如、在汉、舒逊译,北京:商务印书馆1980年版,第319页。)

② 1933年通过的宪法第21修正案规定:任何人,当选总统职务不得超过两次;任何人,在他人当选总统任期内担任总统职务或代理总统两年以上,不得当选担任总统职务一次以上。

③ 参见[美]汉密尔顿、杰伊、麦迪逊:《联邦党人文集》,程逢如、在汉、舒逊译,北京:商务印书馆1980年版,第331页。

④ 同上书,第193页。

⑤ 参见上书,第269页。

为他们提供了宝贵的历史经验。在这个结构中,立法权由两个不同的政治团体执掌。它们是百人团选出的罗马人民议会(百人团大会)和部族选出的罗马人民议会(特里布斯大会或称部落大会)。这两个团体并非同一个立法机关的分支机构,而是两个不同的独立立法机关。它们当中,各有一种反对势力占着优势:一种是贵族,另一种是平民。可以举出许多论据来证明这两种看来是互相矛盾的权力是不适当的,因为它们都有权力取消或撤销对方的法令。但是如果有人在罗马试图反驳这两种权力的存在,他就会被认为是个疯子。这两个立法机关同时存在很长时期,罗马共和国达到了人类伟大的最高峰。① 联邦党人为他们以及他们的子孙后代设计的立法机构同样由相互牵制的参议院和众议院组成。参议院由国家中的"天然贵族"主导,众议院则是普通民众的代表,参众两院只有相互合作才能实现各自的利益,才能实现他们的共和、共生、共存。总统及其代表的行政机构为了保证执行的效率,必定要拥有坚定而快速的表达能力,但它的权能同样受到人民代议机关的控制。同样,作为联邦党人情有独钟的联邦各级法院,它们拥有解释宪法和判定合法的巨大权力,它们的权力也受到人民陪审团否决权和律师辩护的制度性约束。

联邦党人还确认:当人民对联邦宪法不满意的时候,人民可以通过宪法修正案形式反映自己的诉求。在国会不能响应民众的要求通过宪法修正案的情况下,按照宪法第五条的规定,国会有义务因各州 2/3 之州议会的请求,召集会议提议修正案,经 3/4 的州议会或经 3/4 的各州国民大会之批准,即作为宪法之实际部分而发生效力。该条的措辞是带强制性的。国会"应召集会议",在此一问题上国会无灵活机动之权。② 这就是联邦党人为宪法容纳民众意志所做的宪政层次的制度安排。

联邦党人虽然在宪法上设计了一个让社会精英脱颖而出的制度格局,

① 参见[美]汉密尔顿、杰伊、麦迪逊:《联邦党人文集》,程逢如、在汉、舒逊译,北京:商务印书馆 1980 年版,第 162 页。

② 参见上书,第 439 页。

但他同样认为当社会精英受到大众委托执掌公权的时候,这种权力不能是脱离人民的。这表现在议会代表和总统由人民选举,议会可以对非民选的司法人员进行弹劾,此外,任何官职都是有任期限制的,这让他们保持了对人民的适当责任。并且,社会的层级并不是固定不变的,没有世袭的贵族,普通大众和所谓的"天然贵族"社会精英之间是可流动的。精英制度的开放性保证了国家的领导权长久掌握在为公共利益服务的真正精英手中,这保证了宪法的稳定,避免了基本政治问题立宪的重启和大众革命的产生。

六、成文宪法:复杂政体与不信任

联邦党人对古典共和最大的创新,就在于复杂成文宪法的设计和对宪法至高无上权威的强调。人民是政府权力合法性的源泉,依靠人民是对政府的主要控制方式。但是经验教导人们,人不是天使,野心必须用野心来对抗,必须有辅助性的预防措施来对抗人性的贪婪。[1] 这种辅助性的预防措施就是复杂的宪政制度设计,这种经验的重要来源就在罗马共和国。罗马共和国衰败的主要原因就在于罗马共和宪制并非是一个有效的宪政制度,其法治、分权制衡和代议制度因子是十分简单粗疏的。[2] 虽然罗马共和国的公权力受制于宪法的成文与不成文规定,罗马公民的私权利更是被置于发达的罗马私法之下[3],但是罗马共和国的混合宪政体系并不具有很强的

---

① [美]汉密尔顿、杰伊、麦迪逊:《联邦党人文集》,程逢如、在汉、舒逊译,北京:商务印书馆1980年版,第264页。

② 从宪政理论框架来分析,罗马共和宪制衰败的另一重要原因在于其共和宪政原则没有严格地在各行省推行,各行省的非宪政行为又反过来极大地动摇了罗马城内的宪政体系。

③ 民法学界一般把罗马法概念的内涵限定在罗马私法范围之内,它包括市民法、万民法、裁判官法三部分,是一个从人法、物法到诉讼法在内的发达而完备的法律体系。罗马私法对人的法律地位及其权利进行了较为详尽的界定与保护。罗马发达的法律体系是罗马社会各阶层和谐相处的制度框架,它保证了罗马商业经济的高度发展,保障了私人财产的快速增长,也是罗马外向扩张型战略的坚实基础。

刚性,它被置于公民的道德能动性之下。① 罗马共和国宪政制度的简单粗疏和古罗马共和时代政治生活、公共事务的简单性是相适应的。在共和国大规模的扩张以前,共和国的宪政体系还能正常运转,随着共和国大规模地对外扩张,共和国所面临的内外环境发生了巨大的变化,公共事务日益繁重,政治生活日益复杂,以公民美德为支柱的粗疏宪政体系无法应对日益复杂的国内政治与国际政治背景。

美国立宪者面临的政治公共事务的复杂性已经远远超出了罗马共和国时代的情况,这客观上要求美国宪法所确立的宪政体系应该比罗马共和国的宪政体系更加复杂、精密和确定。这种客观要求和联邦党的立宪理路是一致的。联邦党人认为,虽然不能要求政治知识的原理一般具有和数学原理同样程度的确实性,但是它们在这方面的可信,要比人们在个别情况下的行为显示的信心高得多。② 联邦党人认为,宪法对政府组织结构的复杂设计才能应对美国这样一个大国所面临的复杂政治背景与状况。它可以防止政府对人民、联邦对州权的篡夺,反联邦党人对政府权力的性质和范围的担心是完全没有必要的,那种过分的猜疑和胆怯会使人们处于一种绝对怀疑和优柔寡断的状态,从而使人们变得不可理喻。③

因此,宪政法治成为了联邦党人共和主义的突出特征。联邦党人要将所有危险的权力纳入宪法的框架,并通过复杂的机制使它们相互制衡和控制,而将其对公民能动性的依赖降到最低,以保持宪法稳定和尊严。为此,联邦党人将罗马共和国的混合均衡宪政制度发展到美国宪法中的联邦主义三权分立制衡制度。三权分立制衡制度将政府划分为不同的部门以防篡

---

① 罗马共和宪制的基本组织架构甚至可以随着人们的意愿随意改变。从公元前 444 年至 368 年,受贵族与平民斗争的影响,国家不再任命执政官,而把执政官的权力授予军团长。公元前 451 年和 450 年,执政官的权力则被授予两个十人立法委员会,保民官和申诉制度则被取消。(参见[意大利]朱塞佩·格罗索:《罗马法史》,黄风译,北京:中国政法大学出版社 1994 年版,第 48、77 页。)

② 参见[美]汉密尔顿、杰伊、麦迪逊:《联邦党人文集》,程逢如、在汉、舒逊译,北京:商务印书馆 1980 年版,第 151 页。

③ 参见上书,第 153 页。

夺,联邦主义深化了权力之间的控制与平衡。因为这些不同的部门和地区都有自己的独特利益,它们之间的矛盾与冲突将会对它们之间的关系进行自动的调试。"在美国的复合共和国里,人民交出的权力首先分给两种不同的政府,然后把各政府分得的那部分权力再分给几个分立的部门。因此,人民的权利就有了双重保障。两种政府将互相控制,同时各政府又自己控制自己。"①

三权之间的分立制衡并不是绝对的,它们之间仍然存在必要的混合。联邦党人认为:"只要各个权力部门在主要方面保持分离,就并不排除为了特定目的予以局部的混合。此种局部混合,在某些情况下,不但并非不当,而且对于各权力部门之间的互相制约甚至还是必要的。"②如:行政部门对于立法部门的法案能够断然或有条件地予以否决,是对后者侵犯前者权力的不可缺少的屏障;有关弹劾的权力是立法机构防止行政部门侵权的重要制约手段③;立法两院制则可以保证立法的稳健,防止立法为人民易发的强烈感情冲动所左右;参众两院的相互制衡还可以防止单一机构被野心所操控,保证立法机构忠诚于选民的重托。

联邦党人不但对民众的激情与盲动设置了防御工事,他们对政治精英也表示了最低限度的提防。相比较而言,联邦党人对民众及其代表机构的不信任感更为深重,如对弹劾案的审理不是最高法院就是参议院,而不是更具民主性的众议院;众议院议员的任期为 2 年④,大大短于参议院议员、法院法官的任期。⑤ 宪法对政治精英德性的谨慎,在制度上具体表现为宪法设

①　[美]汉密尔顿、杰伊、麦迪逊:《联邦党人文集》,程逢如、在汉、舒逊译,北京:商务印书馆1980 年版,第265—266 页。

②　同上书,第337 页。

③　参见上书。

④　联邦党人认为授予众议院的权力已经够大了,为了限制它的危害,必须缩短众议院议员的任期。但一年的任期又太短了,不利于他们完成本职立法工作。(参见[美]汉密尔顿、杰伊、麦迪逊:《联邦党人文集》,程逢如、在汉、舒逊译,北京:商务印书馆1980 年版,第239—277 页。)

⑤　任期限制是共和政体预防公务人员腐化堕落最有效的方法。(参见[美]汉密尔顿、杰伊、麦迪逊:《联邦党人文集》,程逢如、在汉、舒逊译,北京:商务印书馆1980 年版,第290 页。)

153

计的三权分立与制衡制度。制宪者认为,只有相互独立、相互制衡的权力安排才能既保证各权力结构有充分的空间行使自己的权力,完成自身职位的任务,又可以保证各权力结构的审慎与克制,不至于导致权力滥用现象的发生。

这具体表现在:参议院可以弹劾总统,但审理弹劾总统案的权限在最高法院;总统可以否决议会法案,但此后议会各以 2/3 的多数批准,即可以否决总统的否决;缔结条约①、任命官员的权力归总统,但需得到参议院的合作或同意②;为了公益之需要,总统有权委任人员填补在参议院休会期间可能出现的官员缺额,但此项委任在参议院下期会议结束时满期。③ 财政法案之权专属众议院,参议院只有同意或提出修正案的权力;最高法院和下级法院的法官如行为良好,可继续任职,否则立法机关对司法人员有弹劾之权,做法是由众议院提出弹劾,参议院作出判决④,如判定有罪,可予以撤职,不得再行续用⑤;如果选举人多数不能一致选出总统,总统选举的裁决

154

---

① 汉密尔顿反对众议院参加缔约。因为众议院议员经常变动,加以今后众议员人数的增加将使该院人数众多,很难期待其具有缔约工作所需具备的各项条件。对国外政治情况的准确与全面了解,观点的坚定与系统性,对民族荣誉感的体贴与一贯的理解,决断、保密、迅速等条件,均为成员众多而常变的机构所无法具备的素质。要求许多机构参与无疑使工作复杂化,此点本身也是应予坚决反对的根据。提交众议院讨论的议案增多,必延长其集会时日,而在缔约过程中各个阶段有待其批准,将造成极大的不便与开支。因而,制宪会议对于缔约权的安排是很得当的,一方面总统在缔结条约时必须听取参议院的意见并取得参议院的同意;另一方面总统却能根据需要审慎处理其情报来源问题。(参见[美]汉密尔顿、杰伊、麦迪逊:《联邦党人文集》,程逢如、在汉、舒逊译,北京:商务印书馆 1980 年版,第 381、328 页。)

② 汉密尔顿认为,众议院是一个变动性大、人数众多的机构,不宜行使人事任命权。总统与参议院各具一定的稳定性,由此产生的优点,由于众议院的参与,定将化为乌有,而拖延、窘困情况也必将因此而产生。(参见[美]汉密尔顿、杰伊、麦迪逊:《联邦党人文集》,程逢如、在汉、舒逊译,北京:商务印书馆 1980 年版,第 388—389 页。)

③ 参见[美]汉密尔顿、杰伊、麦迪逊:《联邦党人文集》,程逢如、在汉、舒逊译,北京:商务印书馆 1980 年版,第 344 页。

④ 立法机构的两个部门之间的分工,赋予其一以控告权,其二以审议权,如此才能避免使一些人同时担当原告和法官的不便;也才能防止在其任一部门中由于派性统治而对别人进行迫害的危险。(参见[美]汉密尔顿、杰伊、麦迪逊:《联邦党人文集》,程逢如、在汉、舒逊译,北京:商务印书馆 1980 年版,第 337 页。)

⑤ 参见[美]汉密尔顿、杰伊、麦迪逊:《联邦党人文集》,程逢如、在汉、舒逊译,北京:商务印书馆 1980 年版,第 397、407 页。

人由众议院充当,这种权力,作为施加影响的手段,必将压倒参议院所具有的一切特殊属性①;总统有对"触犯合众国之犯罪颁布减缓与赦免令"的权力,但弹劾案除外。②

　　为了防止总统对立法机关成员的收买控制,宪法规定:"参议员与众议员于其当选期内均不得出任合众国政府当时设置之任何文官官职,或当时增加薪俸之文官官职;在合众国政府任职之人,在其继续任职期间,不得出任国会任何一院之议员。"③为了防止立法机关破坏总统行政系统的独立性,宪法对总统任职期间的薪酬也给出了具体规定,因为联邦党人惧怕"立法部门如对国家主要行政官员的薪给有任意处置之权,即可任意使之屈从其意志"。④ 为了防止总统的堕落,保证行政结构的独立,宪法不但规定总统的职务酬金于任期内不得增加或减少,还规定总统于任期内不得收受合众国或无论何州付给的其他薪酬。联邦党人认为只有总统无任何金钱方面的引诱,才足以使之担当宪法授予的独立地位。⑤

　　法律规范具有层级性,宪法的等级系列最高。这一规则由被称为"至上条款"的宪法第六条第二款保障,它规定:本宪法以及根据其所制定的合众国法律以及所有条约等乃是全国的最高法律;每个州的法官均应受其约束,即使州的宪法和法律中有与之相抵触的内容。联邦党人确认宪法的地

---

　　① 参见[美]汉密尔顿、杰伊、麦迪逊:《联邦党人文集》,程逢如、在汉、舒逊译,北京:商务印书馆1980年版,第339页。

　　② 汉密尔顿认为,总统由于其自身素质、地位的原因,当他念及某一同类的命运全系于其一纸命令时,他自然会小心谨慎;而为避免软弱或纵容之讥,亦将使其具有另一种审慎心理。而作为立法机构的两院或者一院,由于其群体性,必然相对缺乏责任感,对别人怀疑或讥讽其为违法、伪善之宽容亦不如是敏感。而且由于群体之间的相互影响,他们不可能快速作出决断,或者坚持自己的判断,在特定情况下,如在起义或暴动情况下,常会出现一种关键性时刻,如及时赦免起义或暴乱者,或可转危为安,时机一经放过,即可能无法挽回。所以,政府宽恕之权委之予一人较之委之予多数人更为适宜。(参见[美]汉密尔顿、杰伊、麦迪逊:《联邦党人文集》,程逢如、在汉、舒逊译,北京:商务印书馆1980年版,第377—378页。)

　　③ [美]汉密尔顿、杰伊、麦迪逊:《联邦党人文集》,程逢如、在汉、舒逊译,北京:商务印书馆1980年版,第386页。

　　④ 同上书,第371页。

　　⑤ 参见上书,第372页。

位高于议会制定的法律，"宪法应作为解释法律的准绳，在二者发生明显矛盾时，法律应服从宪法"①。也就是说，"宪法与法律相较，以宪法为准；人民与其代表相较，以人民的意志为准。"②宪法就是人民意志的最高表示，议会制定的法律体现的则是人民代表的意志。

联邦党人确认稳定性是宪法的基本品格和属性。宪法不能被议会修改，也不能为人民随意修改。因为，文明政府的宪法不是根据对当前迫切需要的估计来制定的，"而是按照人类事务的自然和经过考验的程序，根据长时期内可能出现的种种迫切需要的结合而制定的"③。虽然宪法来自于人民，但"每次求助于人民，就意味着政府具有某些缺点，经常求助人民，就会在很大程度上使政府失去时间所给予每件事物的尊敬，没有那种尊敬，也许最英明、最自由的政府也不会具有必要的稳定"④。联邦党人同时也承认宪法的开放性，他们认为宪法不应是封闭的，宪法应该随着人民政治实践的发展而扩展完善⑤，但这种开放具有严格的程序限制。"除非人民通过庄严与权威的立法手续废除或修改现行宪法，宪法对人民整体及个别部分均同样有其约束力。在未进行变动以前，人民的代表不论其所代表的是虚假的或真正的民意，均无权采取违宪的行动。"⑥此外，联邦党人认为："不正常的和变化多端的立法，对人民来说，其可憎之处不亚于一种弊病。"⑦在国内，朝令夕改，人民难以适从，无法让人民形成规则意识；在国际上，政府变化不

---

① ［美］汉密尔顿、杰伊、麦迪逊：《联邦党人文集》，程逢如、在汉、舒逊译，北京：商务印书馆1980年版，第405页。

② 同上书，第393页。

③ 同上书，第162—163页。

④ 同上书，第257—258页。

⑤ 在实践中，这种扩展与完善是一种消极的过程，它主要由作为宪政精英的司法结构来完成。法院是宪政法律制度成长的主要场所，法官在案件的审理过程中，可以发现、创造、推演出新的规范。当然，这种规范的创造是一种演进的过程，它必须符合宪法的实质原则与精神。

⑥ ［美］汉密尔顿、杰伊、麦迪逊：《联邦党人文集》，程逢如、在汉、舒逊译，北京：商务印书馆1980年版，第394页。宪法第五条规定了两种不同的宪法修正程序：其一，议会两院各2/3票数提议；其二，议会应2/3州议会提议召开修宪大会。不论何种情况，如获得3/4以上州议会或修宪会议批准，宪法修正案即获得通过，成为宪法的一部分。

⑦ 参见上书，第180页。

定,会失去其他国家的尊重和信任,失去同民族荣誉相联系的一切好处。正是因为此种考虑与设计,宪法既保持了其开放性,又具有相当的稳定性。①

罗马共和国覆灭的原因之一就在于政治家为了共和国的利益而不惜违反甚至篡改宪法与法律的规定。这虽然可以用宪法的政治统治原理来辩护,但是联邦党人深知明智的政治家每次违犯基本法律,即使迫于需要,总要损害在统治者心目中必须维持的对一国宪法的神圣尊崇;并且为其他违法行为开创先例,即使那时同样需要的口实或者根本不存在,或者并不那么迫切和明显。②

七、联邦党人的共和主义

联邦党人从共和政体的发展史中发现,民主的扩张是共和政体的必然发展趋势。为了遏制民主扩张的本性,抑制民众的激情冲动,防止人民为不正当情感或者不法利益所左右,必须以成文宪法的方式加强制度建构对民主的遏制作用。罗马共和国的灭失就在于民众的利益冲动,以及野心家对民众激情的操纵。由于成文宪法的共和价值维度,遵守宪法,维护宪法的权威,就保证了人民的基本权利与自由的可靠性。联邦党人认为,古典共和政体强调公民美德对共和国以及人民权利的保护是不可靠的,这是由公民美德的内在脆弱性所决定的,并且已经为罗马共和国的衰败所证实。

为了维护共和国的政体制度,联邦党人借鉴吸收了罗马共和国的宪政技术精神。他们把混合政体、权力分立制衡、法治原则与精神这些共和主义

157

---

① 至今,议会已审议过11000个宪法修正案,只有1/3获得所需的议会两院2/3票数后被提交各州,只有27个获得批准。如果将《权利法案》排除在外,在宪法存在的200多年中,只有17个修正案获得通过。宪法修正条件如此严格,只有那些在各党和国内各地区获得广泛支持的修正案才可能被批准。(参见[美]施密特、谢利、巴迪斯:《美国政府与政治》,梅然译,北京:北京大学出版社2005年版,第42页。)

② 参见[美]汉密尔顿、杰伊、麦迪逊:《联邦党人文集》,程逢如、在汉、舒逊译,北京:商务印书馆1980年版,第127页。在这一点上,汉密尔顿和恺撒走到了一起,恺撒在喀提林案的时候就提醒元老院要在法律的限度内对喀提林阴谋者进行惩罚,因为违背法律规定将产生非常严重的判例示范效应。

的基本内涵都纳入了成文宪法的制度框架,形成了具有典范意义的美国宪政模式。这其中,三权中的行政首脑总统就来自于罗马共和国的执政官制度,两者相较,前者比后者的权限更大、职责更明确。美国共和政制的总统制,来源于罗马的复合行政首脑制,并由其发展为单行政首长负责制,由1年任期的执政官发展为4年任期,可连选连任的总统。三权中的立法机构设置借鉴了罗马元老院与人民大会的建制。美国国会中的参议院设计灵感就有罗马元老院的因素,众议院对应的则是罗马的人民大会。为了保证宪法的权威,保障国家法律的尊严,也为了保障人民法治下的权利,联邦党人抬高了司法机关的权力,使之成为国家平等三权中的一权。在罗马共和国的宪政体系中,司法权力的地位并不十分明朗,缺乏严格的独立性。元老院、执政官、行政官等都分享着这一权力。

值得注意的是,联邦党人设计的共和分权制度并不是绝对分立制衡的,而是具有很大的混合性,包含了许多罗马混合政体的遗产。在联邦党人构建的复合联邦宪法制度中,联邦的权力优于州的权力,但州仍然保有主权;代表精英力量的参议院、法院、总统权力优于代表民众的众议院的权力,但精英的权力仍然在复杂宪法技术的控防之列。联邦党人认为这样的设计是适当必要的,只有这样才能保证精英阶层对国家政权的领导,才能避免民主的低效率,保证政权的有效性,才能防止腐败贪污;才能保证联邦对州的控制,保证国家权力的强大有效,才能维护美利坚共和国的强大和一统。① 这一切都是在宪法的政治框架下运行的,对联邦和政府权力的恐惧是可以忍受的,宪法的实施避免了这种权力滥用的高风险。

联邦党人还将公共利益与公民美德这些古典共和主义的精神与原则纳入宪法,使之成为宪法原则与精神的有机组成部分。事实上,虽然联邦党人

---

① 分权在现时代几乎成为一种意识形态,集权则被人们视为专制专断的代名词。事实上,集权具有有效提供全国性共享物品和服务、将跨地区外部效应内部化等长处,但过度的集权会造成对自由的剥夺。分权存在无法解决财富两极分化、无法形成规模经济效应等问题;过度的分权也可能导致国家的分崩离析。因此分权是有底线的,过犹不及。(参见王绍光:《分权的底线》,北京:中国计划出版社1997年版。)

对公民德性有深深的疑虑,公民美德却是宪法制度设计的基础,是宪法确认的国家治理的根基,是宪法促进激发的目标。他们认为,通过这样的设计,美利坚合众国才能成为一个自由共和国。在这样一个自由的共和国家中,人们才能享有个人珍视的自由。为了保有和促进个体自由,个人应该热爱这个国家,这是每一个公民的义务,因为他们的个人权利与自我实现只有在这个平台上才能得到保障和实现。这就是联邦党人倡扬的爱国主义精神。①

第四节　反联邦党人——宪法的批评者

在制宪与批准宪法的过程中,反联邦党人为美国宪法的制度设计贡献了独特的智慧,他们对拟议宪法的许多反对不无睿智,正是联邦党人和反联邦党人的合作与竞争铸造了今天的美国宪法。② 一些历史学家甚至认为,如果在当时举行一次盖洛普民意测验,反联邦党人的数目可能要多过联邦党人。③

宪法是在反联邦党人的参与下妥协修正的。联邦党人和反联邦党人的妥协反映了美国宪法思想的丰富性和可解释性,这也正是美国宪政体制生命力之所在。联邦党人和反联邦党人都是支持新宪法的,尽管他们是在不同的意义上,这已经是美国人的共识,并成为美国宪政秩序的根据。④ 西默斯指出,人民之所以批准宪法,很大程度上在于当时社会政治状况的不确定

159

---

① 它包括两个层面:第一,对内反对专制与腐败,维护共和主义宪法的精神与原则。第二,对外反抗外来侵略与威胁,保卫共和国家的稳定与安全。

② 反联邦党人对美国宪法共和主义的影响主要体现在宪法的批准过程中,此方面的文献可参见 Robert Allen Rutland, *The Ordeal of the Constitution: The Anti Federalists and the Ratification Struggle*, Oklahoma: University of Oklahoma Press, 1966。

③ 参见 Jim Powell, "*James Madison——Checks and Balance to limit Government Power*", The Freeman, March 1996, p. 178。转引自[美]施密特、谢利、巴迪斯:《美国政府与政治》,梅然译,北京:北京大学出版社 2005 年版,第 40 页。

④ 参见 David J. Siemers, *Ratifying the Republic: Antifederalists and Federalists in Constitutional time*, Stanford, Calif.: Stanford University Press, 2002, p. vii。

性、人们的恐惧心理以及联邦党人的政治策略。① 反联邦党人对小共和国的偏爱、对联邦权压迫州权的恐惧,对公民美德、公民精神教育的重视,对人民意志的强调以及对政府权力的惧怕,说明他们是更加严格意义上的共和主义者。② 反联邦党人甚至认为他们的名字被联邦党人盗用,联邦党人才是共和主义的威胁,联邦党人应称为国家主义者更合适。

还有一点需要注意的是,对联邦党人的过度重视甚至神化,使人们过于相信他们的一面之词,不利于我们全面真实地探询宪法的真正意旨。③ 宪法批准以后,联邦党人和反联邦党人的争论并没有停止,政体塑造的任务并没有随着宪法的制定而完成,反联邦党人关注的问题仍然是问题。④ 施特劳斯学派对反联邦党人的重视,对美国宪法原旨的研究使反联邦党人的政治思想与意图正式进入宪法解释、宪政实践的领域。

美国学者对反联邦党人政治思想的重视远不如对联邦党人政治思想的重视。反联邦党人亦属于建国之父的行列,但他们却远没有享受到开国之父的待遇。人们一般把反联邦党人作为美国宪法制定过程中的失败者来看待,是许多学者争相贬抑的对象。美国进步史学派最重要的代表人物查尔斯·A. 比尔德笔下的反联邦党人只是在和联邦党人的立宪经济斗争中失败的一群人。⑤ 斯托林则将反联邦党人失败的原因归咎于反联邦党人的观点不够有力,因为他们总是想调和矛盾。⑥ 人们甚至认为反联邦党人作为

---

① 参见 David J. Siemers, *Ratifying the Republic*: *Antifederalists and Federalists in Constitutional Time*, Stanford, Calif.: Stanford University Press, 2002, p. vi.

② 当然从反联邦党人对贵族的排斥和普通大众的偏爱的层面上来讲,反联邦党人又是古典共和制度的反叛者。也正因为反联邦党人的这个倾向,导致了后来美国共和主义的民主化转向,并且它需要对日后民主主义与自由主义对共和主义的攻击负重要责任。

③ 参见 David J. Siemers, *Ratifying the Republic*: *Antifederalists and Federalists in Constitutional Time*, Stanford, Calif.: Stanford University Press, 2002, p. vii。

④ 参见 Murray Dry, *The Anti-Federalist*: *an Abridgement of the Complete Anti-Federalsit*, edited by Herbert . J. Storing, Chicago: University of Chicago Press, 1985, p. 1。

⑤ 参见[美]查尔斯·A. 比尔德:《美国宪法的经济观》,何希齐译,商务印书馆 1949 年版。

⑥ 参见[美]赫伯特·J. 斯托林:《反联邦党人赞成什么——宪法反对者的政治思想》,汪庆华译,北京:北京大学出版社 2006 年版,第 131 页。

消极和失败的因素,只是在伟大的 1787 年的制宪会议的阴影中,找到了自己的一席狭促之地而已。反联邦党人还经常被视为心胸狭窄的地方政客。他们被视为一群毫无原则的变色龙,在拟议宪法还未获得批准的时候,他们有各种各样的意见反对宪法,但一旦宪法获得批准,他们又成为了联邦主义的热心拥护者。①

对联邦党人的政治思想较早作出正面评价的作家是莫里·延森,他强调要把反联邦党人放在他们所处的特定历史时代来理解他们的反联邦运动及其政治思想。② 有关反联邦党人言论及其思想的最早著作之一是 1955 年塞西莉亚·基恩在《威廉和玛丽季刊》上发表的《缺少信仰的人们:反联邦党人论代议制》。③ 1965 年出版了莫顿·博顿编写的《反联邦党人文集》,这意味着对反联邦党人政治思想系统把握的开始。④ 博顿的《反联邦党人文集》和汉密尔顿的《联邦党人文集》在结构上都由 85 篇文章组成,这是博顿试图将反联邦党人和联邦党人思想进行比较对应的一个尝试。博顿的《反联邦党人文集》比汉密尔顿出版《联邦党人文集》的最早版本晚出了 80 多年。有关反联邦党人政治思想的研究,具有开创性的作品是施特劳斯的弟子、芝加哥大学政治学教授赫伯特·斯托林的《反联邦党人赞成什么——宪法反对者的政治思想》。⑤ 这是斯托林为 1981 年出版的《反联邦党人全集》(7 卷本)⑥所作的导言,是学界从政治思想史的角度研究反联邦

161

---

① 参见 Murray Dry,*The Anti-Federalist: an Abridgement of the Complete Anti-Federalsit*,edited by Herbert . J. Storing,Chicago: University of Chicago Press,1985,p. 1。

② 参见 Merrill Jensen,*The Articls of Confederation*,Madison,Wisc. ,1940,以及 Merrill Jensen,*The New Nation*,New York,1950。

③ Cecelia Kenyon,"Men of Little Faith: The Anti-Federalist on the Nature of Representative Government"。

④ *The Antifederalist Papers*,edited by Morton Borton,Michigan: Michigan State University Press,1965.

⑤ Herbert . J. Storing,*What the Anti-Federalists were for*,Chicago: University of Chicago Press,1981. 它的中译本有赫伯特·J. 斯托林:《反联邦党人赞成什么——宪法反对者的政治思想》,汪庆华译,北京:北京大学出版社 2006 年版。

⑥ Herbert J. Storing,*the Complete Anti-Federalist*(7 volumes),Chicago: University of Chicago Press,1981.

党人政治思想的开始。① 斯托林认为,要把握反联邦党人的政治思想,就要从实质上把握反联邦党人的言论,这并不需要列举出所有反联邦党人的政治言论,然后找出他们的共同点所在。有的时候,少数几个人,甚至一个人的思想就足以反映他们思想的精髓。因而,斯托林在编撰《反联邦党人全集》的时候对布鲁图斯、联邦自耕农、马里兰的自耕农给予了更多的关注。②斯托林的《反联邦党人全集》是一部详尽记录反联邦党人言论与思想的著作。该书从拒绝在拟议宪法上签名的反联邦党人开始记起,然后以批准宪法的先后次序,按地理位置依次记录反联邦党人的政治言论及其思想。迄今为止,斯托林的《反联邦党人全集》的信息丰富度还没有其他同类著作可以超越。1985 年,斯托林的学生默里·德里在其师的《反联邦党人全集》的基础上又编辑出版了《反联邦党人节选集》。默里·德里在该书的序言中表示,该节选本的目的在于提供一个可以和《联邦党人文集》匹配的单行本。其节选的标准是反联邦党人言论的重要性及其在宪法批准运动中的突出表现。在具体的行文安排上,该文集和其师斯托林的《反联邦党人全集》保持了一致。③ 研究反联邦党人的政治思想不能忽视的还有《反联邦党人选集》。④ 该书的编者以客观的态度展现了反联邦党人的真实面貌,批评了联邦党人对反联邦党人的不公正言论与态度。最近研究反联邦党人政治思想的著作还有西默斯的《反联邦党人:具有伟大信念和耐力的人》。⑤ 其他有关阐述反联邦党人思想与美国宪法和美国早期政治传统的著作还有《反

---

① 在此之前的 1960 年,历史学家梅因(Jackson Turner Main)已经从社会经济的视角开始了对反联邦党人的研究,其著作为《反联邦党人:宪法危机 1781—1788》。参见 Jackson Turner Main,*The Anti-Federalists:Critics of the Constitution*,1781—1788,New York:W. W. Norton,1974。

② 参见 Murray Dry,*The Anti-Federalist:an Abridgement of the Complete Anti-Federalsit*,edited by Herbert . J. Storing,Chicago:University of Chicago Press,1985,p. 4。

③ See ibid.

④ *The Essential Antifederalis*,edited by W. B. Allen and Gordon Lloyd,associate editor,Margie Lloyd,Lanham,MD:Rowman & Littlefield,2002.

⑤ David J. Siemers,*The Antifederalists:Men of Great Faith and Forbearance*,Lanham,Md.:Rowman & Littlefield Publishers,2003.

对宪法：从反联邦党人到现在》①、《联邦党人、反联邦党人与美国早期政治传统》②、《反联邦党人与美国早期政治思想》③，等等。

美英之间的战争使美国获得了独立，也给美国人民留下深深的战争阴影。第二次世界大战后的经济萧条更加深了人们对战争与暴力的厌恶。人们怀念殖民地时代的相对和平与自由，尽管人们并不希望回到那个过去。④战争使联邦党人和反联邦党人都在思索，通过什么样的办法既可保有自由与幸福，又可以避免战争与暴力。联邦党人通过深思熟虑选择了成文宪法，他们试图以制度设计的方式规避暴力，把冲突控制在宪法的制度框架之内。反联邦党人对联邦党人为了尽快通过宪法而忽视的一些因素投入了更多的关注。他们认为拟议宪法存在非常严重的漏洞和缺陷，宪法会激化人们之间的冲突，政府权力的过大则会剥夺人民的自由与公民的基本权利。尽管如此，他们还是同意新宪法试行。当然这是一个默许，而不是完全地拥护。⑤ 在反联邦党人的坚持下，联邦党人为了使宪法得以批准，也作出了让步。最重要的是，联邦党人接受把权利法案与人权原则捆绑进拟议宪法，作为宪法批准的前提条件。联邦党人承认宪法授予政府的权力是有限的，联邦的权力仅限于宪法列举的权力。⑥

但是反联邦党人的作品在联邦党人话语霸权下却被视为写得很糟糕的传奇故事和可怕的畸形怪物。联邦党人认为反联邦党人把所描写的一切东西的色彩和形状全都加以歪曲和丑化，把它所讲到的每种东西都变为怪

163

---

①　*The Case against the Constitution: from the Antifederalists to the Present*, edited by John F. Manley and Kenneth M. Dolbeare, Armonk, N. Y.：M. E. Sharpe, 1987.

②　*The Federalists, the Antifederalists, and the American Political Tradition*, edited by Wilson Carey McWilliams and Michael T. Gibbons, New York：Greenwood Press, 1992.

③　Christopher M. Duncan, *The anti-federalists and Early American Political Thought*, DeKalb, Ill.：Northern Illinois University Press, 1995

④　参见 David J. Siemers, *Ratifying the Republic: Antifederalists and Federalists in Constitutional Time*, Stanford, Calif.：Stanford University Press, 2002, p. xi。

⑤　See ibid., p. xii.

⑥　See ibid.

物。① 联邦党人指责反联邦党人在"阅读新宪法时,不仅早已有苛评之意,而且预先就决定进行谴责"。②

联邦党人的批评有一定的道理,反联邦党人的言论确实有过激、简单化的一面。以笔名联邦自耕农(Federal farmer)、布鲁图斯(Brutus)、加图(Cato)、塞提那(Centinel)为代表的反联邦党人并没有系统深入的论点论证,如塞提那的言论就好似特定时期内针对有些狡猾与疏忽的听众的一系列自发无章的演讲,而不是针对一定主题有计划的深入阐释。③ 不过,联邦党人也使用了罗马人论辩中贬损对手惯用的夸张修辞手法。④ 麦迪逊批评反联邦党人没有一致的思想和意见时即是如此。⑤ 反联邦党人的理论虽然不像联邦党人那样富有"党派性",但他们政治思想还是清晰可辨的,他们对拟议宪法的批评源自于他们特定的政治理论与政治主张。⑥ 反联邦党人在许多问题上具有共同的观点与意见,他们主张共和法治,偏好小共和国的

---

① 参见[美]汉密尔顿、杰伊、麦迪逊:《联邦党人文集》,程逢如、在汉、舒逊译,北京:商务印书馆1980年版,第143—144页。

② 同上书,第179页。

③ 参见 Murray Dry, *The Anti-Federalist: an Abridgement of the Complete Anti-Federalsit*, edited by Herbert. J. Storing, Chicago: University of Chicago Press, 1985, p. 7。

④ 达尔把麦迪逊看做是一个高超的修辞家,他认为麦迪逊的理论缺少逻辑性,具有厚重的意识形态色彩。(参见[美]罗伯特·达尔:《民主理论的前言》,顾昕、朱丹译,北京:三联书店1999年版。)

⑤ 参见[美]汉密尔顿、杰伊、麦迪逊:《联邦党人文集》,程逢如、在汉、舒逊译,北京:商务印书馆1980年版。斯托林亦认为不存在为所有反联邦党人所接受的共同立场,他认为,反联邦党人在宪法论辩中失败的原因并不是因为他们不够聪明,而是因为他们试图调和矛盾,因而导致他们的观点较弱。(参见[美]赫伯特·J. 斯托林:《反联邦党人赞成什么——宪法反对者的政治思想》,汪庆华译,北京:北京大学出版社2006年版,第131页。)

⑥ 联邦党人的政治思想作为一个整体比反联邦党的政治思想人更加清晰统一,但其内部也存在张力,这突出表现在汉密尔顿和麦迪逊之间。联邦党人政治思想的一致性随着联邦党人的胜利以及《联邦党人文集》的出版及其对后人的巨大影响更是得到了强化。对联邦党人政治思想一致性的质疑参见 Douglass Adair, "The Authorship of the Disputed Federalist Papers" part 2, *William and Mary Quarterly* April and July 1944, 以及 Aplheus Mason, "The Federalist—a Split Personality," *American Historical Review* LVII, no. 3(1952). Gottfrid, The federalist, Baltimore, 1960。(参见 Murray Dry, *The Anti-Federalist: an Abridgement of the Complete Anti-Federalsit*, edited by Herbert. J. Storing, Chicago: University of Chicago Press, 1985, p. 5, 注释8。)

形式；质疑代议制民主的民主性而主张直接民主；主张个人自由优先于国家目的；强调公民教育、政府责任和议会主权。"不过，要找到所有反联邦党人都一致同意的见解确实不容易。"①反联邦党人提出的反对观点及其理由有的时候其本身就是自相矛盾、相互冲突的。就是在批准宪法这样的关键环节上，反联邦党人的意见也都不一致。有些人主张宪法的批准一定要附加《人权法案》，有些人则觉得无所谓。甚至反联邦党人这个称号本身都是很难界定的，著名的反联邦党人爱蒙德·伦道夫就曾一度站在了联邦党人的阵营内。有的时候，要想将反联邦党人与联邦党人区别开来确实不是件容易的事情。如果将反联邦党人与联邦党人进行重组，他们是可以重新混合的。一言以蔽之，反联邦党人和联邦党人对于政治生活的目的，对于竞争性政体的选择都持有相同的见解，他们都是共和主义的服膺者，他们的差异是家族内部的矛盾。②　相对于联邦党人，反联邦党人的共和主义具有更强的悲观性，他们的共和主义在某种程度上具有更多的古典性。

165

一、共和政体：州主权与小共和国

联邦党人认为"公共防务和公共福利"是政府的主要目标，为了达到政府的这个目标，自由人民应该授予和政府任务相称的坚强权力。③　反联邦党人对联邦党人的"政府功能论"表示了完全相反的认识，他们认为保护个人权利是政府的根本性目标，也是政府的合法性根本之所在。而保护个人权利是小共和国的优势所在，因此，反联邦党极力主张州的独立主权④，反

---

① Murray Dry，*The Anti-Federalist*：*an Abridgement of the Complete Anti-Federalsit*，edited by Herbert . J. Storing，Chicago：University of Chicago Press，1985，p. 3.

② See ibid.

③ 参见［美］汉密尔顿、杰伊、麦迪逊：《联邦党人文集》，程逢如、在汉、舒逊译，北京：商务印书馆1980年版，第114—118页。

④ 关于联邦和州双主权理论的阐发参见斯托林编辑的《反联邦党人全集》中的塞提那文集（2.7.99—100）。1997年，在"普林茨诉合众国"案中，最高法院否决了1993年《布莱迪防止手枪暴力联邦法案》中的规定，即要求州的工作人员审查欲购手枪者的背景。最高法院裁定，该规定违反了"各州拥有独立主权这一原则"。这是最高法院承认州独立主权的典型案例。（［美］施密特、谢利、巴迪斯：《美国政府与政治》，梅然译，北京：北京大学出版社2005年版，第67页。）

对联邦党人的大共和国主张。① 甚至反联邦党人提出《权利法案》也主要是限制联邦政府的权力,直到宪法第十四次修正案于 1868 年被批准,《权利法案》对公民权利的保护才适用于各州。《权利法案》的第十条更是明确宣示,宪法未授予全国性政府,也未禁止给各州的权力由各州或人民保留。拟议中的联邦政府权力从表面上来看似乎是有限的,但宪法的序言、联邦的征税权、保持常备军的权力、联邦的司法权力以及宪法的必要与适当条款给予了联邦政府绝对与不可控制的权力,这使联邦政府成为一个单一制的国家而不是各邦的联合体。②在这种基调之下,国家利益、公共福利必然会被进行扩大化的解释。③ 这就会导致联邦权力超出人民的控制,联邦官员为了自己的私利而滥用公共权力就成为一种必然。④ 宪法的最高权力条款、必要与适当条款、宪法的可修正性、人权法案的缺失都将导致联邦权力的恶性扩张以及民众权利的消失。⑤ 联邦自耕农对政府的各分支机构都进行了批评,尤其是众议院的小规模、参议院中的权力混合。他指出,宪法给予联邦政府的权力如此巨大,联邦政府本身又缺陷重重,这就注定了拟议政府专制

166

---

① 联邦党人认为联邦利益具有至上性,但是在理论上,他们并不否认各州的自主权与平等权。普布利乌斯认为,交付联邦政府的权力对保留给各州的权力来说并不怎么可怕,因为它是达到联邦目的所必不可少的。对一切猜想州政府会因而消灭的惊慌的最好解释,必须归因于制造这些猜想的人们的莫名其妙的恐惧。(参见[美]汉密尔顿、杰伊、麦迪逊:《联邦党人文集》,程逢如、在汉、舒逊译,北京:商务印书馆 1980 年版,第 245 页。)美国宪法奉行权力地方保留原则,联邦只拥有宪法授予的权力,凡是没有明显地从各州移归联邦的一切权力仍由各州行使。而且由于反联邦党人主张个人权利的实现依赖于州,从而被联邦党人批评为州权论者。但值得注意的是,自 1803 年马伯里诉麦迪逊案后联邦掌握了宪法的解释权,州权的空间仅存于联邦法官的解释之间。在案件审理中,联邦最高法院只接受具有联邦全局性质、事关国家重大政策、法律性的案件;联邦最高法院没有义务受理一切上诉到最高法院的案件,它对案件的管辖具有选择权。按照麦迪逊的宪法解释理论,法官在进行宪法解释的时候本应处于严格与宽泛之间,即要保障联邦的总体利益,也不能忽视各州的宪法权益,但在很多情况下,法官们处在两极之上。(关于麦迪逊的宪法解释理论参见[美]汉密尔顿、杰伊、麦迪逊:《联邦党人文集》,程逢如、在汉、舒逊译,北京:商务印书馆 1980 年版,第 231 页。)

② 参见 Murray Dry, *The Anti-Federalist: an Abridgement of the Complete Anti-Federalsit*, edited by Herbert . J. Storing, Chicago: University of Chicago Press, 1985, pp. 110 – 113, p. 133, p. 151。

③ See ibid. , pp. 134 – 135, pp. 142 – 143, pp. 166 – 167.

④ See ibid. , p. 116.

⑤ See ibid. , p. 27, pp. 55 – 60.

统治的必然结局。①

在反联邦党人的政治理论中,强大的联邦国家必然是反对个人自由的集权政府,各邦政府作为一个总体国家不可能是自由的政府。共和国只能在小范围内存在生长,大共和国由于内在不可调和的派系冲突,必然导致专制的产生和自由的覆灭。"应该拒绝新宪法,因为它不是各州的邦联,而是管理众人的政府",拟议中的联邦权力对各州将产生颠覆性的影响②,相对于联邦,州权必须具有优先性。宪法中对联邦权优先性的主张必然导致州权的削弱甚至覆灭,结果就是消灭个人权利与自由的手段。而且,共和政体只适用于小国,在美国这样一个疆域广袤、人口众多的国家代表制度是不可行的。③ 在美国这样领土广阔、国民众多的国家采用共和政体必然会导致腐败与专制,扩张后的罗马共和国的命运就是未来美利坚合众国的前车之鉴。

反联邦党人对州独立主权与个人权利的重视来自于英国王制对美洲十三个殖民地的压迫教训,也来自于罗马君主专制对自由戕害的经验。塞提那是最多产的反联邦党人评论家④,他指出宪法赋予联邦政府过于强大的权力,尤其是联邦征税权与司法权。⑤ 这使新宪法事实上消灭了独立的州而代之于一个总体政府,这个总体政府又是建立在不平等原则的基础之上,这是颠覆真正联邦的行为。⑥ 这样的政府不过是徒有共和的形式,犹如罗马的恺撒,他在篡取了人民的自由以后,仍然还保留着罗马共和的官制与

---

① 参见 Murray Dry, *The Anti-Federalist: an Abridgement of the Complete Anti-Federalsit*, edited by Herbert . J. Storing, Chicago: University of Chicago Press, 1985, p. 26, pp. 42 – 43.

② [美]汉密尔顿、杰伊、麦迪逊:《联邦党人文集》,程逢如、在汉、舒逊译,北京:商务印书馆1980 年版,第 187 页。

③ 参见 Murray Dry, *The Anti-Federalis: an Abridgement of the Complete Anti-Federalsit*, edited by Herbert . J. Storing, Chicago: University of Chicago Press, 1985, p. 114。

④ See ibid. , p. 7.

⑤ See ibid. , p. 8.

⑥ 参见 Centinel Letter III, in *The Essential Antifederalist*, edited by W. B. Allen and Gordon Lloyd, associate editor, Margie Lloyd, Lanham, MD: Rowman & Littlefield, 2002, p. 238。

形式。①

佐治亚人（Georgian）表达了和塞提那同样的焦虑。他承认邦联宪法确实存在缺陷，但拟议宪法破坏了联盟州之间的独立和自由，违反了结盟中的平等与公正原则。他倡议同胞们本着对祖国的热爱修正宪法，以阻止任何可能的野心家阴谋得逞，保持各州之间的平衡与和谐。②

阿格里帕（Agrippa）③指出，在美国这样一个大国实行联邦共和制是不可行的，由于美国的多样性，只有邦联共和制才是可行的。④ 作为更加坚定的州权主义者，阿格里帕认为每个州都有自己的优势和特长，宪法设计者的忽视地方利益的联邦共和制是徒劳的。人们组成社会是着眼于自己的利益，而不是为了促进他人私利，只有保护各州人民关心的地方利益，才能维护全国的利益。要求忽视个人利益、地方利益是颠覆自由政府的基础。⑤连接各州的纽带是商业⑥，宪法必须嵌入《人权法案》，必须从根本法上限制联邦的权力，保持各州的独立与平等，给予它们保卫各州公民权利的充分权力。⑦ 正义政府的目的在于人民的福祉。美国南北地区的风俗习惯差异很

---

① 参见 Centinel Letter III, in *The Essential Antifederalist*, edited by W. B. Allen and Gordon Lloyd, associate editor, Margie Lloyd, Lanham, MD: Rowman & Littlefield, 2002, p. 239.

② 参见 Essay by a Georgian 15 November 1787, in *The Essential Antifederalist*, edited by W. B. Allen and Gordon Lloyd, associate editor, Margie Lloyd, Lanham, MD: Rowman & Littlefield, 2002, p. 250。

③ 罗马的阿格里帕出身于平民阶层，是恺撒式大众民主的追随者。恺撒死后，阿格里帕追随恺撒的传人屋大维，成为屋大维得力助手、亲密战友、女婿。

④ 参见 Murray Dry, *The Anti-Federalist: an Abridgement of the Complete Anti-Federalsit*, edited by Herbert . J. Storing, Chicago: University of Chicago Press, 1985, p. 228, pp. 234 – 236。

⑤ 参见 Agrippa letter VII, in *The Essential Antifederalist*, edited by W. B. Allen and Gordon Lloyd, associate editor, Margie Lloyd, Lanham, MD: Rowman & Littlefield, 2002, pp. 260 – 261, 以及 Agrippa letter XII, in *The Essential Antifederalist*, edited by W. B. Allen and Gordon Lloyd, associate editor, Margie Lloyd, Lanham, MD: Rowman & Littlefield, 2002, p. 270。

⑥ 参见 Murray Dry, *The Anti-Federalist: an Abridgement of the Complete Anti-Federalsit*, edited by Herbert . J. Storing, Chicago: University of Chicago Press, 1985, pp. 243 – 244。

⑦ 参见 Agrippa letter IX, in *The Essential Antifederalist*, edited by W. B. Allen and Gordon Lloyd, associate editor, Margie Lloyd, Lanham, MD: Rowman & Littlefield, 2002, p. 263, 以及 Agrippa letter XII, in *The Essential Antifederalist*, edited by W. B. Allen and Gordon Lloyd, associate editor, Margie Lloyd, Lanham, MD: Rowman & Littlefield, 2002, p. 269。

大,南北人民要求的政治制度也就必然存在区别,立宪必须顺应风俗。强求一致是非常荒谬的,只会让人民不幸福。① 布鲁图斯也表达了同样的焦虑,他认为美国的多样性和共和国所要求的单纯性是格格不入的;在美国这样一个大国,国家的法律不可能获得人民的一致认同;立法机构也不可能拥有足够的智慧与时间来制定和国家各邦相适合的法律。② 反联邦党人确认,宪法设计者的联邦共和实质是专制的国家主义。共和是使人民的财产和人身免于侵害的最佳宪政模式,它的稳定性和生机活力没有任何一种政体可以超越。在联邦共和架构下每个州都有制定和改变自己法律的权力,而不受任何外在的干涉。③

布鲁图斯指出拟定政府看上去似乎是自由政府,这就如镀金的药丸很可能是致命的毒药。事实是,新宪法结构并不能支持自由,尽管它的外表被自由、安全等诸如此类的美好价值所装饰。宪法建构的总体政府必然以自由的牺牲为代价,这不是一般危险,而是非常危险。④ 联邦自耕农则指出拟议宪法只具有部分联邦的性质,它的内在规则使联邦成为事实上的单一国家。⑤ 在美国这样一个多样性领土的大国,是不可能支持自由平等的政府的。⑥

二、直接民主:民治政府与代议制民主的反民主性

在宪法批准会议的争论中,纽约是代表制度讨论最充分、最激烈的地

---

① 参见 Agrippa letter XII, in *The Essential Antifederalist*, edited by W. B. Allen and Gordon Lloyd, associate editor, Margie Lloyd, Lanham, MD: Rowman & Littlefield, 2002, p. 265。

② 参见 Murray Dry, *The Anti-Federalist: an Abridgement of the Complete Anti-Federalsit*, edited by Herbert . J. Storing, Chicago: University of Chicago Press, 1985, p. 104, pp. 114 – 116。

③ 参见 Agrippa letter XII, in *The Essential Antifederalist*, edited by W. B. Allen and Gordon Lloyd, associate editor, Margie Lloyd, Lanham, MD: Rowman & Littlefield, 2002, p. 266。

④ 参见 Brutus Essay III 15 November 1787, in *The Essential Antifederalist*, edited by W. B. Allen and Gordon Lloyd, associate editor, Margie Lloyd, Lanham, MD: Rowman & Littlefield, 2002, pp. 249 – 250。

⑤ 参见 Murray Dry, *The Anti-Federalist: an Abridgement of the Complete Anti-Federalsit*, edited by Herbert . J. Storing, Chicago: University of Chicago Press, 1985, p. 26。

⑥ See ibid. , p. 26, p. 39.

方。汉密尔顿的代表制理论遭到了麦伦卡顿·史密斯(Melancton Smith)的有力反击。他认为拟议宪法中的代表模式需要改进,因为这种模式中代表的规模太小,他还强调代表中除贵族代表之外,还应该容纳一定比例的中间阶层。①

宾夕法尼亚州1776年的宪法被誉为民主的第一次胜利。在此宪法模式下,立法机构拥有主导性的权力,行政机构与司法机构的行动依赖于立法机构。② 反联邦党人偏爱直接民主,他们认为宾夕法尼亚州的宪法保护了普通民众尤其是自耕农的利益。③ 政府运行的方式是说服而不是武力,人民有权对统治者进行控制。因而,联邦自耕农强调众议院的规模必须扩大,民众的声音必须凸显。尽管参议院在宪制结构中是有用的,但必须缩短参议院议员的任期,参议院议员必须是可召回的。④ 在制宪会议上,梅森强调联邦由人民直接选举产生,要关注各个阶层人们的权利,对于最底层公民的权利和幸福的关怀不能少于最上层公民。⑤ 反联邦党人从不认为自己是民主政治的追随者,他们更喜欢被称作为宪法共和主义者。⑥ 反联邦党人认为,在一个领土广阔、属民众多的国家是不可能采用民主政制的,只能采用小共和国联邦的形式。⑦ 在反联邦党人的政体理论中,直接民主和共和政

---

① 参见 Murray Dry, *The Anti-Federalist: an Abridgement of the Complete Anti-Federalsit*, edited by Herbert . J. Storing, Chicago: University of Chicago Press, 1985, pp. 331 – 332.

② 宾夕法尼亚州的宪制也没有完全遗忘罗马,宪法试图通过每七年一次的审查机制来控制一院制的立法机构。(参见 M. N. S. Sellers, *American Republicanism: Roman Ideology in the United States Constitution*, New York: New York University Press, 1994, p. 56。)

③ 参见 Murray Dry, *The Anti-Federalist: an Abridgement of the Complete Anti-Federalsit*, edited by Herbert . J. Storing, Chicago: University of Chicago Press, 1985, p. 199。

④ See ibid. , pp. 28 – 29.

⑤ 参见[美]玛丽·莫斯特:《美国宪法:实现良治的基础》,刘永艳、宁春辉译,北京:中央党校出版社 2006 年版,第 123、137 页。

⑥ 参见 *The Essential Antifederalist*, edited by W. B. Allen and Gordon Lloyd, associate editor, Margie Lloyd, Lanham, MD: Rowman & Littlefield, 2002, p. Vi. 以杰克逊·特纳·梅恩为代表的一些学者却认为反联邦党人是大众民主的捍卫者,参见 *The Case Against the Constitution: from the Antifederalists to the Present*, edited by John F. Manley and Kenneth M. Dolbeare, Armonk, N. Y. : M. E. Sharpe, 1987。

⑦ 参见 Murray Dry, *The Anti-Federalist: an Abridgement of the Complete Anti-Federalsit*, edited by Herbert . J. Storing, Chicago: University of Chicago Press, 1985, p. 8, pp. 16 – 18。

体并不是矛盾的,在共和原则和宪法的限定下,直接民主的弊端是能够容忍的。① 在他们的眼中,拟定宪法具有国家主义的潜质,联邦党人所谓的代议制民主实际上是贵族政治,普通民众只具有有限的民主权利。②

联邦自耕农是任何研习反联邦党人政治思想的人必须系统认真研究的③,他是直接民主的爱好者,更是典型的宪法共和主义者。他虽然强调增强议会的人民性,但坚决反对纯粹的民主政治,而主张各阶级的共和。因为贵族和普通民众都有自己的特点④,他们只有相互依赖才能保证社会的和谐。好的宪法和法律必须反对授予社会的某一部分人更多的权力和更高的社会地位,而打压贬损社会的另一部分人。他还引用孟德斯鸠的名言来论证每一个公民都有分享政府权力的权利:自由政府的每一个人都是自由政府的代表,立法机关应该依赖于这个国家中的全体人民或者他们的代表。⑤

反联邦党人认为全体人民是共和国自由的保障,也只有依靠全体公民的美德力量才能摆脱专制的命运,对他们来说,联邦党人把共和国的命运仅仅寄托在少数社会精英的德性和荣耀之上是愚蠢至极的。

阿格里帕引用罗马、迦太基以及其他国家的经验历史证明共和国的繁荣起因于每个公民都对国家的立法以及其他公共事物的积极参与和影响力,这样才导致公民对国家整体利益的遵从。⑥

布鲁图斯指出按照人类事务的普遍规律,天然贵族会被选为公权的执

171

---

① 在反联邦党人的理论中,民主政治就是雅典式的纯粹民主;直接民主并不是纯粹民主的表现形式,而是共和政体下的民主表现形式。反联邦党人倡导的直接民主是在宪法规制下的共和。

② 麦迪逊在《联邦党人文集》第 39 篇中详细论述了新宪法和共和政体本原则的一致性。

③ 参见 Murray Dry,*The Anti-Federalist: an Abridgement of the Complete Anti-Federalsit*,edited by Herbert . J. Storing,Chicago:University of Chicago Press,1985,p. 23。

④ 贵族拥有更强的荣誉感、能力、知识和野心,民众则更少野心,更具诚信的品格。节俭勤劳的商人是自由的倡导人,自耕农则拥有自己的财产,具有坚定的信念和习惯。参见 Federal Farmer Letter VII,in *The Essential Antifederalist*,edited by W. B. Allen and Gordon Lloyd,associate editor,Margie Lloyd,Lanham,MD:Rowman & Littlefield,2002,pp. 278 – 279。

⑤ 参见 Federal Farmer Letter VII,in *The Essential Antifederalist*,edited by W. B. Allen and Gordon Lloyd,associate editor,Margie Lloyd,Lanham,MD:Rowman & Littlefield,2002,pp. 276 – 279。

⑥ 参见 Agrippa Letter XII,in *The Essential Antifederalist*,edited by W. B. Allen and Gordon Lloyd,associate editor,Margie Lloyd,Lanham,MD:Rowman & Littlefield,2002,pp. 266 – 267。

掌者,财富也一定会产生自己的影响力。这些贵族、富人还天生具有党派倾向,这就使作为国家主体的绝大多数自耕农被排除在议会代表之外。因此,必须扩大议会代表的总量,参议院也应该按各州人口数确定代表数额,而不是不论大小州一律两名。只有这样才能使议会内融入更多的平民代表,才能有效防止腐败和贿赂。如果不是这样,那就不可避免地导致少数人对多数人的压迫。历史经验证明,在这种情况下,我们必然或迟或早陷入一个人或少数人的专制统治之下。理想的对策是,每个阶级在议会中都应该有自己的代表,每个行业都应按其人数选定代表。由于美国比英国人口多,领土大,而且风俗习惯各异,因此,议会总代表数理应多于英国,在现阶段,这个数字确定为 2000 名比较合适。① 联邦自耕农也主张增加代表的总量,降低单一代表的影响力,保证人民拥有财富和武力的权利,实行平等的代表制,保证政府的人民性质。②

三、个体自由:天赋权利与有限政府

共和国是自由公民的个体集合,个体自由是人的天赋权利。正是在这个理论假设的前提基础上,反联邦党人认为国家的目的首先在于实现个人的天赋权利,而不是国家的荣光。"伟大公民政府的目的,在于保护弱势群体免受强大政府权力的压迫,在于保障每位公民的平等自由。"③但是,帕特里克·亨利批评道,拟议宪法追求的是荣耀与财富而不是自由。对帕特里克·亨利(Patrick Henry)来说,自由比联合更重要,个人比联合体更具有优

① 参见 Brutus Essay III 15 November 1787, in *The Essential Antifederalist*, edited by W. B. Allen and Gordon Lloyd, associate editor, Margie Lloyd, Lanham, MD: Rowman & Littlefield, 2002, pp. 253 – 257。

② 参见 Federal Farmer Letters VII、IX, in *The Essential Antifederalist*, edited by W. B. Allen and Gordon Lloyd, associate editor, Margie Lloyd, Lanham, MD: Rowman & Littlefield, 2002, p. 275, pp. 280 – 281。

③ Murray Dry, *The Anti-Federalist: an Abridgement of the Complete Anti-Federalsit*, edited by Herbert. J. Storing, Chicago: University of Chicago Press, 1985, p. 10.

先性。① 他强烈反对授予总统召集民兵的权力和赋予国会征税的权力。②

以塞提那、麦伦卡顿·史密斯(Melancton Smith)为代表的反联邦党人对个人自由十分重视。史密斯提出,联邦政府的征税权是没有限制的权力,对联邦政府的权力必须精心设计制衡的机制。③ 也就是说,反联邦党人的国家观是消极的,国家机器不应该拥有过多的权力,应该对国家权力进行清晰明确的界定,并且它只有在个人权利诉求的时候才能"出场"。联邦党人引以为豪的复杂宪法系统,在反联邦党人看来恰恰是给予了政府任意扩展自己权力,危害公民权利与自由的空间。联邦党人因为鼓吹积极国家、扩大国家权力而被反联邦党人斥为"国家主义者",所谓联邦党人的名称,只不过是国家主义者的伪装。因此,反联邦党人倾向于在邦联的基础上构建新的宪法系统,这主要是由于邦联条款是州主权的宣言书,它承认最高权力在于州,中央政府无权直接对人民行使权力。在制度上具体表现为:没有独立的邦联法院,邦联法律由各州法院实施;邦联国会代表由州议会选举,并服从州的意志,否则可被州罢免;邦联不具有征税权;不设置独立的行政部门;邦联条款在获得各州一致同意的基础上才可以修正。

反联邦党人对个人权利的重视源于他们对人性恶的面相的体认。塞提那呼吁宪法与法律的制定与批准需要审慎,拟议中宪法并没有很好地认识到人性之恶,给予政府的权力过大,宪法的修正条款也是虚假不可靠的,这违反了对统治权力谨慎的原则。这将极大地威胁到州的权利和人民的自由,这在《权利法案》缺席的情况下尤其严重。塞提那指出,宪法过分重视贵族在政府权力中的地位,缺少对人民自由进行保护的人权法案,如果人民批准这部宪法,将会陷入宪法设计者的专制陷阱,而丧失他们宝贵的自

173

---

① Murray Dry, *The Anti-Federalist: an Abridgement of the Complete Anti-Federalsit*, edited by Herbert. J. Storing, Chicago: University of Chicago Press, 1985, p. 294.

② 参见[美]玛丽·莫斯特:《美国宪法:实现良治的基础》,刘永艳、宁春辉译,北京:中央党校出版社 2006 年版,第 113 页。

③ 参见 Murray Dry, *The Anti-Federalist: an Abridgement of the Complete Anti-Federalsit*, edited by Herbert. J. Storing, Chicago: University of Chicago Press, 1985, p. 332。

由。①这种危险是潜在的,但随时都可能触发,就如古代的特洛伊木马。②

佐治亚人认为宪法应该建立在民主政府的基础之上,要符合共和自由原则,保障个人的独立性。③ 虽然制宪者的目的在于国家的公共善,但是拟议宪法并没有足够的力量阻挡苏拉或者屋大维。可能某一天,他们就会摧毁我们宝贵的自由,践踏我们神圣的权利。④ 因而,人民明智的做法就是充分吸取借鉴《独立宣言》的精神与原则。必须反对联邦的无限征税权与和平时期的常备军制度,必须建立民事与刑事案件的陪审团制度。⑤ 正如托克维尔所说,陪审团本质上是一个政治机构,它是人民主权的一种表现形式,它意味着将人民本身提升到法官的地位。陪审团制度意味着对政府及其官僚权力的不信任与提防,反联邦党人认为人民自己审理自己的案件才能保证司法的公正性和民主性。反联邦党人还坚持确立出版自由制度,不能让议会拥有毁灭性的权利,不能让某个政治结构拥有特别的权力,必须保证各机构权力间的平衡。只有这样的政府才能长久,才是我们以及我们子孙后代的福荫。⑥

① 参见 Centinel letters III、IV, in *The Essential Antifederalist*, edited by W. B. Allen and Gordon Lloyd, associate editor, Margie Lloyd, Lanham, MD: Rowman & Littlefield, 2002, pp. 36-240。

② 参见 Centinel letter IV, in *The Essential Antifederalist*, edited by W. B. Allen and Gordon Lloyd, associate editor, Margie Lloyd, Lanham, MD: Rowman & Littlefield, 2002, p. 241。

③ 参见 Essay by a Georgian 15 November 1787, in *The Essential Antifederalist*, edited by W. B. Allen and Gordon Lloyd, associate editor, Margie Lloyd, Lanham, MD: Rowman & Littlefield, 2002, p. 249。

④ See ibid.

⑤ 联邦党人认为反联邦党人指责拟议宪法否定陪审团制度是毫无依据的。汉密尔顿争辩道:在刑事诉讼方面,宪法明文规定,一切刑事案件由陪审团审判;在民事诉讼方面,宪法既未作明文规定,立法机关可权宜行事。认定宪法中既然明文规定刑事犯罪由陪审团审判,而民事案件未作同样规定,即会危及自由,纯属苛求与反常之举。汉密尔顿还提出,由于衡平法诉讼案件的特殊性,属衡平法诉讼不应由陪审团审判。这是因为,衡平法法庭的首要作用在于使特殊性案件得以例外情况的缘故不按普遍性规则的审理办法。如将此类案件与一般案件同样处理必将使一般规则遭到破坏,此外,适于衡平法法庭审理的案件案情往往复杂,非陪审审理方式所能解决。(参见[美]汉密尔顿、杰伊、麦迪逊:《联邦党人文集》,程逢如、在汉、舒逊译,北京:商务印书馆1980年版,第416、422—423、426页。)宪法最终还确认弹劾案件排除陪审审判原则。

⑥ 参见 Essay by a Georgian 15 November 1787, in *The Essential Antifederalist*, edited by W. B. Allen and Gordon Lloyd, associate editor, Margie Lloyd, Lanham, MD: Rowman & Littlefield, 2002, p. 251。

布鲁图斯强调拟议宪法在人权方面的保障非常欠缺。人权法案是一切自由政府都应该具备的,因为自由政府源于公民的个人权利,无论是州政府还是联邦政府都必须承认人权法案。[①] 此外,拟议宪法中的代表制度仅是名义上的,它的规模太小,不足以代表多样性的人民,不足以提防贵族统治的趋向,不足以选出优秀的公职人员,不足以反对腐败。[②] 必须把所有人口都计算在国家总人口数之中,并以这个为标准来计算各州的议会代表数额,把奴隶称为其他人口,并折算为 3/5 的人口数是有违自由政府原则的,这将导致极端的不平等。[③]

对于布鲁图斯对拟议宪法的不满,阿格里帕表示了同感。他认为,宪法本身应是权利宣言,应是人民自由的保护者。[④] 幸福来源于自由政府和有限政府。[⑤] 但新宪法的特征却是:财富的不平等分配,对奴隶制度的姑息,对底层穷苦百姓的轻忽,对风俗习惯的粗暴解构。[⑥] 阿格里帕还强调拟议宪法赋予议会管制商业、对内对外贸易的无限权力,这必然会产生垄断。议会还拥有无限关税权。这使议会拥有英国议会般的"巴力门主权"[⑦]。这种绝对权力是美国人民过去深受其害的根源,是美国人民不久前用刀剑才摆脱的。[⑧] 联邦自耕农的结论则是,拟议宪法不可能提供自由政府的两个支

175

---

① 参见 Murray Dry, *The Anti-Federalist: an Abridgement of the Complete Anti-Federalsit*, edited by Herbert. J. Storing, Chicago: University of Chicago Press, 1985, pp. 117 – 122。

② See ibid., p. 105, pp. 124 – 131.

③ 参见 Brutus Essay III 15 November 1787, in *The Essential Antifederalist*, edited by W. B. Allen and Gordon Lloyd, associate editor, Margie Lloyd, Lanham, MD: Rowman & Littlefield, 2002, pp. 252 – 253。

④ 参见 Agrippa letter XIV, in *The Essential Antifederalist*, edited by W. B. Allen and Gordon Lloyd, associate editor, Margie Lloyd, Lanham, MD: Rowman & Littlefield, 2002, p. 273。

⑤ 参见 Agrippa letter XII, in *The Essential Antifederalist*, edited by W. B. Allen and Gordon Lloyd, associate editor, Margie Lloyd, Lanham, MD: Rowman & Littlefield, 2002, p. 267。

⑥ See ibid., p. 265.

⑦ 关于英国议会的"巴力门"主权理论,参见[英]戴雪:《英宪精义》,雷宾南译,北京:中国法制出版社 2001 年版。

⑧ 参见 Agrippa letter XII, in *The essential antifederalist*, edited by W. B. Allen and Gordon Lloyd, associate editor, Margie Lloyd, Lanham, MD: Rowman & Littlefield, 2002, p. 268。

柱：立法机构中的真实人民代表权以及人民陪审团制度。因而，这样的宪法及其政府不可能得到人民的信任与服从，法律制度的实施只能依靠欺诈与威胁。①

四、议会主权：人民法律主权

一切公共权力不但来自于人民还应该属于人民，人民不但是政治主权的拥有者，更是法律主权的权利人，这是反联邦党人强调议会主权的理论原则。针对联邦党人对人民主权的抽象化处理，反联邦党人主张议会不但拥有不受任何法律限制的法律制定权，而且当议会的立法权被滥用的时候，人民又随时可以收回授予议会的立法权。

联邦自耕农将政府划分为专制政府与自由政府两类。专制政府依靠暴力维持，自由政府则依靠说服。当然也许没有这么极端的政府。在专制政府下，法律由一人或一些人制定，用刀剑来强制人民服从。在自由政府中，法律由人民或者人民的代表制定，统治的基础在于人民的同意。② 共和国政府应然是自由政府，人民是政府权威的真正源头和主人。③ 以众议院为主体的议会应该成为国家的主权代表，享有共和国的最高权力。④ 反联邦党人倾向于采用议会主权方案来安排国家的公共权力，在法律上，人民是行政权力、司法权力运行的最终裁判者。据此他们对联邦司法机构独立于立法机关的控制进行了批评，他们认为：拟议中的合众国最高法院，作为独立的结构将高居于立法机关之上。最高法院按照宪法精神解释法律之权将使

---

① 参见 Murray Dry, *The Anti-Federalist: an Abridgement of the Complete Anti-Federalsit*, edited by Herbert . J. Storing, Chicago: University of Chicago Press, 1985, p. 26, pp. 39 - 40。

② 参见 Federal Farmer Letter VII, in *The Essential Antifederalist*, edited by W. B. Allen and Gordon Lloyd, associate editor, Margie Lloyd, Lanham, MD: Rowman & Littlefield, 2002, p. 274。

③ 参见 Centinel Letter III, in *The Essential Antifederalist*, edited by W. B. Allen and Gordon Lloyd, associate editor, Margie Lloyd, Lanham, MD: Rowman & Littlefield, 2002, p. 239, 以及 Essay by a Georgian 15 November 1787, in *The Essential Antifederalist*, edited by W. B. Allen and Gordon Lloyd, associate editor, Margie Lloyd, Lanham, MD: Rowman & Littlefield, 2002, p. 249。

④ 麦迪逊在《联邦党人文集》第 38 篇中批评邦联宪法给予议会的权力已经导致了对自由的威胁。

其随心所欲地塑造原来的法律面貌,尤其是其判决将不受立法机关的检查审定。这样合众国最高法院的错误判决与越权行为就无从节制,无法补救。①

但现实是,参加美国立宪会议的 55 名代表多是美国上层社会的代表,出席各州宪法批准会议的代表由当时大约 400 万人口中的 15 万人中选出,在他们制定批准的宪法体系中,国家的主要政治权力掌握在社会精英手中。宪法是少数有产者躲在房间里面的肮脏交易,甚至有人提议,要把记录制宪过程的日志烧毁,以免被人民探究到宪法里面的阴谋,从而蒙骗人民批准宪法。② 联邦党人主张批准宪法的权力在人民,也不过是一种惺惺作态,犹如法国的专制君主要求议会通过他的法令,但是却不能改变或者修订它。③阿格里帕因而批评道,拟议宪法和威尼斯宪章一样,徒有宪法形式,人民根本没有分享到政府的权力。④

塞提那指出,宪法给予了政府太多权力,诸如无限征税权、维持常备军的权力,等等。这就使政府脱离了人民的直接控制,可以任意满足他们的腐败贪欲。⑤ 阴谋者试图获得绝对权力,如果他们的阴谋得逞,人民就没有丝毫自由了。⑥ 共和国面临专制的危局,这样一群人把人民用血和汗换来的

177

---

① 参见[美]汉密尔顿、杰伊、麦迪逊:《联邦党人文集》,程逢如、在汉、舒逊译,北京:商务印书馆 1980 年版,第 404—405 页。

② 参见 Centinel Letters III, in *The Essential Antifederalist*, edited by W. B. Allen and Gordon Lloyd, associate editor, Margie Lloyd, Lanham, MD: Rowman & Littlefield, 2002, p. 240, 以及 Mercy Otis Warren, " History of the Rise, Progress and Termination of the American Revolution", Volume II, chapter XXXI, 1805, in *The essential antifederalist*, edited by W. B. Allen and Gordon Lloyd, associate editor, Margie Lloyd, Lanham, MD: Rowman & Littlefield, 2002. pp. 288 – 289。

③ 参见 Centinel Letter III, in *The Essential Antifederalist*, edited by W. B. Allen and Gordon Lloyd, associate editor, Margie Lloyd, Lanham, MD: Rowman & Littlefield, 2002, p. 239。

④ 参见 Agrippa Letter XIV, in *The Essential Antifederalist*, edited by W. B. Allen and Gordon Lloyd, associate editor, Margie Lloyd, Lanham, MD: Rowman & Littlefield, 2002, p. 274。

⑤ 参见 Centinel Letter IV, in *The Essential Antifederalist*, edited by W. B. Allen and Gordon Lloyd, associate editor, Margie Lloyd, Lanham, MD: Rowman & Littlefield, 2002, p. 242。

⑥ 参见 Centinel Letter VIII, in *The Essential Antifederalist*, edited by W. B. Allen and Gordon Lloyd, associate editor, Margie Lloyd, Lanham, MD: Rowman & Littlefield, 2002, p. 246。

自由葬送了、破坏了。[1] 但是这样的危局一定可以挽回。在这样一个开明的时代,这种鲁莽的企图是十分愚蠢的,是必定要失败的。[2] 事实上,这种公然大胆反对自由的阴谋是没有先例的。古代的暴君也会考虑人民的习惯和感受。[3] 自由和幸福乃是上天所赐的权利,人民会对专制警醒的,就像他们当初对待英国人一样。[4] 阴谋者低估了人民的美德与风骨。[5] 人民已经觉醒,骗局已经被人民所识破。人民决定捍卫自己的自由,甚至在必要的时候,人民将重新拿起他们手中的剑。[6] 塞提那主张给予议会更多的额外权力,为了达到这个目标,人民应该重新召开一个"宪法会议"。[7]

反联邦党人的观点和思想也需要进行深入的研究与分析。他们主张,议会应该成为国家的主权代表,这主要是基于反联邦党人充分相信:一个好人有足够的潜能成为一个好公民。事实上,在反联邦党人这里存在一个暗含的假设,那就是人人都可以成为具有美德的公民,而这种美德就是对大众盲动情绪的最好节制。反联邦党人还强调议会主权和人民权力,其根本原因在于他们对政府权力的忧虑。严格来说,反联邦党人情有独钟的并不是议会主权和大众民主,而是个体权利与自由。议会主权和大众民主只具有保卫和实现个人权利与共和国自由的工具性价值。

五、反对宪法的贵族倾向

参议院是非常重要的宪政结构,它拥有非常强大的影响力与控制力。

---

[1]　参见 Centinel letters IV、VII, in *The Essential Antifederalist*, edited by W. B. Allen and Gordon Lloyd, associate editor, Margie Lloyd, Lanham, MD: Rowman & Littlefield, 2002, p. 243。

[2]　参见 Centinel letter VIII, in *The Essential Antifederalist*, edited by W. B. Allen and Gordon Lloyd, associate editor, Margie Lloyd, Lanham, MD: Rowman & Littlefield, 2002, p. 246。

[3]　See ibid., p. 247.

[4]　See ibid., p. 246.

[5]　See ibid., p. 247.

[6]　See ibid., pp. 244 – 245。

[7]　See ibid., p. 245。由于这个会议的目的在于决定议会的权力,这是属于立宪层面的基本政治问题,这样的会议只能是宪法会议。又由于,塞提那的目的并不在于全面推翻拟议宪法,因而笔者把 convention 翻译为宪法会议而不是制宪会议。

拟议宪法对参议院的设计将使国家政体结构导入永久的贵族制。① 反联邦党人对宪法的批评集中体现在它的贵族制倾向上。②

　　撒路斯特对罗马元老院腐化堕落的描写对反联邦党人影响颇深。贵族统治者的美德并不可靠,他们为了自己的利益可以无视公共利益,可以侵吞人民的利益。帕特里克·亨利批评道,拟议宪法并不具备真正有效的制衡措施与责任制度,整个宪政结构的运行完全依赖于统治者的德性。③ 布鲁图斯指出,宪法确立的代表制度根本不具有代表性,它不能阻止贵族统治的天然趋势,参议院议员的任期太长,应该强调参议院议员的任期制与召回制。④ 参议院内在的立法、司法、行政权力的混合也是十分奇怪的,这必然导致各功能权力的内在冲突。⑤ 麦伦卡顿·史密斯虽然认为参议院对稳定政府有积极作用,但是他坚持任期制与召回制是共和原则的内在要求。⑥ 加图对新宪法的批评则是:参议院是立法机构中非常重要的一支,但它却离人民非常遥远,甚至和人民几乎没有联系。而且,议员们的任期相当长,以至于可以和终身制联系在一起。不且如此,作为立法机关的参议院还和司法权、行政权混合在一起。⑦ 这违反了共和政体的分权原则,具有很浓的贵族制色彩。如果采用这套制度,自由就将被扼杀在摇篮之中。因为任何时候,参议院和行政权力都可以对抗议会多数。⑧

179

　　① 参见 Murray Dry, *The Anti-Federalist: an Abridgement of the Complete Anti-Federalsit*, edited by Herbert . J. Storing, Chicago: University of Chicago Press, 1985, p. 9。

　　② 参见 Centinel letter III, in *The Essential Antifederalist*, edited by W. B. Allen and Gordon Lloyd, associate editor, Margie Lloyd, Lanham, MD: Rowman & Littlefield, 2002, p. 237, 以及 Essay by a Georgian 15 November 1787, in *The Essential Antifederalist*, edited by W. B. Allen and Gordon Lloyd, associate editor, Margie Lloyd, Lanham, MD: Rowman & Littlefield, 2002, p. 250。

　　③ 参见 Murray Dry, *The Anti-Federalist: an Abridgement of the Complete Anti-Federalsit*, edited by Herbert . J. Storing, Chicago: University of Chicago Press, 1985, p. 294。

　　④ See ibid. , p. 189.

　　⑤ See ibid. , pp. 190 – 191.

　　⑥ See ibid. , p. 332.

　　⑦ 参见 Cato Letter VI 16 December 1787, in *The Essential Antifederalist*, edited by W. B. Allen and Gordon Lloyd, associate editor, Margie Lloyd, Lanham, MD: Rowman & Littlefield, 2002, p. 259。

　　⑧ 同上。

　　相对于其他反联邦党人,马里兰自耕农(Maryland farmer)的评论更具有敏锐性和全面性,这尤其表现在他对简单政体结构的偏好和拟议代表制度的批评上。① 作为坚定的贵族反对者,他以一种更加激进和情绪化的语言来提醒他的同胞,千万不要被制宪者的虚假共和承诺所迷惑。拟议中的复杂宪法不但具有贵族倾向,而且已经播下了君主专制统治的种子。② 宪法的设计,将会使包括贵族、商人在内的人们在我们的国家复制英国的那套君主政体模式。③ 宪法试图在这样一种不合理的代表制下建立一个美德的共和国是徒劳的,这就如只有一边轮子的车子,你却要它奔跑。④ 这样的代表制度要么导向贵族统治,要么就是专制统治。

六、公民教育:公民美德与共和国家

　　联邦党人从罗马共和国的衰败中看到了公民德性的脆弱,因而强调制度建构、成文宪法对共和国政体的保障作用。⑤ 不过,他们并没有放弃对公民德性的关注与承认,联邦党人在进行制度设计的时候就认为,有力的法律和制度能够改变人性的腐化状态,有助于培育和保有公民美德。这方面的集中表现就是联邦党人对包括总统、联邦法官、参议院议员在内的社会精英的美德的信任。联邦党人相信,这些社会精英在面临联邦与州、少数与多数、国家与个人利益冲突的时候,必定会以公共利益为先。⑥

---

　　① 参见 Murray Dry,*The Anti-Federalist: an Abridgement of the Complete Anti-Federalsit*,edited by Herbert . J. Storing,Chicago:University of Chicago Press,1985,p. 257。

　　② 参见 Maryland Farmer Essay VII,in *The Essential Antifederalist*,edited by W. B. Allen and Gordon Lloyd,associate editor,Margie Lloyd,Lanham,MD:Rowman & Littlefield,2002,pp. 286 - 288。

　　③ 参见 Maryland Farmer Essay III,in *The Essential Antifederalist*,edited by W. B. Allen and Gordon Lloyd,associate editor,Margie Lloyd,Lanham,MD:Rowman & Littlefield,2002,pp. 281 - 282。

　　④ 参见 Maryland Farmer Essay VII,in *The Essential Antifederalist*,edited by W. B. Allen and Gordon Lloyd,associate editor,Margie Lloyd,Lanham,MD:Rowman & Littlefield,2002,p. 288。

　　⑤ 联邦党人对公民德性的不信任意味着他们对罗马积极公民传统的放弃,而偏好相对消极意义上的立宪公民传统。

　　⑥ 关于以总统为代表的行政执行权在面临这些冲突时候的抉择,参见 Neal Riemer,*James Madison:Creating the American Constitution*,Washington,D. C. :Congressional Quarterly,1986,p. 162。

相对于联邦党人立宪优先、公民美德辅之的立场，反联邦党人的立场则是美德优先、制度次之，但他们和罗马古典共和主义者一样并不否认制度在防止美德堕落、促进美德形成上的作用。[①]

塞提那认为，美德对共和国的维持比政制技术更重要，罗马的衰败就在于其公民美德的衰败与其易失灵的宪法技术。[②] 具有美德的公民是造就正义法律的基础[③]，是保卫共和国最好、最可信赖的力量。这种美德在公民参与政治的过程中又得到训练和完善。反联邦党人对大共和国的反对就在于他们深信共和制推广到大国就会丧失德性，同时也降低了人们政治参与的机会。塞提那认为，由于人类智慧的局限性，约翰·亚当斯的均衡政府是不可能实现的，就是建立了，也是不可能持续的。更重要的是，塞提那认为这样的政府形式不可能保护自由。[④] 塞提那在他的第四篇评论中还指出，拟议政府的运行过多地依赖精致的宪政技艺，而忽略了人民的责任与义务对自由政府运行的功用。[⑤] 自由政府的正确原则在于政府对人民的责任，这样的政府应该是结构简单，短任期制、轮换制的。当然塞提那这里所指的人民是有德性的人民，是财产在他们之间平等分配的人民。[⑥] 塞提那主张一个好政府的形成是人类智慧的结晶，虽然人性贪婪，但共和国的驱动力在于公民无私的爱国心。[⑦]

---

① 参见 Federal Farmer Letter VII, in *The Essential Antifederalist*, edited by W. B. Allen and Gordon Lloyd, associate editor, Margie Lloyd, Lanham, MD: Rowman & Littlefield, 2002, p. 276。

② 参见 M. N. S. Sellers, *American Republicanism: Roman Ideology in the United States Constitution*, New York: New York University Press, 1994, p. 152。

③ 参见 Federal Farmer Letter VII, in *The Essential Antifederalist*, edited by W. B. Allen and Gordon Lloyd, associate editor, Margie Lloyd, Lanham, MD: Rowman & Littlefield, 2002, p. 276。

④ 一些反对者甚至认为亚当斯的理论主张毫无疑问属于君主政治的范畴，参见 *Fairfield Gazette*, 25 July 1787, in ibid., XIII: 174。转引自 M. N. S. Sellers, American republicanism: Roman Ideology in the United States Constitution, New York: New York University Press, 1994, p. 26。

⑤ 参见 Murray Dry, *The Anti-Federalist: an Abridgement of the Complete Anti-Federalsit*, edited by Herbert. J. Storing, Chicago: University of Chicago Press, 1985, p. 9。

⑥ See ibid., p. 8。

⑦ 参见 Centinel Letter III, in *The Essential Antifederalist*, edited by W. B. Allen and Gordon Lloyd, associate editor, Margie Lloyd, Lanham, MD: Rowman & Littlefield, 2002, p. 236。

"普遍和基本的强制就是必需品、需求和饥饿的压力"。① 自由主义者以财产权的极端诉求为中心,必然成为纯粹的资本主义者。资本主义的利润最大化欲望要求市场上有充分可选择的廉价自由劳动力。一旦民众拥有可观的财富,不需要为了维持生存日日劳作,资本主义就失去了利润生发的根基。有人提出征税是为了使人民获得勤劳的美德,加图立即对这种自由主义的思维方式进行了批判,他认为如果人们辛勤劳动的成果被税收吞没了,人民也就丧失了劳动的积极性。加税还会导致商品的价格上升,这样购买者的数量就会降低,商人就会减少商品的进口量,贸易就会枯萎,税收也就跟着枯竭。税负加重还会引起人民的怨言和社会的骚乱,这个时候政府就不得不施加压力,甚至动用暴力,那无异于火上浇油。最恰当的税率是和财产成比例的,选票税则是对穷人的压迫。②

古典共和主义在人性上的基本假设是:人在其本性上是向善的,一个好人有足够的潜能成为一个好公民。共和主义政体下的好公民就是认同共和主义的基本价值——政治自由、民主、平等、共和等、对共和国具有高度忠诚感和使命感的政治人,它是和臣民相对应的一个概念。③ 共和主义下的公民和自由主义下的公民其内涵具有显著的区别。自由主义下的公民理论强调公民的权利,强调国家、民族能为个人权利做什么,而忽视个人对国家、民族的义务与责任。自由主义认为这种责任完全应该靠个人的自觉,它不应该是一项"人民运动"或者"集体行动"。这种政治哲学的极端发展容易导致人们的物质追求倾向,又以自利为首要的政治伦理,结果造成人与人、人与社会、人与国家、人与自然等呈现分裂和异化的状态。

公民道德是使得一个好人成为一个好公民的前提要件。共和主义认为

---

① [英]安东尼·阿巴拉斯特:《西方自由主义的兴衰》,曹海军等译,长春:吉林人民出版社2004年版,第224页。

② 参见 Cato Letter VI 16 December 1787,in *The Essential Antifederalist*,edited by W. B. Allen and Gordon Lloyd,associate editor,Margie Lloyd,Lanham,MD:Rowman & Littlefield,2002,pp. 257—259。

③ 在专制主义或者臣民文化下,虽然也可以形成民众对国家、民族的认同,但这是一种被动消极性的反应;公民概念的背后则蕴涵着民众和国家、民族、公权力的积极互动,甚至是主动的政治参与。

共和主义的公民道德才是真正的公民道德，因而被称为公民美德。公民美德是一种热心公共事务，为国家为人民鞠躬尽瘁，关怀公共善的责任感；是作为共和国公民油然而生的自尊与自豪，是共和国每一个公民都需要具备的基本政治素质，是整个政治社会赖以维系凝聚的基础。只有让公民具备了这种能力，才能使公民在关注自己的个人自由和私利的时候不忘关心公共利益，热心集体事务，在必要的时候，甚至为了公共善的实现而牺牲自己的个人私利。古典共和主义还认为，公民的道德品格并非与生俱来的，只有不断地对公民进行公民美德的教育和训练，才能提高公民的道德境界；而且这种德行的进步并不是只有少数社会精英才能获得，而是对所有普通人开放的。① 因此，古典共和主义主张对公民的美德教育要从小抓起，要让他们从小就明白做一个合格公民的责任和意义，激发他们的公民美德渴望，以维护共和国的整套价值观和社会秩序。古典共和主义的这套公民美德教育遗产被制宪者尤其是反联邦党人接受下来，并且加入了更多的近代人文主义因子。

183

　　反联邦党人认为只要重视教育，公民就能成为有德行的人，而不再是民主暴政与自利的主体。当反联邦党人把目光投向美国宪法的时候，无论在宪法的何处，他们都会看到对公民美德的威胁。② 反联邦党人之所以反对联邦党人商业化主张的重要原因在于商业化会导致公民美德的丧失。塞提那批评商人沉迷于财富之中，盲目地追逐眼前的利益，是最后一个感受到公共自由被威胁的人。③ 反联邦党人认为商业是腐败的源头，是依附关系衍生的土壤，也是导致罗马共和国解体的根源。

---

① 普鲁塔克在《人如何意识到德行的进步》中就表达了这样一种思想。（参见［古罗马］普鲁塔克：《古典共和精神的捍卫——普鲁塔克文选》，包利民等译，北京：中国社会科学出版社 2005 年版，第 142—161 页。）

② ［美］赫伯特·J. 斯托林：《反联邦党人赞成什么——宪法反对者的政治思想》，汪庆华译，北京：北京大学出版社 2006 年版，第 36 页。

③ 参见 Centinel Letter VIII, in *The Essential Antifederalist*, edited by W. B. Allen and Gordon Lloyd, associate editor, Margie Lloyd, Lanham, MD: Rowman & Littlefield, 2002, p. 248。

七、反联邦党人的共和主义

反联邦党人作为一个整体与联邦党人一样都是坚定的共和主义者,他们对美国宪政的贡献是不可抹杀的,但他们的共和主义主张相对于联邦党人具有其独特性,这种独特性主要表现在它的相对悲观性与对公民美德的重视。其中原因在于反联邦党人思考问题的视角迥异于联邦党人。反联邦党人非常注重个人基本权利与自由,并以之作为共和主义国家的主要目标。

这一点首先表现在反联邦党人对民主自治的重视。反联邦党人认为民主自治是个人的重要权利,只有在这种自治的过程中才能实现公民个体的价值与自由。为此,反联邦党人主张民众的直接参与,这被许多共和人士批评为民粹主义的歧途。他们非常关注代表对选民的直接依赖。尽可能加大代表的数量与容量、缩短官员的任期、经常性的轮换制是反联邦党人与联邦党人争论的焦点。

为了人民自治与公共善的实现,反联邦党人认为小共和国是必需的,也是唯一可行的方案。这是反联邦党人主张州主权的根本原因。反联邦党人坚持,幸福的制度设计必须建立在同一的生活背景环境之上,只有小共和国才能保证人们在风俗习惯、语言文化、经济发展水平等方面的同质性,只有在这样的环境下,人民自治才是可能的。大一统的共和国模式,必然要求人们在风俗习惯、语言文化等方面的强制统一,这毫无疑问是一种强迫,是和共和国的目的与宗旨相违背的,在这样的环境下,人民自治也不可能实施。

共和国只有在同质性的土壤中才能生根繁荣。这种同质性突出地表现在共和国公民的品质相似性上。公民之间不能存在明显的差异,必须减少公民在财产、教育、社会地位方面的差异,否则具有突出优势的公民就会谋取不当利益,压迫与不自由就会是它的必然产物。因而,反联邦党人强调共和国在公民教育方面的积极作为,这是为拟议宪法所忽视的。此外,反联邦党人还十分重视宗教的作用,他们认为宗教对共和国的稳定和人民的幸福至关重要。

面对外敌的威胁,为了组织强大的国防,反联邦党人支持州的联合,他们希望建构一个强大的邦联。反联邦党人认为,这种强大的邦联既可以为各州提供强大的国防供给,又可以避免联邦党人的联邦主张对公民自由的压迫。在反联邦党人的视线中,他们才是真正的联邦主义者,他们对各州主权给予了充分的重视,而联邦党人的联邦主张实质上是国家主义的修辞。

第五节　美国宪法中的共和主义

古典政治哲学是美国宪法共和主义的理念基础,历史则为美利坚共和国提供了宪法制度的建构路径。美国宪法中的共和主义就是美利坚民族在特定的历史文化传统、内外部环境中,借鉴历史上的共和主义传统思想及其政治制度,同时又不乏对现实的切实思考与妥协而建构的一种美国宪法框架。

洛克的自由主义理论是美国独立革命的指导意识形态,美国革命的直接结果刺激了绝对民主制的增长和个体权利的绝对扩张,这成为各州的独立与美利坚联合体分离的一条重要因素链。共和政体既能反映各州的民主意志,维护各州及其人民的权利,又可以凝集成强大的联合国家,避免纯粹民主政制的软弱性。共和从而成为美国人民的共同选择。

联邦党人主张精英领导、大众参与的制度共和生活方式,反联邦党人主张人民主导,各阶级、阶层、职业的人们共同参与的公民共和。共和是联邦党人和反联邦党人共同选择的宪法框架。这就决定了他们的共同点是主要的,差异是枝节性的。他们的共识主要表现在以下几个层面:个人权利与自由、国家利益与公共利益、公民美德、宪法权威。

联邦党人承认个人权利与自由的重要性,确认宪法的目的就在于人民的自由与幸福。任何时候不得通过褫夺公权的法案和溯及既往的法律。①

185

---

① 在罗马共和国的宪政体系中,公民的个人权利极大地受制于立法者的道德状况或者说公共利益的优先性。西塞罗为了惩处喀提林阴谋可以无视宪法惯例,克劳狄乌斯为了对付西塞罗可以通过溯及既往的法律。这项法律规定,未经审判就处死罗马公民的行为是非法的,西塞罗便因此受到了惩罚。

相对于联邦党人弱的公民权利保护,反联邦党人则强调公民的基本权利神圣不可侵犯,其提出的十条宪法修正案构成著名的"权利法案",这是一种强的公民权利保护主张。① 在反联邦党人的坚持下,公民的个人权利与自由得到了宪法的明文保护。这主要包括公民的信仰自由、宗教自由、言论自由、出版自由以及财产权、生命权、要求陪审团审判的权利等。权利法案还确定了正当法律程序条款,以及为了自由人民可以反抗暴政的权利。尤为重要的是,权利法案规定宪法列举人民的某些权利,不得被解释为否认或轻视人民所保留的其他权利。

虽然美国宪法中的共和主义渊源于罗马古典共和主义,但它对公民基本权利的保护却是一种创造性的超越。罗马共和国的混合均衡政体无论在理论上还是在实践中都取得了辉煌的成就,但宪法和法律的作用主要并不用来约束国家权力。国家是为实现人民幸福与自由而构建的公共组织,它和人民的幸福与自由是不矛盾的。因而,相对于国家,个人仍然缺乏被承认为不可侵犯的个人权利。发达的自然法观念虽然对国家权力有所制约,却并没有从根本上挑战政治哲学的传统观念。②

联邦党人与反联邦党人都强调爱国主义与政治责任感,但联邦党人着重强调自由政府是个人自由的前提,因而他们推断国家利益与公共善理应先于个人利益。而反联邦党人认为国家的目的首先在于实现个人的天赋权利,而不是国家的荣光。③ 可以见得,联邦党人更多地从正面拥抱了罗马古典共和主义的国家观,反联邦党人则相反。

---

① 从一定程度来说,洛克对政府权力的不信任,对个人权利与自由的强调在反联邦党人身上体现出来了。

② 参见张千帆:《自由的魂魄所在——美国宪法与政府体制》,北京:中国社会科学出版社2000年版,第2页。

③ 严格来讲,反联邦党人偏好的是地方主权而不是公民的个体权利。《权利法案》在其制定之初,反联邦党人的主要目的在于保护州的地方性权力,限制联邦的国家权力,《权利法案》第十条表现尤为明显,它规定宪法没有委托给合众国,也没有禁止各州使用的权力,为各州或其人民所保留。麦迪逊的提案:禁止各州侵犯民众的言论、出版等表达自由权以及在各州建立陪审团制度却被众议院否决了。宪法第十四修正案生效后《权利法案》的内容才得以适用于各州。

由于对公民美德的无比重视,反联邦党人从正面对罗马古典共和主义进行了肯定。不仅如此,他们对普通人民公民美德抱有乐观期望,对罗马共和国的贵族美德优越论进行了批判。在这一点上,联邦党人由于对人性恶历史教训的熟悉,使他们对人性之恶——尤其是普通民众——有了更深的体认,他们更加重视复杂制度和宪法设计对人性恶、权力腐败的预防和制约。但他们并不是人性论上的彻底悲观主义者,他们对罗马古典共和主义仍然怀着一颗朝圣的心,他们把对公民美德的期望仍然放在国家的少数精英身上。但是,他们对精英政治美德的期望是半信半疑的,因此,他们为精英们规划了一个宪法的框架,政治权力的运行必须符合宪法的基本原则和正当程序。

对宪法权威的承认则是联邦党人与反联邦党人的共识。反联邦党人不满的是宪法过于复杂,普通民众无法掌握宪法的要义,这必然使宪法解释成为某些人的专利。别有用心的野心家可能以此恣意篡权,宪法不但不能有效地限制政府权力,保护公民的权利与自由,反而埋下了贵族政治与专制独裁的种子。

美国宪法中的共和主义是与混合政体、法治、代议制、公共利益、公民美德等原则结合在一起的一种政治思想、政体理念,它是对纯粹民主政治、自由主义原则的一种节制或限定。共和主义与自由主义并不兼容,自由和自由主义并不是可以等同的一个概念。共和主义与自由主义虽然拥有相似的内容项,但它们在这些内容项上的价值排序不一样,它们的价值追求目标也是不同的。建立在美国宪法上的共和主义的代议制民主本质上是对民主的反动,是受限制的民主,其中虽然包含民主的因子,却不是当时代人们共识中的民主。现代人以民主为美国宪法的标签原因在于人们对民主概念的泛化与阉割。罗马宪法和美国宪法的一些共和概念具有外在相似性和内在的相通性。通过文本比较与思想抽象归纳的方法,可以确定罗马古典共和与美国现代共和内涵的一致性。罗马的古典共和主义和美国的共和主义的内涵在本质上具有同一性,这不仅仅是文本上的,还是实质性的。当然,强调它们的一致性,并不否认它们之间的差异性。它们之间的最大差异表现在罗马古典共和的法治迥异于美国宪法共和主义中的法治。罗马的法治不具有很强的刚性,没有成文宪法,主要是宪法惯例性质的。美国拥有世界上第一部成熟的成文宪法,法治是刚性的。并且,法治的作用被置于公民美德之上,而公民美德的作用在古罗马则是首位的。

第 三 章
新罗马理论视角下的
美国宪法共和主义

　　以 18 世纪的标准来看,制宪者们制定的宪法可能是富于启蒙精神的,但是,有着更强烈的民主渴望的未来一代会发现宪法的非民主特征是令人生厌的——甚至是不可接受的。这些不断增长的民主渴望在不久的将来获得公开的表达。[①] 共和主义原则在美国宪法中确立以后达到了繁荣的巅峰,但就是在共和主义的成功之巅,它开始走向了没落。还没有等宪法的制定者退出历史舞台,联邦宪法便遭到了严峻的挑战,蕴涵于宪法中的共和原则与精神受到不同程度的破坏,共和主义受到民主主义与自由主义势力的挤压,具有高度凝聚力的美利坚共同体面临巨大的挑战,国家公共善的存在与设定也受到了巨大的挑战。

　　1787 年制宪会议所制定的根本法仍然是美国的宪法,但它是在名义上是而不是在实际上是。宪法的形式是一个经过精心调整的、理想的平衡政体,但现今美国政府的实际结构不过是国会至高无上的一种体制。随着行政首脑的活跃,行政权力又进行了无节制的扩张,而成为替代靠群众会议来

---

　　① 参见罗伯特·达尔:《制宪者示知的世界》,载佟德志编:《宪政与民主》,南京:江苏人民出版社 2007 年版,第 38 页。

治理国家的政治才能。①

　　宪法中的共和主义原则在宪法制定的过程中并没有得到一贯的认同与遵守。这种破坏宪法的动力源自于以杰斐逊、潘恩为代表的自由民主派对个体民主与自由的过度要求。② 共和原则的破坏性力量还源自于反联邦党人对宪法民主性缺陷的不满。民主运动不断扩展,党派政治开始产生,政府的权力日益受到诋毁。美国的民主化运动与自由主义的功利观颠覆了宪法制定者建立一个充满精英美德的强大罗马式共和国的梦想。③ 第二次世界大战更是使人们对法西斯国家主义深恶痛绝,并因而对任何形式的集体利益和公共善心有余悸,由此更加狂热地拥抱个人主义的自由民主主义。当代以哈茨(Louis Hartz)为代表的所谓主流学者决然断定:美国的传统就是一以贯之的洛克式自由民主,除此之外没有其他。④ 因而在美国的传统上没有保守主义、也没有共和主义,如果有,那也是人们虚构出来的假想敌,或者说这些保守主义和共和主义也是自由主义的。⑤

　　面对这种颠覆与解构,自由民主政治的强势让它的反对者举步维艰,但是人们对古典共和主义的向往之火一直没有熄灭,自由民主主义对政治社会的解构更加激发了人们对深植于美国宪法社会中的传统共和价值的缅怀和向往。它的阶段性高潮表现为1955年开始的共和主义复兴运动,其代表性作品为汉斯·巴伦的《文艺复兴初期佛罗伦萨和威尼斯的人文主义和政

---

　　① 参见[美]威尔逊:《国会政体:美国政治研究》,熊希龄、吕德本译,北京:商务印书馆1985年版。

　　② 潘恩作为卢梭民主理论的追随者,他认为立法权优先于行政权;潘恩的政治理论设计具有分权的形式,实际上是人民主权。

　　③ 它的突出表现就是发生在20世纪早期的进步主义运动(progressive movement)。进步主义者对平民大众给予了充分的信任,以群众运动的方式建设大众政府,实现政治、经济民主是他们的目标。他们认为代议制政府的核心就是人民对公共事务的直接参与。杰克逊式的民主取消选民的财产限制,缩短公职的任期;强调以行政权代表人民的意志,反对立法部门的专权。

　　④ 参见[美]路易斯·哈茨:《美国的自由主义传统——独立革命以来美国政治思想阐释》,张敏谦译,北京:中国社会科学出版社2003年版。

　　⑤ 对美国保守主义的论述参见吕磊:《美国的新保守主义》,南京:江苏人民出版社2004年版。对于保守主义的自由主义理路判定,参见刘军宁:《保守主义》,天津:天津人民出版社2007年版。

治学问》。汉斯·巴伦认定佛罗伦萨在抵御对外侵略、反对国内专制的过程中充分体现了共和主义的爱国情怀。在这一复兴运动中,共和主义学者通过理论慎思,找到了宪法中的共和主义传统,他们希望通过复兴这种共和主义来"拯救美利坚共和国",保卫美利坚共和国的共和宪法。以新雅典理论、新罗马理论与共和主义宪法理论为内容的当代共和主义就是这股共和主义复兴大潮的理论结晶。

在西方政治理论领域中,对共和主义进行研究的学派主要是新雅典理论派、新罗马理论派和共和主义宪法派,统称当代共和主义学派。剑桥学派的共和主义,又称新共和主义学派,是当代共和主义思想的主要阵地,其主要代表人物是波考克、昆廷·斯金纳、佩迪特、莫里齐奥·维罗里。新共和主义学派因其共和主义理论源头的主张不同而裂分为新雅典理论派与新罗马理论派。同样是诉诸古典资源,同样是要拯救美国,但两派选择的路向却有所不同。新雅典理论认为共和主义的源头在古希腊,主要是雅典,其主要代表为波考克与阿伦特。阿伦特深受古希腊政治思想的影响,批评西方现代性与极权主义的内在联系;她持一种激进民主主义的共和思想,赞赏美国民主革命对美国自由宪政构建的作用。[1]　波考克则认为马基雅维里的思想是文艺复兴时期公民人文主义复兴的标志,这种公民人文主义源于古希腊的亚里士多德主义。在波考克的共和主义理论中,亚里士多德主义是现代共和主义的根源。他的代表作是发表于 1975 年的《马基雅维里时刻:佛罗伦萨政治思想与大西洋共和主义传统》。[2]　马基雅维里认为共和国的创建有赖于一个德艺双馨的强力人物或者说神圣立法者,共和国的维系则依靠于共和国君主的原生美德和随之派生的普通公民的共和美德。换而言之,罗马共和国的缔造和维持有赖于罗马贵族的美德,只有罗马贵族具有良好

---

① 有关阿伦特的政治思想,可参见 Hannah Arendt, *The Human Condition*, Chicago: University of Chicago Press, 1958; Hannah Arendt, *The Origins of Totalitarianism*, New York: Harcourt Brace Jovanovich, 1951; Hannah Arendt, *On Revolution*, New York: Viking Press, 1963。

② *The Machiavellian Moment: Florentine Political Thought and the Atlantic Republican Tradition*, Princeton, N. J.: Oxford: Princeton University Press, 2003.

的德行,共和国才能够被缔造,才能确保和促进普通公民美德的生发。① 波考克认为,马基雅维里的德性论是亚里士多德"德性主义"的复兴。不难看出,波考克的共和主义理论是典型的公民共和主义理论。他非常强调公民美德、公共善的重要性,具有很浓的古希腊色彩。他在《马基雅维里时刻》中重申了古典共和主义意识形态对建国者的影响力。波考克认为,建国者们的政治指导思想来自于英国辉格党人,而辉格党人的思想又源自于佛罗伦萨。以波考克为代表的新雅典理论具有纯正的亚里士多德主义色彩,是一种和雅典积极自由传统联系在一起,具有较多整体主义、民主主义因子的民主共和主义。因而,新雅典理论对美国宪法中的共和主义的解释力就值得推敲。

在新雅典理论中,法律的地位较低,纯粹是工具性的,犹如希腊国家的法治原则。在很多问题上,这种共和主义已经不再深入人心。他们所提倡的超越代议制的直接民主,现在几乎很少再有人表示赞同。② 而更具主导势力的新罗马理论派则选择了罗马共和国作为破译共和主义密码的起点,其主要代表为昆廷·斯金纳、佩迪特、莫里齐奥·维罗里。新罗马理论更多地和消极自由联系在一起,是一种个人自由偏向的自由共和主义。在新罗马理论中,法律具有非常重要的作用,是政府与公民的活动框架,但它更强调法律对政府的限权作用。

共和主义宪法派则通过对制宪资料与宪法判例的分析,找到了宪法的共和主义原旨,并积极倡导用共和主义的政治观和生活方式补救自由民主政治的灾难,但他们对美国宪法共和主义的定位仍然是自由主义的共和主义。他们都试图以"共和主义"化解当代自由主义和民主政治给美国和西方带来的困境,公共利益是他们关注和认同的焦点。共和主义宪法派的代

① 另一方面,马基雅维里又认为人之德性脆弱易逝,为了国家的长治久安,必须要重视法律制度的建设。参见[意]尼科洛·马基雅维里:《李维罗马史疏议》,吕健忠译,台北:左岸文化2003年版。

② 参见安妮·菲利普斯:《女权主义与共和主义:一种合理的联盟》,载马德普主编:《中西政治文化论丛》(第五辑),天津:天津人民出版社2006年版,第348页。

表是布鲁斯·阿克曼、凯斯·桑斯坦、弗兰克·米歇尔曼。政治参与本是政治人生活方式的必要组成要素,是人们体验幸福生活的关键,并不是功利主义下的冷漠工具①,但是现代人对此却丧失了政治人的本能需求。面对人们政治参与热情的冷漠化以及"公地悲剧"的日常化,他们试图部分复活古典政治的理想。他们否定了纯粹自由主义与民主政治在美国宪法上的合法性,致力于从美国立宪时期的共和主义思想中汲取资源,积极倡导一种共和主义的政治观和生活方式,强调发挥公民美德、公民精神的作用,通过协商对话建构一种共享的公共善。

布鲁斯·阿克曼主张宪政理论的历史主义解读,认为自由主义与民主政治的两分法在美国宪法传统中不具备正当性,强调人民是宪法的根基,是宪法变革的动力。人民是最终的权威,一种自由的共和主义或者说二元民主是他的最终主张。② 桑斯坦通过对宪法传统的分析,提出了麦迪逊共和主义的概念,它是一种自由主义与民主主义融合的产物,是一种审议性的民主,其中主要包括民主审议、平等、公共利益、公民身份等要素。在桑斯坦的共和主义理论中,共和主义与自由主义的政治观具有统一性,他认为人们把两者对立起来是错误的;在宪法解释上,桑斯坦反对法院的保守主义倾向,主张自由主义的积极解释。桑斯坦和布鲁斯·阿克曼都试图实现和自由主义的调和与妥协。米歇尔曼通过考察制宪者的辩论、宪法文本、宪法判决得出的共和主义则具有较多的公民人文主义与亚里士多德主义色彩。

共和主义宪法派认为,"共同善"是法律建构的产物,是公民商谈与民主审议的结果,权利是宪法权利;通过对罗马共和经典作家文本的再解读,我们可以发现,在罗马共和国,古典共和主义就是全体公民为着共同的善而从事的一项共同事业。在罗马共和国那里既有永恒的自然法义务,也有作

---

① 有学者认为,政治权利只是手段,民事权利才是目的。参见钱福臣:《美国宪法的三个逻辑起点与其制度设计》,《北方法学》2005 年第 5 期。

② 参见[美]布鲁斯·阿克曼:《我们人民:宪法的根基》,孙力、张朝霞译,北京:法律出版社2004 年版;[美]布鲁斯·阿克曼:《我们人民:宪法变革的原动力》,孙文恺译,北京:法律出版社2003 年版。

为法律产品的政治权利;既有自然的"共同善",也有因公民的商谈和竞争而产生的"共和善";既有某些可能并非出于选择的公民道德义务和政治义务,也有公民可以选择的内在私人道德自觉与政治决断。罗马古典共和的类似思想被美国宪法所吸收。

还有一点是需要提出的,古典共和主义思想中一些乏善可陈的方面在现代共和主义那里得到了修正,这主要表现在对财产限制的放松、黑人公民权利与政治权利的扩大、妇女平等权的获得、奴隶制的废除等,这些权利在宪法文本方面则通过宪法修正案获得了体现,这是一种真正的"共和"趋向。当然,美国政治在发展的过程中也不乏违反宪法的情况,如自由民主政治对共和主义的侵蚀。① 也正是如此,当代共和主义希望通过复兴共和主义来"拯救美利坚共和国",避免强制和奴役,捍卫个人自由与尊严。

在西方,对共和主义进行比较集中而深入的研究也就是近十多年的事情。除上述列举的作品外,比较重要的共和主义研究成果还有:《现代共和的发明》②、《现代共和主义的精神:洛克的哲学与建国者的道德视界》③、《现代世界的共和主义》④、《爱国主义:关于爱国主义与民族主义的论文集》⑤、《共和主义》⑥,等等。

---

① 按照宪法规定,总统有紧急状态权,但他仍然是"共和"控制下的有限权力执行官,"在这里,执行官学说是从现有的或过去的实践所投下的阴影中诞生的。美国总统既不是罗马的独裁官的复活,也不是温和中庸的英国君主:他是一项新的自治试验中的主角。这项试验是要建立第一个成功的共和国。"([美]哈维·C. 曼斯菲尔德:《驯化君主》,冯克利译,南京:译林出版社 2005 年版,第 283 页。)

② *The Invention of the Modern Republic*, edited by Biancamaria Fontana, Cambridge:New York:Cambridge University Press,1994.

③ Thomas L. Pangle, *The Spirit of Modern Republicanism: the Moral Vision of the American Founders and the Philosophy of Locke*, Chicago:University of Chicago Press,1988.

④ John W. Maynor, *Republicanism in the Modern World*, Cambridge:Polity Press,2003.

⑤ Maurizio Viroli, *For Love of Country: an Essay on Patriotism and Nationalism*, Oxford:Clarendon Press,1995.

⑥ Maurizio Viroli, *Republicanism*, translated from the Italian by Antony Shugaar, New York:Hill and Wang,2002.

通过对这些理论文本的分析,笔者不赞成新雅典理论把共和主义的源头放在雅典,因为雅典的政体更倾向于民主政体而不是共和政体,过分注重大众参与和整体善的价值,缺少一种共和的节制和谨慎。事实上美国的制宪者们摈弃的正是雅典模式,正是由于雅典模式中的纯民主,美国宪法之父麦迪逊就将由民众大会行使最高统治权的雅典定义为民主国家,而力倡代议制共和政体。代议制意味着人民主权的概念被限制在人民的"选择权"上,而不是卢梭意义上的人民直接统治。"人民直接的统治",其要义在于政治(人民公仆及其政治行动)对公意(general will)的无条件服从,无论政府形式是民主制还是贵族制、君主制,无论统治社会的是人还是法律,他们都必须听命于全体人民的公意,即国家主权。要理解卢梭的民主理论,需要丰富的想象力,这是和卢梭作为浪漫主义运动之父的称号分不开的,同时也和卢梭"推测的历史"(conjectual history)研究方法密切相关。① 卢梭一方面强调个人的自由与平等,并视自由为人类本性,是人类个体本身,一个人如果失去了自由就失去了做人的资格;②另一方面卢梭又强调人民主权整体国家的权威以及人民自主的自由。由此可见,卢梭的自由存在于民主的图景之中,而不是个体自治之中,用让·施皮兹的话来说:"民主与公意,而不是权利,才是自由的关键,自由并不是摆脱干涉的自由,而是通过公共干预实现的自由;公共制度只有当它们致力于尽可能地促进平等时才有可能是合法的,那时公民们才把政治制度看做真正是他们的而且是应该得到尊重的。"③柏林则指出,卢梭的自由概念迥异于一般人思维中的自由,他的自由

---

　① 参见[英]罗素:《西方哲学史》(下卷),马元德译,北京:商务印书馆1976年版,第225页。卢梭理想国的实现,关键在于神明立法者的假定;罗素对卢梭浪漫主义的民主想象表示了充分的忧虑,他认为希特勒就是卢梭公意理论的一个结果。柏林则批评,卢梭自称为有史以来自激越和最强烈热爱自由的人,其实他是自由最阴险和最可怕的敌人。(参见[英]以塞亚·柏林:《自由及其背叛》,赵国新译,南京:译林出版社2005年版,第50页。)

　② 参见[英]以塞亚·柏林:《自由及其背叛》,赵国新译,南京:译林出版社2005年版,第32—33页。

　③ 参见[法]让·施皮兹:《共和国的黄昏》,载应奇、刘训练编:《共和的黄昏:自由主义、社群主义和共和主义》,长春:吉林人民出版社2007年版,第412页。

是一种绝不容许妥协的自由。① 这种政治理论在实践中的结果很可能是专制主义或者虚幻的道德乌托邦,虽然卢梭本意上不是一个王权主义者,而是霍布斯君主主权理论的激烈批评者。② 作为激进人民主权理论的提出者,卢梭认为国家是全体人民意志,即公意(general will)的产品,只有全体人民才有权力指导国家的各种力量,国家主权就是公意的运用,是不可摧毁的。③ 在卢梭的人民主权理论下,主权是不可分割、不能被代表的,因而他反对分权说、代议制,倡导人民的直接行动。卢梭认为,个人服从国家就是服从自己,个人越彻底地融入国家,国家就越臻于完美,个体的意志就越能充分展现,个人自由也就最大程度地得到实现。如果有人拒绝遵守公意则众人可以强迫其遵守,以使其获得自由。

　　卢梭在许多学者眼中是一个法治主义者,他强调法律具有至高无上的权威。但应该注意的是,公意是卢梭政体理论的基础,立法权(制宪权层次上)是卢梭法治理论的核心。他主张未经人民批准的法律根本不是法律。立法权力必须服从公意,服从人民这个主权者。政府只是人民意志——法律的执行者。卢梭认为,制定法律的人要比任何人都更清楚,法律应该怎样执行和怎样解释。因此,最好的政治体制就是行政权与立法权结合在一起

① 参见[英]以塞亚·柏林:《自由及其背叛》,赵国新译,南京:译林出版社2005年版,第31页。

② 国内有关此方面逻辑关系探讨的代表作当属朱学勤的《道德理想国的覆灭》(参见朱学勤:《道德理想国的覆灭》,上海:三联书店1994年版),西方则有罗素、波普尔、塔尔曼、柯尔等。亦有少数学者,国外的如里奇(Ralph Leigh)、巴伯(Martin Buber)等,认为将卢梭曲解为"极权主义"的先驱是无知主义的表现,他们认为卢梭的"公意"理论是个人自由逻辑展现的必然产物。国内的崔之元(崔之元:《彻底的自由主义必须关心公意——卢梭新论》,《天涯》2005年第4期)亦批驳了将卢梭视为极权主义者的偏见。卢梭的论证沿袭了亚里士多德以降的逻辑理路,是一种忽视个体差异与偏好的思路。亚里士多德认为多数人的智慧、德性胜于一人以及少数人的智慧、德性,因此,他主张民主主义政体。康多塞提出的陪审团定理认为随着陪审团成员的增加,陪审团决定的正确概率趋近于1。因此,卢梭认为"公意"在陪审团定理下是可形成的。

③ 参见[法]卢梭:《社会契约论》,何兆武译,北京:商务印书馆2003年版,第31页。博多将卢梭的人民主权观念称之为"严格意义上的主权"观念,根据该观念,主权属于全体以及每一位公民,不属于一个被命名为"国家"或者"民族"的抽象实体。(参见[意]皮兰杰罗·卡塔兰诺:《一个被遗忘的概念:消极权》,涂涤宇译,载《罗马法与现代民法》2002年号,北京:中国法制出版社2002年版,第221页。)

的民主制。① 作为法治政体重要组成部分的法官权力、司法权力是卢梭要极力限制的，司法的终极标准基于人民的公意，法官必须像自动售货机一样忠实地执行法律。主权权力是完全绝对的、完全神圣的、完全不可侵犯的，三权分立理论与主权的不可分割性是一对致命的矛盾体，这是卢梭与美国宪法共和主义的巨大分歧。此外，卢梭认为私有财产是人类社会不平等的起源，国家是这种不平等的帮凶。共和主义却视财产权为政体设计的基础，国家是实现个人自由与幸福的必要前提。当代共和主义认为，虽然卢梭在某些方面具有共和主义的色彩，但他不得不为民主政治观点的大行其道负责。用民主政治或者民粹主义的方式看待共和主义传统，必然会进一步强化最终使得共和主义理想消弭于无形的二分法。② 因此，笔者赞成新罗马理论派以罗马共和国为共和主义的源头所在，美国的制宪者们选择的政体也正是以此为模板的。

　　本章阐释新罗马理论派的共和主义思想，尤其它在解释美国宪法共和主义上的理论贡献与缺陷。这种评判的基础建立在本书前述对罗马共和主义与美国宪法中的共和主义的论述之上。本章从当代共和主义理论的视角深化了对美国宪法中共和主义内涵与实质的阐释。

第一节　新罗马理论的共和主义政治设计理路

　　新罗马理论对共和主义政体的热爱在于"它为我们每个人、为所有人提供无支配的措施，这种无支配是每个完全被包容的成员、每个完全得到授权和认可之公民所享有的。"③而这种蕴涵在美国宪法中的共和主义原则与精神在其最辉煌的时候开始走向没落，它遇到了自由主义及民主政治的强大挑战。共和主义传统的内部越来越强调民主平等与个体自由而偏离了共

---

　　① 参见［法］卢梭：《社会契约论》何兆武译，北京：商务印书馆2003年版，第83页。
　　② 参见［澳大利亚］菲利普·佩迪特《共和主义——一种关于自由与政府的理论》，刘训练译，南京：江苏人民出版社2006年版，第39页。
　　③ 同上书，第340页。

和主义的传统阵营,转向民主政治或自由主义的立场。正是在这一时期,共和主义的无支配自由观被自由主义无干涉的自由观所取代,自由主义一跃成为主导的政治哲学。为了恢复共和主义政治哲学在美国宪法和政府制度建构中的主导地位,新罗马理论从历史与哲学的向度向我们展示了自由主义无干涉的自由观夺取共和主义无支配自由观的历史变迁与学术历程,从而证成共和主义无支配自由观的合法地位。

一、无支配的自由:共和主义政府建构的起点

政治科学不像自然科学,它的发展不在于发明新的理论,而在于重新发现和定义忘却的思想和主题。① 无支配的自由观是新罗马理论的政治理想,是它思考政治、设计政府的理论基础,是政治科学历史智慧的结晶。新罗马理论选择共和主义的自由观作为其理论的切入点并不是出于考古的癖好或对纯粹分析的兴趣,而在于自由已经成为了不同学科的共同话语,成为了人们不言而喻的观念。② 当然,新罗马理论研究的核心概念自由不是哲学或者一般意义上的意志自由,它特指政治自由或者说公民自由,也就是公民参与公共事务、进行政治实践的权利。这种自由是政治的核心,新罗马理论确信:"根据无支配的自由观的要求来思考政治,可以为我们描绘出一幅完美的、令人向往的图景,一个得体的国家和一个得体的公民社会有理由祈望这样一幅图景。"③

无支配的自由观是新罗马理论对古老的共和主义传统进行系统而独特的阐释后获得的理论成果,是在和民粹主义与民主政治、社群主义与自由主

---

① Maurizio Viroli, *Republicanism*, translated from the Italian by Antony Shugaar, New York:Hill and Wang,2002,p.4.

② 参见[澳大利亚]菲利普·佩迪特:《共和主义———一种关于自由与政府的理论》,刘训练译,南京:江苏人民出版社 2006 年版,第 9 页。维罗马里在其代表作《共和主义》中也表达了他的类似观点。(参见 Maurizio Viroli, *Republicanism*, translated from the Italian by Antony Shugaar, New York:Hill and Wang,2002,p.18。)

③ [澳大利亚]菲利普·佩迪特:《共和主义———一种关于自由与政府的理论》,刘训练译,南京:江苏人民出版社 2006 年版,第6页。

义的论辩中得出的胜利果实。

佩迪特批评了共和主义的阿伦特路径,该路径将人民的集体存在视为主人,将国家视为仆人,并认为人民只有在绝对必要的时候才依靠代议制和官员,而通过公民大会或公民投票来行使的直接民主才是首选的方式。他指出,共和主义传统和民粹主义、自由主义传统具有明显的区别。共和主义传统并不是那种根本上属于民粹主义的传统,该传统将人们的民主参与视为善的最高形式之一,并经常以一种社群主义的方式,对通常作为大众参与之先决条件的封闭的同质化社会表现出热切的渴望。共和主义的政府形象则是将人民看做委托人,将国家看做受托人。虽然共和主义的自由具有平等主义和社群主义的某些特征,但它与现代多元主义的社会是相容的。民主参与对一个共和国来说不可或缺,但这只是因为它是促进无支配自由的必要条件,而不是因为其独立的吸引力。民主的控制形式是令人期待和必不可少的,但它并非政府的最高目标。在共和主义者看来,直接民主可能是一种非常糟糕的方式,因为它可能导致专制的极端形式——多数暴政。①

共和主义传统和自由主义虽然共享一个前提,即在一种超越了诸多宗教分歧和相关分歧的基础上,建立一个切实可行的国家和公民社会是可能的。但是自由主义大多数最有影响力的变体一直都与无干涉的消极自由观联系在一起。自由至上主义者倾向于将人民视为原子化个人的一种聚合,一种缺乏集体认同的聚合,国家在理想上不过是个人追求其原子化利益的一种手段而已。②

共和主义的比较优势为制度的构建提供了一个良好的起点。它向其竞争对手展示了其公理的优点:共和主义的自由观对自由主义者是有吸引力的,因为它关注人们的个人选择权,从而与无干涉的消极自由观相一致;它对民粹主义者也是有吸引力的,因为它要求非支配的政府尊重普通民

---

① 参见[澳大利亚]菲利普·佩迪特:《共和主义——一种关于自由与政府的理论》,刘训练译,南京:江苏人民出版社2006年版,第1—12页。

② 参见上书,第12—13页。

众的利益和观点，而这正是民粹主义民主自治的积极自由观所暗含的思想。共和主义自由观是非常传统、非常稳健的，足以引起所有人的关注。①

共和主义对无支配自由理论的构建最终目的在于自由政府的建构，新罗马理论相信没有自由政府的必要作为，人们就不可能享有无支配的自由。共和主义者的爱国主义是有条件的，祖国存在于国家和它的成员之间的关系中。② 对爱国主义者来说，真正的祖国是自由共和国。③ "它不能容忍那种无所作为、冷酷无情的政府——极右翼的自由主义者则佯称对此已经心满意足；它也不支持那种无孔不入的、多数至上的统治——对于这种潜在的暴政，民粹主义者表示乐于接受。"④新罗马共和主义者需要的政府是一种非常接近中左派自由主义的样本。⑤

二、无支配的自由：在积极自由与消极自由之间的第三种自由

新罗马理论提出，共和主义思想是致力于获得和维持自由的政治理论。⑥ 这种自由是一种无支配的自由，它建立在与积极自由、消极自由的区分之上。积极自由与消极自由的二分法源自于 1958 年柏林《论自由的两种

---

① 参见［澳大利亚］菲利普·佩迪特：《共和主义——一种关于自由与政府的理论》，刘训练译，南京：江苏人民出版社 2006 年版，第 15—16 页。民粹主义政治对民众强烈参与感的满足并不一定能保证民众中每一成员的民主利益，因为民粹政治无法容纳一个不断批判反思的过程，也不能同等尊重民众中每一成员的自由。有关此方面的论述，参见钱永祥：《民粹政治、选举政治与公民政治》，载许纪霖主编：《公共性与公民观》，南京：江苏人民出版社 2006 年版，第 233—239 页。

② 参见 Maurizio Viroli, *Republicanism*, translated from the Italian by Antony Shugaar, New York：Hill and Wang, 2002, p. 83。

③ See Ibid., p. 86.

④ ［澳大利亚］菲利普·佩迪特：《共和主义——一种关于自由与政府的理论》，刘训练译，南京：江苏人民出版社 2006 年版，第 16 页。

⑤ 中左派强调将无干涉视为一种有效的价值，而不仅仅是一种形式上的价值，即除了无干涉的价值之外，还信奉平等、消除贫困等价值。这个概念在佩迪特的理论中是和中右派自由者相对应的一个概念。中右派自由者即古典自由主义者或洛克式的自由至上主义者。

⑥ 参见 Maurizio Viroli, *Republicanism*, translated from the Italian by Antony Shugaar, New York：Hill and Wang, 2002, p. 3。

概念》一文的开创性工作。柏林认为消极自由就是外在干涉的阙如，积极自由则是自我做主，自己做自己的主人，实现自我的自由。外在世界的价值是多元的，它们之间具有不可通约性；积极自由事实上预设了某种价值的优先性，当这种价值由一种个体偏好成为所谓普世价值被广而推之的时候，积极自由的结局很可能是自由的终结。柏林认为消极自由是孟德斯鸠、杰斐逊、潘恩、托克维尔等现代思想家的理论源头。柏林显然想表示："积极自由是属于过去的事物，即古代人的自由；而消极自由则完全是现代的思想。也就是说，消极自由是一种我们现在都认可的、开明的价值，而积极自由则是一种仅对前现代的赞赏者、反启蒙运动的浪漫主义狂热者具有吸引力的思想。"①

新罗马理论提出，积极自由与消极自由的两分法在政治思想中产生了恶劣的影响，它使人们认为只存在两种理解自由的方式。这就忽视了一种全然不同的理解自由和自由之制度要求的方式，掩盖了作为第三种方式的共和主义在历史上和理论上的有效性。② "自由确实是某种阙如的状态——同消极自由观一样，但阙如的不是干涉，而是他人的控制。"③与共和主义传统相联系的就是这种无控制的自由观，在佩迪特的理论中，就是无支配的自由。

无支配的自由观不是积极的自由观。虽然共和主义传统一直强调民主参与的重要性，但它首要关注的却是避免与干涉联系在一起的罪恶，这和无支配的自由观念是一致的。这种自由的原初意蕴来自于罗马人的自由。罗马人的自由是一种被动的、防卫的、消极的自由。为了证明自己的论点，佩迪特引用了汉娜·皮特金的名言："罗马平民斗争的目标不是民主而是保护，不是为了公共权力而是为了私人安全。"马基雅维里则是佩迪特求助的现代共和主义对象，因为马基雅维里承认在罗马人中，只有少部分人追求自

① ［澳大利亚］菲利普·佩迪特：《共和主义——一种关于自由与政府的理论》，刘训练译，南京：江苏人民出版社 2006 年版，第 22—23 页。

② 参见上书，第 23—24 页。

③ 同上书，第 27 页。

由是为了统治,绝大多数的人则是为了安全的生活。① 无支配的自由观经由哈林顿、弥尔顿、阿尔杰农·西德尼、戈登、特伦查德,而传递到了《联邦党人文集》作者的手中。② 佩迪特认为,联邦党人虽然将代议制民主加入共和国的定义中,但他们同样坚持,民主的代议制仅是增进公民自由的诸多方式之一,是借以保留共和政府的优越性并减缓或者避免其缺陷的手段。③

　　无支配的自由观不是消极的自由观。消极自由是一种无干涉的自由,它的出现源自于霍布斯的贡献。霍布斯指出:自由一词就其本意来说,指的是运动没有外界阻碍的状况;自由人则指的是在其力量和智慧所能办到的事物中,可以不受阻碍地做他所愿意做的事情的人。④ 霍布斯的结论是:自由在于强制的阙如。要自由,那只有返回丛林中去,在丛林中的人们才是自由的,没有任何外在障碍的羁绊,没有任何人世间的伦理义务负担。政治社会的法律是对自由的剥夺,不是对自由的创设。⑤ 无干涉的自由首次出现于像霍布斯这样的专制主义者的著作中,洛克在《人类理解论》中更加自信地表达了相同的观点,他说,自由就在于有能力按照自己的意志,做什么或不做什么;做什么或避免做什么。⑥ 这种自由观随后又盛行于托利党人反对美国独立的小册子中,并很快获得了受人尊敬的地位,不仅仅在专制主义者和反动派当中,而且在诸如边沁、威廉·佩利这些认为自己支持民主与自

---

① 参见[澳大利亚]菲利普·佩迪特:《共和主义——一种关于自由与政府的理论》,刘训练译,南京:江苏人民出版社 2006 年版,第 35 页。

② 共和主义虽然具有连续的谱系,但其中还是具有不小的变化。英国的共和主义者基本是议会主权而非人民主权的主张者。人民主权具有最强的民主性,议会主权次之,共和主义本质上则是反民主的。

③ 参见[澳大利亚]菲利普·佩迪特:《共和主义——一种关于自由与政府的理论》,刘训练译,南京:江苏人民出版社 2006 年版,第 38 页。

④ [英]霍布斯:《利维坦》,黎思复、黎庭弼译,北京:商务印书馆 1985 年版,第 162—163 页。

⑤ 参见[澳大利亚]菲利普·佩迪特:《共和主义——一种关于自由与政府的理论》,刘训练译,南京:江苏人民出版社 2006 年版,第 50 页。

⑥ 参见昆廷·斯金纳:《共和主义的政治自由理想》,载应奇、刘训练编:《公民共和主义》,北京:东方出版社 2006 年版,第 60 页。

由之事业的人士当中。[①]"在新的自由主义传统中,不仅是无干涉的自由观取代了共和主义的思想;而且这场政变进行得如此成功,以至于没有人察觉到篡夺已经发生。"[②]共和主义无支配的自由至此不但不再受到政治思想家和政治实践家的青睐,而且还从政治思想史家的视野中消失了。

幸运的是,面对无干涉自由观的凌厉攻势,共和主义者并没有弃械或投降,他们进行了顽强的反击。哈林顿是这场自卫反击战中的领军人物。哈林顿在《大洋国》中确认,自由是法律体系下的概念。"辉格党人或共和派人士的传统,以及最终引发了美国革命的传统,在根本上都产生于哈林顿对霍布斯的这种置换。"[③]以斯金纳、佩迪特为代表的新罗马共和派正是沿着包括哈林顿在内的共和主义传统,重新发现了埋藏在其中的无支配的自由观,一种在积极自由与消极自由之间的第三种自由。[④]

三、宪法政治:通往非支配自由的路径

新罗马共和主义理论不仅仅提供了一种关于什么是自由的独特阐释,它还将无支配的自由视为一种最高的政治价值,是一个现代政府应该致力于获得的最终目标,是衡量公共制度绩效的尺度,是评判政治生活有效正当的标准。为了实现这个最高的价值,政府应该从外部防御和内部安全两个层面保障个人的独立与安全。

同任何形式的国家一样,现代共和国必然要求关注外部防御的问题,否则它将始终面临受到外部支配的危险。但这种国防应该保持一个恰当的尺度,而不是将自己武装到牙齿,或者更糟糕,先发制人地打击潜在的对手。新罗马理论并不赞成相互权力的国防策略,那种威胁与反威胁的逻辑只能

①　参见[澳大利亚]菲利普·佩迪特:《共和主义——一种关于自由与政府的理论》,刘训练译,南京:江苏人民出版社2006年版,第50—66页。

②　同上书,第67页。

③　同上书,第52页。

④　维罗里对自由主义无干涉自由和共和主义无支配自由的区分,参见 Maurizio Viroli, *Republicanism*, translated from the Italian by Antony Shugaar, New York: Hill and Wang, 2002, pp. 8—9。维罗里援引马基雅维里的《论李维》表羽他和佩迪特一样支持无法治无自由的观点。

意味着,不同的国家不得不在军事防务上投入越来越多的费用,各国的公民不得不承担这些成本,由此,他们享受的不受支配之选择的广度急剧缩小。①

那么共和主义国家应该采取什么样的策略才是恰当的呢? 佩迪特认为,应该是多国合作和制度化的方向,是一种地区性的或者全球性的宪政承诺性规范,这种规范的实现有赖于文化、经济以及法律的网络。无论是全球性的或地区性的制度性秩序的出现比单纯依赖军事力量更能有效地实现国防的目标。②

国防政策在于从外部保证国民的无支配自由,要实现公民的个人自由还必须依赖于国内的安全政策。这是一种和文化力量结合在一起的优良刑事司法体系以及侵权法体系组成的庞大宪政系统。这种共和主义的刑事司法体系应当寻求罪犯对受害者不受支配与自由地位的承认;罪犯为其对受害者或受害者家庭造成的伤害作出赔偿;罪犯对受害者和整个共同体保证不再以这种罪恶行径对社会构成威胁。③ 刑事司法应该有效,但不得失之于严酷,正如美国宪法第八修正案之规定:一切案件不得要求过多的保释金、不得施加过度的罚金、不得判处残酷或反常的惩罚。只有这样才能防止发生像斯图亚特王室某些专制王朝期间在英国发生的残酷诉讼程序,才能有效地保证公民的权利与无支配的自由。罗马皇帝的法律以及十人团的十二铜表法都充斥着残暴的惩罚,这种严酷的刑法最终导致了帝国的覆灭。④

四、宪政与非操纵:法治、分权、反多数至上

包括致力于共和主义目标与政策在内的所有国家都会对人们的生活进

---

① 参见[澳大利亚]菲利普·佩迪特:《共和主义——一种关于自由与政府的理论》,刘训练译,南京:江苏人民出版社 2006 年版,第 198—199 页。

② 参见上书,第 199—200 页。

③ 参见上书,第 201—205 页。

④ 参见[美]约瑟夫·斯托里:《美国宪法评注》,毛国权译,上海:上海三联书店 2006 年版,第 573—574 页。

行干涉,为了不使这些干涉变成专断的强迫就需要把国家的干涉权力纳入一个宪政的框架之中。这是新罗马理论为了防止政府权力侵夺人们非支配的自由而采取的制度化措施。这种宪政措施通过一定的筛选奖惩措施将符合共和主义原则与精神的公民纳入国家公务人员的队列,并建立以服从者为中心的规制体系,及时将腐败分子清除出国家公务人员的队伍。维罗里甚至主张,为了维护法治的权威,如果那些著名的、重要的或者位高权重的公民犯了重罪应该重罚。①

新罗马共和理论主张:为了增进人们的无支配自由,共和主义国家必须有所作为。但是共和主义国家所采用的手段必须是非操纵的。政府权力是服务于公共目的的,应该最大限度地避免它们被专断地或者假公济私地使用。② 为了保证共和主义手段的非操纵性,佩迪特认为必须符合三个原则,即法治、分权、反对多数至上。这种政治是一种正式的宪政约束,体现了一种宪政主义的信仰。这种宪政主义能够通过合法的方式对掌权者的意志进行约束,即使这些约束不存在于成文宪法之中。③

法治的原则就是法律帝国的原则。它包括两个方面:其一,法律应当采取某种类型的方式,应该服从当代的法治理论家所提出的要件。其二,政府制定的任何法律都应该采取令人满意的形式,政府行为必须遵循法律约束的政策。④ "共和主义支持这一观念的理由是,特殊的决策有可能被决策者的专断意志所控制,而原则性的立法则不那么容易被操纵。"⑤此外,自然权利只有法律或者风俗认可才有坚强生命力。⑥ 因此,新罗马理论强调尽可

---

① 参见 Maurizio Viroli, *Republicanism*, translated from the Italian by Antony Shugaar, New York: Hill and Wang, 2002, p. 98。

② 参见[澳大利亚]菲利普·佩迪特:《共和主义——一种关于自由与政府的理论》,刘训练译,南京:江苏人民出版社 2006 年版,第 226 页。

③ 参见上书,第 227 页。

④ 参见上书,第 228 页。

⑤ 同上书,第 229 页。

⑥ 参见 Maurizio Viroli, *Republicanism*, translated from the Italian by Antony Shugaar, New York: Hill and Wang, 2002, p. 7。维罗里甚至认为,自然权利是历史而非自然的,如果它们没有得到法律和风俗的认可,它们只是道德的诉求而不是权利。

能扩展法治的思想,尤其是原则性的决策优于特殊性对策的思想。这就是法律帝国的正当程序问题。但共和主义强调对这种法律及其程序的突出需要提防法条主义,甚或极端程序主义的趋向。

严格分权是保证一个非操纵的宪政主义政府的必要条件,是现当代共和主义不同于古典共和主义之处,古典共和主义强调的是混合。佩迪特主张分权的条件要求不同的功能之间是完全分离的,因为"如果所有这些功能集中在一个人或一个集团手中,那么就可能导致这个人或集团对他人行使多少是专断的权力。"①因此,新罗马理论主张立法权、行政权、司法权必须分散在不同的群体和机构手中。只有这样才能提高和保证宪政的非操纵性。在美国宪政中的表现就是新罗马理论对在三权分立、议会两院制和联邦制度下去权力中心等制度安排的支持。② 为了表示其共和主义制度设计理路的合法性,佩迪特声称他的思想路线是遵循了古老的共和主义传统的。在这种古老的共和主义传统中,功能的分离只是一项更大的分权计划的一部分。这一计划压缩在混合政体这一古代的政治思想之中。③ 反联邦党人认为宪法允许了相当程度的跨越功能的纰漏,被以佩迪特为代表的当代共和主义者训斥为民粹主义的嫌疑。④

反多数至上原则是新罗马理论远离民粹主义,防止宪政体系被多数人的意志随意更改的重要举措。佩迪特援引马基雅维里的话说:"人民一旦成为统治者就会变得反复无常、忘恩负义。"⑤他认为,"现代共和主义者必将支持某些有助于防止多数人之威胁的制度。他们必然寻求那些与前现代

---

① 参见[澳大利亚]菲利普·佩迪特:《共和主义——一种关于自由与政府的理论》,刘训练译,南京:江苏人民出版社2006年版,第233页。

② 参见上书,第234页。

③ 参见上书,第235页。维罗里比佩迪特更重视共和主义政府的公共利益旨归,他强调混合政体不但可以体现不同阶级的平等权利,更可以极大地促进公共利益的实践。(参见 Maurizio Viroli, *Republicanism*, translated from the Italian by Antony Shugaar, New York: Hill and Wang, 2002, p. 5。)

④ 参见[澳大利亚]菲利普·佩迪特:《共和主义——一种关于自由与政府的理论》,刘训练译,南京:江苏人民出版社2006年版,第236页。

⑤ 同上书,第239页。

的共和主义联系在一起的反多数至上的措施,比如,议会的两院制分置、对法律宪政约束的认可,以及引入一套权利法案等等。"①新罗马理论并不认为受到多数人支持的法律就是优良的法律,而且法律不应该过分地反映多数人的意见。法律的合理性基础来自于获得普通的多数人支持之外的事物。只有那些可以增进整体无支配的法律才是良好的法律。② 历史已经证明这种优良的法律具有维护无支配自由的能力,它是美国的共和主义者为组织自己的事物而制定之宪法的一种令人振奋的源泉。③

五、论辩式民主:宪政主义的修正

法律的精致与技术,也许可以保证其非操纵性。但是,把法律详尽地法典化将否定政府机构的一切自由裁量权,从而否定政府的行为与特殊情形需要相适应的一切可能。这和政府提升其实现共和主义目标的能力是相矛盾的。④ 另外,不完全契约定理决定了法律不可能完备到可以处理一切案件。这种两难困境正是佩迪特所忧虑的。为了增强政府实现公民无支配自由的能力,佩迪特主张必须给予政府及其工作人员一定的自由裁量权,这乃是实现政治正义的关键。为了防止政府的专断和对自由裁量权的滥用,为了防止政府决策的专断不至于威胁人民无支配的自由,采用一种论辩式民主是佩迪特所设计的控制路径。

"要求公共决策是可论辩的,尤其是对社会中的每个角落来说都是可论辩的,事实上就是强调决策应当满足民主的某个侧面。"⑤但这种民主不应该从同意的模式去理解,民主首先应该是论辩的。在这种模式下,只要人民单个地和集体地对政府的决定享有永久的论辩的可能性,那么这就是一

---

① 　[澳大利亚]菲利普·佩迪特:《共和主义———一种关于自由与政府的理论》,刘训练译,南京:江苏人民出版社2006年版,第238页。
② 　参见上书,第238—239页。
③ 　参见上书,第239页。
④ 　参见上书,第230页。
⑤ 　同上书,第243页。

个民主的政府,就是一种为人民所控制的统治形式。①

佩迪特提出:"人们是否自主依据的是能成为什么,即他们在检验其信念或欲求中能够做什么,而不是已经成为什么,即他们在自我检验和自我塑造中的记录。"②而民主从词源上说,是指一个民族的自治。一个民族自治的方式和个人自治的方式是可以类比的。因此,佩迪特得出结论:"自治的人民或者民族获得自治或民主是这样的事实,即他们随时能够对决策展开论辩,并且如果通过论辩发现它与其相关利益或观念不一致时,能够迫使它加以修正。"③维罗里强调,共和主义的民主不同于民粹主义的民主,它虽然强调人民主权,但民主必须以公共利益为依归,人民主权必须受到宪法的约束,宪政是共和主义民主的现代形式。④

为了保证公共政策以一种共和主义的方式保持其可论辩性,论辩应该采取讨论的形式,而不是讨价还价的形式。因为讨价还价的形式只有对于那些拥有足够谈判力量能够有效威胁对方的人才是可能的。而讨论的优点在于,它们对公共决策路线提出合理异议的人来说都是开放的,并不要求特殊的权势。⑤ 只有这样才能保证民主的协商性,这种协商性是共和主义民主的优越和特殊之处。

可靠的包容性是保证公共政策可论辩性的另一重要维度。这种包容性要求反映整个共同体中的不同声音。立法议会就决议进行辩论时,应该从整个社会的视角考虑各种重大的意见。作为非选举产生的行政与司法部门,为了保证他们的包容性,就要让主要的相关分组获得某种最低限度的统

---

① 参见[澳大利亚]菲利普·佩迪特:《共和主义——一种关于自由与政府的理论》,刘训练译,南京:江苏人民出版社2006年版,第243页。

② 同上。

③ 同上书,第244页。

④ 参见 Maurizio Viroli, *Republicanism*, translated from the Italian by Antony Shugaar, New York: Hill and Wang, 2002, pp. 4 - 8。

⑤ 参见[澳大利亚]菲利普·佩迪特:《共和主义——一种关于自由与政府的理论》,刘训练译,南京:江苏人民出版社2006年版,第246页。

计学代表权。①

保证公共政策可论辩性的第三个前提条件是:"人们不但必须拥有论辩的基础与发言权,而且他们还必须拥有一个论坛,以保证他们的论辩能够得到恰当的申述。"②即政治共同体不仅应该是协商和包容的,而且还应该是回应的。为了保证政治共同体的回应性,"不满应当去政治化,并且其申述应当远离群众讨论的喧嚣,甚至远离议会辩论的剧场。"③只要在这样相对安静和独立的环境之中,只有在政治的声音受到控制的时候,才能保证论辩方或其代言人不会受制约于一个专断的权威,不会受到政府的支配,人民的不满才能得到恰当的申述。④

论辩式民主的"出场"在于新罗马理论承认,将政府置于宪政主义的制度框架之中并不足以防止政府的专断。因此,必须使宪政主义接受一种论辩式民主的约束。"这种民主遵循决策的协商模式,能够包容共同体中所有重大的声音,并能够对论辩提出的反对意见作出恰当的回应。"⑤佩迪特不但强调这种论辩式民主的必要性,还将其摆到了一种优先性的地位,但这种优先性不是民粹主义意义上的。此外,它也和利益集团多元主义形成了鲜明的对比。因为利益集团多元主义将纯粹的社会偏好视为社会生活的动力,无异于将所有处于不利地位的个人置于强者纯粹的偏好之下,这大大远离了共和主义的普适关怀理想。⑥

六、公民教育与共和公民的塑造

共和主义者所采用的"自由"这个概念包含两个不同向度的含义。其一在于自由共和政府的积极作为对个人无支配自由的可能与增进;其二,公民

---

①　参见[澳大利亚]菲利普·佩迪特:《共和主义———一种关于自由与政府的理论》,刘训练译,南京:江苏人民出版社 2006 年版,第 251 页。

②　同上书,第 255 页。

③　同上书,第 256 页。

④　参见上书,第 256—261 页。

⑤　同上书,第 261—262 页。

⑥　参见上书,第 262—267 页。

必须积极作为才能维持这样一个自由的共和政府。在这样一种政体下,每一个公民都能够享有积极参加政府事物的平等机会,这才是一种真正的自由。①

公民美德是共和政府的根基,为了保卫人们的自由,共和国必须依赖公民的美德。② 但是,现代民主政治丢失了共和主义以伟大爱国传统为核心的公民美德,一些现代政治理论家认为公民美德的倡议是危险的,也是不可能的。不可能,是因为在现代民主社会人们以利益集团的方式联系在一起,他们不可能有为公共利益服务的动机;危险则在于,使多元文化社会中的人们具有公民美德是狂热的、让人无法忍受的。更关键的是,提倡公民美德将会限制我们的自由。③ 这种现代政治理论遭到了以佩迪特为代表的新罗马理论的有力反击。新罗马理论认为,为了保证共和国的稳定性,增进人民的无支配自由,防止统治者的腐败堕落,不仅需要非操纵的宪政和论辩式的民主,它还应培养具有美德的共和公民。公民美德就是对社会或政治体的欣然认同,这种认同就是爱国主义。④ 共和主义的爱国主义不同于道德的公

---

① 参见[英]昆廷·斯金纳:《近代政治思想的基础》(上卷:文艺复兴),奚瑞森、亚方译,北京:商务印书馆 2002 年版,第 130—131 页。弗里德曼认为共和国应该是一个可以自由选择的国家,在共和国里,所有的选择机会都应向所有的人平等开放;对于身份、个人出身等个体无法选择的元素,当事人至少不应因此遭受不利后果。(参见[美]弗里德曼:《选择的共和国:法律、权威与文化》,高鸿均等译,北京:清华大学出版社 2005 年版。)

② 参见 Maurizio Viroli, *Republicanism*, translated from the Italian by Antony Shugaar, New York: Hill and Wang, 2002, p. 69。

③ See ibid., p. 13, p. 69。早期意大利的政治理论家将公民美德等同于爱国主义。

④ 参见[澳大利亚]菲利普·佩迪特:《共和主义———一种关于自由与政府的理论》,刘训练译,南京:江苏人民出版社 2006 年版,第 339 页。虽然这种爱国主义可能会堕落为一种未经反思的民族主义。但是,佩迪特指出,如果它伴随着一种恰当的共和主义公民性形式,它必将代表这样一种态度:"因为它所实现的价值而成为我的国家","因为它为我们提供了自由而成为我的国家"。维罗里则认为共和主义的爱国主义是可以跨越国界的,爱国主义者对自由的爱因而也是普适的,共和主义的爱国情怀将会促使人们将自由视为最高的善和责任。他认为爱国主义作为一个政治概念和非政治的民族主义是有显著区别的。爱国主义和民族主义都与个人建立了联系,但正如西塞罗所描述的那样,爱国主义和个人的联系更高贵、更强烈。对爱国主义者来说,真正的祖国是自由共和国;对民族主义者来说,祖国只是一种文化上的认同。对于这种区别,维罗里认为并不是绝对的。因为共和国并非一个纯粹的政治结构,它还是一种政治秩序和生活方式,即文化。(参见 Maurizio Viroli, *Republicanism*, translated from the Italian by Antony Shugaar, New York: Hill and Wang, 2002, p. 17, pp. 86 – 87。)

民民族主义。它不认同民族的同一与道德的同质,它只承认公民身份上承载的政治与道德价值。① 它不同于任何形式的民族中心主义。它要求人们效忠的既不是文化也不是历史,而是法律、宪法以及特定的共和生活方式,当然这种生活方式离不开一定的历史和文化。② 维罗里确认,如果人们习得了这种爱国主义,人民就可以成为好公民。③ 缺少美德公民的制度化设计是毫无生气的机械设置,只有当这些制度在人们心灵的习性中占据一席之地以后,它们才能获得生气和动力。④ 当共和主义的爱国主义被人民信仰,成为人民的政治信条后,共和国的政治制度就内化在人民心中,从而获得了巨大的生命力。

以佩迪特为代表的共和主义者对掌权者的腐败性始终保持一种悲观的看法,但是他们对人性本身的态度相对乐观。⑤ 也就是说,新罗马理论认为掌权者并不必然是腐败的,而是容易腐败的。这是佩迪特支持以服从者为中心、反对以出轨者为中心的规制的人性论基础。新罗马理论相信,通过一定的措施和努力,可以塑造出共和国所需要的公民。只有这样的公民才能从内心认同共和主义的宪政制度和国家。

不能得到人们普遍认同的制度是不可能长久的,"没有哪种纯粹的法律制度能够经受民众高度的疏远或怀疑,也没有哪种法律体系能够在法律无法获得高度信任和尊重的情况下有效运转。"⑥国家的宪政法律制度要得

---

① 对民族道德整体同一的强求只能导致专制,是人性所无法承受的。只有建立在公民意义上的道德要求才具有合理性。在现代民主社会,只有共和主义政治才能实现这种公民文化的重生。(参见 Maurizio Viroli, *Republicanism*, translated from the Italian by Antony Shugaar, New York: Hill and Wang, 2002, p. 90。)

② 参见 Maurizio Viroli, *Republicanism*, translated from the Italian by Antony Shugaar, New York: Hill and Wang, 2002, pp. 89 – 90。

③ See ibid., p. 17。托克维尔认为爱国主义是人的天性。

④ 参见[澳大利亚]菲利普·佩迪特:《共和主义——一种关于自由与政府的理论》,刘训练译,南京:江苏人民出版社 2006 年版,第 315 页;Maurizio Viroli, *Republicanism*, translated from the Italian by Antony Shugaar, New York: Hill and Wang, 2002, p. 13。

⑤ 参见上书,第 275 页。

⑥ 同上书,第 315 页。

到人民的认同,它就必须契合公民社会领域中确立的或即将确立的规范,需要得到公民美德的必要支持。正如马基雅维里所说,没有良好的习俗或道德,就不要指望共和国的法律能够在社会中得到执行。① 公民美德在马基雅维里的共和主义理论中具有非常突出的作用,罗马人就是他的美德模范,他指出,法律可以造就行为良好的公民,却远不能造就完美的公民。② "共和主义传统与众不同的地方并不在于其独特的自由观,也不在于它对宪政、民主以及规制所应该采取之形式的想象,而在于它对公民美德之需求的强调。共和主义传统中盛行的主题之一便是,共和国需要一个具有广泛公民性的基础,它不能仅仅依靠法律来维持。"③

那么,在一个公民性近乎绝迹的地方,如何才能产生广泛的公民性或者在一个已经存在良好公民性基础的环境中,国家不应该做什么呢? 这是佩迪特最关心的事情。佩迪特认为,国家务必小心不要引入苛刻的控制模式,因为它们可能破坏人们自发的规制力量。公民性代表一种内在的奖励,而缺乏公民性则代表一种内在的惩罚。④ "如果一种公民性模式在一个社会中得到确立,那么该模式往往是自我巩固的。只要这种奖惩模式没有受到破坏,我们就可以期望这些奖惩能够巩固人们的公民性。"⑤维罗里则主张,爱国主义不是一种自然存在的情感,它需要优良政府的法律建构和公民政治参与的双向努力。⑥

---

① 参见[澳大利亚]菲利普·佩迪特:《共和主义———一种关于自由与政府的理论》,刘训练译,南京:江苏人民出版社 2006 年版,第 316 页。马基雅维里的公民美德概念不像加图那样呆板,具有更大的多元性和宽容性。(参见 Maurizio Viroli, *Republicanism*, translated from the Italian by Antony Shugaar, New York: Hill and Wang, 2002, p. 74。)

② 参见 Maurizio Viroli, *Republicanism*, translated from the Italian by Antony Shugaar, New York: Hill and Wang, 2002, p. 74。

③ [澳大利亚]菲利普·佩迪特:《共和主义———一种关于自由与政府的理论》,刘训练译,南京:江苏人民出版社 2006 年版,第 320 页。

④ 参见上书,第 331—332 页。

⑤ 同上书,第 332 页。

⑥ 参见 Maurizio Viroli, *Republicanism*, translated from the Italian by Antony Shugaar, New York: Hill and Wang, 2002, p. 14, p. 89。共和主义的爱国者认为爱国主义的产生是政治技术反复灌输和强化的结果,而国家主义者或者民族主义者则认为爱国主义是基于文化的自然感情。共和主义的爱国情怀是可以跨越国界的。

要获得共和主义所需要的美德公民及其领导者,不仅需要政治理性,更需要伟大的政治修辞术,这种修辞的力量对于政治理论的目标更具有决定性。①

古典共和主义非常强调宗教对公民美德生成的促进作用。马基雅维里认为,宗教尤其是对上帝的恐惧和膜拜是共和国必须具备的要素。② 托克维尔高度称赞美利坚共和国的政教分离制度,但他和马基雅维里一样相信,宗教是共和国必需的元素,宗教可以帮助公民养成共和国需要的品质,可以帮助人们尊重法律、履行公民义务。③ 总而言之,共和主义认为,没有宗教的催化,很难在人们心中内化共和生活的神圣性,人们就很难成为一个忠诚的爱国主义者,共和国的前途就十分渺茫。作为现代政教分离典范的美利坚共和国则是依靠历史的记忆来达到宗教般的作用。④ 这种历史记忆使美国人民成为反对专制、珍视自由的典范。人们从这种历史的传承中获得意义和价值。⑤ 在现实政治生活中,在学校、法庭等公共场所展示《独立宣言》、《十戒》、《"五月花"号公约》、"圣经年"的宣告、国家格言——"我们信仰上帝"等的行为,都是违反联邦宪法的。⑥

在新罗马理论中,公民美德还是一种信任。"相信一种具有广泛公民性的体制就是相信一种个人信任大量存在的体制。"⑦一种得体的法律和政治秩序只有在存在大量积极的和成功的信任以及公共生活相对集中的社会才是可能的。在这种社会中,人们不但可靠地服从行为的共和主义规范,而

213

---

① 参见 Maurizio Viroli, *Republicanism*, translated from the Italian by Antony Shugaar, New York: Hill and Wang, 2002, pp. 17 - 19.

② See ibid. , p. 90.

③ See ibid. , p. 91。

④ 美国宪法第一修正案确立了政教分离的规则,它规定议会不得制定确立宗教的法律。

⑤ 参见 Maurizio Viroli, *Republicanism*, translated from the Italian by Antony Shugaar, New York: Hill and Wang, 2002, pp. 94 - 95。

⑥ 参见[美]玛丽·莫斯特:《美国宪法:实现良治的基础》,刘永艳、宁春辉译,北京:中央党校出版社 2006 年版,第 245—246 页。

⑦ [澳大利亚]菲利普·佩迪特:《共和主义——一种关于自由与政府的理论》,刘训练译,南京:江苏人民出版社 2006 年版,第 341 页。

且他们每个人都定期地相互展示这种服从。① 佩迪特还特别提出,这种信任和共和主义警惕的美德并不是矛盾的。② 他的结论是:共和主义对警惕的强调与通过其他的方式享有和展示一种对当权者可靠信赖的态度是相容的。在共和主义原则的核心中不存在不一致之处,所谓相互冲突的观点可以非常自然地结合在一起。③ 这种信任与增进无支配的共和主义目标与依靠这样一种政制来增进这种理想是一致的。而且,与赞同共和主义的自由理论与政府理论一致的是,我们可以在人们依靠个人信任来建立一个充满各种支持性关系的世界中看到意义和价值。④

罗马人既热爱荣誉又重视公共利益,这是马基雅维里推崇罗马人的重要原因。维罗里对之予以全盘接受,他认为对荣誉的渴望是公民美德的重要组成部分。当共和国处于腐败堕落的关键时刻,那些热爱祖国、渴望荣誉的共和英雄必然会效法罗慕勒斯聚集力量、恢复共和国的昔日辉煌。⑤

维罗里反对倡导公共利益就必然牺牲个人利益的主张,公共利益和个人利益并不是二元对应,而是相得益彰的。他认为,二元对立的主张和古典共和主义的思想是相违背的。公民美德并不意味着个体利益的灭失,也不意味着一种苦行僧般的禁欲生活。公民美德和私人生活并不是矛盾的,恰恰相反,它是私人生活的基础,它能够使私人生活更舒适、更安全。⑥

第二节　新罗马理论对美国宪法共和主义的解读

"共和主义传统提供了一种与众不同的解释美国宪法的方式,它对政

---

① 参见[澳大利亚]菲利普·佩迪特:《共和主义———一种关于自由与政府的理论》,刘训练译,南京:江苏人民出版社2006年版,第342页。

② 参见上书,第343—345页。警惕的美德就是对他人尤其是有权势的当权者以一种腐败的、只考虑局部利益的方式行事这一可能性保持警觉的美德。

③ 参见上书,第346页。

④ 参见上书,第352页。

⑤ 参见 Maurizio Viroli, *Republicanism*, translated from the Italian by Antony Shugaar, New York: Hill and Wang, 2002, p. 75。

⑥ See ibid. , pp. 71 - 72.

府的作用作出了富有洞见的概括。"①作为现代西方越来越具有影响力的一种共和主义理论,新罗马理论为我们展现了一条理解和把握美国宪法共和主义内涵与实质的捷径。但是我们可以发现,目前国内对新罗马理论的研究主要还处在译介的阶段,少有的应用也集中在挖掘新罗马理论对自由主义、社群主义的反对与超越上,忽视了新罗马理论在把握美国宪法共和主义内涵与精神形态上的作用,而这本是新罗马理论非常重要的一个目标。事实上,新罗马理论也主要把目标放在共和主义"非支配自由"观的建构上。笔者正是在这个理路上,从新罗马理论的理论建构原点出发,探索新罗马理论对美国宪法共和主义的解释力。

一、新罗马理论与美国宪法中的共和主义

在制宪者的心目中,罗马共和国是人类伟大的最高峰。② 罗马共和国的加图对于美国的建国之父和宪法制定者具有特别的重要性。③ 罗马的荣耀与自由激起了制宪者的无限向往,波利比阿又把罗马的光荣归功于以公民美德为核心的罗马混合共和政体,加之制宪者们对英国殖民压迫的反感和古希腊民主政治的不满,这些却坚定了制宪者对罗马共和政体的向往。

制宪者对古典共和主义的欣赏源于他们的古典学环境与教育背景,源于约翰·亚当斯的宣传和倡导。作为一个典型的古典共和主义者和美国政治科学之父,亚当斯的著作对制宪者产生了很大的影响。亚当斯是罗马共和政体的忠实信徒,他的论著《为美国宪法辩护》对美国公众以及建国之父的影响很大,其中的许多观点在制宪会议上被采纳。人们还通过选举他为总统的方式表示对他观点主张的认同。他认为罗马的共和政体是"让尽可

①　[澳大利亚]菲利普·佩迪特:《共和主义———种关于自由与政府的理论》,刘训练译,南京:江苏人民出版社2006年版,第10页。

②　参见[美]汉密尔顿、杰伊、麦迪逊:《联邦党人文集》,程逢如、在汉、舒逊译,北京:商务印书馆1980年版,第162页。

③　参见 Michael p. Zuckert, *Natural Rights and the New Republicanism*, Princeton, N. J. : Princeton University Press, 1994, p. 5. 加图对制宪者的重要性不仅表现在加图这个人物的榜样示范性作用,还意味着加图对传统的偏好使罗马共和传统同样成为美国宪法制定者的偏好。

能多的人民获得尽可能大的幸福"的政府组织形式。① 因为"单一政体,无论人们多小心,都免不了衰败的命运。因此,权力绝不能放在一极上,合适的比例最重要。"②罗马的混合政体就是这样一种兼具君主制、贵族制、民主制三者优点的共和政体。

新罗马理论认为共和主义是美国宪法最深层的政治意识形态,是和古老的共和主义传统联系在一起的。通过对古典文本的再解读,他们发现,从起源和特征上看,共和主义是一种罗马传统。这一传统是与罗马共和制度同时诞生的,它被用来论证这些制度的合法性,并影响了它们的塑造。它在波利比阿、李维、普鲁塔克、塔西佗和撒路斯特这些历史学家的著作中,以及法学家、演说家兼哲学家西塞罗的系列作品中得到了阐述。③ 罗马古典共和主义思想随着罗马共和国的覆灭逐渐被人遗忘,但并没有完全消散,随着文艺复兴的到来,罗马共和传统再次兴起,并构成马基雅维里宪政思想的突出特征。在《加图的来信》和《联邦党人文集》这样的文本中,可以清晰地看出这种共和主义传统的痕迹。④

理解罗马古典共和主义的内涵是把握美国宪法共和主义的基础。新罗马理论的解读和美国宪法制定者的意图具有一致性,新罗马理论和美国宪法共和主义都与罗马古典共和主义有着关键性的内在关联。作为一种理论分析工具,新罗马理论是解读美国宪法共和主义内涵的重要路径,有助于理解美国宪法共和主义的起源与内涵。

① 参见 John Adams, *"Thoughts on Government"*, in The political writings of John Adams, edited with an introduction by George W. Carey. Washington, D. C. : Regnery Pub. ; Lanham, MD: Distributed to the trade by National Book Network, 2000, pp. 482 – 483。

② John Adam, *A Defense of the Constitutions of Government of the United States of America*, Letter XXVII, Published by Da Capo Press, Reprint. New York, 1971, First edition published in London in 1787 – 1788, http://www. constitution. org/jadams/john_adams. htm.

③ 参见[澳大利亚]菲利普·佩迪特:《共和主义——一种关于自由与政府的理论》,刘训练译,南京:江苏人民出版社 2006 年版,第 369 页。

④ 参见上书,第 24—25 页。

二、新罗马理论的理论贡献

"新罗马自由理论凸现于 17 世纪中叶的英国革命之中,在 18 世纪时,它被用于批驳英国的寡头统治,后来也被美利坚殖民地人民用来反抗英国王权的革命理论。"① 然而,到 19 世纪,随着自由主义理念的胜利使新罗马自由理论基本上销声匿迹。共和主义原则在美国宪法中确立以后不久便遭到了严峻的挑战,蕴涵于宪法中的共和原则与精神受到不同程度的破坏,共和主义受到民主主义尤其是自由主义势力的挤压,具有高度凝聚力的美利坚共同体面临着失范和变异的危险。以斯金纳、佩迪特、维罗里为代表的新罗马理论派就是要通过对传统政治资源的再阐释,发现共和主义的内涵和实质,质疑自由主义以及民主政治的话语与政治霸权,以应对自由主义和民主政治过度扩张对现代西方社会所造成的危机。新罗马理论为美国宪法共和主义的重新展现作出了巨大的努力和卓越的贡献。

新罗马理论认为,美国政治中最深层的政治意识形态是宪法中的共和主义,它和罗马古典共和主义传统联系在一起,和西塞罗等一大批杰出的共和主义作家的名字紧密地联系在一起。这些杰出的名字是美国制宪者心目中的偶像,正是在他们的指引下,美国宪法共和主义的内涵得以制度化、宪法化。② 新罗马理论派通过对古典文本的发现和再阐释,发现了美国宪法共和主义的罗马源头,这是新罗马共和派为再现美国宪法中的共和主义渊源所做的理论贡献。同时,它也有助于我们了解和把握美国宪法共和主义的内涵的精神实质。

新罗马理论派不但洞察到了美国宪法共和主义中的罗马源头,还注意到了宪法制定者对罗马共和主义思想的创造性应用。美国宪法共和主义作为现代共和主义的样本,与古罗马为代表的古典共和主义是有明显区别的。

---

① ［英］昆廷·斯金纳:《自由主义之前的自由》,李宏图译,上海:上海三联书店 2003 年版,前言,第 1—2 页。

② 参见 M. N. S. Sellers, *American Republicanism: Roman Ideology in the United States Constitution*, New York: New York University Press, 1994。

制宪者们并不是简单的"拿来主义"者,古典共和主义的思想被美国的制宪者所吸收,但他们对古典共和主义进行了创新。

马基雅维里服膺波利比阿的混合政体理论,他指出:"只有生活在共和政体下的人们,才有希望保住个人自由以及追求他们的既定目标,而不论这些目标是为了获得权力和荣耀,还是仅仅为了保护安全与财富。"①马基雅维里是新罗马理论建构的基点,新罗马理论要通过马基雅维里发现自由的真谛以对抗自由主义的霸权。正是通过对马基雅维里文本的重新解读,新罗马理论作家发现了被自由主义遮蔽的共和主义传统,并对之进行了修正,提出了以立宪主义为标志的新共和主义。新罗马理论认为,只有在共和政体的宪政模式下,个人的自由才能得到充分的保证。新罗马理论从哲学和历史两个层面入手,将共和主义的自由定位为一种超越积极自由和消极自由的"非支配"的消极自由——"第三种自由",颠覆了人们长期以来将共和主义自由视为积极自由,共和主义与自由主义无法兼容的定论。这正确地察觉到了美国宪法共和主义不同于罗马古典共和主义之处,当年美国宪法的制定者们由于时代的发展和制宪过程中的妥协,在美国宪法中注入了更多的自由主义因素。

在古典共和主义者那里,私有财富的增长被视为政治生活中一种使人堕落的可能性力量,这种观点在马基雅维里身上得到了再现。马基雅维里视财富为公民美德的威胁而不是工具,他认为财富会使人变得傲慢自大。富人通过赞助制度可以很容易地成为党派领袖,这将使私人利益凌驾于公共利益之上,并最终摧毁共同体的整体团结。因此,马基雅维里主张国家可以富裕但民众必须贫穷。② 然而,14世纪初期的人文主义者却没有被这种

---

① [英]昆廷·斯金纳:《自由主义之前的自由》,李宏图译,上海:上海三联书店2003年版,第142页。

② 参见 Maurizio Viroli, *Republicanism*, translated from the Italian by Antony Shugaar, New York: Hill and Wang, 2002, p. 76。

可能性所烦恼。相反,他们对佛罗伦萨商人的活动,对他们的富裕感到得意。[1] 斯金纳、维罗里继而得出结论,私人财富和共和主义并非必然不相容,恰恰相反,新罗马理论的共和主张建立在商业共和国的土壤之中,财富可以促进和保持公民美德(如慷慨、宽容)[2],这和联邦党人的主张是一致的。

为了防止自由行动的个人变成不平等的人,防止由纯粹的偶然性产生的个人之间的差异使他们当中的某些人支配其他人,这就需要法律和中央集权的公共机构。[3] 新罗马理论的主要作家维罗里发现,美国宪法共和主义更强调共和主义之中的法治,更强调成文宪法的作用。这是因为,经验教导制宪者,人不是天使,必须有辅助性的预防措施来对抗人性的贪婪。[4] 这种辅助性的预防措施就是复杂的宪政制度设计,这种经验的重要来源是罗马共和国。罗马共和国衰败的主要原因在于罗马共和宪制并非一个有效的宪政制度,其法治、分权制衡和代议制度因素是十分粗糙的。虽然罗马共和国的公权力受制于宪法的成文与不成文规定,罗马公民的私权利更是被置于发达的罗马私法之下,但是罗马共和国的法律并不具有很强的刚性,它被置于公民的巨大道德能动性之下。

新罗马理论者和制宪者在强调成文宪法的制度建构与绩效的时候,并没有放弃对公民德性的关注。新罗马理论者相信:"任何人如果想确保享有自由,那么对公共服务即公民美德的普遍信奉就是必不可少的,仅仅依赖一个抽象的权利框架或他人的努力是不够的。"[5] 制宪者在进行制度设

219

----

① 参见[英]昆廷·斯金纳:《近代政治思想的基础》(上卷:文艺复兴),奚瑞森、亚方译,北京:商务印书馆 2002 年版,第 125 页。

② 参见 Maurizio Viroli, *Republicanism*, translated from the Italian by Antony Shugaar, New York: Hill and Wang, 2002, p. 73。

③ 参见[法]让·施皮兹:《共和国的黄昏》,载应奇、刘训练编:《共和的黄昏:自由主义、社群主义和共和主义》,长春:吉林人民出版社 2007 年版,第 425 页。

④ [美]汉密尔顿、杰伊、麦迪逊:《联邦党人文集》,程逢如、在汉、舒逊译,北京:商务印书馆1980 年版,第 264 页。

⑤ [澳大利亚]菲利普·佩迪特:《共和主义———一种关于自由与政府的理论》,刘训练译,南京:江苏人民出版社 2006 年版,第 391 页。

计的时候就认为有力的法律和制度能够改变人性的腐化状态，有助于培育和保有公民美德。这也是制宪者思考防止罗马共和国衰亡再现的成果，因为罗马共和国衰败的主要原因之一在于公民美德的败坏导致宪政体制的瘫痪。

正是在法制与公民美德的双向匡正作用下，才能保证共和国的荣耀与个人的自由，这是新罗马理论派和制宪者的共同结论。在古典共和制度下，公民美德是共和国的基石，人们认为公民美德的作用是首要的，公益精神的重要性远在完善的政府机制之上，有了公民美德就可以对抗命运的无常，就保障了共和国的安全，而法制的作用相比公民美德来说是第二位的。这是美国宪法共和与古典共和的重大区别。通过思考罗马共和国衰亡的经验教训，建国者发现了德性虽脆弱却必不可少，它是良好政制的必要维持剂、催化剂，是国家繁荣强大成功的必要条件。因而建国者力主以法治保德性、促美德。麦迪逊指出，没有公民美德，"任何理论上的修正，任何政府形式都不能使我们获得稳定"①。事实上，以麦迪逊为代表设计的美国宪政理论框架要解决少数和多数、州与联邦、个人利益与集体利益的矛盾，其最后的手段就是拥有美德的人民。②

三、新罗马理论派的理论缺陷

新罗马理论对于我们探悉美国宪法共和主义的内涵与精神形态作出了重要的理论贡献。但是，再次解读罗马历史及其共和主义经典作家的文本，不难发现，新罗马理论派的代表人物斯金纳等对罗马共和文本的解释是不十分准确、有所缺陷的，或者说他们是按照自己的理论建构目的来对罗马共和理论进行抽象和概括的。

新罗马理论的基础——作为第三种自由的非支配自由，是以个体权利

---

① James Madison, June 20, 1789, 转引自[美]斯蒂芬·L. 埃尔金、卡罗尔·爱德华·索马坦编:《新宪政论——为美好的社会设计政治制度》, 周叶谦译, 北京:三联书店1997年版, 第166页。

② 参见 Neal Riemer, *James Madison: Creating the American Constitution*, Washington, D. C. : Congressional Quarterly, 1986, p. 161。

与自由为中心构建出来的概念,它强调的是政府为保护与实现个体权利和自由的组织形式及其作为。这和罗马古典共和抑或美国宪法中的共和主义是背道而驰的,因为共和主义的中心目标是国家利益与公共善。换言之,新罗马理论的立论趋向实质是自由主义的。但是,罗马的共和主义并没有像新罗马理论派描述得那样能够和自由主义兼容,它们之间的张力是客观存在的。这主要通过对西塞罗、撒路斯特、李维、塔西佗这样一些罗马古典共和主义经典作家的著作文本进行分析得出。

诸如此类的批评,丹尼尔·凯普斯特在其博士论文《重读共和:罗马历史及其现代阐释》中也有论述。① 凯普斯特还认为新罗马理论派之所以会得出一个错误的理论结论,是因为他们忽略了罗马古典共和主义思想家西塞罗等对修辞手法的运用。② 正是在修辞术的遮盖与美化下,这些古典共和主义的经典作家才建构了罗马共和国不存在的所谓共和主义美德、公共善、自由。凯普斯特的论述有一定的道理,西塞罗等深知真理也需要修饰,他们正是要运用修辞术与雄辩术表达自己的强烈感受与热切期望,他们要点燃罗马人民心中的共和主义火焰,要煽动人民对共和国的热爱。新罗马理论派是深得西塞罗真传的③,他们也是要运用修辞术建构自己的第三种

221

————————

① 参见 Daniel J. Kapust：*Rereading Repuliicans：Roman History and Contemporary Interpretion*, University of Wisconsin, Madison, 2005。但凯普斯特所使用的材料也是不无问题的,他过多关注的是罗马共和衰败时期的文本。凯普斯特得出的结论也是错误的,或者说是过分悲观的,他认为共和主义最终不可能有它独立的位置,它要么靠向社群主义,要么就投向自由主义的怀抱。而这两条路恰恰是制宪者们所要避免的,共和就是要在这两者之间走出自己的路来,凯普斯特忽视了制宪者意图和美国宪法这一经验文本的存在。

② 读者可以从西塞罗第四篇反喀提林阴谋的演说词一领其修辞术的风采。可参阅 Robert W. Cape, Jr. , "The Rhetoric of Politics in Cicero's Fourth Catilinarian", *The American Journal of Philology*, Vol. 116, No. 2, (Summer, 1995), pp. 255 – 277。

③ 李宏图认为斯金纳对修辞术的运用其理论导师是维特根斯坦,笔者不否认这一点,但笔者认为其鼻祖应该是西塞罗。Michelle Zerba 撰文指出马基雅维里和西塞罗一样都是高超的修辞欺骗术专家,以马基雅维里为研究对象的新罗马理论作家斯金纳的修辞术毫无疑问应该溯源到西塞罗。(参见[英]昆廷·斯金纳:《霍布斯哲学思想中的理性和修辞》,王加丰、郑崧译,上海:华东师范大学出版社 2005 年版,译序,第 6 页；Michelle Zerba, "The Frauds of Humanism：Cicero, Machiavelli, and the Rhetoric of Imposture", *Rhetorica*, Jun2004, Vol. 22 Issue3, pp. 215 – 240。)

自由理论,以语言表达自己的政治理想。① 维罗里坚信:"如果我们掌握了古老的修辞术,就有助于获得人们理性上的认同和感情上的共鸣,这将更好地使统治者及其公民接受和实践共和主义的政治原则,这是政治理论的最终目标。"②

根据新罗马理论的"历史情境主义"方法论,他们的共和主义理论是建基在对古罗马共和文本的解读之上的,但其在实践上走的路线却远离了历史情境,这导致了新罗马理论的脆弱性。他们之所以犯这样的错误,是因为他们的理论仅仅建立在以马基雅维里为代表的少数几个意大利、英国共和主义作家对部分罗马古典文本的解读之上,它更和他们急于想和自由主义的妥协分不开。

事实上,马基雅维里的思想与古典共和主义的思想有一定的差异,马基雅维里在对罗马共和文本的解读过程中有建构主义的嫌疑。马基雅维里并不是古代罗马政治思想的"拿来主义者",他的最终目的在于建构出能够实现意大利统一与强大的整套理论工具。阿伦特指出:"马基雅维里主义所犯的根本错误在于,将罗马存在于历史延续性根源的基业抽离出来,成为一个必须要去实现的终极目标,因而必须采用暴力与革命的手段去实现这个终极目标"。③ 阿伦特的言下之意是,沿着马基雅维里的路径走下去,就必然是极权主义的归宿。马基雅维里认为君主制的优势在于开拓创制,共和政体的优势在于维持政制,对他来说,最重要、最紧迫的任务当属强大意大利的创立。马基雅维里说畏惧是思考的美德,他主要并不是在说思考的审

---

① 斯金纳指出,对于 13 世纪末共和自治体制的首创来说,事实上存在两个泾渭分明的政治分析传统,其中一种就是从对修辞学的发展而成的,自从 11 世纪意大利各大学创建以来,修辞学在大学中与法学和医学一道成为教学重点。修辞学者开始主要是装出他们关心修辞艺术的样子,后来,他们不再装腔作势,而是直截了当以统治者城市天然的政治顾问的政治面貌出现。(参见[英]昆廷·斯金纳:《近代政治思想的基础》(上卷:文艺复兴),奚瑞森、亚方译,北京:商务印书馆 2002 年版,第 55—56、64 页。)

② Maurizio Viroli, *Republicanism*, translated from the Italian by Antony Shugaar, New York: Hill and Wang, 2002, p. 19.

③ 萧高彦:《施米特与阿伦特公民概念的比较研究》,载许纪霖主编:《公共性与公民观》,南京:江苏人民出版社 2006 年版,第 108 页。

慎,而是在说民众对君主要尊敬服从,千万不要去置疑君主任何统治行为的正当性;因而他强调畏惧的美德,呼唤强势的新君主,倡导臣民对君主的恐惧与服从,但马基雅维里对古典共和主义美德的缅怀亦是他逃脱不开的情结,这是导致其思想理论复杂的根本原因之所在。

马基雅维里的理论是建立在对意大利人文主义理论修正基础之上的。他的共和主义理论对君主制与强制具有更强的偏好和非人文主义的向度,虽然他在某种程度上服膺波利比阿的混合政体理论,认为混合君主、贵族、民众的混合政制是最稳定的政体形式。马基雅维里曾经盛赞罗马共和国的保民官制度,但这主要是由于他对罗马宪政技术的欣赏,而不是因为他对罗马共和民主倾向的赞同。他让人数众多的民众参与政权,不过是为了避免与他们为敌,以免影响政局的稳定。在马基雅维里看来,保民官的重要作用主要在于它是对贵族傲慢、执政官强制与元老院压迫的一种重要设防技术,是保障罗马共和政体的一项必要制度安排。

马基雅维里对君主制的偏好和非人文主义的向度,突出地表现在他的经典著作《君主论》之中,甚至他的《论李维》也在很多方面和共和主义精神相违背。如,他强调用凶恶的平民来控制精英,而不是强调精英的责任。[1]在这种马基雅维里式的法律实证主义正义论中,正义成为色拉叙马霍斯"强者的利益"。为了政治国家的统一与安全这一最高的价值,马基雅维里强调君主一切卑鄙的手段都可以因此目的而获得其正当性,这事实上已经突破了当代共和主义所能容忍的极限,它也是和古典共和主义对道德维度的强调格格不入的。此外,在人的本质上,他对人性的预设过分悲观,并且认为人性是永恒不变的。[2]

马基雅维里还过于强调罗马共和国中的冲突性元素的作用,他说:"许多人认为罗马是个纷争不已的共和国,然而诅咒贵族和平民纷争不已的人,

[1]　参见 John p. McCormick. "Machiavellian Democracy: Controlling Elites with Ferocious Populism", *The American Political Science Review*, Vol. 95, No. 2. (Jun., 2001), pp. 297 – 313。

[2]　对马基雅维里不变人性论及他建立在此人性论上的历史观的评述,参见 Herbert Butterfield, *The Statecraft of Machiavelli*, London: G. Bell and Sons Ltd., 1960(Originally published in 1940)。

他们所谴责的正是让罗马保持自由的元素。凡是有利于自由的法律,皆来自于他们之间的不和。"①但是,众所周知,西塞罗一生所从事的事业恰恰在于重新恢复罗马共和国曾经的阶级和谈与合作,共和国走向衰败过程中的过强冲突正是西塞罗要极力消除的。必要张力的存在是政治社会和谐的基础,当贵族与平民之间的张力不再存在的时候,罗马政体就失去了存在的组织基础,但是这种冲突与张力一旦过大,超出了共和主义容积的时候,国家就要应对由此导致的危机。② 西塞罗美化了罗马共和国的阶级和谐,马基雅维里的错误则在于扩大了贵族与平民冲突的激烈性和经常性,他还否定了罗马共和国必要信任与宽容的存在,这种信任和宽容避免了社会矛盾与冲突的不可调节性,是共和政体得以存在和维持的关键。在西塞罗的理论中,人性通过教育是可以达到尽善尽美的。美国的立宪者们也正是抱着既不夸大人性中的善也不夸大人性中的恶的前提,积极立宪,以宪法确立人民生活的基本框架,提防人性中的恶。同时,他们又相信人性中的善,相信公民德性的伟力。通过宪法和公民美德的双重规制,把人们的冲突控制在预定的共和范围之内。

在古典共和主义者那里自由是和人民的自治紧密联系在一起的,人民的自由是在人民自治的过程中展现出来的政治自由,是一种肯定性的自由。维罗里承认,对马基雅维里来说,光荣存在于城市的广场之中,对荣誉的渴望毫无疑问要求和个人私利保持必要的距离。③ 维罗里的爱国主义更是生发和繁荣于人民自治的土壤之中。④ 当然,罗马人并不像希腊人那样醉心

① 参见[意]尼科洛·马基雅维里:《论李维》,冯克利译,上海:上海人民出版社2005年版,第56页。马基雅维里对罗马政治中冲突性元素的认识来自于他对波利比阿《历史》第六卷的思考。[参见 Carl Roebuck, A Search for Political Stability: Machiavelli's "Discourses on Livy", *Phoenix*, Vol. 6, No. 2. (Summer, 1952), p. 64.]

② 相关史实论述参见 N. Rosenstein, "Competition and Crisis in Mid-Republican Rome", *Phoenix*, Vol. 47, No. 4. (Winter, 1993), pp. 313 – 338。

③ Maurizio Viroli, *Republicanism*, translated from the Italian by Antony Shugaar, New York: Hill and Wang, 2002, p. 75. 但维罗里随后又提出,罗马人热爱公共利益和他们的祖国,也珍视他们的个人利益。

④ See ibid., p. 83.

于政治参与。罗马古典共和主义下的自由,相比亚里士多德模式下的希腊共和,具有更多的消极因素,宪法与法律在政治自由中的"过滤"性作用越来越大。① 斯金纳、佩迪特通过自己对古典共和主义思想家的重新解读,提出罗马古典共和主义的自由是一种不同于消极自由的"第三种自由"。佩迪特在他的《共和主义——一种关于自由与政府的理论》中提出共和主义的自由是"无支配的自由",并认为尤良法治所产生的干涉和人们的自由并不冲突,因而法治下的人们仍然享有"无支配的自由"。新罗马理论从"无支配的自由"这个前提出发,认为公民的政治参与和政府活动的最终目的应该是促进个人的"非支配性自由";公民的政治参是实现个人"非支配性自由"的工具性价值,而不是公民作为共和公民的内在需要。维罗里强调,马基雅维里笔下的罗马人并不是为了公共利益而牺牲个人利益的政治人,相反,他们孜孜以求的是自由,是宁静的个人生活。②

可以发现,新罗马理论过于强调个人自由的价值在整个共和价值系列中的位阶,忽略了共和主义对积极公民的召唤,当然这种召唤不是卢梭和雅典政治意义上的;在卢梭的强势民主理论中,公共利益具有先天的正当性,个体私利则具有先天的原罪,新罗马理论虽然强调公共利益的优先性,但坚决保卫私人利益的合法性。这也忽视了政治参与本是人的本性,是人们生活方式结构的必要组成部分,是人们体验幸福生活的关键。"共和国作为人民的财产"离不开公民的政治责任感与理性审议行为。在共和主义政体下,个人荣耀与自由正是通过公民对公共事物的积极参与来实现的;也正是

225

---

① 亚里士多德拒绝接受仅仅又作为军事共同体与经济共同体的国家,他认为人们只有过一种优良的生活才能获得美德与快乐,这就要求人们积极参与公共生活,融入共同体。事实上,后来亚里士多德也意识到他的民主方案并不能带来他向往的理想目标,因而他转向拥护一种对民主的政治参与进行一定限制的政体。(参见 Andrew Lintott,"Aristotle and Democracy",*The Classical Quarterly*,New Series,Vol. 42,No. 1.(1992),p. 128。)

② 参见 Maurizio Viroli,*Republicanism*,translated from the Italian by Antony Shugaar,New York:Hill and Wang,2002,p. 74。维罗里在此处引证了马基雅维里的《论李维》(Discourses,I. 16.),马基雅维里说:"罗马人中的极少数人渴望成为统治者而享有自由,但其他的绝大多数则希望平平淡淡得安享自由。"

在公民的这种积极参与之中,自由的共和国才能实现和维持。自由的国家是个人自由的前提条件和个人自我实现的场所,美国宪法的目的就在于造就一个自由的美利坚共和国,在自由国家的干预与管理中,实现社会的公共善与个人价值。"在制宪者那里,自由、公正、安全、幸福都不过是自我实现的阶段性价值。"①政治参与和自治并不仅仅如斯金纳、维罗里所说的那样,其用途纯粹是工具性的。② 共和政制既要摆脱人们的政治冷漠,又要避免大众的过度民主冲动。在美国宪法的制定过程中,宪法拥护者主要致力于间接民主和积极自由,宪法反对者则要争取直接民主和消极自由③,但无论是联邦党人主张的代议制民主还是反联邦党人主张的直接共和民主,积极公民和积极自由都是它们的当然内涵,只是程度不同、范围不同而已。反联邦党强调州层次的人民自治和地方独特公共利益追求,联邦党人追求的则是国家层面的公共利益与人民的整体幸福。最终美国宪法的批准以联邦党人和反联邦党人的妥协与中和为标志,也就意味着积极自由和消极自由在美国宪法中的中和。

新罗马理论派的共和主义自由理论奠基于柏林的自由两分法之上,虽然他们试图超越柏林的积极自由与消极自由,但可以看出,斯金纳、佩迪特实质上还是把共和主义的自由界定为消极自由(虽然不是柏林意义上的),这也是源于他们对"政治自由悖论"挥之不去的恐惧。④ 维罗里更是明确指

---

① 参见 Jack N. Rakove, *James Madison and the Creation of the American Republic*, edited by Oscar Handlin, New York: Longman, 2002, pp. 158 – 159。至于反联邦党人,作为直接民主的爱好者,他们所拥护的共和主义更是把通过政治参与实现个人价值的价值摆在了一个优先的位置。

② 共和主义理论认为政治参与的作用在于选择具有美德的合格公民和领导人以保护人们的自由。参见 Maurizio Viroli, *Republicanism*, translated from the Italian by Antony Shugaar, New York: Hill and Wang, 2002, p. 11。

③ 反联邦党人的直接民主并不是民主政治意义上的,而是一种共和式的。参见 *The Essential Antifederalist*, edited by W. B. Allen and Gordon Lloyd, associate editor, Margie Lloyd, Lanham, MD: Rowman & Littlefield, 2002, p. Vi。

④ 有关新罗马理论派的政治自由悖论理论,参见昆廷·斯金纳:《政治自由的悖论》,载应奇、刘训练编:《第三种自由》,北京:东方出版社 2006 年版。

出,民主政治的自由是积极自由,共和主义的自由是消极自由。[1] 他们认为共和主义的自由不在于去统治,而在于不被统治。佩迪特指出共和主义传统的思想家们一般来说都将民主参与或代议制视为自由的保障,而不是自由的核心。越来越强调民主只会认为自由恰恰就在于民主自治,而偏离共和主义的传统阵营,转向完全的民粹主义立场。[2]

佩迪特认为共和主义的自由"就其要求免除他人的支配,而不必非要实现自主而言,它是消极的;就其比免除干涉要求更多而言,它又是积极的。"[3]但笔者认为佩迪特尤其是斯金纳的"第三种自由"是倾向于消极自由的[4],如果不这样的话,他们就无法和自由主义达成妥协。实际上,罗马人的共和自由具有较强的控制性与支配性。这是因为,罗马人趋于保守,尊重权威、法律与秩序。从罗马共和宪制来说,执政官、行政官的"治权"具有很强的支配性和强制性,因为它来自于从王继承过来的权力;它不是一种被委托行使的权力,它因执法官相对于国家的地位而当然地归该执法官所有。[5]此外,罗马共和时代战争频繁,为了整个国家的对外安全与利益,共和宪制中的分工与任期因素受到很大的限制,保民官的权力只局限在罗马城的范围之内,执政官在罗马城外享有君王般的军事治权,向民众申诉制度亦不能对执法官的治权进行限制。从罗马宪制的历史基础来说,罗马的早期家庭具有政治组织的性质[6],罗马城邦则是建立在罗马家庭基础之上的政治组

227

①　参见 Maurizio Viroli, *Republicanism*, translated from the Italian by Antony Shugaar, New York: Hill and Wang, 2002, p. 11。

②　参见[澳大利亚]菲利普·佩迪特:《共和主义——一种关于自由与政府的理论》,刘训练译,南京:江苏人民出版社 2006 年版,第 39 页。

③　转引自刘训练:《共和主义的复兴》,载《中西政治文化论丛》第 4 辑,天津:天津人民出版社 2004 年版,第 284 页。

④　共和主义认为在必要的时候,为了维护自由,可以把政治参与作为一项义务,甚至可以采取强制措施强迫某些人自由,而这是自由主义的自由所完全禁止的。

⑤　参见[意大利]朱塞佩·格罗索:《罗马法史》,黄风译,北京:中国政法大学出版社 1994 年版,第 144—145 页。

⑥　参见上书,第 12 页。

织,元老院曾一度是家父们的组织。① 作为罗马共和国的公民,"罗马人生活于严厉的拘束之下。每人须在他的家里维持纪律,在公共事务上忠于其献议和行事的职守"②,罗马共和国的自由是一种以服从为基础的自由,政府权力具有较大的弹性和可扩展的空间。罗马共和国具有厚重的家长制元素、等级观念和贵族气息。格罗索的著作明确承认家父的权力和共同体的权力具有主权性,这种主权性体现在不同的组织原则中,如家父的意志、民众的立法、法学家的权威。③ 人格减等而不是人格平等法则是罗马法中的重要理论,"准许父亲出卖或杀死儿子的法律,在希腊、罗马都曾有过。父亲是家庭宗教的教长。所有权是全家的,不是个人的。每家只有一个业主,而拥有这份产业使用权的,就是父亲。家长的司法权在他的家中是完整的和最终的。"④此外,罗马共和国的宗教元素对罗马人的控制十分严密,人民最基本的生命权在宗教面前都很有可能被剥夺。⑤ 总而言之,罗马的共和政制是建基于宗教信仰和家族制度之上的,公民的行为受到较强的干预与支配,它正如西塞罗所言:"公民自由的限度在于不能妨碍贵族意志的实现。"⑥

罗马式的"治权"因子,家长制元素、等级观念和贵族气息同样存

---

① 按照乌比而安的著名定义,公法是有关罗马国家稳定的法,可以看出,罗马公法的特点同家庭和跨家庭组织相对而立的城邦组织灵活地联系在一起。罗马市民法最初就反映着一种家际社会的秩序,它并非起源于城市,虽然后来它们之间发生了关系。(参见[意大利]朱塞佩·格罗索:《罗马法史》,黄风译,北京:中国政法大学出版社1994年版,第24—25、31页。)

② [德]特奥多尔·蒙森:《罗马史》(第3卷),李稼年译,北京:商务印书馆2005年版,第343页。

③ 参见桑德罗·斯奇巴尼为格罗索《罗马法史》撰写的前言。([意大利]朱塞佩·格罗索:《罗马法史》,黄风译,北京:中国政法大学出版社1994年版。)

④ [法]库朗热:《古代城邦——古希腊罗马祭祀、权利和政制研究》,谭立铸等译,上海:华东师范大学出版社2006年版,第75、79—80、82页。

⑤ 罗马人认为,神具有巨大的能量,人和神之间必须保持和平,为了保持人神和平的状态就应该对之献祭,甚至包括人祭。(参见[意]弗朗切斯科·西尼:《罗马宗教——法律制度中的人与神:神的和平、神的时间(节日、祭日)、牺牲》,徐国栋译,载《罗马法与现代民法》2002年号,北京:中国法制出版社2002年版,第1—26页。)

⑥ 转引自崔之元:《混合宪法与对中国政治的三层分析》,《战略与管理》1998年第3期。

在于美国的政治土壤之中，只是随着共和革命的来临，人们不再相信社会等级制是自然天成和上帝注定的，但人民仍然渴望拥有贵族血统。家长制在这个过程中也实现了共和化，主动向现代法律中的契约思想靠拢。[①] 制宪者在制定宪法的过程中必然或多或少地受制于这种历史传统的影响，如汉密尔顿和西塞罗对君主制的偏好就离不开君主在传统中好父亲角色的影响。事实上，共和主义者并不必然反对君主制，只要君主的存在不妨碍人民的自由和自我实现。马基雅维里就对罗马共和时代的明君统治赞誉有加。

卡尔·J.弗里德里希甚至认为波利比阿盛赞的罗马混合宪制并不是为了保护个人自由，而是为了使罗马强大并使罗马的士兵公民有效地参与国家事务。[②] 在这一点上，弗里德里希虽然看出了罗马人并不享有自由主义意义下的个人自由，但他对这种自由的全然否定却走向了极端，事实上，"个人权利在城邦成立前已经存在。在城邦制定法律时，个人权利已经深入人心，已经成为习惯并为全民所深刻赞同。"[③]只是罗马共和宪政下的个人权利只属于少数有完全罗马公民资格的公民。个人自由与权利正是通过自然法话语的形式，进入西塞罗等共和主义者的作品中的。为了限制公共权力的暴力，提防有权者的暴政与腐败，罗马确立了分工与制衡的宪政制度，并且对各种官职的相互关系也做了规定，即禁止兼职、限制连任、确定官职间的顺序。[④] 罗马共和宪制中向民众申诉的制度，以及被李维称为一切公法和私法渊源的《十二表法》对成文规范的确定、对执行期限的确定、对

229

---

① 参见[美]戈登·伍德：《美国革命的激进主义》，傅国英译，北京：北京大学出版社1997年版，第148、153、160、170页。

② 参见[美]卡尔·J.弗里德里希：《超验正义——宪政的宗教之维》，周勇、王丽芝译，北京：三联书店1997年版，第6页。

③ [法]库朗热：《古代城邦——古希腊罗马祭祀、权利和政制研究》，谭立铸等译，上海：华东师范大学出版社2006年版，第75页。

④ 参见[意大利]朱塞佩·格罗索：《罗马法史》，黄风译，北京：中国政法大学出版社1994年版，第165—166页。

惩罚犯罪的确定更是对民众基本权利与自由的严格保障。① 诸如此类的宪政技术,对公共权力行使的强制权和惩罚权设置了一系列的防御,以保障公民的基本生命权与财产权。在宪法与法律的疆域内,罗马公民是自由的,虽然这种宪法与法律在罗马并不具有很强的刚性,宪法与法律常被"国家理由"所修正。② 这些内核被美国宪法的制定者所继承下来,但宪法和法律较之罗马具有更强的刚性,宪法的修正成为一项非常困难的系统工程。同时,美国宪法非常重视对政府权力和民主暴政的提防,为个人自由与发展的自然权利实现提供了可靠的制度保障平台。

在美国宪法里面,"控制性"元素被淡化或者说被"共和化",宪法具有更大的开放性,共和里面自由和民主的范围和深度都有所扩大和深化,但是宪法之父的政治理想与制宪意图仍然是要神圣化美国宪法的生活模式,他们要为美国人民甚至全世界提供一种基本的生活模式和幸福的基本观念;③他们要通过宪法的支配性权力和公共权威的必要作为,教育人民,推进公共幸福。为了实现这一理想,他们对罗马混合政体进行了创造性的革新:扩大了国家的行政权,以便以国家的力量推行制宪者的共和理想;创立独立的司法机构,以保卫制宪者设计的共和宪制;创设两院制的立法机构,为民众立法提供理性指导,保证民众的意志展现,同时反对民众的立法暴政。

230

---

① 参见[意大利]朱塞佩·格罗索:《罗马法史》,黄风译,北京:中国政法大学出版社1994年版,第82页。"向民众申述"制度所包含的限制被公元前2世纪前半叶的三个《波尔其法》加以扩展。这些法律实际上废除了对罗马市民的鞭笞。此外,它们除规定执法官应当允许罪犯为躲避死刑而逃跑外,它们还取消了离城墙一千步远的限制性规定,并且允许在行省的市民也享受申述权,军队中的士兵在战时亦可以针对将军提出申述。这些法律还规定了对违反禁令的执法官所处的处罚。对滥用职权的执法官规定的制裁后来被吸收进《关于公共暴力的尤利法》中。(参见[意大利]朱塞佩·格罗索:《罗马法史》,黄风译,北京:中国政法大学出版社1994年版,第154—155页。)

② 典型案例如元老院会议肯定西塞罗揭露"喀提林阴谋",剥夺阴谋分子向民众大会的申述权为拯救国家的行为。

③ 汉密尔顿认为,美国宪法的制定不但是出于一种爱国的动机,它还是一种对人类命运的关怀。(参见[美]汉密尔顿、杰伊、麦迪逊:《联邦党人文集》,程逢如、在汉、舒逊译,北京:商务印书馆1980年版,第3页。)

　　这也可以用反联邦党人对宪法中缺少"自由"的批判来佐证,当然反联邦党人的自由是奠基于美国革命原则的自由,具有厚重的洛克色彩。反联邦党认为"革新者没有耐心去逐步完善这一上天赐福给我们的最优秀的(邦联)宪法,而是去追求一部完全不同于美国革命原则并且容不得自由的宪法,从而彻底摧毁美国共同体的全部基础。"①

　　共和主义建构下的自由是消极自由与积极自由融合的第三种自由,但不是柏林两分法下的积极自由或者消极自由。柏林的两分法内含着积极自由和消极自由的对立紧张,而共和主义下的积极自由和消极自由并不是相互冲突的,它们是相互支撑、相得益彰的。通过对美国宪政史的考察,朱迪思·史克拉已经证实了这一点,她认为,在美国,既存在积极自由,又存在消极自由,这两种自由并不是必然冲突的,它们是相互深刻地联系在一起的。她还认为自由并不意味着公共权威不应当做任何事情,相反,公共权威应当去保护少数民族并教育全体人民。正是通过强制和教育结合在一起,公民的权利和尊严,才逐渐得到了肯定。②

　　理解罗马古典共和主义的内涵是把握美国宪法共和主义的基础。新罗马理论和美国宪法共和主义都与罗马古典共和主义有着关键性的内在关联。作为一种理论分析工具,新罗马理论是解读美国宪法共和主义内涵的重要路径,具有一定的解释力,有助于理解美国宪法共和主义的起源与内涵。同时,由于新罗马理论对古代罗马共和文本解释的简约化处理和工具化的态度,导致对美国宪法共和主义有一定程度的曲解。这种曲解主要表现在新罗马理论对自由和法治在罗马古典共和主义传统中优先性的强调,事实上法治优先性(程序的承诺)③是美国宪法共和主义对罗马古典共和主

---

　　①　参见[美]赫伯特·J. 斯托林《反联邦党人赞成什么——宪法反对者的政治思想》,汪庆华译,北京:北京大学出版社2006年版,第12、25页。

　　②　参见朱迪思·史克拉:《两种自由在美国》,载应奇、刘训练编:《第三种自由》,北京:东方出版社2006年版,第361—370页。

　　③　参见[澳大利亚]菲利普·佩迪特:《共和主义——一种关于自由与政府的理论》,刘训练译,南京:江苏人民出版社2006年版,第375—377页。

义的一项创新,对公共利益和自治的强调是美国宪法共和主义和罗马古典共和主义共同的价值预设。

以新罗马理论派为代表的当代共和主义吸收文艺复兴后人文主义的研究成果,针对自由主义和民主政治的弊端,试图重返古希腊、罗马;他们借助古典共和传统,试图发展出一种用以解释美国宪法政治的新共和主义话语体系,以对抗雅典民主式的民主政治话语与洛克式的自由主义话语对美国宪政图景的侵蚀。这种新共和主义在法治优先的前提下,提倡公民美德、爱国主义与政治责任,强调公民的平等政治参与、协商共事。但它并不是要取消自由主义,恰恰相反,它试图表明自己和自由主义,尤其是自由平等主义的同质性。相对于古典共和主义,它扩大了个人利益的重要性,反对国家以美德和公民义务为理由剥夺公民自由。当然,当代共和主义也不乏对自由主义过分关注私人利益、政治冷漠、无视公共利益倾向的批评和修正。总而言之,当代共和主义者以马基雅维里的思想作为他们理论建构的起点,在对马基雅维里思想的重新阐释与发展的基础上,发展出了他们独特的新共和主义理论。这种新共和主义理论也是在对古典共和主义和洛克式自由主义双向修正与超越的基础上建构起来的,在这种建构的过程中,新共和主义理论对共和主义、美国宪法中的共和主义内涵进行了独特的阐释和重构。

第 四 章

超越自由主义与民主主义：
美国宪法中的共和主义

共和主义是美国宪政规则的元规则,是构成美国宪法政治的主体框架。罗马古典共和主义宪政是美国共和主义宪政的主要理论渊源与经验支柱,罗马古典共和主义与美国宪法共和主义在内核上具有一致性;同时,美国宪法又对共和主义进行了创造性的革新,正是这种创新使共和主义从古典走向现代。美国宪法诞生以前的人类社会大都是靠机遇和强力来决定的。美国宪法是原则与妥协的产物,是制宪者在历史经验基础上理性慎思的结果。美国宪法的产生表明,人类社会能够通过深思熟虑和自由选择来建立一个良好的政府。美国宪法是政治思想与政体理论发展的产物,是立宪者在历史经验基础上理性慎思的结果,是美国人民广泛论辩同意的产物。本书的基本结论是:自由主义过分强调权利的个体性,主张幸福生活的个人特殊性,反对公共权力对公民善的建构;民主主义过于重视公民个体对公共生活的话语权力与决策诉求,怀疑政治精英的公民道德状况及其审慎理性水平。这为美国宪法制定者所忧虑与不喜,他们制定的美国宪法以共和主义为政体框架,试图超越自由主义与民主主义;遏制自由主义与民主主义对个体权利和个体政治参与的过度要求,主张政府权力尤其是司法权与民众的适当间距,反对政府与公共权力的正当性对于民意情绪的过度依赖;倡导全民公民美德的培育,强调政治精英领导责任、审慎理性下的共和政治观。

第一节　美国宪政的平衡力量:政治精英与普通大众的共和

　　美国宪法是联邦党人与反联邦党人、政治精英与普通大众在共和主义原则下与多种政治哲学竞争妥协的产物。在宪法的制定过程中,罗马古典共和主义宪政的历史经验是制宪者的主要依凭与偏好,从罗马共和宪政生成的路径上来看,罗马宪政是罗马贵族与平民分裂和协商的结果。

　　罗马不同阶层的人民以充满智慧的政治精英为核心,罗马共和国是政治精英的理性慎思与广大罗马民众的积极审议的共同结晶。罗马古典共和主义是典型的贵族共和政治,拥有一定财产的贵族在整个政治体系中具有主导性的权力,这突出表现为元老院精英团队在整个国家宪政结构中的轴心地位。美国宪法反对绝对的平等主义,它以智慧、美德、自由三要素为标准将美国公民分为拥有智慧与美德的精英以及酷爱自由但相对缺少智慧与美德的普通民众。参加美国立宪会议的代表和出席各州宪法批准会议的代表都是当时社会的少数精英,在他们制定批准的宪法体系中,国家的主要政治权力掌握在国家的政治精英手中。在制度结构上,就表现为制宪者对最高法院、参议院、总统的偏爱,这些宪政结构体现着对民众大会的不信任与审议。

　　意识形态、文化传统、社会经济、官僚制度、政治领袖是组成政治系统的基本要素。共和主义作为美国宪政中的主导意识形态,它的法治制度是建立在美国文化传统的土壤之中的。作为一种政体设计理路,在高效、节制、受控的官僚制度下,它非常重视政治精英群体在整个政治结构中的领导作用。其中,政治精英阶层具有开放性和流动性的特征,但党派性是宪法严令禁止的①,

---

　　①　这也许是至今美国包括共和党、民主党在内的诸多党派没有形成严密组织化政党的根本原因。

精英间的民主与相互控制平衡是共和主义的内在属性。① 美国宪法的生成缺少不了时代背景对它所提出的新要求以及给予制宪者的新智慧。也正因为此,美国宪法共和呈现出和罗马共和不同的面相。但是,共和精神始终是宪法制宪者所遵循的基本原则,在共和主义的理论原则框架下,制宪者内部、制宪者与人民进行了妥协。也正是由于这种妥协,美国宪法中的共和主义吸纳了更多的民意,由罗马古典共和主义迈向了现代共和主义。从美国宪法共和主义的内涵可以看出它既包含着共和主义的普遍性特征(共相),同时又蕴涵了其不可替代的独特性(殊相)。现代共和主义不同于罗马古典共和主义的独特性是:现代共和主义对成文法的制度设计具有更强烈的偏好;对权力的类别与职能的分立制衡具有更多的认识和要求;对公民德性的强调在制度设计之后;对普通民众的自由而不是基于智慧的政治精英自由给予更多的考量。这些反映美国宪法共和主义在强调精英与大众的共和时,对于民意给予了更多的考量,对精英的自由裁量权给予了更多的成文确定限制。

立宪者同意,政府应该容纳更多的民意诉求,这是自由政府的重要指标。在共和主义政体之中,一切公共权力来自于人民,并不是一切权力在于人民。共和主义反对抹杀精英与大众的必要区分、一切迁就民众意志的民主主义情绪。共和主义的民主不同于民粹主义的民主,它虽然强调人民主权,但民主必须以公共利益为依归,人民的主权意志表示受到宪法的约束,宪政是共和主义民主的现代制度表现形式。罗马共和宪政制度植根于城邦之中,其采用直接民主的非宪政政治方式是联邦党人所无法接受的。以直接民主为标志的民主政治必然导致个人主义的极端膨胀和多数派的专断恣意。直接民主要求国家的规模非常小,要求公民之间具备高度的同质性,在

235

① 共和主义的精英统治理论和莫斯卡的精英主义有着内在的区别。精英主义把自己和大众视为两个不同的阶级,对大众的参与不屑一顾,国家的意义和行动皆为精英的独立行动。共和主义虽然亦将国家的命运和人民的幸福责任交给精英,但精英的作用仅限于理性引导,大众才是政治行为的最终正当性所在,寡头统治趋向是其提防的对象。(参见[意]加埃塔诺·莫斯卡:《政治科学要义》,任军锋等译,上海:上海人民出版社2005年版。)

美国这样一个复杂国家是不可能实现的。因此,立宪者决定采用代议民主制的立法制度安排以回应大众民意的诉求,并配以相应的刑事与民事法制安排,保障人民对涉及自身重要权利的刑事与民事案件具有陪审的权利。虽然宪法对民意诉求给予了更多的考量,但以雅典为模式的民主政治是为美国宪法所排斥的。立宪者认为,这种模式将国家的命运与个人的权利交付给盲动的民众,缺少一种精英的理性慎思明辨和权力的必要集中,其后果必然是无政府主义的民粹政治。为了避免民众对国家宪政体制和人民基本权利的攻击,宪法取消了罗马宪制给予民众的消极权①以及人民大会对司法权的最终控制,而代之于更加可控的"三权分立"制度和更加严格的"法治"规则、衡平制度,而不是具有更多民主性的议会主权制度。宪法一方面避免民意的随意性对宪政秩序的潜在颠覆性,另一方面又保证人民的基本权利得到切实的保护。

　　虽然制宪者对雅典式的民主政治模式表示了否定,但以美国宪法共和主义为内核的美国宪政制度对历史文化传统表示了充分的尊重,这种尊重是美国宪政制度效度不断坚强,得到人们的信奉的关键所在。但它并不是完全自生自发的产品,它离不开政治精英和人民大众的必要建构努力与重要创新。因而,生成论或建构论都无法单独解释美国共和主义宪法的产生。美国宪法共和主义的内在理路是,宪法一旦经由人民批准确立即获得了合法性,无论是政治精英还是拥有主权的人民都必须充分尊重宪政法治。稳定性是宪法政治的基本品格,这种品格使人们获得未来的确定感与安全感,是人们享有自由与幸福的重要基础。所以,要实现宪政现状的变动,无论是政治精英还是人民大众必须经由一种特定的宪法程序,程序正义是宪政主

---

①　参见[意]皮兰杰罗·卡塔兰诺:《一个被遗忘的概念:消极权》,涂涤宇译,载《罗马法与现代民法》2002 年号,北京:中国法制出版社 2002 年版,第215—230 页。独立的最高法院的成立意味着司法权不再受控于人民的代议机构——议会。在罗马宪制中死刑必须经由人民大会批准。在英国的宪政结构中,主权在于人民的代议机构,司法权被议会控制,议会的上议院承担着最高法院的角色。值得注意的是,在世界民主化潮流的影响下,英国的宪政结构也出现了现代化的趋向,这就是司法权的独立趋向。现代英国人认为,只有彻底的权力分立与制衡才能体现现代宪政体系的正当性,才符合严格的法治原则。

义最基本的属性。在这其中,美国宪法共和主义又特别提防人民的激情与盲动,政治精英一旦获得人民的授权,人民就应该对政治精英表示充分的信任,政治精英在任期内就可以按照法治原则及其程序自由施政,而不必受制于民众的意见。其原因在于,共和主义宪法相信,这些政治精英相比之普通民众具有更高的公共道德高度,能够忠实地为人民工作。因为这些政治精英渴望被人民承认,渴望实现自身价值,渴望青史留名,渴望拥有被万代颂扬的荣耀和光荣。①

宪法共和主义在司法领域对民主进行了特别严格的限制或者说是反动。宪法对法官的德性表示了特别的信任,创制了以最高法院为基础的司法系统。这种创制的重要意义在阿伦特那里得到充分表达:这就巧妙地将很有可能会沦于专断情境的制宪活动转移到最高法院手中,而成为一种具有宪政基础的"持续性制宪"机构。通过对宪法的崇敬,使"权威"能够立基于宪法,在制度层次则由最高法院的判断或判决活动重现了罗马式的威权决定,并足以取代施米特决断式的制宪意志。② 制宪者认为,法官的坚定不阿是保证司法不受社会盲动情绪影响、提防人民滥用制宪权、保卫社会不受偶发的不良倾向影响的重要因素。③ 因而,他们对司法独立与自主给予了特别的强调。宪法将保卫宪法与人权的重任压在了司法机构上,以汉密尔顿为代表的联邦党人坚决主张:"法院必须有宣布违反宪法明文规定的立法为无效之权。"④汉密尔顿的这个主张并没有得到大多数人的支持,因而没有正式成为宪法条文。司法权对民主、对立法机构和多数派冲动的控制在马伯里诉麦迪逊案后进入一个崭新的阶段。该案在宪政实践中确立了违宪审查的正当性,确立了宪法对民主政治控制的合法性,为司法机关宣布法

237

---

① 这是一种可以和任何物质利益相媲美的心理效用。精英对这一效用的感受随着他们对历史与现实荣耀的体验愈加强烈。

② 参见萧高彦:《施米特与阿伦特公民概念的比较研究》,载许纪霖主编:《公共性与公民观》,南京:江苏人民出版社2006年版,第111页。

③ 参见[美]汉密尔顿、杰伊、麦迪逊:《联邦党人文集》,程逢如、在汉、舒逊译,北京:商务印书馆1980年版,第394—395页。

④ 同上书,第392页。

律违宪进而无效奠定了基础。① 违宪审查权本质上具有制宪权的属性,是高于立法权、司法权、行政权的。马伯里诉麦迪逊案使美国司法机构获得某种超越三权分立安排的政治性权力,这并不是某些人所说的"伟大的篡权",这同制宪者对法院结构德性的期望与信任相一致。但在司法奉行积极扩张政策的时候,也存在导致共和结构失衡的可能,这就需要依赖司法结构的德性和对政治统治行为的节制。

论辩式民主是美国宪法共和主义保证制度的优良性、抵御政府专断权力和对自由裁量权的滥用、保障个人独立自由的民主论坛与对话平台。它同等尊重民众中每一成员的自由,允许民众的不断批判和反思。民主主义却无法容纳一个不断批判反思的过程,也不能同等尊重民众中每一成员的自由。将政府置于宪政主义的制度框架之中并不足以防止政府的专断,因此共和主义主张必须使宪政主义接受一种论辩式民主的约束。但是,论辩式协商民主具有明显的精英主义倾向,这种民主不应该从同意的模式去理解,它不同于现代的票选民主。② 要求公共决策是可论辩的,尤其是对社会中的每个角落来说都是可论辩的,事实上只是强调决策应当满足民主的某个侧面。只要人民单个地和集体地对政府的决定享有永久论辩的可能性,这个政府就是一个民主的政府,就是一种为人民所控制的统治形式。

共和主义承认人民之间的阶层区别与差异,并认为这种差异以及伴生的对抗与冲突是社会人的本性,是共和主义宪政存在与维持的必要结构前

---

① 联邦最高法院权威的确立有一个过程,巡回法院的建立为最高法院的法官专注于宪法解释和司法审查提供了组织基础,人们对三权分立原则的认识为最高法院地位的确立提供了政体层次上的正当性,马歇尔的政治智慧与节制美德最终奠定了最高法院解释宪法、认定合法的最终权威角色。

② 发端于贝塞特(Joseph M. Bessette),复兴于曼宁、科恩、哈贝马斯的审议民主(deliberative democracy)则有一个从精英主义趋向民主主义(非票选民主)的转向。审议民主的重点在投票之前的理性审议,使大众的投票更加具有合理性,同时增强立法与决策的合法性。论辩式民主(contestable democracy)立足于共和主义政制品格,强调政治精英的宽容、对民意的重视。(参见谈火生编:《审议民主》,南京:江苏人民出版社 2007 年版。)

件。全体人民的自由与福祉则是通过社会不同阶层的相互竞争与协作友爱来达到的。这种相互竞争与协作将不同阶层的不满与矛盾消解在共和主义的框架之内，同时也最大限度地满足了不同阶层的利益交集要求。整个政治社会也在这种动态的竞争与协商过程中获得一种动态的均衡与和谐。社会各阶层在这种均衡与和谐的政治行动中作出自己应尽的义务，获得自身应得的利益，这是人类理性慎思的智慧，是为美国宪法共和主义所倡导的正义观。这种正义是美国宪法共和主义的最高主张，是美国宪政制度追求的最高成就。

简言之，美国宪法共和主义非常注重精英在政治体系中的领导作用，强调精英对民心的凝聚，对国家认同的建构。公权的执掌者对国家的繁荣和社会的和谐负有更大的责任。但较之罗马古典共和，它对民众意愿的表示具有更多的承认，对普通民众的选择权利具有更多的考量，对共和原则下的多元性给予了更多的宽容。美国宪法共和主义的核心价值首先在于人民主权与政府责任、基层民主自治、联邦层级上的公共利益、公民教育的必要性以及公民个体的自主性之间的平衡与协调，这解决了不同层级政治组织之间、政治组织与人民及其个体之间关系的紧张。其次，联邦层级上的共和政体比古典共和政体更好地结合了不同政治势力的相关利益和政治权利，从而实现了更优的共和原则与精神。

第二节 混合政体与公民美德：美国宪法共和主义的内在张力及其出路

共和主义是美国宪法的原旨，渊源于罗马共和国的混合政体是美国宪法共和主义的内核之所在。代表君主、贵族、民众内在特质的智慧、美德、自由混合政体三要素之间存在一种必然的内在张力。公民美德是维持三者间均衡的关键。公民美德的脆弱性导致共和国命运的飘摇不定。美国宪法共和主义以更强的制度偏好控制公民美德的衰败，激发公民美德的生长，从而更好地维持混合政体的均衡与共和政体的稳定。

　　混合政体是共和国的长盛配方。古代罗马从政体上来划分,属于典型的混合共和国。其中的共和国概念明显具有亚里士多德共和政体的特征,如混合贫富、混合多数与少数,实施法律之治。罗马共和国的混合政体概念则主要来源于波利比阿,而不是亚里士多德。在亚里士多德的共和政体中占人口多数的平民掌握着国家的权力,亚里士多德认为"由多数人执政胜过由少数最优秀的人执政"[1],波利比阿的混合政体共和国则是由国家中的贵族阶层主导。罗马的混合政体理论是和它的共和国概念联系在一起的,美国的宪政体制正是在这个意义上和罗马共和一脉相承。美国宪制中的总统、参议院、联邦法院、众议院设计体现了君主制、贵族制、民主政制的混合与综合考量。从美国宪政制度的整体来考察,它重视国家与全体人民的利益,同时又强调精英的慎思领导。深入体察美国宪法中的共和主义政治构建原则,其核心价值观是突出先进分子群体的理性指导与人民利益至上的统一,这在制度上表现为选举制、代议制等。它为官僚与人民之间的矛盾提供了制度出口,促进了共和政体的稳定,展现了共和政体的理性、自由、民主等价值的混合。

　　以智慧、美德、自由三要素的混合为突出特征的罗马古典共和主义政治经验是美国宪法生成的基础,它既强调制度设计对国家强盛和人民权利的保护与增进,也强调德性培育对自我实现与国家繁荣的伟大价值。罗马古典共和主义宪政系统以不成文法、习惯法为主,缺乏成文的稳定宪法系统。公共权力的运行和个人权利的保障,在很大程度上受制于公权执掌者与普通公民的宪政自觉与自由裁量。古典共和主义之所以对公权执掌者与公民的宪政自觉与自由裁量抱有巨大的信任,在于它对普通公民,主要是执掌公权的政治精英的德性怀有相当大的期许与要求。当既存的制度无法为社会矛盾和人民的权利进行充分协调与救济的时候,宪法将制度创新与建构的

----

① [古希腊]亚里士多德:《政治学》,颜一、秦典华译,北京:中国人民大学出版社 2003 年版,第 92 页。

权力给予了政治精英。① 美国宪法的制定者对公民德性的巨大作用表示了肯定与尊敬，他们并不是自由主义人性恶假设的服膺者，更不是人性恶的极端主义者。人性恶的极端主义者主张建立绝对的和专制的政治制度以驯服人性的野蛮与邪恶，宪法制定者创立的宪法政制则具有很大的原则性，为宪法解释留下了很大的自由空间。

虽然制宪者承认人性善的一面，但他们更对公民德性的脆弱性有清醒的认识。公民美德的维持在一个相对纯粹封闭的城邦共和国容易实现，在美国这样一个广土众民的开放国家则是软弱无力的。他们认为，罗马古典共和主义宪政体系的粗疏非常不利于个人幸福与权利的保障，这在罗马共和国的国内政治与国际政治随着对外扩张而日益复杂化后尤为突出。为了个人自由与权利的展现，以洛克为代表的自由主义对制度这种组织化的权力投入了相当多的注意力，以至于产生了制度主义的迷信。但这种制度偏好缺少对德性问题的必要思考，缺少对公共政治生活的必要参与与关注，它使政治社会生活日益成为一种淹没人性的现代技术，使人们的共同体生活日益成为原子式个人的冰冷聚合。洛克的个人权利本位理论促进了个人主义的泛滥与功利主义的膨胀，甚至社会达尔文主义的盛行；它"似乎提升了人，实则贬低了人，亵渎了人的存在，从此生活于大地上的人类不再仰望星空"。② 这是与美国宪法的制定者意图不相符合的。在罗马古典共和主义与美国宪法共和主义所设计的世俗生活中，人们的自由实际上是一种政治生活，是一种社会实践，而不仅仅是每个个体的自由权利。公民美德的培育、人们的积极政治参与、民众对政治生活的审议、政府对公共生活的建构，是个体获得自由与幸福的重要路径。自由主义无视共同体的存在，否认具有凝聚力社群的客观事实，他们认为一个自由社会必须在制度层面上保持"无目标性"，为社会设计美好生活目标的理想是"人类致命的自负"、是"知

₂₄₁

---

① 美国宪政实践中产生的国会听政会，即使没有足够的证据可以对官僚依法起诉也可以对官僚进行审查，对一般的民众则不可以。共和主义给予精英们巨大信任的同时也对他们提出了严苛的要求。

② 肖厚国：《所有权的兴起与衰落》，济南：山东人民出版社2003年版，前言，第7页。

识分子的鸦片",必然"通往奴役之路",是需要终结的意识形态;①他们关心的是个人娱乐而非国家的荣耀,集体行动与政治生活对自由主义来说则是潜在的专制和恐惧的根源。洛克的论证假设人类在所有的方面都是同一无差别的,但现实中的人却是有差别的多样性存在。因而,对公共政治生活的需求与对孤独个人自治的需要是同时存在的。

宪法的制定者为了国家的利益与社会的福祉,为了更好地实现个人的自由与人民的幸福,他们对罗马古典共和主义的宪政体系进行了修正,以期构建一个更加稳定有力的宪政系统。这就是美国宪法确立的三权分立制衡制度。最高法院的法官米勒认为,三权分立制衡制度是美国成文宪法法律制度的一项首要功绩。在三权分立制衡体系下,无论是州政府还是全国政府,所有委托给它们的权力都被分成行政、立法和司法三部分;与政府的每个分立部分相适应的功能,将由独立的公职人员机构承担。分权是保证一个非操纵的宪政主义政府的必要条件。但是,宪法中的这种权力分立并不是绝对的,制宪者并没有否认在各政府机构领地的交界地区存在着公地。三部门必须相互合作才可以充分发挥各自的作用。这种合作又竞争的模式来自于古罗马共和政体的混合均衡理论与经验。② 联邦党人将罗马共和国的混合均衡宪政制度发展到美国宪法中的联邦主义三权分立制衡制度。三权分立制衡制度将政府划分为不同的部门以防篡夺,联邦主义又深化了权力之间的控制与平衡。官僚机构和军队是专制的两根支柱,罗马共和宪制不但重视对官僚机构的设计,而且十分重视提防军队对公民自由与权利的威胁。罗马宪制规定军队的成员必须来自于拥有一定财产资格的共和国公民;它还严格区分界定执法官的城内治权与军事治权。军队私人化是导致

① 参见[英]哈耶克:《自由秩序原理》,邓正来译,北京:三联书店1997年版;[英]哈耶克:《致命的自负》,冯克利等译,北京:中国社会科学出版社2000年版;[英]哈耶克:《通往奴役之路》,王明毅、冯兴元等译,北京:中国社会科学出版社1997年版;[法]阿隆:《知识分子的鸦片》,吕一民、顾杭译,南京:译林出版社2005年版;[美]丹尼尔·贝尔:《意识形态的终结:五十年代政治观念衰微之考察》,张国清译,南京:江苏人民出版社2001年版。

② 古德诺毫无疑问将宪法中的三权分立原则绝对化了。(参见[美]古德诺:《政治与行政》,王元译,北京:华夏出版社1987年版,第8—9页。)

罗马共和国衰败的重要力量,美国宪法吸取罗马宪政衰败血的教训而力促军队的国家化;为了防止军事力量对人民自由与权利的侵害,军事权力受到宪法的复杂控制,如军队只存在于国际关系领域,在国内治安中使用军队则失去其正当性。

制宪者对成文宪法的正义制度体系投入了更多的偏好,也对人之德性给予了相当多的关注和期望。制宪者认为人民的幸福生活不是自然选择的结果,不是君主恩赐的概率性事件。公共权力的制度性干涉,尤其是具有美德的公民积极行动是人们获得幸福生活的双项通道。公民美德可以保障各阶层各司其职,各尽其能;有助于共和国家凝聚力的提升,有助于保障共同体人民的集体利益。制宪者事实上将公民美德作为国家治理技术的基础,宪法中的制度设计不但是一种权力安排方案,也是促进、维持、激发公民美德的伦理系统策略。美利坚共和国的缔造者认为,以公民美德为核心的合格公民是共和国的根基,最好的制度也会因为公民美德的丧失而衰败。正如麦金泰尔所说,具有美德的社会制度对于没有美德的人来说等于零。①只是相对于联邦党人立宪优先、公民美德辅之的立场,反联邦党人的立场则是美德优先、制度次之,但他们和罗马古典共和主义者一样并不否认制度在防止美德堕落、促进美德形成等方面的作用。② 而且,制宪者深知理性的有限性,因而理性设计的制度不可能是完备无缺的。没有公民德性的张扬,就没有人们对制度的尊重与信仰。除了重视公民德性对制度维持与完善的作用之外,宪法共和主义还主张美德本身是获得幸福生活的重要因素。美国宪法共和主义对制度与常备军的重视是大共和国保持德性、得以昌盛的决定性因素。由于社会制度的不完全性,自由主义对公民德性的忽视与个人利益的极端主张必然导致人们钻营制度漏洞,以获得自身利益最大化的后果。共和主义下的公民和社群主义下的公民其内涵也具有不可忽视的差异

243

---

① 参见[美]A. 麦金泰尔:《追寻美德:伦理理论研究》,宋继杰译,南京:译林出版社2003年版;[美]A. 麦金泰尔:《德性之后》,龚群等译,北京:中国社会科学出版社1995年版。

② 参见 Federal farmer letter VII, in *The Essential Antifederalist*, edited by W. B. Allen and Gordon Lloyd, associate editor, Margie Lloyd, Lanham, MD: Rowman & Littlefield, 2002, p. 276。

性。相对于社群主义和民主主义,共和主义为公民提供了更多的自由;共和主义认为社群主义那种"先定的公共善"和美好的未来图景下的责任与义务具有过强的支配性和控制感,将会陷入整体主义和服从主义的泥淖。因而,共和主义对公民德性的高扬并不会导致社群主义道德绝对主义的压迫。宪政法治主要依赖于人们的自发认同,而不是法律的强制惩罚。此外,共和国的制度不仅是权力的控制技术,其本身也是对公民美德的奖惩策略。杰伊就提到关于弹劾的条款,对于当事人来说,在常理范围内,它不但是一种潜在的惩罚威慑,更是一种可能的羞辱。制度的惩罚威慑与道德上的羞辱自律相结合,就足以保证产生良好行为的动机。① 美国宪法共和主义以更强的制度偏好控制公民美德的衰败,激发公民美德的生长,从而更好地维持了混合政体的均衡与共和政体的稳定。正是在制度建设和德性张扬的二维平台之下,美国宪法内化为人们的一种生活方式,人们愿意选择共和宪政这样一种成本最少、效用最高的自由幸福生活。

第三节　财产权:共和政体的基础

　　财产权是共和主义政体设计的基础,是政治精英的必要内在条件。罗马古典共和主义经典作家和美国制宪者都认为财产是维持自我意志、限制社会纷争、促进社会稳定的基础,因此政治家的责任之一就是促进国家财富的稳定增长。共和主义者相信,经济独立是政治自由的前提,经济上的贫穷必然导致政治上的依附。拥有一定数量的财产是公民具备独立性、坚持原则、信守契约、遵守社会秩序的基础。无财产者由于没有什么可失去的,便很容易受煽动,使社会陷入各种愚蠢的实验。公民也只有在拥有财产权的情况下才具备投身公共事务的公民美德,连自己的生活问题都无法解决的人是无法管理国家、从事公共事务的。没有财产,缺少生活必需品,人们就

---

① 参见［美］汉密尔顿、杰伊、麦迪逊:《联邦党人文集》,程逢如、在汉、舒逊译,北京:商务印书馆1980年版,第331页。

无法生存，更不可能生活美好。① "财产不仅要完全保障城邦的内部需要，而且在面临外部威胁时要提供足够的军需。"②以此为基础，亚里士多德反对苏格拉底的"共产主义"，承认城邦的差异，主张财产私有制。③ 值得注意的是，亚里士多德在强调多数人统治的同时，又认为群众没有财产和值得一提的德性，让群众担任最高的领导职位是很危险的。因此，他赞赏让群众参与议事或和审判事务的做法，以发挥群众作为一个整体的力量。④ 阿伦特则说："一个人假如不能拥有一所房屋，他就不可能参与世界事务，因为他在这个世界上没有一个属于自己的位置。"⑤因而，在罗马和美国制宪者的政治理论中，财产权都是政府保护的目标，财产权是和公民权密切相关的。⑥ 这种定见连偏向民主的反联邦党人杰斐逊、梅森也概莫能外。戈登·伍德指出，在共和体制下，人们仍然还是用传统的眼光来看待财产，不是把它看做一种个人的收益或增加财富的一种资本，而是当做个人权威或独立的一种资源。⑦ 美国的大国联邦制度，更加有利于规模利润与财产的获取与增值，它使人民的财产保护由一州扩展到联邦，相比小国邦联制度更有利于对人民财产权的保护。

共和主义和民主主义都强调国家的公共善，强调对未来生活的美好设计。但共和主义对个体财产权的承认是民主主义所没有的，财产在两种政治生活方式中的地位存在巨大差异。民主主义以财产为实现人类集体善的

----

① 参见[古希腊]亚里士多德：《政治学》，颜一、秦典华译，北京：中国人民大学出版社 2003 年版，第 6—7 页。

② 同上书，第 30 页。

③ 参见上书，第 30—41 页。

④ 参见上书，第 93 页。

⑤ [美]汉娜·阿伦特：《公共领域与私人领域》，载汪晖、陈燕谷主编：《文化性与公共性》，第 62—63 页。

⑥ 参见[美]汉密尔顿、杰伊·麦迪逊：《联邦党人文集》，程逢如、在汉、舒逊译，北京：商务印书馆 1980 年版，第 280 页。

⑦ 相关论述参见[美]戈登·伍德：《美国革命的激进主义》，傅国英译，北京：北京大学出版社 1997 年版，第 183 页；[美]沃浓·路易·帕灵顿：《美国思想史》，陈永国、李增、郭乙瑶译，长春：吉林人民出版社 2002 年版，第 246 页。

245

工具以及平均主义、极端福利主义的对象,因为过量的私人财富乃是败坏社会的要素甚至是人类不平等的起源。严格来说,民主主义是不承认私人财产权的。以洛克为代表的自由主义视财产权的保护为政府的根本目的,反对任何形式的福利政策,财产权的重要性甚至超过生命权;极右翼的自由主义更是反对任何财产税的征收。这虽然在某种程度上契合了古典共和主义对财产权的态度,但其极端的财富欲望催生了功利主义与社会的两极分化,阿伦特曾一针见血地指出,一种本质上以财产为基础的社会制度除了最终摧毁全部财产外别无他途;这也忽略了政府的其他目的,这种目的在共和主义的视线中具有更加重要的地位,并为自由主义所反对,如社会福利与社会保险体系的创设等有关社会公正的公共善的推进;这就是美国宪法共和主义所倡导的政府征税权,政府对公民财产状况的调节。美国宪法共和主义并不反对个人利益,它并不是"大公无私"、"奉公灭私"的倡导者;它承认鼓励人们去追求自己的正当私利。共和主义反对倡导公共利益就必然牺牲个人利益的主张。公民美德并不意味着个体利益的灭失,也不意味着苦行僧般的禁欲生活。公民美德是私人生活的基础,它能够使私人生活更舒适、更安全。制宪者相信,宪法的实施应该也可以为自由与财产提供更大的保证。① 但自由主义以自身利益最大化为目标的精于算计的经济人忽视了人的价值维度与情感维度的基本考量,忽视了政治制度对人们社会生活规制的必要性;个体性内在的否定性必然导致对他人与外在世界的排斥甚至战争,"他人即地狱"就是此逻辑发展的必然结局。这种对利益的极端算计,对个人财产的过度迷恋,必然陷入理性选择理论的泥淖。这种理论应用于现实政治生活的结局就是拜金主义、金钱政治的生发。②

246

---

① 参见[美]汉密尔顿、杰伊、麦迪逊:《联邦党人文集》,程逢如、在汉、舒逊译,北京:商务印书馆1980年版,第435页。

② 经济人假设是理性选择理论的前提,但是理性选择理论的创始人唐斯很早以前就从经济人模型转向了政治人模型,他现在十分重视研究分析政治制度在影响政治选择、精英和市民的政治社会化在利用和改善政治制度方面所发挥的重要作用。如今,大部分理性选择理论的实践者都在重新发现制度。(参见[美]罗伯特·古丁、汉斯—迪特尔·克林格曼主编:《政治科学新手册》,钟开斌等译,北京:三联书店2006年版,第118—119页。)

　　自由主义与共和主义在对财产权的界定和政府目的的定位上也存在巨大分歧。从共和主义到自由主义,公民与政府的关系、权利与义务的关系发生了巨大的变化。从公民责任的彰显到个人权利的强调是它的基本变化,国家与社会至上性的退却与个人独立性及其个体人权的凸显是其最显著的标志。以财产权为核心的个人基本权利至此成为法律保护的根本目标和政府存在的根本正当性。自由主义政治哲学中,人们对个人权利的重视在洛克时代达到了极点,人类对欲望的贪求湮灭了人类曾经对荣耀与德性的追寻,近代以来人们逐渐忽视甚至完全抛弃了其中的个人对国家与社会的责任维度。共和主义主张自由政府对个人基本权利的保护。财产权的保护能够创造出具有更多公民美德的政治领导人,能够促进政府对国家公共利益与个人私利的更好保障。美国宪法试图将自由主义对个人财产权的重视与共和主义对公共财产——共和国的强调统一协调起来。美国宪法中的共和主义财产权反对把对个人财产权的保护看做是政府的唯一目的,其结果必然是"资本"主义的剥削和堕落,这种结果不符合共和主义建构共和国"人民公共财产"的理想。同时,美国宪法中的共和主义又反对政治道德上的乌托邦,承认私人财产权制度对个体公民美德的生成功用。罗马古典共和主义视共和国为人民的公共财产,强调民众尤其是政治精英的公民德性对国家公共利益与个人私利的自发平衡作用。美国宪法发现了公民美德的脆弱性与公共权力的扩张性,主张以更加制度化的财产法确定人们的财产权,以更好地保障人权,同时强调财产的责任,从而走向个人与国家利益的平衡。

　　总而言之,财产权是自由主义与共和主义共享的价值理念。两者都强调政府对财产权的保护。两者的区别体现在:自由主义以财产权保护为政府的根本目的,视财产权为个人权利的核心;共和主义以公共利益为政府存在的根本目的,对财产权的保护关键在于财产和人们的公民美德具有同一性。美国宪法共和主义发现了公民美德的脆弱性与公共权力的扩张性,主张以更加制度化的财产法确定人们的财产权,同时强调财产的责任,从而走向个人与集体利益的平衡。

第四节 共和国:自由与幸福的前提和保障

保障国家安全、促进公共福利是美国宪法的精髓,是每个公民的最大荣耀之所在。美国宪法共和主义将整个国家的利益和社会公共善视为政府的最高目标。共和主义的爱国主义主张在祖国利益、社会公共善面前,任何个人的私人利益都是第二位的,甚至是可以取消的。美国宪法共和主义对法治的严格依赖只适用于常规政治时期。当出现暴动和叛乱,影响到国家安全或者公共利益的时候,制宪者认为必须坚决求助于国家的武装力量。他们认为,单纯采用法律进行统治的思想是愚蠢至极的,纯粹法治只存在于那些自命聪明、不屑吸取经验教训的政治学者的幻想之中。开国之父们把宪法、法律和常备军、民兵一样都当做维护国家和个体自由的工具。[①] 制宪者的法治理论某种程度上回到了罗马古典共和时代的轨道,具备了施米特的权威宪政主义色彩,美国宪政有重蹈罗马共和宪法覆辙的可能。[②]

共和主义的爱国主义主张培育公民对共和国的热爱,而公民对国家的热爱与信任来自于国家对人民自由与幸福的热爱与保卫。因此,宪法主张建立强大的联邦政府权力,为公民对外提供强大的安全供给保障,对内提供强大的联邦与地方、公权力与公民、公民与公民之间的纠纷处理机制。相比罗马共和宪制,美国宪法拥有更大的行政、司法权力结构,民众性宪政结构的权力受到很大程度的抑制。

在联邦与州的关系上,州的脱离权在宪法上被放弃[③],联邦对州在宪法

---

① 参见[美]汉密尔顿、杰伊、麦迪逊:《联邦党人文集》,程逢如、在汉、舒逊译,北京:商务印书馆1980年版,第136页。

② 南北战争中林肯总统终止了保护公民个体权利的人身保护令,以军事法庭审判民事案件。对于联邦最高法院的违宪判决,林肯则置若罔闻。

③ 联邦宪法没有规定州的脱离权,脱离权在宪法制定者的原意之外,南北战争更是否定了脱离权的存在。作为民主派代表的杰斐逊则认为州有脱离权。桑斯坦教授认为人们虽然享有道德权利,但可能缺乏宪法权利。换言之,不管从政治或道德上看脱离国家是否有足够的理由,宪法都不应该包括脱离权。(参见[美]凯斯·R. 孙斯坦:《设计民主:论宪法的作用》,金朝武、刘会春译,北京:法律出版社2006年版,第95—134页。)

上具有相当的控制力,州权的空间在最高法院的解释之间。这体现了联邦对地方自治性权力的调控,对地方民主权力的限制。在共同体内,政府权力亦有很大的扩张性,虽然宪法规定联邦权力应及于若干列举事项,但宪法的弹性权力条款又授予联邦相当大的权力扩张空间。当国家处于危险状态的时候,宪法允许总统拥有超强权力的紧急状态权,这种紧急状态权具有君主性,类似于罗马共和宪制中独裁官的治权。① 独裁官是在国家发生特殊危急情况下由执政官任命的。此时,罗马高级官制特有的集体性特征消失,独裁官的权力不再受到城内治权和军事治权区别的限制。城内治权特有的公民权利保障此时不再有效,保民官的否决权此时亦被搁置。与独裁官类似,美国总统此时可以对公民的基本权利进行限制。② 美国共和主义的宪政体系因此被称为突出总统权力的总统制,区别于英国议会中心的议会制。③

美国宪法正文的绝大部分是关于权力分配与政府结构的规范,个人权利的表述在其中微乎其微。宪法并没有明文规定基本人权原则,甚至在宪法文本上没有出现"人权"的表述,但基本人权原则却是美国共和主义宪法的基本价值追求,基本人权的保障是宪政法治的出发点与归宿,这主要体现在作为宪法修正案的《权利法案》与宪法的人权原则与精神中。④ 同时,共和主义又认为,国家的最高利益或者说政府的最高价值目标与责任是全体

249

---

① 治权直接体现着君权,它并不是由民众所代表的宪制直接创造和从正面完善的,而是由这种宪制加以限定并具体化的。([意大利]朱塞佩·格罗索:《罗马法史》,黄风译,北京:中国政法大学出版社 1994 年版,第 200 页。)

② 美国最高法院确认了政府可以对公民权利进行限制的情况:"当明显和现实的暴动、骚乱危险……或其他对公共安全、治安或他者的直接威胁出现时,国家显然具有阻止或惩罚的权力。"(转引自[美]施密特、谢利、巴迪斯:《美国政府与政治》,梅然译,北京:北京大学出版社 2005 年版,第 15 页。)

③ 随着世界民主化潮流的涌动以及美国宪政实践的发展,美国总统的权力受到了越来越大的限制,如:国会对总统提名行政官员的审查批准,对总统竞选费用的审计与控制(1925 年腐败活动法、1972 年联邦竞选法),最高法院对"行政权力"自治范围的解释以及行政系统内部的权力制衡,比如创立以维护公共利益为主要任务的独立检察官制度。

④ 宪法的人权原则与精神使公民的自由与权利的扩展具有了宪法依据,在美国宪政史上,最高法院以此为根据,大大扩展了公民的宪法权利,如妇女堕胎的权利、同性恋结婚的权利等。宪法的人权原则与精神不但为反联邦党人所服膺,同样也是联邦党人制宪的应有之意。

人民的自由与福祉。政府必须为人民服务,公共权力必须对人民的利益负责。全体人民的自由与福祉是宪法国家与制度背后的真正"意义"与价值所在,国家与制度的权威也正是基于其背后的意义与美德。美国宪法中的共和主义承认人民主权和人民革命权,但防止政治革命走向极端,仅仅倡导有极大难度的、持久缓和的渐进改革方式,其立法、司法、行政结构设计,社会政策、议会职能等制度安排上的改革,均不得破坏宪法共和原则与精神的稳定。

在正常情况下,国家利益、社会公共善的显现不得有违基本人权原则,这主要体现为公民的财产权、生命权从社会、国家属性上的退却。罗马古典共和主义下的公民基本权利与政治权利是和罗马共和国家、和人民的公民身份紧密联系在一起的,公民的生命与财产不仅属于公民个体,更属于共和国。公民的基本权利是自由的基本内涵,是判断人们享受自由还是处于奴役状态的最基本指标。美国宪法确认,基本权利不仅是公民的属性,也是任何人的属性,这是源自自然法的正义,具有不可剥夺的内在神圣性。美国宪法尤其提防民主对人们基本权利的剥夺与限制。[1] 相比之罗马共和国下的权利观,美国宪法下的个体权利更加宽泛、明确、深入,具有更加明晰的法治原则的规制与保障。

美国宪法对基本权利的保护既避免了卢梭式的民主政治由于对公意至上性的强调而导致对个体正当私利的侵害,又避免了洛克式的自由主义对个体权利优先性的过分强调而对国家利益、社会公共善的排斥。为政府体制设计一部宪法,不可能是任何单一价值最大化的结果,更大的收益要求各项价值之间的平衡。[2] 共和主义的美国宪法运用它的内在平衡术,力图在国家利益、社会公共善、基本人权等价值之间保持一种均衡的状态。在罗马

---

[1] 近代自然权利理论认为权利是个人的主观诉求,因而理论上是既可以放弃也可以主张的。美国宪法认为基本权利乃上天所赋,具有神圣性,不可转让。格劳秀斯所谓同意的奴隶(voluntary slave)是制宪者不能苟同的。

[2] 参见[美]文森特·奥斯特罗姆:《复合共和制的政治理论》,毛寿龙译,上海:上海三联书店1999年版。

共和国,公民的个人生活受到监察官的严厉监控,自由主义意义上的个人私域并不存在;人们的基本人权也是和公民资格及其政治生活紧密联系在一起的。换言之,在罗马共和主义的宪政方案中,个人的幸福与自由是和集体、国家的利益紧密联系在一起的,但国家并不否认个人的福利,个人的意志与愿望通过民众的立法得到体现,并受到市民法的保护。相比于希腊民主政治的整全政治和整体善,罗马共和国的公民获得了更大的个人权利与独立。与罗马古典共和主义相比,美国宪法共和主义对基本人权与公民的个人生活领域给予了更多的尊重和更大的空间。《权利法案》成为宪法的前十条修正案意味着个人权利的保护上升到宪法的层次,是不允许人们通过民主程序和立法程序来进行变更的。[1]

美国宪法共和主义的独特性在还于它是建立在商业土壤之中的。宪法共和主义视国家经济与个人财富的增长为国家强大的重要基础与标志,以经济发展作为政治自由的前提。财富是公共自由的基础,公民的财产状况决定公民参议公共事务的形式与质量,经济发展与人民的财富普遍增长是联邦共和主义宪法的优势之所在[2],是美国宪法共和主义的重要目标。

251

美国宪法共和主义使现代商业与古典共和思想协调起来,古典共和主义对商业发展与个人财富的增长却一直保持着巨大的恐惧感。西塞罗主张德性的唯一奖赏是荣誉而不是财富和权力。罗马共和国的官职基本是无偿的,它甚至需要花费很多。美国宪法共和主义的独特性还在于它对宪政法治首要性与政治国家必要能动性的强调。以美国成文宪法为核心的宪政法治系统是美国共和主义政体的最突出表现。政治国家是美国宪法的拟制主体,美国宪法作为政治的产物,它的实施和保障的最后力量在于政治国家的统一与强大。作为美国宪法体系的其他法律制度的实施与保证则依赖于国

---

① 在特定的时空背景中,民主程序很可能会伤害到一些人的基本权利。(参见钱永祥:《民粹政治、选举政治与公民政治》,载许纪霖主编:《公共性与公民观》,南京:江苏人民出版社 2006 年版,第 236 页。)

② 美国联邦宪法因此又被称为经济宪法,它为国家经济的发展提供了最高法层面的合法性与制度保障。

家最高法——宪法的权威,这种权威来自于宪法的合法性和人民的信仰,来自于它对人民自由发展的保驾护航。罗马共和国在强大国家权力的保障下不断扩展繁荣,对强大国家和政府权威的渴望与尊敬是共和主义的共同立场,共和主义坚持这是经济社会发展的前提,也是保障和展现个人权利与自由的基础,因而美国宪法的制定者力促强大联邦国家与政府行政权力的生成。也因为这点,联邦共和主义者又被称为国家主义者,汉密尔顿的国家主义主张中还包含有一定程度的君主主义色彩。与共和主义的国家权能偏好相反,自由主义视政府为不得已而为之的恶,强大政府的存在是个体自由与权利的潜在威胁。在反联邦党人的坚持下,联邦的权力被迫对州权作出一定的让步,被批准的宪法既保持了州的传统和独立性,又建立了一个能够处理公共问题的强大的全国性政府。宪法以列举的方式安排了全国性政府的权力,同时宪法必要与适当条款又认为议会有权制定联邦为执行列举权力以及宪法赋予合众国政府及其部门的所有其他权力所必要的法律,它为联邦国家权力的扩张提供了正当性与可能。因此,从宪法结构的总体精神来说,宪法体现的不是民主政制原则下的联邦与州二元主权,宪法共和主义对国家主义而不是地方主义具有更强的偏好。

为了防止自由行动的个人变成不平等的人,防止由纯粹的偶然性产生的个人之间的差异使他们当中的某些人支配其他人,这就需要国家和公共机构的非支配的干涉。国家与政府是为了实现了人的自由与幸福生活产生的,共和主义者对国家与政府的认同在于国家和政府对其成员自由幸福的积极作为。组织政府是人们的自然需要,也是人们的自然权利,是必要的善,但政府本身不是至善的,整体至善的国家只存在于柏拉图的哲学王理想国中。少数的暴政和多数的暴政都是宪法提防的对象,过于强大整全的国家权力必然侵损个人的发展与自由这一共和主义政体的最终目标。为了防止专制王权的复生,为了防止人堕落成"魔鬼",为了化解集体行动的难结,美国宪法共和主义又对公共权力进行必要的设防。联邦主义、有限政府是美国宪政的基本原则。法律不是统治的工具,而是限制公共权力、保障公民权利、推进人民幸福生活的利器。罗马共和主义的宪政体系混合了君主制、贵族制、民主制的因素，执政官、元老院、人民大会三者各自拥有自己的最高权力，它们之间的权力相互牵制、相互配合，相互之间形成一种制约与平衡的关系。但其中，元老院的权力在事实上处于国家宪政结构的轴心，它拥有判断法律合宪法性的权力。元老院甚至还拥有不遵守法律，预先宣布某项尚未表决的法律无效的权力。① 罗马共和宪政结构中的立法、司法、行政三种不同的权力没有得到很好地区分，司法权力的地位尤其不具备其独立性。② 三权之间的均衡取决于精英的政治智慧与道德自律。共和主义主张立法权、行政权、司法权必须分散在不同的群体和机构手中，只有这样才能提高和保证宪政的非操纵性。在现代共和主义政体理论中，以立法、司法、行政三权分立制衡为基础的非操纵宪政体系则构成有限政府的精致的制度技术基础。在遵循宪法原则与精神的前提下，议会负责立法，总统实施法律，法院则拥有解释法律的权力。总统及其代表的行政机构为了保证执行的效率，必定要拥有坚定而快速的表达能力；为了提防行政机构滥用行政权力，它的权能受到人民代议机关和司法机构的控制。同样，作为宪法寄予厚望的独立司法系统，法院拥有解释宪法和审判量刑的巨大专业性知识与权力，但它们的权力受到人民陪审团和维护人民权益律师的有力调控；议会两院相互控制，衡平法诉讼不由陪审团审判，最高法院拥有判定议会立法合宪性的权力，行政机构则拥有对议会立法的有限否决权。

---

① 参见［意大利］朱塞佩·格罗索：《罗马法史》，黄风译，北京：中国政法大学出版社 1994 年版，第 174—175 页。

② 共和国的司法权由执政官的下级幕僚裁判官负责，司法权力是从执政官权力中分离出来的。但是，裁判官和执政官等高级官职一样也拥有治权。治权是国家最高权力的表现形式，是国家主权的体现，是统一和不可分割的，它不可能局限于一定的权限。在公元前 4 世纪，裁判官经常参与处理战争事务，执政官则继续参加执法活动。另外，罗马共和国所处的军事环境导致共和宪制中的分工、制衡与任期因素受到很大的限制。（参见［意大利］朱塞佩·格罗索：《罗马法史》，黄风译，北京：中国政法大学出版社 1994 年版，第 149、151 页。）

第五节　宗教、习俗、惯例与公民教育：
美国宪法共和主义的传统精粹

　　教育是共和主义非常关注的事情,他们认为,教育是国家的责任而不是私人的事情。亚里士多德甚至认为青年人的教育应该是立法者最关注的事情。教育可以使公民适应其生活于其中的政体,保存发扬政体中既存的风俗、惯例、道德。①　以公民教育为基础的爱国主义养成体系,则是美国宪法共和主义促进国家认同与个人竞争发展的灵魂支柱。公民教育的目标的在于培养具有守法、尊重共和规则的统治者与公务员;培养人民在共和法治框架下维护自身权益,追求幸福生活的公民德性。共和主义主张的爱国主义和各种形式的民族中心主义具有根本的不同。爱国主义者将共和国视为一种政治共同体,民族主义者则认为国家是一种自然产物或者是上帝的恩赐品。人们对政府的热爱在于政府的自由,自由的政府促进人民的自由和幸福的提升。爱国主义要求人们效忠的既不是文化也不是历史,而是宪法共和生活方式,当然这种生活方式内含一定的历史和文化。

　　罗马共和国的混合政体之所以能够保持长期的稳定,促进罗马共和国的发展繁荣,除宪政结构理性设计的技术因素之外,波利比阿还强调宗教、惯例、社会习俗的重要功用。政府的权力受限于正式成文的宪政制度安排,也受制于历史传统积淀在人们心中的宪政信念——一种非正式的制度安排。徒法不足以自行,罗马共和政制是建立在宗教信仰、政治惯例、社会习俗的历史路径基础之上的。"美国式民主"理论大家托克维尔指出,在法国,"民主革命虽然在社会的实体内发生了,但在法律、思想、民情和道德方面没有发生为使这场革命变得有益而不可缺少的相应变化。"②而美国的民

---

　　①　参见[古希腊]亚里士多德:《政治学》,颜一、秦典华译,北京:中国人民大学出版社 2003 年版,第 267 页。

　　②　[法]托克维尔:《论美国的民主》,董果良译,北京:商务印书馆 1988 年版,第 9 页。

主因为有其独特的自然环境、法制和民情,尤其是民情①,使之可以减轻民主革命的弊端和发扬民主的固有长处。②

宗教信仰、政治惯例、社会习俗构成了人们的历史共识和政治活动的基础。宗教信仰、政治惯例、社会习俗减少了人们寻求政治活动规则的成本,更重要的是它们使人们对根基于历史共识的既存政治制度产生信任甚至信仰。制宪者,尤其是反联邦党人十分重视宗教、风俗、惯例的作用,他们认为这些因素不但可以促进共和信仰在人民心中的内化,而且对共和国的稳定和人民的幸福至关重要。美国宪法中的共和主义一方面将政教分离开来,使人们的政治生活摆脱神学的控制;另一方面,现代共和主义并没有失去对宗教的记忆,作为现代政教分离典范的美利坚共和国是依靠历史的记忆来达到宗教作用的。③　因此,美国宪法确立了宗教自由的原则。

此外,尽管美国宪法更偏好成文的制度设计,但对历史经验、社会风俗、惯例的尊重,对自然权利与秩序内在神圣性的敬畏,制宪者和古代共和时代的罗马人是心心相印的。自由主义者将一切制度、道德、规则视为平等个体间订立的契约,是人们理性建构、个体自由选择的产物,这意味着本质上自由主义者对一切制度、道德、风俗、秩序缺乏深厚的尊重感。利益集团多元主义作为自由主义的产物,它将纯粹的社会偏好视为社会生活的动力,无异于将所有处于弱势地位的个人置于强者纯粹的偏好之下,偏离了共和主义对世界的普适关怀理想。

---

①　托克维尔考察了有助于维护美国民主的原因。他把这些原因归结为三项:自然环境、法制和民情。这三种因素都对调整和指导美国的民主制度有所贡献。但"按贡献对它们分级……自然环境不如法制,而法制又不如民情。"(参见[法]托克维尔:《论美国的民主》,董果良译,北京:商务印书馆1988年版,第358页。)

②　参见[法]托克维尔:《论美国的民主》,董果良译,北京:商务印书馆1988年版,第9页。

③　许多学者惯于强调基督教和民主政治的必然联系,这无异堵塞了非基督教国家通往民主政治的通途。共和主义认为宗教,而不仅仅是某一特定的宗教,对共和主义政治生活原则与精神的支撑是一个国家的人民享有幸福、自由生活的关键。对基督教和民主政治间必然联系的怀疑,参见:郭承天:《基督教与美国民主政治的建立:新制度论的重新诠释》,载《人文及社会科学集刊》,台北,2002年第14卷第2期。

结　语

　　美国宪法是基于立法科学的政治精英制定的,它的批准又充分反映了
普通民众的意见,所以被视为美国人民意志的产物。在这种意志的成分比
中,毫无疑问美国的精英们占据强势,民众的民主要求在宪法中之比处于弱
势。总而言之,美国宪法中的共和主义既不是雅典式的民主政治,也不是洛
克式的自由主义,而是建基在罗马古典共和主义之上的混合政制,趋向于新
罗马理论的政治生活模式;但由于时代背景的因素和人类自由民主发展的
实际情况,美国宪法中的共和主义混合了厚重的民主自由因素或者说亚里
士多德主义的因子。"在某种程度上说,他们调和了贵族制和民主制,给了
我们民主式精英可能性的典型论证。"[①]

　　美国宪法是多种政治哲学原则竞争妥协的产物。美国宪法中的共和主
义具有其内在的独特属性,同时其内容又是非常复杂的,它不是独断论的,
也不是法条主义的,它和自由主义、民主政治有着千丝万缕的关系,具有复
杂的多元性特征。美国宪法中的共和主义建构了共和主义伦理观照下的立
宪国家,既区分了共和主义与自由主义与民主主义的差异,又展现了它们之
间的内在联系。

　　共和主义是美国宪法的原旨,自由主义为美国宪法所反对。以洛克为

---

　　① 转引自戈登·伍德:《民主与宪法》,载佟德志编:《宪政与民主》,南京:江苏人民出版社
2007 年版,第 29 页。

代表的自由主义过分强调权利的个体性,反对公共权力对公民美德的建构,主张政治生活与社会生活的决然分立。共和主义主张为了公共善与个体幸福,公共权力必须积极作为,加强公民美德教育,而不是等待个体的道德自觉。此外,自由主义主张个体权利的天赋性与个体的消极无为。共和主义的美国宪法则认为,个体对国家和他们所在的共同体所负的责任与义务更加具有优先性,公共生活与政治实践是自由的基本内容和必要基础。这意味着美国宪法的制定者并没有完全摈弃自由主义,受自由主义大环境的强势影响以及自由主义本身内在合理内核的存在,美国宪法共和主义不能也没有完全抛弃自由主义。制宪者既要反对自由主义的个体主义,反对个体的利益最大化需求,又要保护自由主义对个体权利的适当诉求,以实现对自由主义的超越。

共和主义注重集体利益,视公民对集体利益的追求为人生幸福的最高荣耀。共和主义同样关注人们的个人选择的自由权利,这和自由主义的核心价值追求具有内在的相似性;共和主义对自由主义政府的自由放任又是无法容忍的,自由主义视政府为自由的敌人,共和主义则视政府为自由的前提和基础。共和主义强调精英与智慧对国家荣誉和人民幸福的指导,它也关注、尊重普通民众的意愿,并内存民主化的内在属性,这正是民主主义长久以来主张坚持的重心。但民主主义服膺的多数至上的统治,对于共和主义则是要极力提防的多数的暴政。美国宪法中的共和主义是开放的,它具有很强的价值意识与批判意识,能够在不同的解释与运用中作出进一步的阐释与引申。以共和主义为架构的美国宪法是历时性的产物,它所追求的价值与目标也只能在历史实践的过程中逐渐释放和丰满起来。个体的自由幸福是美国宪法制定者心中永远的目标,是美国宪法共和主义的重要内容,它渊源于遥远的古代自然法原则。这种自然法精神超越一切专横权力,它通过罗马法遗传到了美国宪法之中,并代之以成文法,从而使人类自由、平等权利得到有效的成文宪法保障,又使之深基于自然人性之中,成为人类追求的普世性价值。共和主义本身内含了民主的维度和民意扩展的可能,美国宪法中的联邦主义就是这种民主的突出体现。但这种民主是共和原则控制下的代议制民主,是宪政原则下"审慎的民主",这种民主本质上具有精英性。① 它强调国家宪制路径下的政治参与,强调政府的公共性;它以公共利益为旨归,公共权力必须代表人民的利益,体现出公共利益,它特别要提防民主可能产生的多数人的意志专断与暴政的可能,体现了自由对民主的平衡。而自由主义民主下的人们从事公共事务的动力在于个体私利,自由主义者在本质上不可能将公共利益视为国家应当增进的目的。共和主义民主不是恣意扩张的民主政治意义上的人民民主,而是共和化的民主。美国宪法上的自由是共和主义节制下的共和自由而不是民主政治下的人民的专断自由。共和主义的自由是共和宪制、法治原则限制下的自由。宪法与法律是对人们自由的保障,没有法律就没有自由,自由政府则是法治秩序维持的必要权威力量。共和主义的自由针对自由主义政治在公民政治参与和共同体认同上的弱势,强调人民主权对于公共权力合法性与公民自身自由与幸福的重要性。以个体权利为中心的自由主义自由只能使人类回到人与人相互战争的丛林时代,它的最终结果就是自由的终结或者自由的悖论。共和主义政制通过社会不同阶层对统治权的分享、对国家的共同治理,避免多数或者少数的专断和零和事件的产生,以实现国家荣耀与个人自由的兼得。共和主义相信,为了民主就先要控制民主;为了自由,必先节制自由,只有这样才能实现人民追求自由幸福的权利,对于自由民主的贪婪无度必然催生革命与专制。

正是通过多层面的复杂宪政技艺,美国宪法共和主义的政体设计实现了精英治国与人民主权的完美结合,实现了社会不层阶层的协作与共同发展,实现了共和政体结构的稳定与政府的活力共存的两全局面,这也许就是美利坚合众国至今繁荣昌盛、美国人民至今自由发展的奥秘所在。当然,美国宪法中的共和主义,无论是作为一种政治理论还是一种制度建构模式,它

---

① 用抽签的方式进行选举属于民主政治的性质。用选择的方式进行选举是属于贵族政治的性质。参见[法]孟德斯鸠:《论法的精神》(上册),张雁深译,北京:商务印书馆 1959 年版,第 13 页。

都不是完美无缺的,它无法消除内含于共和主义之中的客观张力。但是,它让我们避免了唯一善的价值目标陷阱与达到某一目的唯一制度模式的自负;它还告诉我们一切政治解决方案的关键在于沉思与妥协;它留给我们的遗产不在于它已经达到的目标,而在于它留给我们的机会。① 以汉密尔顿为代表的联邦党人对宪法的最后评价就是:宪法乃是不完美的人所制定的,这就决定了它不可能是完美之物。"一切经过集体讨论制定的方案均为各种意见的混合体,必然混杂每个个人的良知和智慧,错误和偏见。将十三个不同的州以友好、联合的共同纽带联结一起的契约,必然是许多不同利益与倾向互相让步的结果。"这注定宪法是不完美的原则性产品。但汉密尔顿仍然相信:此一新宪政体制为美国政治情况、习惯、舆论所能接受的最佳方案,胜于革命以来的任何方案。② 美国总统威尔逊称赞美国宪法所确立的共和主义政制丝毫不比英国的政制逊色,美国宪法的简明保证了宪法构建的政治体制是具有持久生命力的。③

259

---

①　参见 The Invention of the Modern Republic, edited by Biancamaria Fontana, Cambridge: New York: Cambridge University Press, 1994, p. 5。

②　参见[美]汉密尔顿、杰伊、麦迪逊:《联邦党人文集》,程逢如、在汉、舒逊译,北京:商务印书馆1980年版,第437页。这种重视现实局限与理想规范间张力的做法,符合自梭伦、亚里士多德以降优良政体的传统观念。

③　参见[美]威尔逊:《国会政体:美国政治研究》,熊希龄、吕德本译,北京:商务印书馆1985年版,第9—10页。

参考文献

一、中文译著

1. [爱尔兰]J. M. 凯利:《西方法律思想简史》,王笑红译,北京:法律出版社 2002 年版。

2. [澳大利亚]菲利普·佩迪特:《共和主义——一种关于自由与政府的理论》,刘训练译,南京:江苏人民出版社 2006 年版。

3. [德]哈贝马斯:《公共领域的结构转型》,曹卫东等译,南京:学林出版社 1999 年版。

4. [德]哈贝马斯:《在事实与规范之间——关于法律和民主法治国的商谈理论》,童世骏译,北京:三联书店 2003 年版。

5. [德]特奥多尔·蒙森:《罗马史》(第 1—3 卷),李稼年译,北京:商务印书馆 1994、2004、2005 年版。

6. [法]邦雅曼·贡斯当:《古代人的自由与现代人的自由》,北京:商务印书馆 1999 年版。

7. [法]古郎士:《希腊罗马古代社会研究》,李玄伯译,北京:中国政法大学出版社 2005 年版。

8. [法]库朗热:《古代城邦——古希腊罗马祭祀、权利和政制研究》,谭立铸等译,上海:华东师范大学出版社 2006 年版。

9. [法]雷蒙·布洛克:《罗马的起源》,张泽乾等译,北京:商务印书馆 1998 年版。

10. [法]卢梭:《社会契约论》,何兆武译,北京:商务印书馆 2003 年版。

11. [法]孟德斯鸠:《论法的精神》(上、下册),张雁深译,北京:商务印书馆 1959、1963 年版。

12. [法]孟德斯鸠:《罗马盛衰原因论》,婉玲译,北京:商务印书馆 1962 年版。

13. [法]托克维尔:《论美国的民主》,董果良译,北京:商务印书馆 1988 年版。

14. [芬兰]凯瑞·帕罗内:《昆廷·斯金纳思想研究——历史·政治·修辞》,李宏图、胡传胜译,上海:华东师范大学出版社 2005 年版。

15. [古罗马]撒路斯特:《喀提林阴谋 朱古达战争》,王以铸、崔妙因译,北京:商务印书馆 1995 年版。

16. [古罗马]阿庇安:《罗马史》(上、下卷),谢德风译,北京:商务印书馆 1979、1976 年版。

17. [古罗马]查士丁尼:《法学总论——法学阶梯》,张企泰译,北京:商务印书馆 1989 年版。

18. [古罗马]加图:《农业志》,马香雪、王阁森译,北京:商务印书馆 1986 年版。

19. [古罗马]恺撒:《高卢战纪》,任炳湘译,北京:商务印书馆 1979 年版。

20. [古罗马]恺撒:《内战记》,任炳湘译,北京:商务印书馆 1986 年版。

21. [古罗马]恺撒等:《恺撒战记》,席代岳译,桂林:广西师范大学出版社 2003 年版。

22. [古罗马]李维:《建城以来史:前言·卷一》,穆启乐等译,上海:上海人民出版社 2005 年版。

23. [古罗马]李维:《李维〈罗马史〉选》,王敦书译,北京:商务印书馆 1980 年版。

24. [古罗马]普鲁塔克:《古典共和精神的捍卫——普鲁塔克文选》,包利民等译,北京:中国社会科学出版社 2005 年版。

25. [古罗马]苏维托尼乌斯:《罗马十二帝王传》,张竹明等译,北京:商务印书馆 1996 年版。

26. [古罗马]塔西佗:《编年史》,王以铸、崔妙因译,北京:商务印书馆 1981 年版。

27. [古罗马]塔西佗:《历史》,王以铸、崔妙因译,北京:商务印书馆 1981 年版。

28. [古罗马]西塞罗:《国家篇 法律篇》,沈叔平、苏力译,北京:商务印书馆 1999 年版。

29. [古罗马]西塞罗:《论共和国 论法律》,王焕生译,北京:中国政法大学出版社 1997 年版。

30. [古罗马]西塞罗:《论灵魂》,王焕生译,西安:西安出版社 1998 年版。

31. [古罗马]西塞罗:《论演说家》,王焕生译,北京:中国政法大学出版社 2003 年版。

32. [古罗马]西塞罗:《论义务》,王焕生译,北京:中国政法大学出版社 1999 年版。

33. [古罗马]西塞罗:《论至善和至恶》,石敏敏译,北京:中国社会科学出版社 2005 年版。

34. [古罗马]西塞罗:《西塞罗三论:老年·友谊·责任》,徐奕春译,北京:商务印书馆 1998 年版。

35. [古罗马]西塞罗:《有节制的生活》,徐奕春译,西安:陕西师范大学出版社 2003 年版。

36. [古希腊]柏拉图:《法律篇》,张智仁、何勤华译,上海:上海人民出版社 2001 年版。

37. [古希腊]柏拉图:《理想国》,郭斌和、张竹明译,北京:商务印书馆 1986 年版。

38. [古希腊]柏拉图:《政治家》,洪涛译,上海:上海人民出版社 2006 年版。

39. [古希腊]普鲁塔克:《希腊罗马名人传》(上册),黄宏煦主编,陆永庭等译,北京:商务印书馆 1990 年版。

40. [古希腊]亚里士多德:《雅典政制》,日知、力野译,北京:商务印书馆 1959 年版。

41. [古希腊]亚里士多德:《政治学》,吴寿彭译,北京:商务印书馆 1965 年版。

42. [古希腊]亚里士多德:《政治学》,颜一、秦典华译,北京:中国人民大学出版社 2003 年版。

43. [古希腊]伊壁鸠鲁、卢克莱修:《自然与快乐——伊壁鸠鲁的哲学》,包利民、刘玉鹏、王纬纬译,北京:中国社会科学出版社 2004 年版。

44. 阿奎那:《阿奎那政治著作选》,马清槐译,北京:商务印书馆 1982 年版。

45. [加]莎蒂亚·B. 德鲁里:《列奥·施特劳斯与美国右派》,刘华等译,上海:华东师范大学出版社 2006 年版。

46. [加拿大]威尔·金里卡:《当代政治哲学》,刘莘译,上海:上海三联书店 2004 年版。

47. [加拿大]詹姆斯·塔利:《语境中的洛克》,梅雪芹、石楠、张炜等译,上海:华东师范大学出版社 2005 年版。

48. [美]罗伯特·达尔:《民主及其批评者》,曹海军、佟德志译,长春:吉林人民出版社 2006 年版。

49. [美]罗伯特·达尔:《民主理论的前言》,顾昕、朱丹译,北京:三联书店 1999 年版。

50. [美]迈克尔·J. 桑德尔:《自由主义与正义的局限》,万俊人译,南京:译林出版社 2000 年版。

51. [美]A. 麦金泰尔:《德性之后》,龚群等译,北京:中国社会科学出版社 1995 年版。

52. [美]A. 麦金泰尔:《追寻美德:伦理理论研究》,宋继杰译,南京:译林出版社 2003 年版。

53. [美]C. H. 麦基文:《宪政古今》,翟小波译,贵阳:贵州人民出版社 2004 年版。

54. [美]E. 博登海默:《法理学——法律哲学与法律方法》,邓正来译,北京:中国政法大学出版社 2004 年版。

55. [美]E. 谢茨施耐德:《半主权的人民:一个现实主义者眼中的美国民主》,任军锋译,天津:天津人民出版社 2000 年版。

56. [美]J. W. 汤普森:《历史著作史》(上卷),谢德风译,北京:商务印书馆 1988 年版。

57. [美]J. W. 汤普森:《历史著作史》(下卷),孙秉莹、谢德风译,北京:商务印书馆 1992 年版。

58. [美]M. J. C. 维尔:《美国政治》,王合等译,北京:商务印书馆 1988 年版。

59. [美]M. J. C. 维尔:《宪政与分权》,苏力译,北京:三联书店 1997 年版。

60. [美]R. H. 巴洛:《罗马人》,黄韬译,上海:上海人民出版社 2000 年版。

61. [美]阿兰·S. 罗森鲍姆编:《宪政的哲学之维》,郑戈、刘茂林译,北京:三联书店 2001 年版。

62. [美]埃尔斯特、[挪]斯莱格斯塔德编:《宪政与民主——理性与社会变迁研究》,潘勤、谢鹏程译,北京:三联书店 1997 年版。

63. [美]埃里克·方纳:《美国自由的故事》,王希译,北京:商务印书馆 2002 年版。

64. [美]艾伦·沃尔夫:《合法性的限度》,沈汉等译,北京:商务印书馆 2005 年版。

65. [美]爱德华·S. 考文:《美国宪法的高级法背景》,强世功译,北京:三联书店 1996 年版。

66. [美]贝林:《美国革命的思想意识渊源》,涂永前译,北京:中国政法大学出版社 2007 年版。

67.［美］布卢姆等:《美国的历程》(上册),杨国标、张儒林译,北京:商务印书馆1988年版。

68.［美］布卢姆等:《美国的历程》(下册),戴瑞辉等译,北京:商务印书馆1988年版。

69.［美］布鲁斯·阿克曼:《我们人民:宪法变革的原动力》,孙文恺译,北京:法律出版社2003年版。

70.［美］布鲁斯·阿克曼:《我们人民:宪法的根基》,孙力、张朝霞译,北京:法律出版社2004年版。

71.［美］查尔斯·A. 比尔德:《美国宪法的经济观》,何希齐译,北京:商务印书馆1949年版。

72.［美］丹尼尔·J. 伊拉扎:《联邦主义探索》,彭利平译,上海:上海三联书店2004年版。

73.［美］丹尼斯·布尔廷:《美国人:建国历程》,中国对外翻译公司译,北京:三联书店1993年版。

74.［美］丹尼斯·布尔廷:《美国人:开拓历程》,中国对外翻译公司译,北京:三联书店1993年版。

75.［美］丹尼斯·布尔廷:《美国人:民主历程》,中国对外翻译公司译,北京:三联书店1993年版。

76.［美］弗里德里希·沃特金斯:《西方政治传统:现代自由主义发展研究》,黄辉、杨健译,长春:吉林人民出版社2001年版。

77.［美］弗里德曼:《选择的共和国:法律、权威与文化》,高鸿均等译,北京:清华大学出版社2005年版。

78.［美］戈登·伍德:《美国革命的激进主义》,傅国英译,北京:北京大学出版社1997年版。

79.［美］古德诺:《政治与行政》,王元译,北京:华夏出版社1987年版。

80.［美］哈维·C. 曼斯菲尔德:《驯化君主》,冯克利译,南京:译林出版社2005年版。

81.［美］汉密尔顿、杰伊、麦迪逊:《联邦党人文集》,程逢如、在汉、舒逊译,北京:商务印书馆1980年版。

82.[美]赫伯特·J. 斯托林:《反联邦党人赞成什么——宪法反对者的政治思想》,汪庆华译,北京:北京大学出版社2006年版。

83.[美]华盛顿:《华盛顿选集》,聂崇信等译,北京:商务印书馆1989年版。

84.[美]霍夫施塔特:《美国政治传统及其缔造者》,崔永禄、王忠和译,北京:商务印书馆1994年版。

85.[美]杰罗姆·巴伦、托马斯·迪恩斯:《美国宪法概论》(第2版),刘瑞祥等译,北京:中国社会科学出版社1995年版。

86.[美]卡尔·J. 弗里德里希:《超验正义——宪政的宗教之维》,周勇、王丽芝译,北京:三联书店1997年版。

87.[美]卡尔威因、帕尔德森:《美国宪法释义》,徐卫东、吴新平译,北京:华夏出版社1989年版。

88.[美]凯斯·R. 桑斯坦:《偏颇的宪法》,宋华琳、毕竞悦译,北京:北京大学出版社2005年版。

89.[美]凯斯·R. 孙斯坦:《设计民主:论宪法的作用》,金朝武、刘会春译,北京:法律出版社2006年版。

90.[美]康马杰:《美国精神》,南木等译,北京:光明日报出版社1988年版。

91.[美]科斯塔斯·杜兹纳:《人权的终结》,郭春发译,南京:江苏人民出版社2002年版。

92.[美]肯尼思·汤普森编:《宪法的政治理论》,张志铭译,北京:三联书店1997年版。

93.[美]劳伦斯·H. 却伯、迈克尔·C. 多尔夫:《解读宪法》,陈林林、储智勇译,上海:上海三联书店2007年版。

94.[美]雷克夫:《宪法的原始含义:美国制宪中的政治与理念》,王晔等译,南京:江苏人民出版社2008年版。

95.[美]雷蒙德·塔塔洛维奇、拜伦·W. 戴恩斯编:《美国政治中的道德争论——社会调节政策八个侧面》,重庆:重庆出版社2001年版。

96. [美]里夫斯:《美国民主的再思考》,吴延佳、方小良译,北京:商务印书馆1997年版。

97. [美]利奥·施特劳斯:《关于马基雅维里的思考》,申彤译,南京:译林出版社2003年版。

98. [美]列奥·施特劳斯:《霍布斯的政治哲学》,申彤译,南京:译林出版社2001年版。

99. [美]列奥·施特劳斯:《自然权利与历史》,彭刚译,北京:三联书店2003年版。

100. [美]路易斯·哈茨:《美国的自由主义传统——独立革命以来美国政治思想阐释》,张敏谦译,北京:中国社会科学出版社2003年版。

101. [美]路易斯·亨金、阿尔伯特·J. 罗森塔尔编:《宪政与权利——美国宪法的域外影响》,郑戈等译,北京:三联书店1996年版。

102. [美]路易斯·亨金:《宪政 民主 对外事务》,邓正来译,北京:三联书店1996年版。

103. [美]罗伯特·D. 帕特南:《使民主运转起来》,王列、赖海榕译,南昌:江西人民出版社2001年版。

104. [美]罗伯特·达尔:《美国宪法的民主批判》,佟德志译,北京:东方出版社2007年版。

105. [美]罗伯特·达尔:《论民主》,李柏光、林猛译,北京:商务印书馆1999年版。

106. [美]罗伯特·麦克洛斯基:《美国最高法院》,任东来等译,北京:中国政法大学出版社2005年版。

107. [美]罗伯特·古丁、汉斯—迪特尔·克林格曼主编:《政治科学新手册》,钟开斌等译,北京:三联书店2006年版。

108. [美]罗尔斯:《正义论》,何怀宏等译,北京:中国社会科学出版社1988年版。

109. [美]罗尔斯:《政治自由主义》,万俊人译,南京:译林出版社2000

年版。

110. [美]罗纳德·德沃金:《法律帝国》,李常青译,北京:中国大百科全书出版社 1996 年版。

111. [美]罗纳德·德沃金:《认真对待权利》,信春鹰、吴玉章译,北京:中国大百科全书出版社 1998 年版。

112. [美]罗纳德·德沃金:《自由的法——对美国宪法的道德解读》,刘丽君译,上海:上海人民出版社 2001 年版。

113. [美]马克·E. 沃伦编:《民主与信任》,吴辉译,北京:华夏出版社 2004 年版。

114. [美]马克斯·法仑德:《美国宪法的制定》,董成美译,北京:中国人民大学出版社 1987 年版。

115. [美]马克斯·法仑德:《设计宪法》,董成美译,上海:上海三联书店 2005 年版。

116. [美]玛丽·莫斯特:《美国宪法:实现良治的基础》,刘永艳、宁春辉译,北京:中央党校出版社 2006 年版。

117. [美]玛莎·纳斯鲍姆:《善的脆弱性:古希腊悲剧和哲学中的运气与伦理》,徐向东、陆萌译,南京:译林出版社 2007 年版。

118. [美]麦迪逊:《美国制宪会议记录辩论》,尹宣译,沈阳:辽宁教育出版社 2003 年版。

119. [美]梅里亚姆:《美国政治学说史》,朱曾汶译,北京:商务印书馆 1988 年版。

120. [美]纳坦塔科夫:《为了自由:洛克的教育思想》,邓文正译,北京:三联书店 2001 年版。

121. [美]欧文·M. 费斯:《言论自由的反讽》,刘擎、殷莹译,北京:新星出版社 2005 年版。

122. [美]乔治·霍兰·萨拜因:《政治学说史》,盛葵阳、崔妙因译,北京:商务印书馆 1986 年版。

123. [美]萨托利:《民主新论》,冯克利、阎克文译,北京:东方出版社

1998 年版。

124. [美]桑德尔:《民主的不满——美国在寻求一种公共哲学》,曾纪茂译,南京:江苏人民出版社 2008 年版。

125. [美]施密特、谢利、巴迪斯:《美国政府与政治》,梅然译,北京:北京大学出版社 2005 年版。

126. [美]施特劳斯、克罗波西:《政治哲学史》,李天然等译,石家庄:河北人民出版社 1993 年版。

127. [美]斯蒂芬·L. 埃尔金、卡罗尔·爱德华·索马坦编:《新宪政论——为美好的社会设计政治制度》,周叶谦译,北京:三联书店 1997 年版。

128. [美]斯蒂芬·霍尔姆斯:《反自由主义剖析》,曦中等译,北京:中国社会科学出版社 2002 年版。

129. [美]斯蒂芬·芒泽:《财产理论》,彭诚信译,北京:北京大学出版社 2006 年版。

130. [美]斯科特·戈登:《控制国家——西方宪政的历史》,应奇等译,南京:江苏人民出版社 2001 年版。

131. [美]托马斯·戴伊、哈蒙·齐格勒:《民主的嘲讽》,孙占平、盛聚林、马骏等译,北京:世界知识出版社 1991 年版。

132. [美]托马斯·杰斐逊:《杰斐逊选集》,北京:商务印书馆 1999 年版。

133. [美]托马斯·帕特森:《美国政治文化》,顾肃、吕建高译,北京:东方出版社 2007 年版。

134. [美]托马斯·潘恩:《潘恩选集》,北京:华夏出版社 2004 年版。

135. [美]威尔逊:《国会政体:美国政治研究》,熊希龄、吕德本译,北京:商务印书馆 1985 年版。

136. [美]威廉·伯纳姆:《英美法导论》,林利芝译,北京:中国政法大学出版社 2003 年版。

137. [美]文森特·奥斯特罗姆:《复合共和制的政治理论》,毛寿龙译,上海:上海三联书店 1999 年版。

138. [美]文森特·奥斯特罗姆:《美国联邦主义》,王建勋译,上海:上海三联书店2003年版。

139. [美]沃格林:《希腊化、罗马和早期基督教》,谢华育译,上海:华东师范大学出版社2007年版。

140. [美]沃浓·路易·帕灵顿:《美国思想史》,陈永国、李增、郭乙瑶译,长春:吉林人民出版社2002年版。

141. [美]西尔维亚·斯诺维斯:《司法审查与宪法》,谌洪果译,北京:北京大学出版社2005年版。

142. [美]希纳尔:《杰斐逊评传》,王丽华等译,北京:中国社会科学出版社1987年版。

143. [美]小詹姆斯·R. 斯托纳:《普通法与自由主义理论——柯克、霍布斯及美国宪政主义之诸源头》,姚中秋译,北京:北京大学出版社2005年版。

144. [美]伊利:《民主与不信任——关于司法审查的理论》,朱中一、顾运译,北京:法律出版社2003年版。

145. [美]依迪丝·汉密尔顿:《希腊精神》,葛海滨译,沈阳:辽宁教育出版社2005年版。

146. [美]约翰·麦克里兰:《西方政治思想史》,彭淮栋译,海口:海南出版社2003年版。

147. [美]约瑟夫·斯托里:《美国宪法评注》,毛国权译,上海:上海三联书店2006年版。

148. [美]詹姆斯·M. 伯恩斯等:《民治政府》,陆震纶等译,北京:中国社会科学出版社1996年版。

149. [美]詹姆斯·安修:《美国宪法解释与判例》,黎建飞译,北京:中国政法大学出版社1999年版。

150. [美]詹姆斯·布坎南、戈登·塔洛克:《同意的计算:立宪民主的逻辑基础》,陈光金译,北京:中国社会科学出版社2000年版。

151. [美]詹姆斯·布赖斯:《现代民治政体》,张蔚慈译,长春:吉林人民出版社 2001 年版。

152.［美］詹姆斯·托马斯·弗莱克斯纳:《华盛顿传》,胡心吾译,北京:商务印书馆 1994 年版。

153.［美］茱迪·史珂拉:《美国公民权:寻求接纳》,刘满贵译,上海:上海人民出版社 2006 年版。

154.［西班牙］奥尔特加·加塞特:《大众的反叛》,刘训练、佟德志译,长春:吉林人民出版社 2004 年版。

155.［意］彼德罗·彭梵得:《罗马法教科书》,黄风译,北京:中国政法大学出版社 1992 年版。

156.［意］但丁:《论世界帝国》,朱虹译,北京:商务印书馆 1985 年版。

157.［意］加埃塔诺·莫斯卡:《政治科学要义》,任军锋等译,上海:上海人民出版社 2005 年版。

158.［意］加林:《意大利人文主义》,李玉成译,北京:三联书店 1998 年版。

159.［意］马基雅维里:《李维罗马史疏义》,吕健忠译,台北:左岸文化出版社 2003 年版。

160.［意］尼科洛·马基雅维里:《君主论》,潘汉典译,北京:商务印书馆 1985 年版。

161.［意］尼科洛·马基雅维里:《论李维》,冯克利译,上海:上海人民出版社 2005 年版。

162.［意］詹姆斯·尼古拉斯:《伊壁鸠鲁主义的政治哲学:卢克莱修的〈物性论〉》,溥林译,北京:华夏出版社 2004 年版。

163.［意］朱塞佩·格罗索:《罗马法史》,黄风译,北京:中国政法大学出版社 1994 年版。

164.［英］厄奈斯特·巴克:《希腊政治理论——柏拉图及其前人》,卢华萍译,长春:吉林人民出版社 2003 年版。

165.［英］S.李德·布敦德:《英国宪政史谭》,陈世第译,北京:中国政法大学出版社 2003 年版。

166. ［英］A. J. M. 米尔恩：《人的权利与人的多样性》，夏勇、张志铭译，北京：中国大百科全书出版社 1995 年版。

167. ［英］A. 安德鲁斯：《希腊僭主》，钟嵩译，北京：商务印书馆 1997 年版。

168. ［英］J. R. 波尔：《美国平等的历程》，张聚国译，北京：商务印书馆 2007 年版。

169. ［英］W. Lvor. 詹宁斯：《法与宪法》，龚祥瑞、侯健译，北京：三联书店 1997 年版。

170. ［英］埃德蒙·柏克：《自由与传统》，蒋庆等译，北京：商务印书馆 2001 年版。

171. ［英］安东尼·阿巴拉斯特：《西方自由主义的兴衰》，曹海军等译，长春：吉林人民出版社 2004 年版。

172. ［英］巴里·尼古拉斯：《罗马法概论》，黄风译，北京：法律出版社 2000 年版。

173. ［英］巴特·范·斯廷博根：《公民身份的条件》，郭台辉译，长春：吉林出版集团有限责任公司 2007 年版。

174. ［英］伯尔基：《马克思主义的起源》，伍庆、王文扬译，上海：华东师范大学出版社 2007 年版。

175. ［英］戴维·赫尔德：《民主的模式》，燕继荣等译，北京：中央编译出版社 1998 年版。

176. ［英］戴维·肖特：《奥古斯都》，杨俊峰译，上海：上海译文出版社 2001 年版。

177. ［英］戴维·肖特：《罗马共和的衰亡》，许绶南译，上海：上海译文出版社 2001 年版。

178. ［英］戴雪：《英宪精义》，雷宾南译，北京：中国法制出版社 2001 年版。

179. ［英］菲利普森、斯金纳：《近代英国政治话语》，潘兴明等译，上海：华东师范大学出版社 2005 年版。

180. ［英］弗兰克·富里迪：《恐惧的政治》，方军、吕静莲译，南京：江苏人民出版社 2007 年版。

181. ［英］哈特：《法律的概念》，张文显等译，北京：中国大百科全书出版社 1995 年版。

182. ［英］哈耶克：《自由秩序原理》，邓正来译，北京：三联书店 1997年版。

183. ［英］霍布斯：《利维坦》，黎思复、黎庭弼译，北京：商务印书馆 1985年版。

184. ［英］霍布斯：《论公民》，应星等译，贵阳：贵州人民出版社 2003年版。

185. ［英］潘恩：《潘恩选集》，北京：商务印书馆 1982 年版。

186. ［英］昆廷·斯金纳、［瑞典］博·斯特拉思：《国家与公民》，彭利平译，上海：华东师范大学出版社 2005 年版。

187. ［英］昆廷·斯金纳：《霍布斯哲学思想中的理性和修辞》，王加丰、郑菘译，上海：华东师范大学出版社 2005 年版。

188. ［英］昆廷·斯金纳：《近代政治思想的基础》，奚瑞森、亚方译，北京：商务印书馆 2002 年版。

189. ［英］昆廷·斯金纳：《马基雅维里》，王锐生、张阳译，北京：中国社会科学出版社 1992 年版。

190. ［英］昆廷·斯金纳：《现代政治思想的基础》，段胜武等译，北京：求实出版社 1989 年版。

191. ［英］昆廷·斯金纳：《自由主义之前的自由》，李宏图译，上海：上海三联书店 2003 年版。

192. ［英］理查德·詹金斯编：《罗马的遗产》，晏绍祥、吴舒屏译，上海：上海人民出版社 2002 年版。

193. ［英］罗素：《西方哲学史》（下卷），马元德译，北京：商务印书馆 1976 年版。

194. ［英］洛克：《政府论》（上篇），瞿菊农、叶启芳译，北京：商务印书

273

馆 1982 年版。

195. [英]洛克:《政府论》(下篇),叶启芳、瞿菊农译,北京:商务印书馆 1964 年版。

196. [英]梅因:《古代法》,沈景一译,北京:商务印书馆 1996 年版。

197. [英]密尔:《代议制政府》,汪瑄译,北京:商务印书馆 1982 年版。

198. [英]托马斯·霍布斯:《哲学家与英格兰法律家的对话》,姚中秋译,上海:上海三联书店 2006 年版。

199. [英]威廉·布莱克斯通:《英国法释义》(第一卷),游云庭、缪苗译,上海:上海人民出版社 2006 年版。

200. [英]沃尔特·白哲特:《英国宪制》,李国庆译,北京:北京大学出版社 2005 年版。

201. [英]休谟:《道德原则研究》,曾晓平译,北京:商务印书馆 2001 年版。

202. [英]亚历山大编:《宪政的哲学基础》,北京:中国政法大学出版社 2003 年版。

203. [英]以塞亚·柏林:《自由及其背叛》,赵国新译,南京:译林出版社 2005 年版。

204. [英]约翰·邓恩:《民主的历程》,林猛等译,长春:吉林人民出版社 1999 年版。

205. [英]约翰·索利:《雅典的民主》,王琼淑译,上海:上海译文出版社 2001 年版。

206. [英]约翰·密尔:《论自由》,程崇华译,北京:商务印书馆 1959 年版。

207. [英]詹姆士·哈林顿:《大洋国》,何新译,北京:商务印书馆 1963 年版。

208. 任炳湘选译:《罗马共和国时期》,北京:商务印书馆 1962 年版。

209. 杨共乐选译:《罗马共和国时期》(上、下册),北京:商务印书馆 1997、1998 年版。

210.《美国历届总统就职演说》,岳西宽、张卫星译,北京:中央编译出版社 2005 年版。

二、中文论著

1. 蔡英文:《政治实践与公共空间:阿伦特的政治思想》,北京:新星出版社 2006 年版。

2. 陈可风:《罗马共和宪政研究》,北京:法律出版社 2004 年版。

3. 丛日云:《西方政治文化传统》,哈尔滨:黑龙江人民出版社 2002 年版。

4. 达巍等编:《消极自由有什么错》,北京:文化艺术出版社 2001 年版。

5. 高建主编:《西方政治思想史》(第三卷),天津:天津人民出版社 2005 年版。

6. 高全喜:《何种政治?谁之现代性?——现代性政治叙事的左右版本及中国语境》,北京:新星出版社 2007 年版。

7. 高全喜主编:《西方法政哲学演讲录》,北京:中国人民大学出版社 2007 年版。

8. 顾肃:《自由主义基本理念》,北京:中央编译出版社 2003 年版。

9. 洪涛:《逻各斯与空间——古代希腊政治哲学研究》,上海:上海人民出版社 1998 年版。

10. 胡玉娟:《古罗马早期平民问题研究》,北京:北京师范大学出版社 2002 年版。

11. 黄风:《罗马私法导论》,北京:中国政法大学出版社 2003 年版。

12. 黄颂:《西方自然法观念研究》,武汉:华中师范大学出版社 2005 年版。

13. 江平、米健:《罗马法基础》,北京:中国政法大学出版社 2004 年版。

14. 李昌道:《美国宪法史稿》,北京:法律出版社 1986 年版。

15. 李昌道:《美国宪法纵横论》,上海:复旦大学出版社 1994 年版。

16. 李道揆:《美国政府和美国政治》,北京:商务印书馆 1999 年版。

17. 李剑鸣:《大转折的年代——美国进步主义运动研究》,天津:天津教育出版社 1992 年版。

18. 李梅:《权力与正义——康德政治哲学研究》,北京:社会科学文献出版社 2000 年版。

19. 李雅书选译:《罗马帝国时期》(上册),北京:商务印书馆 1985 年版。

20. 李雅书、杨共乐:《古代罗马史》,北京:北京师范大学出版社 1994 年版。

21. 林国荣:《罗马史随想》,上海:上海三联书店 2005 年版。

22. 林红:《民粹主义:概念、理论与实证》,北京:中央编译出版社 2007 年版。

23. 刘建飞等编著:《英国议会》,北京:华夏出版社 2002 年版。

24. 刘杰:《当代美国政治》,北京:社会科学文献出版社 2001 年版。

25. 刘军宁:《保守主义》,天津:天津人民出版社 2007 年版。

26. 刘军宁:《共和 民主 宪政——自由主义思想研究》,上海:上海三联书店 1998 年版。

27. 刘军宁等编:《直接民主与间接民主》,北京:三联书店 1998 年版。

28. 刘军宁等编:《自由与社群》,北京:三联书店 1998 年版。

29. 刘小枫、陈少明主编:《回想托克维尔》,北京:华夏出版社 2006 年版。

30. 刘小枫主编:《施特劳斯与古典政治哲学》,上海:上海三联书店 2002 年版。

31. 吕磊:《美国的新保守主义》,南京:江苏人民出版社 2004 年版。

32. 马德普:《普遍主义的贫困》,北京:人民出版社 2005 年版。

33. 马德普主编:《中西政治文化论丛》(第四辑),天津:天津人民出版社 2004 年版。

34. 马德普主编:《中西政治文化论丛》(第五辑),天津:天津人民出版社 2006 年版。

35. 马克垚主编:《世界文明史》(上册),北京:北京大学出版社2004 年版。

36. 毛兴贵编:《政治义务:证成与反驳》,南京:江苏人民出版社 2007 年版。

37. 潘伟杰:《现代政治的宪法基础》,上海:华东师范大学出版社 2001 年版。

38. 钱乘旦、许洁明:《英国通史》,上海:上海社会科学院出版社 2002 年版。

39. 钱福臣:《美国宪政生成的深层背景》,北京:法律出版社 2005 年版。

40. 钱满素:《美国自由主义的历史变迁》,北京:三联书店 2006 年版。

41. 任东来等:《美国宪政历程——影响美国的 25 个司法大案》,北京: 中国法制出版社 2004 年版。

42. 任军锋主编:《共和主义:古典与现代》,上海:上海人民出版社 2006 年版。

43. 盛志光:《古代雅典著名政治改革家梭伦》,北京:商务印书馆 1997 年版。

44. 施治生、郭方主编:《古代民主与共和制度》,北京:中国社会科学出版社 1998 年版。

45. 史丹彪:《法国大革命时期的宪政理论与实践研究》,北京:中国人民大学出版社 2004 年版。

46. 司美丽:《汉密尔顿传》,北京:中国对外翻译出版公司 1999 年版。

47. 谈火生编:《审议民主》,南京:江苏人民出版社 2007 年版。

48. 佟德志:《在民主与法治之间:西方政治文明的二元结构及其内在矛盾》,北京:人民出版社 2006 年版。

49. 佟德志编:《宪政与民主》,南京:江苏人民出版社 2007 年版。

50. 汪子嵩、王太庆编:《陈康——论希腊哲学》,北京:商务印书馆 1990 年版。

51. 王乐理主编:《西方政治思想史》(第一卷),天津:天津人民出版社2005年版。

52. 王希:《原则与妥协——美国宪法的精神与实践》,北京:北京大学出版社2000年版。

53. 王焱编:《宪政主义与现代国家》,北京:三联书店2003年版。

54. 吴于廑主编:《李维〈罗马史〉选》,北京:商务印书馆1980年版。

55. 肖北庚:《宪政法律秩序论》,北京:中国人民公安大学出版社2002年版。

56. 肖厚国:《所有权的兴起与衰落》,济南:山东人民出版社2003年版。

57. 徐大同:《西方政治思想史》,天津:天津教育出版社2002年版。

58. 许纪霖主编:《公共性与公民观》,南京:江苏人民出版社2006年版。

59. 许纪霖主编:《共和、社群与公民》,南京:江苏人民出版社2004年版。

60. 薛晓源、李惠斌主编:《当代西方学术前沿研究报告》(2005—2006),上海:华东师范大学出版社2006年版。

61. 阎照祥:《英国政治制度史》,北京:人民出版社1999年版。

62. 杨共乐:《罗马社会经济研究》,北京:北京师范大学出版社1998年版。

63. 杨巨平:《古希腊罗马犬儒现象研究》,北京:人民出版社2002年版。

64. 裔昭印:《古希腊的妇女——文化视域中的研究》,北京:商务印书馆2001年版。

65. 应克复等:《西方民主史》,北京:中国社会科学出版社1997年版。

66. 应奇、刘训练编:《共和的黄昏:自由主义、社群主义和共和主义》,长春:吉林人民出版社2007年版。

67. 应奇、刘训练编:《第三种自由》,北京:东方出版社2006年版。

68. 应奇、刘训练编:《公民共和主义》,北京:东方出版社 2006 年版。

69. 应奇:《从自由主义到后自由主义》,北京:三联书店 2003 年版。

70. 余志森:《美国史纲》,上海:华东师范大学出版社 1992 年版。

71. 张殿吉:《古罗马改革家格拉古兄弟》,北京:商务印书馆 1982 年版。

72. 张定河:《美国政治制度的起源与演变》,北京:中国社会科学出版社 1993 年版。

73. 张桂琳:《西方政治哲学——从古希腊到当代》,北京:中国政法大学出版社 1999 年版。

74. 张乃根:《西方法哲学史纲》,北京:中国政法大学出版社 1993 年版。

75. 张千帆:《西方宪政体系·上册·美国宪法》,北京:中国政法大学出版社 2004 年版。

76. 张千帆:《自由的魂魄所在——美国宪法与政府体制》,北京:中国社会科学出版社 2000 年版。

77. 张友伦、肖军、张聪:《美国社会的悖论:民主、平等与性别、种族歧视》,北京:中国社会学科出版社 1999 年版。

78. 周枏:《罗马法原论》,北京:商务印书馆 1994 年版。

79. 朱景文主编:《当代西方后现代法学》,北京:法律出版社 2002 年版。

80. 朱龙华:《罗马文化与古典传统》,杭州:浙江人民出版社 1993 年版。

81. 朱学勤:《道德理想国的覆灭》,上海:三联书店 1994 年版。

三、英文论著(含学位论文)

1. Aaron Wildavsky, *Federalism and Political Culture*, edited by David Schleicher & Brendon Swedlow, foreword by Daniel J. Elazar Wildavsky, Aaron B., New Brunswick, N. J.: Transaction Publishers, 1998.

2. Adair，Douglass，*Fame and the Founding Fathers*，ed. Trevor Colbourn，New York，1974.

3. Adair，Douglass，"*The Intellectual Origins of Jeffersonian Democracy：Republicanism，the Class Struggle，and the Virtuous Farmer.*" Ph. D. diss. Yale University，1943.

4. Adams，John Quincy，*The Jubilee of the Constitution*，New York，1839.

5. Adrian Oldfield，*Citizenship and Community：Civic Republicanism and the Modern World*，London and Newyork：Routledge，1990.

6. Agresto，John，*The Supreme Court and Constitutional Democracy*，Ithaca，1984.

7. Alan Craig Houston，*Algernon Sidney and the Republican Heritage in England and America*，Princeton，N. J. ：Princeton University Press，1991.

8. Alexander Hamilton，James Madison，and James Jay，*The Federalist with Letters of "Brutus"*，edited by Terence Ball，Cambridge，New York：Cambridge University Press，2003.

9. Alexander Hamilton，*The Works of Alexander Hamilton*，edited by Henry Cabot Lodge，Vol. Ⅲ，New York：Haskell House Publishers，1971.

10. Alexander Hamilton，James Madison，John Jay，*The Federalist Papers*（影印本），北京：中国社会科学出版社 1999 年版。

11. Alf J. Mapp，Jr，*The Faiths of Our Fathers：What America's Founders Really Believed*，Lanham，Md. ：Rowman & Littlefield，2003.

12. *America's Founding Fathers：Their Wncommon Wisdom and Wit*，edited by Bill Adler，Lanham，Md. ：Taylor Trade Pub. ，2003.

13. Andrew Lintott，*The Constitution of the Roman Republic*，Oxford：Oxford University Press，1999.

14. Antieau，Chester James，Arthur T. Downey，and Edward C. Roberts，*Freedom from Federal Establishment：Formation and Early History of the First Amendment Religion Clauses*，Milwaukee，1964.

15. Bailyn, Bernard, *The Origins of American Politics*, New York, 1968.

16. Berns, Walter, *The First Amendment and the Future of American Democracy*, New York, 1976.

17. *Beyond Confederation: Origins of the Constitution and American National Identity*, edited by Richard Beeman, Stephen Botein, and Edward C. Carter II. , Chapel Hill: Published for the Institute of Early American History and Culture, Williamsburg, Virginia, by the University of North Carolina Press, 1987.

18. Boyd, Steven R. *The Politics of Opposition: Antifederalists and the Acceptance of the Constitution*, Millwood, New York, 1979.

19. Bruce Ackerman, *The failure of the Founding Fathers: Jefferson, Marshall, and the Rise of Presidential Democracy*, Cambridge, MA: Belknap Press of Harvard University Press, 2005.

20. C. Bradley Thompson, *John Adams and the Spirit of Liberty*, Lawrence: University Press of Kansas, 1998.

21. Carl J. Richard, *The Founders and the Classics: Greece, Rome, and the American Englightenment*, Cambridge, Mass. : Harvard University Press, 1994.

22. Charles W. Dunn, *Constitutional Democracy in America: a Reappraisal*, Glenview, Ill. : Scott, Foresman, 1987.

23. Christopher M. Duncan, *The Anti-federalists and Early American Political Thought*, DeKalb, I11. : Northern Illinois University Press, 1995.

24. *Commentaries on the Laws of England*, London, 1809.

25. *Conceptual Change and the Constitution*, ed. Terence Ball and J. G. A. Pocock, Lawrence, KS, 1988.

26. *Confronting the Constitution: The Challenge to Locke, Montesquieu, Jefferson, and the Federalists from Utilitarianism, Historicism, Marxism, Freudianism, Pragmatism, and Existentialism*, ed. Allan Bloom, Washington, DC, 1990.

27. *Crisis and Innovation: Constitutional Democracy in America*, edited by Fred Krinsky, New York, NY, USA: B. Blackwell, 1988.

28. Daniel. J. Kapust, *Rereading Repuliicans*: *Roman History and Contemporary Interpretion*(*D*), University of Wisconsin, Madison, 2005.

29. David J. Siemers, *The Antifederalists*: *Men of Great Faith and Forbearance*, Lanham, Md.: Rowman & Littlefield Publishers, 2003.

30. David M. Ricci, *Good Citizenship in America*, Cambridge, UK; New York: Cambridge University Press, 2004.

31. David W. Robson, *Educating Republicans*: *the College in the Era of the American Revolution, 1750—1800*, Westport, Conn.: Greenwood Press, 1985.

32. David. J. Siemers, *Ratifying the Republic*: *Antifederalists and Federalists in Constitutional Time*, Stanford, Calif.: Stanford University Press, 2002.

33. *Debating Democracy*: *a Reader in American Politics*, edited by Bruce Miroff, Raymond Seidelman, Todd Swanstrom, Boston: Houghton Mifflin, 1999.

34. *Debating Democracy's Discontent*: *Essays on American Politics, law, and Public Philosophy*, edited by Anita L. Allen and Milton C. Regan, Jr. , Oxford; New York: Oxford University Press, 1998.

35. Dennis J. Goldford, *The American Constitution and the Debate Over Originalism*, New York: Cambridge University Press, 2005.

36. Diggins, John P, *The Lost Soul of American Politics*: *Virtue, Self-Interest, and the Foundations of Liberalism*, New York, 1984.

37. *Documentary History of the Ratification of the Constitution and the Bill of Rights, 1787—1791*, in 18 volumes, edited by John Kaminski, 1976—1995.

38. Don K. Price, *America's Unwritten Constitution*: *Science, Religion, and Political Responsibility*, Baton Rouge: Louisiana State University Press, 1983.

39. Donald Earl, *The Moral and Political Tradition of Rome*, Ithaca, N. Y.: Cornell University Press, 1967.

40. Edmund S. Morgan, *The Birth of the Republic*, 1763 – 1989, Chicago: University of Chicago Press, 1956.

41. Edward Mc Whinney, *Comparative Federalism*: *States' Rights and*

National Power, University of Toronto Press, 1962.

42. Eidelberg, Paul, *The Philosophy of the American Constitution: A Reinterpretation of the Intentions of the Founding Fathers*, New York, 1968.

43. Fergus Millar, *The Roman Republic in political Thought*, Hanover: University Press of New England, 2002.

44. Fergus Millar, *The Crowd in Rome in the Late Republic*, Ann Arbor: University of Michigan Press, 1998.

45. Furtwangler, Albert, *The Authority of Publius: A Reading of the Federalist Papers*, Ithaca, 1984.

46. Gordon S. Wood, *The Creation of the American Republic, 1776—1787*, New York: Norton, 1969.

47. Gunn, John Alexander Wilson. *Beyond Liberty and Property: The Process of Self-Recognition in Eighteenth-Century Political Thought*, Kingston, 1983.

48. Gunn, John Alexander Wilson, *Politics and the Public Interest in the Seventeenth Century*, London, 1969.

49. Hannah Arendt, *The Human Condition*, Chicago: University of Chicago Press, 1958.

50. Hannah Arendt, *On Revolution*, New York: Viking Press, 1963.

51. Hannah Arendt, *The Origins of Totalitarianism*, New York: Harcourt Brace Jovanovich, 1951.

52. Hansen, Mogens Herman, *Was Athens a Democracy? Popular Rule, Liberty and Equality in Ancient and Modern Political Thought*, Copenhagen, 1989.

53. Hartz, Louis, *The Liberal Tradition in America: An Interpretation of American Political Thought Since the Revolution*, New York, 1955.

54. Herbert . J. Storing, *the Complete Anti-Federalist* (7 volumes), Chicago: University of Chicago Press, 1981.

55. *Interpreting the Constitution: the Debate Over Original Intent*, edited by Jack N. Rakove, Boston: Northeastern University Press, 1990.

56. J. G. A. Pocock, *The Ancient Constitution and the Feudal Law: a Study of English Historical Thought in the Seventeenth Century: a Reissue with a Retrospect*, Cambridge: Cambridge Univ. Pr., 1987.

57. J. G. A. Pocock, *Virtue, Commerce, and History: Essays on Political thought and History, Chiefly in the Eighteenth Century*, Cambridge: New York: Cambridge University Press, 1985.

58. J. G. A. Pocock. , *The Machiavellian Moment: Florentine Political Thought and the Atlantic Republican Tradition*, Princeton, N. J. : Oxford: Princeton University Press, 2003.

59. Jack N. Rakove, *James Madison and the Creation of the American Republic*, edited by Oscar Handlin, New York: Longman, 2002.

60. James Harrington, *The Commonwealth of Oceana*; and, *A System of Politics*, edited by J. G. A. Pocock, Beijing: China University of Political Science and Law Press, 2003.

61. James Leigh Strachan-Davidson, *Cicero and the Fall of the Roman republic*, New York: G. p. Putnam's Sons, 1906.

62. James Madison, *The Theory and Practice of Republican Government*, edited by Samuel Kernell. Stanford, Calif. : Stanford University Press, 2003.

63. John Adam, *A Defense of the Constitutions of Government of the United States of America*, 1971.

64. *John Adams and the Founding of the Republic*, edited by Richard Alan Ryerson, Boston: Massachusetts Historical Society, Distributed by Northeastern University Press, 2001.

65. John W. Maynor, *Republicanism in the Modern World*, Cambridge: Polity Press, 2003.

66. Jon Roper, *Democracy and Its Critics: Anglo-American Democratic Thought in the Nineteenth Century*, London; Boston: Unwin Hyman, 1989.

67. Jonathan Scott, *Algernon Sidney and the English Republic, 1623—*

1677. ,Cambridge: Cambridge University Press,1988.

68. Joseph M. Lynch, *Negotiating the Constitution:the Earliest Debates Over Original Intent*, Ithaca,N. Y. : Cornell University Press,1999.

69. Josiah Ober,*Mass and Elite in Democratic Athens:Rhetoric, Ideology, and the Power of the People*,Princeton,N. J. : Princeton University Press,1989.

70. Josiah Ober,*Political Dissent in Democratic Athens:Intellectual Critics of Popular Rule*,Princeton,N. J. : Princeton University Press,1998.

71. Joyce Appleby,*Liberalism and Republicanism in the Historical Imagination*,Cambridge,Mass. :Harvard University Press,1992.

72. Kelly,Alfred Hinsey,et al. ,*The American Constitution:Its Origins and Development*, New York: W. W. Norton & Co. ,Inc. ,1983.

73. *Liberty,Property,and the Foundations of the American Constitution*,edited by Ellen Frankel Paul and Howard Dickman, Albany: State University of New York Press,1989.

74. Loren J. Samons II. , *What's Wrong with Democracy? from Athenian practice to American worship*,Berkeley,CA:University of California Press,2004.

75. M. N. S. Sellers,*American Republicanism:Roman Ideology in the United States Constitution*,New York: New York University Press,1994.

76. Mace,George,*Locke,Hobbes,and the Federalist Papers: An Essay on the Genesis of the American Political Heritage*. Carbondale,IL,1979.

77. Margaret Canovan, *Hannah Arendt: a Reinterpretation of Her Political Thought*, Cambridge: New York: Cambridge University Press,1992.

78. Mary p. Nichols, *Citizens and Statesmen:a Study of Aristotle's Politics*, Md. : Rowman & Littlefield Publishers,1992.

79. Matthews,Richard K,*The Radical Politics of Thomas Jefferson: A Revisionist View*. Lawrence,KS,1984.

80. Maurizio Viroli, *Republicanism* , translated from the Italian by Antony Shugaar,New York: Hill and Wang,2002.

81. Maurizio Viroli, *For Love of Country：an Essay on Patriotism and Nationalism*, Oxford：Clarendon Press, 1995.

82. Max Farrand, *The Framing of the Constitution of the United States*, New Haven：Yale University press, 1962.

83. Meyer Reinhold, *Classica Americana：The Greek and Roman Heritage in the United States*, Detroit：Wayne State University Press, 1984.

84. Michael p. Zuckert, *Natural Rights and the New Republicanism*, Princeton, N. J. ：Princeton University Press, 1994.

85. Michael Sandel, *Democracy's Discontent：America in Search of a Public Philosophy*, Cambridge Mass：Harvard University press, 1996.

86. *Montesquieu's Science of Politics：Essays on the Spirit of Laws*, edited by David W. Carrithers, Michael A. Mosher, and Paul A. Rahe, Lanham, MD：Rowman & Littlefield Publishers, 2001.

87. Morton J. Frisch, *Alexander Hamilton and The Political Order：an Interpretation of His Political Thought and Practice*, Lanham：University Press of America, 1991.

88. Murray Dry, *The Anti-Federalist：an Abridgement of the Complete Anti-Federalsit*, edited by Herbert . J. Storing, Chicago：University of Chicago Press, 1985.

89. N. J. Hopewell, *The Wit & Wisdom of the Founding Fathers：Benjamin Franklin, George Washington, John Adams, Thomas Jefferson*, ECCO Press, 1996.

90. Neal Riemer, *James Madison：Creating the American Constitution*, Washington, D. C. ：Congressional Quarterly, 1986.

91. Neal wood, *Cicero's Social and Political Thought*, California：University of California Press, 1988.

92. Nelson A. Rockefeller, *The Future of Federalism*, Cambridge, Mass. ：Harvard University Press, 1962.

93. Onuf, Peter S, *The Origins of the Federal Republic：Jurisdictional*

Controversies in the United States,1775—1787,Philadelphia,1983.

94. P. A. Brunt,*The Fall of the Roman Republic and Related essays*,Oxford：Clarendon Press,1988.

95. Pangle,Thomas L. *The Spirit of Modern Republicanism：The Moral Vision of the American Founders and the Philosophy of Locke*,Chicago,1988.

96. Peter Baehr, *Caesar and the Fading of the Roman World：a Study in Republicanism and Caesarism*, New Brunswick, NJ：Transaction Publishers,1998.

97. Peter McNamara, *The Noblest Minds：Fame, Honor, and the American Founding*, Lanham：Rowman & Littlefield Publishers,1999.

98. Peter Riesenberg,*Citizenship in the Western Tradition：Plato to Rousseau*, Chapel Hill：University of North Carolina Press,1992.

99. Peter S. Onuf and Leonard J. Sadosky, *Jeffersonian America*, Oxford：Basil Blackwell,2002.

100. Plutarch,*Plutarch's Lives*（based on the "Dryden" translation）,ed. by Arthur Hugh Clough, http://onlinebooks. library. upenn. edu/webbin/gutbook/lookup? num =674.

101. Polybius, *Histories*, volume 6. Evelyn S. Shuckburgh. translator. London,New York,Macmillan,1889,Reprint Bloomington 1962,http://www. perseus. tufts. edu/cgi-bin/ptext? lookup = Plb. + toc.

102. Rakove,Jack N, *The Beginnings of National Politics：An Interpretive History of the Continental Congress*,New York,1979.

103. Reid,John Phillip, *The Concept of Representation in the Age of the American Revolution*. Chicago,1989.

104. *Republicanism in Theory and Practice*, edited by Iseult Honohan and Jeremy Jennings,London：Routledge,2005.

105. *Responding to Imperfection：the Theory and Practice of Constitutional Amendment*, edited by Sanford Levinson,Princeton,N. J. ：Princeton University

Press,1995.

106. Richard L. Pacelle, Jr. , *The Role of the Supreme Court in American Politics:the Least Dangerous Branch*? Boulder,Colo, : Westview Press,2002.

107. Richard M. Gummere, *The American Colonial Mind and the Classical Tradition:Essays in Comparative Culture*, Cambridge,Mass. : Harvard University Press,1963.

108. Robert A. Dahl. ,*Democracy and Its Critics*, New Haven: Yale University Press,1989.

109. Ronald J. Terchek, *Republican Paradoxes and Liberal Anxieties:Retrieving Neglected Fragments of Political Theory*, Lanham: Rowman & Littlefield Publishers,1997.

110. Rowe and Schofield, *The Cambridge History of Greek and Roman Political Thought*,Cambridge: Cambridge university press,2000.

111. Russell L. Hanson, *The Democratic Imagination in America:Conversations with Our Past*,Princeton,N. J. : Oxford: Princeton University Press,1985.

112. Stephen M. Griffin, *American Constitutionalism:from Theory to Politics*,Princeton,N. J. : Princeton University Press,1996.

113. Strauss,Leo,*Liberalism Ancient and Modern*,New York,1968.

114. *Studies in Ancient Greek and Roman Society*,edited by Robin Osborne, Cambridge,UK;New York,NY: Cambridge University Press,2004.

115. *The American Founding*: Essays on the Formation of the Constitution, ed. J. Jackson Barlow,Leonard W. Levy,and Ken Masugi,New York,1988.

116. *The American Revolution*: Its Character and Limits, ed. Jack P. Greene,New York,1987.

117. *The Antifederalist Papers*,edited by Morton Borton,Michigan:Michigan State University Press,1965.

118. *The Cambridge Ancient History* ,edited by John Boardman,Cambridge: Cambridge University Press,1988—1998.

119. *The Case Against the Constitution*: *from the Antifederalists to the Present*, edited by John F. Manley and Kenneth M. Dolbeare, Armonk, N. Y. : M. E. Sharpe, 1987.

120. *The Constitution and the States*: *the Role of the Original Thirteen in the Framing and Adoption of the Federal Constitution*, edited by Patrick T. Conley and John p. Kaminski; sponsored by the U. S. Constitution Council of the Thirteen Original States and the Center for the Study of the American Constitution, Madison, Wis. : Madison House, 1988.

121. *The Debates in the Several State Conventions on the Adoption of the Federal Constitution as Recommended by the General Convention at Philadelphia in 1787*, in five volumes, Second Edition, By Jonathan Elliot, New York: B. Franklin, 19.

122. *The Essential Antifederalist*, edited by W. B. Allen and Gordon Lloyd, associate editor, Margie Lloyd, Lanham, MD: Rowman & Littlefield, 2002.

123. *The Essential Federalist*: *a New Reading of the Federalist Papers*, edited by Quentin P. Taylor. Madison, Wis. : Madison House, 1998.

124. *The Federalists*, *the Antifederalists*, *and the American Political Tradition*, edited by Wilson Carey McWilliams and Michael T. Gibbons, New York: Greenwood Press, 1992.

125. *The Good polity*: *Normative Analysis of the State*, edited by Alan Hamlin and Philip Pettit, Oxford: Basil Blackwell, 1989.

126. *The Invention of the Modern Republic*, edited by Biancamaria Fontana, Cambridge: New York: Cambridge University Press, 1994.

127. *The Moral Foundations of the American Republic*, edited by Robert H. Horwitz, Benjamin R. Barber, Charlottesville: University Press of Virginia, 1986.

128. *The Political Writings of John Adams*, edited with an introduction by George W. Carey. Washington, D. C. : Regnery Pub. ; Lanham, MD: Distributed to the trade by National Book Network, 2000.

129. Thomas L. Pangle, *The Spirit of Modern Republicanism*：*the Moral Vision of the American Founders and the Philosophy of Locke*, Chicago：University of Chicago Press, 1988.

130. Tully, James, *A Discourse on Property*：*John Locke and his Adversaries*. Cambridge, 1980.

131. Walter Berns, *Taking the Constitution Seriously*, New York, N. Y.：Simon and Schuster, 1987.

132. Walter J. Stone, *Republic at Risk*：*Self-interest in American Politics*, Calif.：Brooks／Cole Pub. Co. , 1990.

133. Willi Paul Adams, *The First American Constitutions*：*Republican ideology and the Making of the State Constitutions in the Revolutionary Era*, translated by Rita and Robert Kimber；with a foreword by Richard B. Morris, Lanham, Md.：Rowman & Littlefield Publishers, 2001.

134. William H. Riker, *The Strategy of Rhetoric*：*Campaigning for the American Constitution*, edited by Randall L. Calvert, John Mueller, Rick K. Wilson, New Haven, [Conn.]：Yale University Press, 1996.

四、中英文论文

1. [意]弗朗切斯科·西尼:《罗马宗教—法律制度中的人与神:神的和平、神的时间(节日、祭日)、牺牲》,徐国栋译,载《罗马法与现代民法》2002年号,北京:中国法制出版社2002年版。

2. 陈其:《西欧古典传统与美国革命——美国史学界对美国革命思想来源的修正》,《历史教学》1999年第4期。

3. 崔之元:《"混合宪法"与对中国政治的三层分析》,《战略与管理》1998年第3期。

4. 李强:《超越大众民主与权威主义》,载《大国》(第3辑),北京大学出版社2005年版。

5. 马万利:《美国史学界关于反联邦党人问题的研究》,《浙江学刊》

2006 年第 5 期。

6. 满运龙:《共和修正派与当代美国思想史学》,《历史研究》1990 年第 4 期。

7. 万绍红:《美国宪法的共和主义原旨解读》,《浙江学刊》2006 年第 5 期。

8. 万绍红:《民主的路径:哥德尔不完全性定理的视界》,《阿坝师范高等专科学校学报》2005 年第 3 期。

9. 万绍红:《新罗马理论对美国宪法共和主义的解读:贡献与缺陷》,《贵州大学学报》(社科版)2006 年第 6 期。

10. 万绍红:《超越自由主义与民主主义:美国宪法中的共和主义》,《浙江学刊》2008 年第 4 期。

11. 万绍红:《混合政体与公民美德——美国宪法共和主义的内在张力及其出路》,《甘肃行政学院学报》2008 年第 4 期。

12. 万绍红:《自由主义、共和主义财产权比较研究》,《贵州大学学报(社科版)》2008 年第 4 期。

13. 刘训练:《共和考辨》,《政治学研究》2008 年第 1 期。

14. 萧高彦:《斯金纳与当代共和主义之典范竞争》,《东吴政治学报》2002 年第 15 期。

15. 李剑鸣:《中国的美国早期史研究:回顾与前瞻》,《美国研究》2007 年第 2 期。

16. [意]皮兰杰罗·卡塔兰诺:《一个被遗忘的概念:消极权》,涂涤宇译,载《罗马法与现代民法》2002 年号,北京:中国法制出版社 2002 年版。

17. Adams, Willi Paul, "'The Spirit of Commerce Requires that Property Be Sacred': Gouverneur Morris and the American Revolution", *Amerikastudien/American Studies* 21 (1976), pp. 309 – 324.

18. Adams, Willi Paul, "Republicanism in Political Rhetoric Before 1776".

19. Adkins, A. W. H, "Polupragmosune and 'Minding One's Own Business': A Study in Greek Social and Political Values", *Classical Philology*

71（1976），pp. 301 – 327.

20. Agresto, John T, "Liberty, Virtue, and Republicanism: 1776—1787", *The Review of Politics* 39 (1977), pp. 473 – 504.

21. Agresto, John, "'A System Without a Precedent' —James Madison and the Revolution in Republican Liberty", *South Atlantic Quarterly* 82 (1983), pp. 129 – 144.

22. Aldrige, A. Owen, "The Concept of the Ancients and Moderns in American Poetry of the Federal Period", in *Classical Traditions in Early America*, pp. 99 – 108.

23. Aldrige, A. Owen, "Thomas Paine and the Classics", *Eighteenth Century Studies* 1 (1968), pp. 370 – 380.

24. Ambler, Wayne H, "Aristotle on Nature and Politics: The Case of Slavery".

25. Ambler, Wayne, "Aristotle's Understanding of the Naturalness of the City".

26. Andrew Lintott, "Aristotle and Democracy", *The Classical Quarterly*, New Series, Vol. 42, No. 1 (1992), pp. 114 – 128.

27. Appleby, Joyce Oldham, "Liberalism and the American Revolution", *The New England Quarterly* 49 (1976), pp. 3 – 26.

28. Appleby, Joyce Oldham, "Locke, Liberalism and the Natural Law of Money".

29. Appleby, Joyce Oldham, "Republicanism and Ideology", *the American Quarterly* 37 (1985), pp. 461 – 473.

30. Appleby, Joyce Oldham, "The Jefferson-Adams Rupture and the First French Translation of John Adams' *Defense*", *The American Historical Review* 73 (1968), pp. 1084 – 1091.

31. Ashcraft, Richard, and M. M. Goldsmith, "Locke, Revolution Principles, and the Formation of Whig Ideology", *The Historical Journal* 26 (1983), pp. 773

– 800.

32. Ashcraft, Richard, "Ideology and Class in Hobbes' Political Theory".

33. Ashcraft, Richard, "Locke's State of Nature: Historical Fact or Moral Fiction", *The American Political Science Review* 62 (1968), pp. 898 – 915.

34. Ashcraft, Richard, "Revolutionary Politics and Locke's Two Treatises of Government: Radicalism and Lockean Political Theory", *Political Theory* 8 (1980), pp. 429 – 486.

35. Asmis Elizabeth, "A New Kind of Model: Cicero's Roman Constitution in De Republica", *American Journal of Philology*, Sep 2005, Vol. 126 Issue 3, pp. 337 – 416.

36. Banning, Lance, "James Madison and the Nationalists, 1780 – 1783", *The William and Mary Quarterly*[3]. 40 (1983), pp. 227 – 255.

37. Banning, Lance, "James Madison, the Statute for Religious Freedom, and the Crisis of Republican Convictions", in *The Virginia Statute for Religious Freedom: Its Evolution and Consequences in American History*, pp. 109 – 138.

38. Banning, Lance, "Jeffersonian Ideology Revisited: Liberal and Classical Ideas in the New American Republic", *The William and Mary Quarterly*[3] 43 (1986), pp. 3 – 19.

39. Banning, Lance, "Some Second Thoughts on Virtue and the Course of Revolutionary Thinking", in *Conceptual Change and the Constitution*, pp. 194 – 212.

40. Banning, Lance, "The Constitutional Convention", in *The Framing and Ratification of the Constitution*, pp. 112 – 131.

41. Banning, Lance, "The Hamiltonian Madison", *The Virginia Magazine of History and Biography* 92 (1984), pp. 3 – 28.

42. Barber, Benjamin R, "Against Economics: or, Capitalism, Socialism, but Whatever Happened to Democracy?" in *Democratic Capitalism*, pp. 22 – 51.

43. Barnouw, Jeffrey, "The Critique of Classical Republicanism and the Un-

derstanding of Modern Forms of Polity in Vico's New Science", *Clio* 9 (1980),
pp. 393 – 418.

44. Behrens, Betty M. A, "The Whig Theory of the Constitution in the Reign
of Charles II", *The Cambridge Historical Journal* 7 (1941), pp. 42 – 71.

45. Boyd, Julian P, "Thomas Jefferson's 'Empire of Liberty'", *The Virgin-
ia Quarterly Review* 24 (1948), pp. 538 – 554.

46. "Cooperation and Conflict: Readings in American Federalism", ed.
Daniel J. Elazar et al. Itasca, IL, 1969, pp. 72 – 81.

47. Diamond, Martin, "The Ends of Federalism", *Publius* 3:2 (1973), pp.
129 – 152.

48. Diamond, Martin, "The Federalist on Federalism: 'Neither a National
Nor a Federal Constitution, But a Composition of Both.'" *Yale Law Journal* 86
(1977), pp. 1273 – 1285.

49. Diamond, Martin, "The Federalist's View of Federalism", in *Essays in
Federalism*, ed. George Benson et al. Claremont, CA, 1961, pp. 21 – 64.

50. Diamond, Martin, "Democracy and the Federalist: A Reconsideration
of the Framers' Intent", *The American Political Science Review* 53 (1959), pp.
52 – 68, esp. pp. 64 – 67.

51. Dry, Murray, "Anti-Federalism in *The Federalist*: A Founding Dialogue
on the Constitution, Republican Government, and Federalism", in *Saving the
Revolution*, pp. 40 – 60.

52. F. W. Walbank, "Political Morality and the Friends of Scipio", *The
Journal of Roman Studies*, Vol. 55, No. 1/2, Parts 1 and 2. (1965), pp. 1 – 16.

53. Ferguson, E, James. "Political Economy, Public Liberty, and the Forma-
tion of the Constitution", *The William and Mary Quarterly*[3] 40 (1983), pp. 389
– 412.

54. Ferguson, E. James, "The Nationalists of, 1781 – 1783 and the Econom-
ic Interpretation of the Constitution", *The Journal of American History* 56 (1969

－1970），pp. 241－261.

55. Forrest, W. G. "Legislation in Sparta." *Phoenix* 21 (1967), pp. 11－19.

56. Forsyth, Murray, "Thomas Hobbes and the Constituent Power of the People".

57. Freeman David A. , "The science of republicanism: Hobbes and Publius", *Social Science Journal*, Jul 2005, Vol. 42 Issue 3, pp. 351－358.

58. Gordon S. Wood, "The Significance of the Early Republic", *Journal of the Early Republic*, Vol. 8, No. 1. (Spring, 1988), pp. 1－20.

59. Hamowy, Ronald, "Cato's Letters, John Locke, and the Republican Paradigm", *History of Political Thought* 11 (1990), pp. 273－294.

60. Hanson, Russell L, "'Commons' and 'Commonwealth' at the American Founding: Democratic Republicanism as the New American Hybrid", in *Conceptual Change and the Constitution*, pp. 165－193.

61. Harpham, Edward J, "Liberalism, Civic Humanism, and the Case of Adam Smith", *The American Political Science Review* 78 (1984), pp. 764－774.

62. Isaac, Jeffrey C, "Republicanism vs. Liberalism? A Reconsideration", *History of Political Thought* 9 (1988), pp. 349－377.

63. J. S. Richardson, "The Ownership of Roman Land: Tiberius Gracchus and the Italians", *The Journal of Roman Studies*, Vol. 70. (1980), pp. 1－11.

64. Katz, Stanley N, "Republicanism and the Law of Inheritance in the American Revolutionary Era", *Michigan Law Review* 76 (1977), pp. 1－29.

65. Kenyon, Cecelia M, "Republicanism and Radicalism in the American Revolution: An Old-Fashioned Interpretation", *The William and Mary Quarterly*[3] 19 (1962), pp. 153－182.

66. Kristol, William, "The Problem of the Separation of Powers: Federalist 47－51", in *Saving the Revolution*, pp. 100－130.

67. Lily Ross Taylor, "Forerunners of the Gracchi", *The Journal of Roman*

Studies, Vol. 52, Parts 1 and 2. (1962), p. 27.

68. Lofgren, Charles A, "The Original Understanding of Original Intent?" *Constitutional Commentary* 5 (1988), pp. 77 – 113.

69. Lokken, Roy N, "The Concept of Democracy in Colonial Political Thought", *The William and Mary Quarterly*³ 16 (1959), pp. 568 – 580.

70. Mackie, J. L, Review of Tully, *A Discourse on Property*, *The Philosophical Quarterly* 32 (1982), pp. 91 – 94.

71. Matthews, Richard K, *The Radical Politics of Thomas Jefferson*: *A Revisionist View*, Lawrence, KS, 1984.

72. Michelle Zerba, "The Frauds of Humanism: Cicero, Machiavelli, and the Rhetoric of Imposture", *Rhetorica*, Jun 2004, Vol. 22 Issue 3, pp. 215 – 240.

73. Olivecrona, Karl, "Locke's Theory of Appropriation", *The Philosophical Quarterly* 24 (1974), pp. 220 – 234.

74. p. A. Brunt, "The Role of the Senate in the Augustan Regime", *The Classical Quarterly*, New Series, Vol. 34, No. 2. (1984), pp. 423 – 444.

75. Pangle, Thomas L, "Civic Virtue: The Founders' Conception and the Traditional Conception", in *Constitutionalism and Rights*, pp. 105 – 140.

76. *Past and Present* 71 (May, 1976), pp. 43 – 69.

77. Plattner, Marc F, "Natural Rights and the Moral Presuppositions of Political Economy", in *From Political Economy to Economics and Back?* ed. James H. Nichols, Jr. , and Colin Wright, San Francisco, 1990, pp. 35 – 56.

78. Pocock, John Greville Agard, "States, Republics, and Empires: The American Founding in Early Modern Perspective." in *Conceptual Change and the Constitution*, pp. 55 – 77.

79. *Political Science Quarterly* 85 (1970), pp. 397 – 421.

80. *Political Studies* 29 (1981), pp. 191 – 203.

81. *Political Theory* 15 (1987), pp. 390 – 410.

82. *Political Theory* 6 (1978), pp. 27 – 62.

83. Rakove, Jack, "The Great Compromise: Ideas, Interests, and the Politics of Constitution Making", *The William and Mary Quarterly*[3] 44 (1987), pp. 424 –457.

84. S. E. Stout, "Rotation in Office in the Roman Republic", *The Classical Journal*, Vol. 13, No. 6. (Mar., 1918), pp. 429 – 435.

85. Shalhope, Robert E, "Republicanism and Early American Historiography", *The William and Mary Quarterly*[3] 39 (1982), pp. 334 – 356.

86. T. D. Barnes, "The Victories of Augustus", *The Journal of Roman Studies*, Vol. 64. (1974), pp. 21 – 26.

87. *The Review of Politics* 47 (1985), pp. 163 – 185.

88. Vlastos, Gregory, "Equality and Justice in Early Greek Cosmologies", *Classical Philology* 42 (1947), pp. 156 – 178.

89. Wettergreen, John Adams, "Elements of Ancient and Modern Harmony", *Natural Right and Political Right*, pp. 45 – 61.

90. Wettergreen, John Adams, "James Harrington's Liberal Republicanism." *Polity* 20 (1988), pp. 665 – 687.

91. Witt, Ronald, "The Rebirth of the Concept of Republican Liberty in Italy", in *Renaissance Studies in Honor of Hans Baron*, ed. Anthony Molho and John A. Tedeschi. Dekalb, IL, 1971, pp. 173 – 199.

92. Wood, Gordon S, "Democracy and the Constitution", in *How Democratic is the Constitution*, pp. 1 – 17.

93. Yack, Bernard, "Natural Right and Aristotle's Understanding of Justice", *Political Theory* 18 (1990), pp. 216 – 237.

94. Yarbrough, Jean, "Jefferson and Property Rights", in *Liberty, Property, and the Foundations of the American Constitution*, pp. 65 – 83.

95. Yarbrough, Jean, "Republicanism Reconsidered: Some Thoughts on the Foundation and Preservation of the American Republic", *The Review of Politics* 41 (1979), pp. 61 – 95.

96. Yolton, John W, "Locke on the Law of Nature", *Philosophical Review* 67 (1958), pp. 477 – 498.

后　记

　　2004 年的秋天,我进入中国人民大学国际关系学院攻读政治学博士学位,师从王乐理教授学习政治学理论,开始了对共和主义宪政理论的学习与研究。美国宪法是美国崛起后国内外各学科的学者始终关注的政治哲学与政治制度样本,也是笔者的学术兴趣之所在。共和主义复兴运动则是近年来学界回归古典,探求古典政治科学要义的结果。两者的结合,促成了我的博士论文"美国宪法中的共和主义"的诞生。2008 年的秋天,我进入政治学的重要研究基地天津师范大学的政治学博士后流动站,师从马德普教授,继续我的共和、宪政理论研究,主要研究政治哲学、政治制度与公共政策视角下的公共利益问题,主要目的在于探悉、建构公共利益内涵及其判定、展现、维持机制,以期对中国的政治建设有所裨益。本书《美国宪法中的共和主义》是这一研究项目的成果之一。

　　一位伟大的科学家说过:我们的现在只有一小部分是自己创造的,绝大部分是从过去继承而来的。我们的所知所想并不是我们智力之弦自身的颤动,而是在未知这块不毛之地下面涌出的一眼新泉,而它的源头是古老的流过我们并融入我们的溪流。同样,今天我们的思想将与未来人的思想相融合并形成他们的思想,而回望历史,我们则能够从今天自己引以为荣的观点和看法中找到古人思想的影子。中国的政治文明建设和政治体制改革已经到了攻坚阶段,政治体制的构建与改革也一直是学界十分关注的问题。"他山之石,可以攻玉",向历史学习,向西方有益的经验学习,这是尊重历史、尊重经验的理性态度。中国的政治文明建设更是需要充分考虑到本国特殊的文化和政经环境。这是政治文明建设事业内在的属性决定的,也是学者推动政治进步的学术智慧。正如沃格林所言:历史已经证明,对于任何政治社会来说,如果一项知识性的事业会质疑它那宇宙世界对应物的价值观,这个社会就不会支持,哪怕是容忍这项事业的存在。

共和主义是与社会主义政治哲学非常相近,但又有其独特优势的政治理论。共和主义政制理论具有显著的开放性,它既强调民族、国家的利益,又强调个人基本权利的神圣性与自然性;既重视政治组织的设计和政治系统功能的强大,更强调政治结构的分化与官僚阶层的责任伦理;既重视大众的政治参与与自治的重要性,更强调共同体的公共善与"法律帝国"对社会稳定的保障。共和主义在进行制度安排的时候既不是纯粹的建构主义,又不是顽固的本土资源论者或者生成论者;它既承认人类社会存在共同的价值共识,又尊重一国的特殊政治、文化传统,同时不排斥与本国、本民族文化、心理相适应的制度建构。中国的社会形态和社会资本传统由于历史悠久从而具有根深蒂固性。中国的政治文明建设和政治体制改革既要关注个体自由民主的政治发展潮流,更要正视本国独特的政治制度与文化传统形态。

在宪政建设的理论设计理路之中,世人偏好权利主义与制度主义的路向,忽视了共同体的客观性与必要性,忽视了人的公共性与公民道德建设的一极。权力天生具有自我扩张的本性,权力的腐败只有在遇到权力的刚性阻碍时才能停止。因此,人们喜好设计精密复杂的制度体系来规训权力这个恶魔,其实这个恶魔的背后是主体性的人。遗憾的是人的理性与智慧总是有限的,就是理性主义的大师康德也悲观地警告世人,人类所能认识的永远只是现象界。因而人类设计的制度和法律出现一个永远的尴尬:计划跟不上变化。美国宪法的制定者告诉我们,人不是天使,但人也不是魔鬼。经济学所谓人性自私的公理性假设是需要证明,也是可以辩驳的。在人类本性中存在非常崇高的一面,值得人们去尊敬、去激发;同时,人类本性中存在兽性野蛮的一面,需要引起人们的警惕和提防。麦金泰尔亦云:具有美德的社会制度对于没有美德的人来说等于零。没有公民德性的生发,就不能产生人们对制度的尊重与信仰。公民德性不但激发人们对制度的尊重,公民美德本身是也是人们感知幸福生活的重要因素。因此,美国宪法的制定者既重视以制度设计规制权力的暴虐倾向可能对人们自由与幸福的侵害,又充分吸收古典共和主义对公民美德的重视。

政治制度具有建构性,政治体制极大地塑造着人们的政治观念和行为,影响着人们的自由幸福甚至国家的兴衰。自由主义的政制观强调个体权利先在于国家,公共权力与个体权利内存不可调和的矛盾与张力,这一观念导向的政体建构,导致公共精神的失落与个体原子主义的横行。因而自由主义被称为一种自我颠覆的学说,近数十年中复兴的共和主义则反对放大国家权力与个体自由之间的内在冲突,主张两者之间的协调共进,意图挽救自由主义对自由的毁灭,重新追寻人类自由幸福生活的历史经验。共和主义旨在强调人类的共同本性,重塑人们的公民德性,论证公共利益的正当性以及它和个体私利展现的一致性。这对构建政府伦理、控制官员腐败、激发大众的责任情怀,从而构建社会和谐局面具有重要作用。又如,和谐社会的建设不在于社会中矛盾与张力的消除,事物间的矛盾与张力是事物的内部属性,也是不可消除的。恰恰相反,社会阶层之间的矛盾及其张力的维持是社会和谐的重要动力,这是共和主义的一个重要理念。

301

本书的顺利出版首先要感谢我的博士生导师王乐理教授。恩师丰富渊博的知识开阔了我的视野;新颖独特的思维方式启迪了我的研究;缜密严谨的治学方式引导了我的学术之路。恩师精心指导我博士论文的选题,设计文章的篇章结构。这本书在写作的时候还引用了本人参研、王老师主持的国家社科基金项目"西方政治思想专题研究"的部分成果。马德普教授是我的博士后合作导师,马老师对学术研究的热爱与严谨让我受益颇深。

我还要感谢天津师范大学的徐大同先生、高建教授、常士訚教授,中国政法大学的丛日云教授,北京大学的孔凡君教授,北京师范大学的刘小林教授,中国人民大学的张小劲教授、杨光斌教授、蒲国良教授、景跃进教授、萧延中教授、谈火生博士、陈伟博士,天津师范大学的刘训练博士。

　　感谢江西师范大学的祝爱武教授,宜春学院的姚电教授,江西财经大学的曾良盛教授、陈家琪教授。我的同学舒绍福、尹继武、陈高华等,在很多方面对本书的写作提供了帮助。人民出版社钟金铃编辑认真细致的编辑工作使本书增色不少。感谢江西财经大学对本书出版给予的经费资助!

　　最后,我要感谢我的家人。感谢我的母亲,感谢她对我学术事业的支持。感谢已经去世的父亲,父亲在我攻读硕士学位的时候就离开了我,但生前他和母亲一起始终支持我的学习。感谢我的夫人孙青玥女士,本书的写作得到了她的全力支持,她为本书做了不少文字工作。

　　需要说明的是,由于本人生性愚笨,学识有限,书中肯定有诸多不足与谬误之处,敬请各位专家、同人与读者批评指正,不吝赐教!

万绍红

2008 年 11 月于津门寓所

责任编辑:钟金铃
版式设计:陈　岩

图书在版编目(CIP)数据

美国宪法中的共和主义/万绍红著. -北京:人民出版社,2009.2
ISBN 978 - 7 - 01 - 007655 - 3

Ⅰ. 美…　Ⅱ. 万…　Ⅲ. 宪法-研究-美国　Ⅳ. D971. 21

中国版本图书馆 CIP 数据核字(2009)第 011685 号

美国宪法中的共和主义
MEIGUO XIANFA ZHONG DE GONGHEZHUYI

万绍红　著

人 民 出 版 社 出版发行
(100706　北京朝阳门内大街 166 号)

北京市文林印务有限公司印刷　新华书店经销

2009 年 2 月第 1 版　2009 年 2 月北京第 1 次印刷
开本:710 毫米×1000 毫米 1/16　印张:19.75
字数:300 千字　印数:0,001 - 3,000 册

ISBN 978 - 7 - 01 - 007655 - 3　定价:38.00 元

邮购地址 100706　北京朝阳门内大街 166 号
人民东方图书销售中心　电话 (010)65250042　65289539